Margareta
Grießler

CHINA

ALLES UNTER DEM HIMMEL

Eine Reise durch
5000 Jahre
Kultur und Geschichte

Margareta
Grießler

CHINA

ALLES UNTER DEM HIMMEL

Eine Reise durch
5000 Jahre
Kultur und Geschichte

Thorbecke

Die Schreibweise chinesischer Begriffe und Eigennamen erfolgt ausnahmslos nach der offiziellen Umschrift der Volksrepublik China, Hanyu Pinyin.

Die Deutsche Bibliothek – CIP-Einheitsaufnahme

Griessler, Margareta:
China: alles unter dem Himmel: eine Reise durch 5000 Jahre Kultur und Geschichte / Margareta Griessler. – 2., durchges. und erg. Aufl. – Sigmaringen: Thorbecke, 1996
ISBN 3-7995-7116-7

2., durchgesehene und ergänzte Auflage 1996

Dieses Buch ist aus säurefreiem Papier hergestellt und entspricht den Frankfurter Forderungen zur Verwendung alterungsbeständiger Papiere für die Buchherstellung.

Gesamtherstellung:
M. Liehners Hofbuchdruckerei GmbH & Co. Verlagsanstalt, Sigmaringen
Printed in Germany · ISBN 3-7995-7116-7

Inhalt

MEINEM VATER

† 9. 2. 1995

Vorwort

Beijing, November 1989 – ich erinnere mich genau – auf den ersten Blick unverändert. Stahlblauer Himmel wie in dieser Jahreszeit üblich. Gleißende, kaisergelbe Dächer. Wie immer viel Staub und Sand. Die Busse zum Bersten voll – liegt es an meinem mittlerweile erprobten und den chinesischen Verhältnissen angepaßten, kraftvollen (in acht von zehn Fällen erfolgreichen) Einsteigemodus, oder sind die Busse doch nicht ganz so überfüllt wie früher? – Radfahrer ohne Zahl. Wie gewohnt gehen alle »fröhlich zur Arbeit und zufrieden nach Hause« – ein Schriftzug, der seit Jahren an jeder großen Baustelle (und es gibt viele Baustellen), an so manchem Amts- oder Bürohaus zu lesen steht. Man ißt noch immer Reis und Chinakohl; letzteren gibt es in jenem Jahr dank der günstigen Erntebedingungen in rauhen Mengen, das Kilo zu umgerechnet fünf Pfennigen. Auf dem Markt türmen sich Kohlgebirge. Meine chinesische Familie, ein Drei-Personen-Haushalt, hat 150 Kilo davon eingelagert, das heißt aus Raumnöten im Stiegenhaus deponiert, in Zeitungspapier gewickelt. Das Stiegenhaus ist schmal, an jedem Treppenabsatz deuten drei Türen auf ebenso viele Haushalte, und auch diese Bewohner lagern ihren Weißkohlbesitz im Treppenhaus. Sechs Stockwerke hoch. Ein gewisser, dem Weißkohl eigener Duft hängt im Stiegenhaus. Noch lange.

Vom ersten Frost überrascht, sind die Pappeln an der Chang'an-Straße in silbrigem Grün erstarrt. Als wollten sie ihrem Schicksal trotzen, klammern sich die Blätter fest und »wahren ihr Gesicht« – eine chinesische Charaktereigenschaft, in der es selbst diese Blätter zu einer bemerkenswerten Perfektion gebracht zu haben scheinen. Ungehindert rollt der Verkehr über den Tian'anmen-Platz; dennoch wirkt der Platz des Himmlischen Friedens ungewöhnlich leer. Ein Blick auf die schwerbewaffneten Wachposten an jeder Ecke des Platzes, mit vierzig Hektar der größte Platz der Welt, erklärt die Leere, und ein großes Schild beseitigt auch den letzten Zweifel: Fußgängern ist das Überqueren des Platzes untersagt. Mich stört das nicht weiter, denn auf meinem Weg ins Archiv biege ich an der westlichen Ecke gegen Norden in die zum Teil noch von alten chinesischen Hofhäusern gesäumte, pappelbeschattete Straße ein, welche den Kaiserpalast und das Regierungsviertel Zhongnan Hai trennt.

Das belebte Straßenbild ist vom Grün der Uniformen geprägt; vor dem Warenhaus in der Wangfu Jing, einer der größten Einkaufsstraßen Beijings, hat sich eine respekteinflößende, behelmte Militärpatrouille eingefunden, anderntags entdecke ich ebenso auffallende Ordnungshüter auf einem Marktplatz im Westen der Stadt. Ausnahmezustand in der chinesischen Hauptstadt! Auf meinem Weg muß ich an einer Gruppe von Soldaten vorbei, die auf dem Rasenstück vor einem öffentlichen Gebäude Schießübungen abhält – das »Fisch-im-Wasser«-Verhältnis von Armee und Volk wird öffentlich demonstriert.

Die Verquickung der Volksrepublik mit ihrer dynastischen Vergangenheit ist gewiß merkwürdig: Dort, auf dem mächtigen Tor des Himmlischen Friedens, wurden dem ehrerbietig lauschenden Volk die kaiserlichen Edikte verlesen; dort auch verkündete Mao Zedong einer jubelnden Menge die Gründung der Volksrepublik. Auf dem davor liegenden riesenhaften Platz, auf dem sich einst die Gebäude der kaiserlichen Ministerien erhoben, vor den marmornen Obelisken, die seit alters her jenen Ort bezeichnen, an dem sich das Volk einfindet, um öffentlich Kritik zu üben, wuchs im Mai dieses Jahres die Zahl der Demonstranten auf über eine Million Menschen an ... Als der Platz am 4. Juni »unter Einsatz aller verfügbaren Mittel« geräumt wurde, war die weltweite Euphorie über die Ära der Reform und Öffnung Chinas abrupt erloschen. China ist wiederum in massiven Mißkredit geraten.

Vierzig Jahre Volksrepublik – und Kriegsrecht in Beijing! Kein glückliches Zusammentreffen! Die Festparade mußte dem Schatten von Demonstrationen weichen. Analysen wurden angestellt, Hintergründe und Zusammenhänge aufgezeigt, wie es dazu kommen konnte, und Schlüsse daraus gezogen, wie es weitergehen würde. Doch eine Prognose ist nicht nur schwierig, es verbietet sich auch jeglicher Vergleich mit jenen Ländern, deren Transformation zu diesem Zeitpunkt im Zentrum des tagespolitischen Geschehens stand. China ist nicht nur anders, China ist wesentlich anders!

»Ein fremdes Volk, eine fremde Kultur verstehen, zumal wenn sie einem so fern liegen wie China«, schreibt Lin Yutang, dazu *»müßte man bis zu einem gewissen Grad losgelöst sein, nicht so sehr von dem kennenzulernenden Land (daran würde es nicht fehlen), sondern losgelöst von sich selbst und seinen unterbewußten Vorstellungen«* (Lin Yutang, Mein Land und mein Volk, S. 22) Nichts entschuldigt die Ereignisse am Tian'anmen-Platz. Aber man sollte nicht in großer Entfernung über ein noch immer unbekanntes Land zu Gericht sitzen. Wir wollen uns hier um ein Verständnis für den bitteren Selbsterfahrungsprozeß dieses Volkes und seiner Kultur bemühen. Und Verständnis bedeutet noch lange nicht Ein-Verständnis.

Die froststarren Blätter sind nun doch abgefallen; eilfertigst werden sie zusammengekehrt und verbrannt. Es werden neue sprießen ...

*

Der Zugang zu einem grundlegenden Verständnis von China und seiner Kultur erfolgt allein über die Geschichte: Sie ist für den Reisenden der Schlüssel zum Reich der Mitte.

»Die Geschichte soll nicht das Gedächtnis beschweren, sondern den Verstand erleuchten«, sagt Gotthold Ephraim Lessing. Und ein chinesisches Sprichwort formuliert eine ähnliche Überlegung so: *»Nicht die Vergangenheit und die Zukunft muß man an der Geschichte studieren, sondern die Gegenwart«*. Diese beiden Gedanken sollen am Anfang eines Werkes stehen, das den interessierten Leser auf einer Reise durch die Geschichte Chinas begleitet und ihn die Sehenswürdigkeiten einer uns fremden Kultur vor dem Hintergrund einer zusammenhängenden Historie verstehen läßt.

Dieser »Wegweiser« ist also im Grunde genommen eine – anhand des kulturhistorischen Erbes dargestellte – Geschichte Chinas; denn seit alters her ist in der chinesischen Denktradition die Geschichte, die Historie, von vorrangiger Bedeutung; sie ist Maßstab für geordnete soziale Beziehungen, Vorgabe für ein Zusammenleben in Harmonie; die Vergegenwärtigung vergangener Ereignisse ist moralischer Wegweiser, eine Art sittlicher Kodex – die Vergangenheit ist die Richtlinie für die Gegenwart. Deshalb ist es sinnvoll, ja sogar unerläßlich, die wahren Grundlagen, die intellektuellen Fundamente der für uns Nachgeborene erhalten gebliebenen Denkmäler und Zeitzeugnisse im Rahmen ihres geschichtlichen Zusammenhangs darzustellen; den Boden zu erkunden, auf dem die älteste kontinuierliche Hochkultur der Erde gründet; den Hintergrund verständlich zu machen, vor dem so monumentale Bauwerke und historisch einmalige Relikte wie die Große Mauer und die Terrakotta-Armee des Ersten Kaisers entstanden sind.

Die Vernetzung von Geschichte und Kulturgeschichte, die Betrachtung von Relikten in engem Zusammenhang mit der historischen Zeit, in der sie entstanden sind, trägt zudem auch einem zentralen und grundlegenden Begriff in der chinesischen Denktradition Rechnung, der die gesamte geschichtliche und kulturgeschichtliche Entwicklung Chinas prägt und heute gerne pauschal als der eigentliche Unterschied zwischen China und dem Abendland bezeichnet wird: Es handelt sich um die sogenannte »Ganzheitlichkeit«, ein in unserem heutigen Sprachgebrauch viel zitierter und strapazierter Begriff, den ich aus diesem Grund auch ungern verwende. Das Wesensmerkmal des chinesischen Denkens ist viel besser als inniges Streben nach Einheit, nach Einklang zu umschreiben, das von einem tiefen Bedürfnis nach Harmonie herrührt. Dieses alles bestimmende Harmoniebedürfnis beruht auf der Vorstellung von einem beziehungsvollen Zusammenhang zwischen Himmel, Erde und Mensch, der sich auf politischer, gesellschaftlicher und philosophischer Ebene in einem System von Entsprechungen, Beziehungen und Vernetzungen äußert. Das chinesische Denken ist gekennzeichnet von Komplementarität, der gegenseitigen Beeinflussung; die scharfe Trennung von »Geist« und »Materie« ist ihm fremd. Auch vor diesem gedanklichen Hintergrund ist es gerechtfertigt, die Sehenswürdigkeiten der Gegenwart im Lichte ihrer historischen Entstehungszeit zu betrachten.

Bevor wir getreu in der chronologischen Geschichtsbetrachtung auf das Goldene Zeitalter der chinesischen Denker zu sprechen kommen, muß an dieser Stelle einiges Grundlegende zur chinesischen Kulturtradition vorangeschickt werden. So wie der Makrokosmos Himmel und Erde dem Mikrokosmos des menschlichen Lebens entspricht, die große einheitliche Ordnung der Natur in der kleineren Ordnung ihrer Einzelwesen zutage tritt, so spiegelt sich auch die Ordnung der Familie in der Ordnung des Staates. Diese gilt es zu wahren! Dem Kosmos, dem Universum liegt ein komplementäres Kräftepaar zugrunde, *Yin* und *Yang*, charakterisiert und beschrieben durch die entsprechenden Beziehungspaare Erde–Himmel, Mond–Sonne, dunkel–hell, passiv–aktiv, weiblich–männlich und ähnliches mehr. Diese Reihe von Entsprechungen läßt sich beliebig ausbauen, alle Phänomene des Makrokosmos und auch des Mikrokosmos sind in ihr symbolisch eingeordnet.

In einer ihrer ursprünglichen Bedeutungen aus der zyklischen Aufeinanderfolge von Nacht und Tag, von dunkel und hell, sind *Yin* und *Yang* zunächst einerseits als konkrete Zeitbezeichnungen zu verstehen, andrerseits auch in der Bedeutung von Schatten- und Sonnenseite als Ortsbezeichnung zu erklären. Die auf diesen beiden Begriffen gründende Ontologie versteht *Yin* und *Yang* als zwei polare, einander ergänzende Kräfte, die das gesamte All durchdringen. *Yin* und *Yang* stehen nicht für dualistische, einander bekämpfende Prinzipien, sondern das Wesentliche an ihnen ist ihr einheitliches, harmonisches, einander ablösendes Zusammenwirken, das in einem nie enden wollenden, wellenhaften Zyklus alle Phänomene hervorbringt. Die Ordnung, die ihren Kreislauf regelt, ist das *Dao*, jenes universale Ordnungsprinzip, das die kosmische und kultische, die ethische und politische Sphäre des Lebens und der Natur umspannt. Jedes Lebewesen besitzt sein *Dao*, das wiederum eine Abbildung des einen, allumfassenden *Dao* ist, mit dem es in Einklang zu halten ist. So ist es die Aufgabe einer harmonischen Regierung, das *Dao* des Menschen in Übereinstimmung mit dem *Dao* des Himmels zu bringen und zu bewahren.

Tianxia – »das, was unter dem Himmel liegt« – ist ein uralter Begriff für den chinesischen Staat, der als naturgegebene Einheit aufgefaßt wird. An der Spitze dessen, »was unter dem Himmel liegt«, steht seit frühester Zeit kraft seines himmlischen Mandats der Herrscher beziehungsweise der Kaiser, der in seiner einzigartigen Stellung die Funktionen von Staat und Kirche vereint. Als »Sohn des Himmels« nimmt er eine Mittlerrolle zwischen dem Himmel und seinem Reich ein: Während er als Repräsentant des Himmels das Volk im Einklang mit den himmlischen Weisungen zu regieren hat, vollzieht er gleichzeitig als Vertreter des Volkes die Opferkulte für Himmel und Erde sowie für die kaiserlichen Ahnen. Aufgabe des Kaisers ist es also, für den harmonischen Einklang zwischen dem Makrokosmos und dem Mikrokosmos zu sorgen. Naturkatastrophen und andere unheilvolle Ereignisse deuten darauf hin, daß der Kaiser seiner himmlischen Aufgabe nicht mehr gerecht wird; dementsprechend wird der Sturz eines Kaiserhauses mit dem Entzug des himmlischen Mandats aufgrund jener mangelnden Fähigkeit erklärt, die Harmonie zu bewahren.

»Das, was unter dem Himmel liegt« ist das Reich der Mitte, jenes China, dessen höchstes Ziel von alters her der idealisierte Einheitsstaat ist – ein Ziel, das es nur in zwei Dritteln seiner geschichtlichen Zeit (und auch dies oft nur formal) erreichte. Die moralische Grundlage für die Aufrechterhaltung der Staatsordnung, für die Gewährleistung der harmonischen Einheitlichkeit, des friedlichen Miteinander-Auskommens und somit für die Erhaltung des himmlischen Mandats bildet ein Wertesystem, das mehr als zweitausend Jahre überdauert hat und landläufig unter dem Namen Konfuzianismus bekannt ist.

Die Bezeichnung dieses wohldefinierten, ethischen Systems sozialer Beziehungen geht zurück auf Konfuzius, der sich selbst nicht als Gründer einer Lehre, sondern als Überlieferer einer alten Tradition aus dem »Goldenen Zeitalter« verstanden wissen wollte in einer Zeit, da die politische Ordnung in Gefahr war, das Reich zu zerfallen drohte. Es ist dies die Zeit der um die Hegemonie kämpfenden Feudalstaaten der Östlichen Zhou-Dynastie. Den Grund für die politische Instabilität sieht Konfuzius im Verfall der Sitten, im Niedergang des moralischen Verhaltens, in der Unordnung der sozialen Beziehungen. Vor diesem Hintergrund entwirft Konfuzius eine Ethik für ein Feudalsystem, Grund genug, ihn etwa zweieinhalbtausend Jahre später in der Volksrepublik zu verunglimpfen. Die Harmonie des Reiches, der die kosmische Ordnung entspricht, ist – nach Konfuzius – erst in der Ausübung der höchsten Sittlichkeit gewährleistet, in dem angemessenen, richtigen Verhalten, in der Pflichterfüllung und Verantwortung innerhalb der menschlichen Gesellschaft. Nicht durch Gesetze, sondern mittels Riten, Sitten und Pflichten soll der Staat geordnet werden. Für das korrekte Verhalten sind die »Fünf Beziehungen« maßgebend: die Beziehung zwischen Fürst und Untertan, Vater und Sohn, älterem Bruder und jüngerem Bruder, Mann und Frau, Freund und Freund. Bis auf die letzte Kategorie, die als ein Verhältnis unter Gleichen gelten kann, zeichnen die sozialen Grundbeziehungen strenge paternalistische Über- und Unterordnungsverhältnisse nach. Dieses Schema erklärt die hohe Bewertung der Gruppe und Sozietät auf Kosten der Individualität; der einzelne selbst rückt in den Hintergrund, wichtig allein ist seine Rolle und Zugehörigkeit. Was zählt, ist das Wir, nicht das Ich. Die Idee einer allgemeinen Nächstenliebe hat in diesem System freilich keinen Platz; nur demjenigen ist man verpflichtet, zu dem man in einer entsprechenden Beziehung steht. Ein derartiges Beziehungsnetz schafft allerdings auch die Voraussetzung für Partikularismus, Nepotismus und Korruption.

Grundlage der Staatsordnung ist die Familie, denn »die Familie ist die Wurzel des Staates«, formuliert ein konfuzianischer Text aus dem 4. vorchristlichen Jahrhundert. Konfuzius hält daher auch am Ahnenkult fest, der bis in das 2. vorchristliche Jahrtausend anhand von archäologischen Funden zurückverfolgt werden kann. Dieser Kult läßt weniger für Jenseitsspekulationen Raum, vielmehr tritt diesseitig und pragmatisch die erzieherische, soziale Funktion der Ahnenverehrung als Fundament der Gesellschaftsordnung in den Vordergrund. Das Ableben eines Familienmitglieds ist für die Hinterbliebenen eine schmerzliche Erfahrung, gleichzeitig aber auch für die Familie ein gesellschaftlich desintegrierendes Ereignis, eine Gefahr für die soziale Struktur. Also müssen Totenzeremoniell und Ahnenverehrung die Einheit der aus dem Gleichgewicht gebrachten Familie wiederherstellen und so die Beziehungen zu den Verstorbenen aufrechterhalten. Die Funktion des Ahnenkults besteht in der Entfaltung der konfuzianischen Kardinaltugend der Sohnesliebe beziehungsweise Pietät, in der Wahrung der familiären Loyalität sowie der Kontinuität der Familienbande; letztlich geht es auch hier wieder um jene Aufrechterhaltung der idealisierten Einheit. Die Pietät, die »kindliche Ehrfurcht« ist es auch, die als bestimmende Verhaltensform des Menschen im Familien- und Dorfverband bis heute noch gültig ist: als richtige Gesinnung gegenüber den eigenen Eltern und Vorfahren, sodann in der Begegnung mit Älteren, Höherstehenden und Autoritätspersonen.

Im 2. vorchristlichen Jahrhundert steigt der Konfuzianismus zur offiziellen Staatsreligion beziehungsweise -ideologie auf. Nicht immer unangefochten, konnte er seine gesellschaftspolitische Dominanz bis ins 20. Jahrhundert behaupten. Mit dem Niedergang der Dynastie im Jahr 1911 ist seine nominelle Vorherrschaft freilich zu Ende, doch haben sich seine Werte so nachhaltig eingeprägt, daß er auch trotz massiver Abkehr und bilderstürmender Gewalt nicht gänzlich erloschen ist.

Betrachtet man vor diesem Hintergrund die Geschichte Chinas – oder besser noch: die Geschichtsschreibung Chinas –, so läßt sich auch ein für das chinesische Kulturgut charakteristisches Phänomen recht plausibel erklären: Gerade das Ideal des einheitlichen Kaiserstaats, das zu Zeiten des Konfuzius entworfen und etwa im 3. Jahrhundert vor Christus zum ersten Mal realisiert wurde, ergreift derart vom chinesischen Denken Besitz, daß man sich selbst Chinas älteste Vergangenheit gar nicht anders denn als einheitlichen Staat vorstellen mag. Je weiter man sich von den Anfängen Chinas entfernt, desto genauer und detaillierter gestaltet sich das Geschichtsbild gerade jener Zeit. Erst in der Song-Zeit, also im 11. und 12. Jahrhundert, gelangt diese Geschichtsrekonstruktion, die viel eher eine Geschichtsprojektion ist, zu ihrem letztendlich gültigen Ende und wird fortan als Standardversion der chinesischen Geschichte gehandelt. Spätestens in der Han-Zeit hat man auch die Jahreszählung nach rückwärts verlängert und dadurch den historisch nicht belegbaren, mythischen Herrschern, Kaisern und Heroengestalten des chinesischen Altertums konkrete – wenn auch spekulative – Daten zugeordnet.

Es ist für die chinesische Auffassung vom idealen Staat ganz besonders bezeichnend, daß alle mythischen Ahnherrn des chinesischen Volkes als Kaiser oder deren Beamte gedacht werden. Die Zivilisation selbst wird nicht einem einzelnen Gott oder Kaiser zugeschrieben, sondern entwickelt sich schrittweise aus einem primitiven Urzustand heraus.

So wie man in der modernen Wissenschaft die frühen Kulturen anhand ihrer Werkzeugmaterialien in verschiedene Entwicklungsstufen einteilt, wird den alten Herrschern die Verwendung gewisser Materialien beziehungsweise die Erfindung bestimmter Artikel zugeschrieben. Zudem herrscht unter der Regentschaft dieser legendären Herrschergestalten ein Zustand von paradiesischer Vollkommenheit und Harmonie. Unter der weisen und umsichtigen, mit der Natur in Einklang stehenden Führung der Urkaiser leben die Menschen glücklich und zufrieden. Die Vorstellung von einem »Goldenen Zeitalter« der chinesischen Geschichte ist ein bedeutsames Wesensmerkmal für den weiteren Verlauf der chinesischen Kultur- und Geistesgeschichte. Diesen Zustand der Vollkommenheit und augenscheinlich verlorengegangenen Harmonie und Ordnung gilt es wiederherzustellen; die Gegenwart hat stets die ursprüngliche Vollkommenheit eingebüßt, sie ist unvollkommen. Der erhabenen Vergangenheit nachzueifern, gilt als das höchste Ziel des Lebens. Darin ist wohl eine der Wurzeln des chinesischen Traditionalismus begründet, welche den Stellenwert der Vergangenheit stets über die Gegenwart setzt.

So ist es auch verständlich, wenn der chinesischen Kultur eine gewisse Statik anhaftet, die der Westen freilich eher geringschätzig, als zu einer eigenen Entwicklung nicht fähig, betrachtete. Ob es nun die Kunst des Denkens oder die Kunst des Malens ist, ob es sich um die Kunst des Bauens oder die Kunst des Herrschens handelt, stets gilt es, das Ideal des Vergangenen und Althergebrachten nachzuahmen und sich darin zu perfektionieren. Ein intensives Studium der alten Bücher und klassischen Werke, traditioneller Muster und althergebrachter Formen, ist stets unumgängliche Grundlage der eigenen Schaffenskraft. So lassen sich Architektur, Skulptur und Malerei nicht – wie im europäischen Abendland – in Stilepochen gliedern. Das Phänomen »barockisierter, gotischer Bauwerke« ist dem Chinesischen fremd, denn man bleibt auch in den äußeren Dingen dem bereits Bestehenden verhaftet. Fremde Einflüsse werden nach Möglichkeit und vor allen Dingen nur nach Notwendigkeit aufgesogen, an die bestehenden Verhältnisse adaptiert und für eigene Zwecke genutzt. Fremde Völker freilich, die ihre kulturgeschichtlichen Wurzeln nicht in dieser Denktradition haben und vorübergehend an die Macht gekommen waren, taten gut daran – wenn sie diese auch behalten wollten –, das chinesische, geschichtsbewußte Erbe anzutreten und ihr eigenes Kulturgut abzulegen.

Die konstante Geschichtsbewußtheit, die in Kultur- und Geistesgeschichte, in Staat und Gesellschaft die Wertschätzung des Altertums, des Althergebrachten, des Alters lehrt, kommt in einer starken Neigung zum Traditionellen und schon immer Bestehenden zum Ausdruck. Zwei Säulen sind es, auf denen der idealisierte Einheitsstaat von alters her ruht: zum einen die ausgeprägte Bürokratie, die sich aus einer kleinen, für die Zwecke der Regierung eigens ausgebildeten Elite rekrutiert (auch heute noch!) und in einem strengen, ausgeklügelten, auf den konfuzianischen Klassikern aufgebauten Prüfungssystem ausgewählt wird; zum anderen ist es die unitäre Schrift. Das Beamtenprüfungssystem, stark korrumpiert und überholt, wurde nach mehr als 1300 Jahren im Jahre 1905 abgeschafft; die Schrift ist – trotz der Schriftreform seit 1956 – weiterhin reichseinigend. Sie charakterisiert das Reich der Mitte und seine hohe, stabile Kultur; schon die Mehrdeutigkeit des chinesischen Begriffes *wen*, der gleichzeitig »Schrift« und »Kultur« bedeutet, signalisiert den nicht zu unterschätzenden Stellenwert der chinesischen Schrift: Diejenigen, welche keine (chinesische) Schrift haben, verfügen auch über keine Kultur; sie sind Barbaren.

Aus Orakelknochen (die später noch eingehender beschrieben werden), die bis in das zweite vorchristliche Jahrtausend belegt sind, geht hervor, daß die chinesische Schrift zunächst als eine Bilderschrift konzipiert war; sie hat auch als

Begriffsschrift jenes vorrangig ideographische Gestaltungsprinzip durch die Jahrtausende beibehalten. Freilich mußte das ideographische Prinzip mit einem phonetischen System gekoppelt werden, denn es ergaben sich nicht nur bei abstrakten Begriffen, die bildlich nur schwer darzustellen sind, Schwierigkeiten, sondern vornehmlich auch bei der Übernahme von Fremdwörtern. Heute folgen die chinesischen Schriftzeichen zu 90 Prozent diesem sogenannten Signifikum-Phonetikum-System: Ein Teil des Zeichens verweist auf die (mögliche) Bedeutung, der andere auf die (mögliche) Aussprache. Ist das einzelne Zeichen einmal geschaffen, so bleibt es unwandelbar und nicht zu beeinflussen; lautliche Veränderungen und Begriffsverschiebungen prallen an dem einmal festgelegten Schriftzeichen wie an einem Felsen ab. Ein Schriftzeichen, das etwa im 8. Jahrhundert festgelegt wurde, wird heute noch so geschrieben wie damals, auch wenn es im Laufe der Jahrhunderte seine Aussprache verändert oder es sogar einen Bedeutungswandel erfahren hat. Das Schriftzeichen selbst aber bleibt unverändert. Unabhängig von historischem Aussprachewandel und lokalen Sprachunterschieden, ist die Schrift eine Säule einer Kulturtradition, die bis heute reichseinigend wirkt. Sollten sich Gesprächspartner, die aus verschiedenen Dialektregionen Chinas stammen, in einer Diskussion nicht mehr zu helfen wissen – was gar nicht so selten der Fall ist –, so beginnen sie eiligst auf der Handfläche zu schreiben, um Miß- und Unverständlichkeiten zu beseitigen.

Die chinesische Schrift wirkt freilich nicht nur reichseinigend, sondern bewahrt auch das Chinesentum. Denn an der Starrheit dieser Begriffs- oder besser Morphemschrift läßt sich die hohe Assimilationskraft des Chinesischen erklären: Es ist unmöglich, fremdes Gedankengut unverfälscht zu übernehmen. Die chinesische Schrift stellte für fremde Ideologien schon immer ein großes Problem dar: Entweder muß der fremde Begriff »übersetzt« werden – da es (wie in jeder anderen Sprache) auch im Chinesischen keine exakte Entsprechung gibt, sucht man nach einem ähnlichen Begriffsfeld, das aber womöglich eine jahrhundertealte Bedeutungstradition mit sich bringt. Der fremde Terminus wird in diesem Fall von vornherein assimiliert und (hoffnungslos) sinisiert. Oder der fremde Begriff wird transliteriert und ist somit zeit seines »Lebens« durch seine

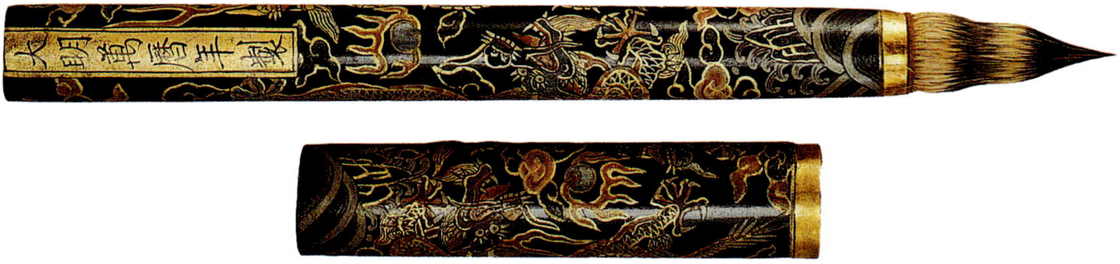

Abb. 1 Kaiserlicher Schreibpinsel aus Cloisonné, Ming-Zeit

Fremdheit gekennzeichnet, mit dem Stigma des Fremden behaftet, eindeutig nicht-chinesischen Ursprungs, nie inkulturiert und daher ständig in Gefahr, bei wie auch immer gearteten nationalen Bewegungen eliminiert zu werden. Die Schrift, die durch ihre unerschütterliche Stabilität eine Sprache wiedergibt, die sich durch ihre Nicht-Entwicklung immer mehr von der gesprochenen Sprache entfernt, begünstigt das Zustandekommen eines stabilen literarischen Sprachguts, welches das Vorrecht und gleichzeitig die Legitimation der Autorität jener kleinen, elitären Schicht bildete, welche die Einheit des Kaiserreichs bewahrte: der Beamten.

Um das Bild von der chinesischen Schrift abzurunden, sei an dieser Stelle auch noch einiges zur chinesischen Sprache angemerkt: Die chinesische Sprache ist isolierend, monosyllabisch und polyton; das heißt, das Chinesische ist eine Tonsprache, die zum Großteil aus einsilbigen Wörtern besteht, ohne Flexion. Gerade die fehlende Flexion bereitet dem Sprecher einer indogermanischen Sprache am meisten Schwierigkeiten, vor allem beim Übersetzen von klassischen Texten, die nicht im modernen, dem Sprachgebrauch angepaßten und zur Agglutination neigenden, daher leicht verständlichen Stil geschrieben sind. Ein solcher Text ist ohne die ausreichende Kenntnis des historischen Hintergrundes, vor dem er verfaßt wurde, nur schwer zu übersetzen. Die fehlenden Flexionssilben lassen das Satzgefüge nur erahnen, zumal die Schriftzeichen gelegentlich auch nicht eindeutig Verb, nicht eindeutig Nomen sein müssen. Die fehlende Interpunktion tut ein übriges. Und man benötigt außerdem auch noch ein gutes Einfühlungsvermögen, um festzustellen, ob die Handlung in der Vergangenheit stattfand oder in der Zukunft geschehen soll. Der Mangel an Flexion gibt Raum für eine großzügige Interpretierfreudigkeit und schafft einen wesentlich größeren Bedeutungsrahmen, als dies flektierende und dadurch zur Reduktion neigende Sprachen tun. Das heißt, von einer »Wohldefiniertheit« der Begriffe kann im klassischen Chinesisch, also jener zur Literatur- und Gelehrtensprache der vergangenen zwei Jahrtausende hochstilisierten Ausdrucksform, keine Rede sein. Folgen wir der These Humboldts, so scheint die »Wohldefiniertheit« auch nicht das angestrebte Ziel gewesen zu sein, da man die Sprache ansonsten danach ausgerichtet hätte. Die fehlende »Wohldefiniertheit« ist möglicherweise wiederum ein Ausdruck jenes vereinheitlichenden, verinnerlichenden chinesischen Denkens, das eher auf die synthetische Erfassung des Ganzen, der Kontextgebundenheit, angelegt ist als auf analysierende, aus dem Zusammenhang herauslösende Begrifflichkeit.

Während also das Streben nach Einheit von Makrokosmos und Mikrokosmos, von himmlischer und staatlicher Ordnung im Konfuzianismus zur Grundlage einer diesseitigen, pragmatischen Sozialethik und Staatslehre heranreifte, ist das Ideal der Einheit von Makro- und Mikrokosmos im Daoismus, der zweiten bedeutenden Denktradition Chinas, Ausgangspunkt für eine zur Mystik tendierende, deswegen jedoch nicht minder diesseitig ausgerichtete Naturphilosophie. Ihr Ziel ist das Einswerden mit der Natur, mit dem *Dao* der Natur, und zwar durch betrachtende, quietistische Versenkung, kultivierte Begierdelosigkeit und

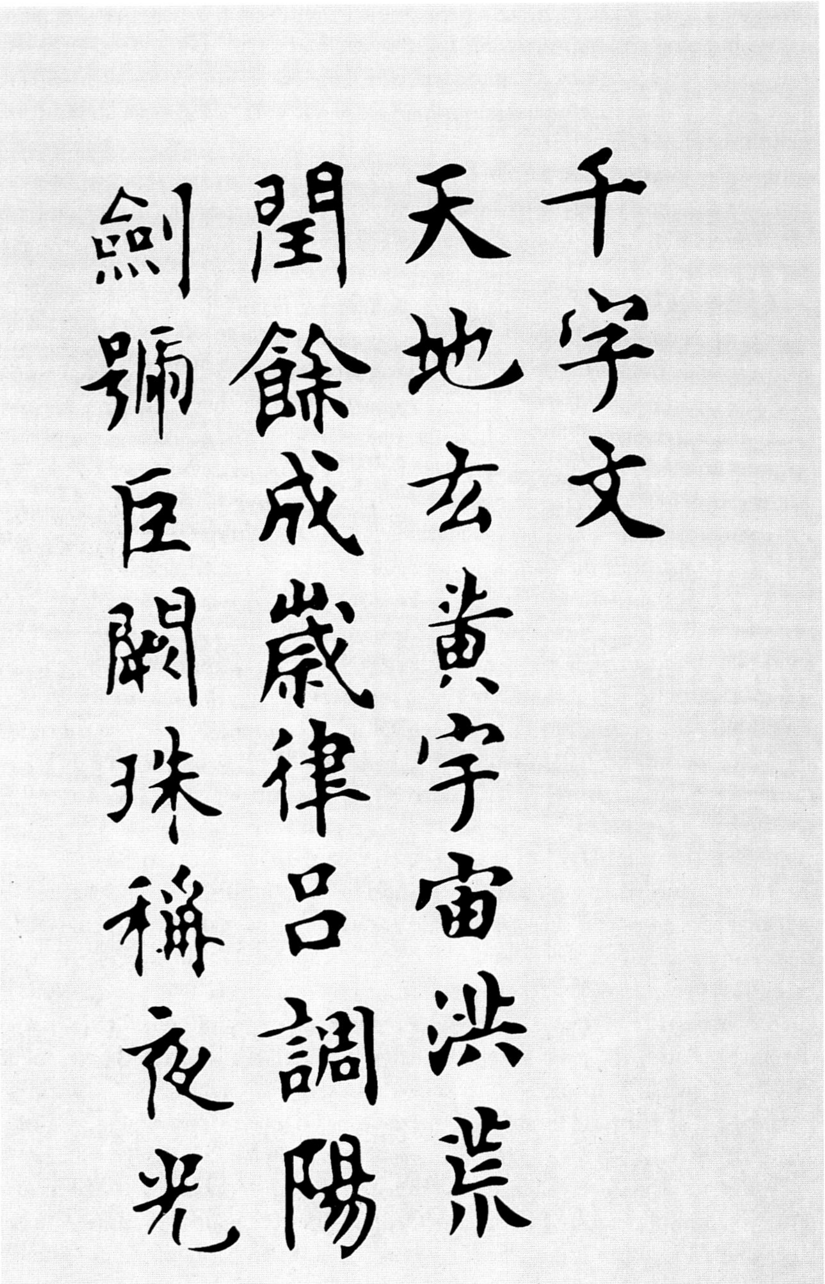

Abb. 2 Anfang der »Geschichte Chinas in tausend Schriftzeichen«, Qianzi wen, von Wen Zhengming (1430–1539)

kontemplative Meditation. Dieses Ziel ist durchaus schon im Diesseits zu erreichen – durch *wu wei*, wörtlich »Nicht-Handeln«, das heißt durch ein sich-Einfügen und sich-Verhalten »wie das Wasser«, das sich trotz aller Widerstände seinen Weg bahnt. *Wu wei* bedeutet also, den Dingen ihren Lauf zu lassen; doch dies bedeutet keine apathische Gleichgültigkeit, sondern den Verzicht darauf, den Dingen entgegen ihrer Natur Zwang anzutun. *Wu wei* heißt, der Natur zu genügen, ihr nicht zuwider zu handeln. Sein Ziel ist deshalb nicht die Untätigkeit, sondern die Harmonie, die Einheit mit der Natur.

Auch der Daoismus entwickelte sich in jener Zeit des Niedergangs der Östlichen Zhou-Dynastie, einer Ära politischer Wirren und großer Naturkatastrophen. Die ursprüngliche Einheit von Mensch und Natur schien im Prozeß der Zivilisation verlorengegangen zu sein. Während der Konfuzianismus einen Kodex ethischer Normen zur Wiederherstellung der Harmonie, des Einklangs propagierte, setzte der Daoismus auf die Natur, der selbst Ordnung und Gesetzmäßigkeit zu eigen sind: Die Natur selbst lehrt das rechte Verhalten; sie ist selbstgenügsam, autonom und bedarf keiner Korrekturen. Im Einswerden mit der Natur, welches das »Abschalten« der menschlichen Betriebsamkeit zur Voraussetzung hat, liegt das Ideal der Harmonie, der Übereinstimmung, der Einheit. Die heiter-friedliche Ausgeglichenheit und innere Ruhe, die das Hintanstellen allen berechnenden Handelns, aller Gier und allen Ehrgeizes, die Beschränkung der Leidenschaft und das – im wahrsten Sinn des Wortes – gleichmütige Annehmen aller Wesen und Umstände mit sich bringen, ist ein Schritt zur vollkommenen Vereinigung mit dem *Dao*. Mit diesem In-Sich-Versenken in die Natur und das Wesen aller Dinge, mit jener angestrebten Harmonie mit der Natur, die ein ganz besonders intensives Betrachten und inneres Erleben natürlicher Phänomene ermöglicht, hat der Daoismus einen wesentlichen Beitrag zur chinesischen Malerei, Poesie und Gartenbaukunst geleistet.

Wenn im Zusammenhang mit dem Daoismus schon die Mystik angesprochen wurde, so seien hierzu noch einige Bemerkungen am Rande gestattet, zumal die »fernöstliche Mystik« heute dem – vermeintlich – Orientierten ein Greuel, dem Orientierungslosen die Ersatzlösung schlechthin ist. Meditation oder mystische Versenkung – welcher Bezeichnung man sich auch immer bedienen will – ist eine Form von Andacht in der durchaus wörtlich zu nehmenden Bedeutung, den ruhelos wandernden, an das Unwesentliche sich verlierenden Gedanken Einhalt zu gebieten und sie auf ein Ziel hin zu lenken. Eine solche Andacht ist kein Sport, der jeden Montag von 17 bis 19 Uhr ausgeübt, kein Mittel zur »Selbstfindung«, das konsumiert werden kann. Andacht – welcher Art auch immer – ist nur sinnvoll mit einer entsprechenden Disziplin im eigenen Lebenswandel, mit der persönlichen Einstellung der Barmherzigkeit, der Anspruchslosigkeit, der Selbstbeherrschung und der Zurückhaltung. Das »Ich«, das »Selbst« soll dabei nicht »gefunden«, nicht »verwirklicht«, sondern abgelegt werden: Selbst-losigkeit ist das wahre Ziel der Meditation. Zu einer solchen inneren Einstellung gehören auch die Überzeugung von der Existenz eines Höchsten – gleich ob es sich dabei um die persönliche Vorstellung eines göttlichen Wesens oder um die unpersönlichere Idee von einem göttlichen Seinszustand handelt (wie etwa dem *Dao* oder dem *Nirvana*) – und die damit notwendig einhergehende Ehrfurcht und Demut. Dies soll insofern ein Plädoyer für die »fernöstliche Mystik« der großen asiatischen Traditionen sein, als der sorglose, oberflächliche, vermarktende und damit auch abwertende Umgang mit ihr von einer Respektlosigkeit zeugt, die unsere Vorfahren vor nicht all zu langer Zeit veranlaßte, wertvolle Kulturgüter aus fremden Ländern zusammenzuraffen, und uns heute in den geistigen Beständen außereuropäischer Kulturen wie in einem Selbstbedienungsladen plündern läßt.

Die chinesische Denktradition ist von der Vorstellung des Kosmos als ein einheitliches Ganzes geprägt. Ein Netz von Zusammenhängen, Abhängigkeiten, Verkettungen und Analogien bestimmt seine Ordnung. Dem Menschen kommt darin kein herausragender, gesonderter Bereich zu, wohl aber ist er ein zentraler Teil dieses Systems. Es ist unwesentlich, ob man in der Ausübung der höchsten Schicklichkeit und Sittlichkeit – die sich freilich nicht im äußeren Handeln erschöpfen, sondern von einer entsprechenden inneren Einstellung getragen sein müssen – seine Selbstbeherrschung innerhalb der Gesellschaft gewinnt oder aber in der Zuwendung zur Natur eine Befreiung von Begierden und Wünschen erzielt: Im Vordergrund steht stets der Geist der Versöhnung, der allumfassenden Einheit, der Übereinstimmung, des Einklangs, der Harmonie. Gesellschaft und Natur bilden keine Gegensätze. Das ideale Ziel ist stets das gute Einvernehmen einerseits der Menschen untereinander, andrerseits des Menschen mit der Natur. Einheit und Harmonie müssen gewahrt und die Ordnung damit aufrechterhalten bleiben.

Bedrohend und gefährlich für die allumfassende Einheit ist *Luan*, das Chaos. *Luan* entsteht dann, wenn das Gebot der Harmonie verletzt wird und die soziale wie die universale Ordnung zusammenbrechen. *Luan* bedeutet innere Unordnung und Chaos – Schrecken für jeden, der nach Harmonie, nach Einheit strebt. *Luan* ist die Begleiterscheinung eines Todesfalles in der Familie, dem durch Totenkult und Ahnenverehrung gegenzusteuern ist, um die Kontinuität der Familienstruktur zu gewährleisten. *Luan* ist aber auch das Ergebnis, wenn sich in Familie, Gesellschaft und Staat die ethischen Normen und sozialen Rollenzuteilungen verändern, umgestoßen oder untergraben werden. In diesem Fall muß die Einprägung adäquater Werte und Verhaltensweisen im Volke einsetzen, denn die nationale Einheit hat in China durch die Jahrhunderte stets die ideologische Einheit zur Bedingung. Die Aufgabe der Korrektur oblag der Beamtenschaft, auf deren Schultern die Verantwortung für die Einheit des Reiches ruhte. Denn »wer nicht das Amt hat, der kümmere sich nicht um die Regierung«, spricht Konfuzius.

Von den Anfängen

Archäologie

Dinosauriermuseum in Zigong/Sichuan – eine Rarität

Weit zurück in die Geschichte des Erdmittelalters, in die jurassische Periode und die Kreidezeit, führen die Schätze eines Museums, welches nicht nur innerhalb der Grenzen Chinas, sondern wohl auf der ganzen Welt zu den besonderen Raritäten zählt: das Dinosauriermuseum in Zigong in der Provinz Sichuan. Ganz in der Nähe der Stadt, im Südwesten der fruchtbaren Beckenlandschaft Sichuans, befindet sich die erste und heute eine der wichtigsten Fundstätten an Saurierfossilien. Schon vor etwa 80 Jahren begann man an dieser fossilen Fundstätte zu forschen; bis heute sind in der Umgebung von Zigong über 40 solcher Fundstellen entdeckt. Allein an dem 11 km nordöstlich des Stadtzentrums gelegenen Dashanpu befindet sich im Umkreis von etwa 3000 m^2 eine der weltweit größten und reichhaltigsten Fundstätten an Saurierfossilien. Mindestens von 70 dieser ausgestorbenen Lebewesen wurden Einlagerungen gefunden, darunter etwa 30 vollkommene oder nahezu vollständige Skelette und drei völlig erhaltene Schädel; zudem auch noch Skeletteinlagerungen von etwa 10 vogelartigen Lebewesen und die frühesten Funde eines Flugsauriers. Dem einzigartigen Museum, welches erst jüngst an dieser reichhaltigen Fundstelle errichtet wurde, ist auch ein Forschungsinstitut angeschlossen.

Peking-Mensch, Sinanthropus pekinensis, paläolithische Fundstätte in Zhoukoudian/Hebei

Als ebenfalls in den zwanziger Jahren dieses Jahrhunderts in einer Apotheke neben anderen Fossilien auch Zähne als Heilmittel gehandelt wurden, die eindeutig als von einem Menschen stammend zu identifizieren sind, ließ die Entdeckung des Peking-Menschen nicht mehr lange auf sich warten. An einem steilen Hügelabhang der Kalksteinberge bei Zhoukoudian, etwa 40 km südwestlich von Beijing, liegt die nicht nur für die älteste Kulturgeschichte Chinas so bedeutsame Höhlensiedlung des Homo Erectus. »Drachenknochenberg«, Longgu Shan, werden die Hügel hier genannt, seitdem bereits in der Ming-Zeit Arbeiter eines Kalksteinbruchs Knochen entdeckten, die – den chinesischen Vorstellungen verhaftet – als Drachenknochen interpretiert wurden. Mehrere Generationen von den etwa 1,55 m großen Peking-Menschen mögen in diesen Höhlen gelebt haben; sie bestritten ihren Lebensunterhalt vorwiegend durch die Jagd und ernährten sich von verschiedenen Tieren wie etwa Hirsch, Elefant, Wildschwein, Pferd und Nashorn. Ihre Werkzeuge waren einfache Steingeräte aus Quarz und Sandstein, also nicht besonders haltbare Materialien. Die Nut-

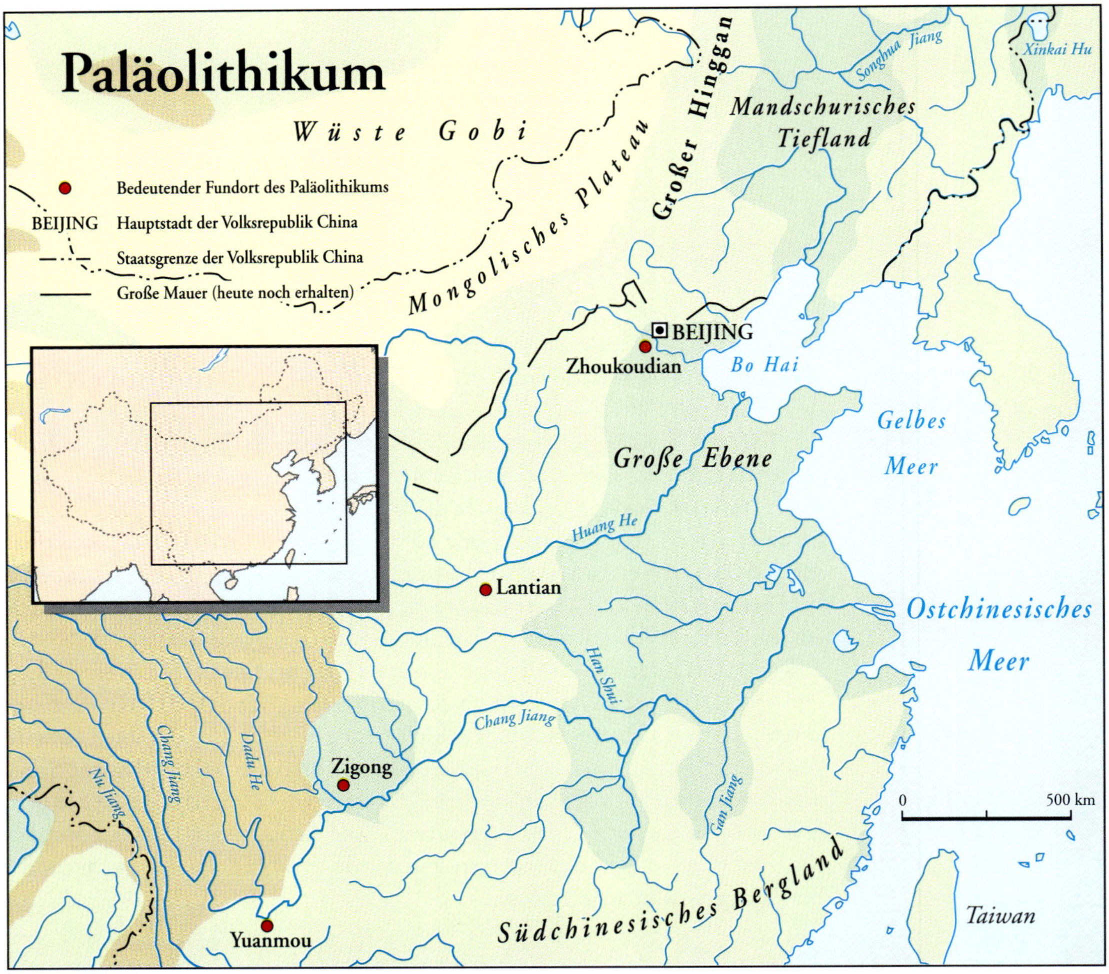

zung des Feuers war ihnen nicht unbekannt; sie verwendeten es zum Kochen und wohl auch zum Heizen, denn das Klima war im Nordchina der Eiszeit vermutlich erheblich kälter als heute.

Die historischen Aufzeichnungen Chinas, die sich durch eine lange und kontinuierliche Tradition auszeichnen und – wie bereits im Vorwort ausführlich beschrieben – mit gezielter Strategie die im Dunkeln liegende Frühgeschichte durch Rekonstruktion und Reproduktion bis in weit entfernte Tage zu erhellen suchen, reichen nicht bis in die Zeit des Peking-Menschen zurück. Er hauste einst an einem Kliff an der Meeresküste, die sich in den nachfolgenden 500 000 Jahren etwa 160 km von diesem steilen Hügelabhang zurückgezogen hat. Noch bevor die ersten kostbaren Funde in einem Museum aufbewahrt werden konnten, gingen sie auch schon verloren: Unter bisher ungeklärten Umständen

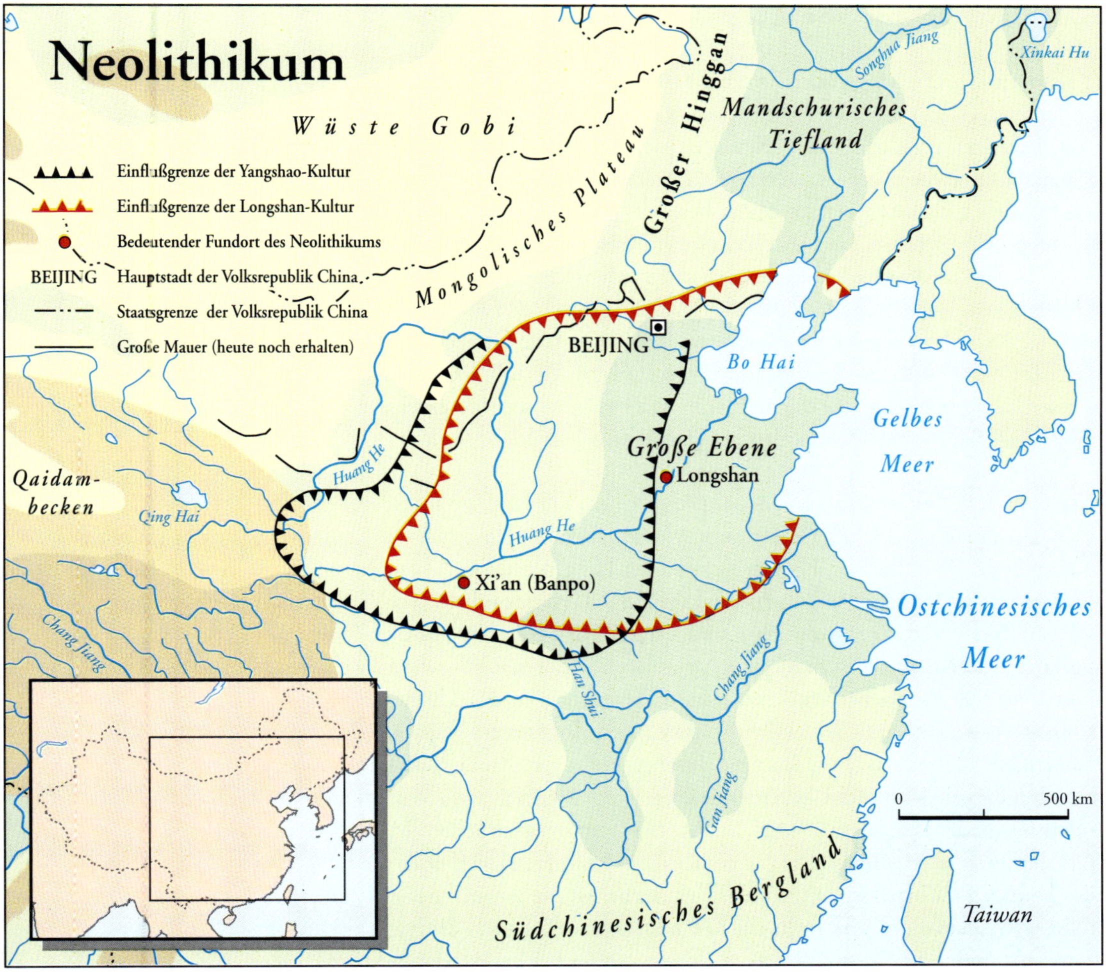

verschwanden die wertvollen Knochenfunde während der japanischen Besetzung im Zweiten Weltkrieg. Nach dem Krieg jedoch wurden die Ausgrabungen fortgesetzt und neues Material ans Tageslicht gebracht. 1953 richtete man an dieser Fundstelle in Zhoukoudian ein Museum ein, das eine ständige Ausstellung zur Evolution des Menschen im allgemeinen und zum Leben des Peking-Menschen im besonderen beherbergt.

Yuanmou-Mensch, Fundstätte in Yuanmou/Yunnan

In den 40 Jahren seit der Gründung der Volksrepublik China wurden noch etliche andere Siedlungsüberreste aus der Altsteinzeit entdeckt und viele Fossilien gefunden, die zum Teil erheblich älter als der Peking-Mensch sind. Die Fossilien des ältesten aufrecht gehenden Menschen auf dem chinesischen Festland gehören dem ebenfalls nach seiner Fundstelle benannten Yuanmou-Menschen. Die Lebenszeit dieses frühgeschichtlichen Homo Erectus liegt etwa 1,7 Millionen Jahre zurück; in den siebziger Jahren erregte die Entdeckung bei Yuanmou in der heutigen Provinz Yunnan großes Aufsehen.

Lantian-Mensch, Sinanthropus lantianensis, Fundstätte Lantian/Shaanxi

Angesichts einer solchen Zeitspanne ist der Lantian-Mensch aus der Provinz Shaanxi mit einem Alter von etwa 600 000–700 000 Jahren ein älterer Verwandter des anfangs genannten Peking-Menschen.

Es sei im weiteren der Archäologie überlassen, mehr Licht in die graue Vorzeit des altsteinzeitlichen chinesischen Menschen zu bringen. In einem großzügigen, Jahrtausende überspringenden Bogen betreten wir nun einen Boden, der sich unserer Vorstellungsgabe für historische Dimensionen weit eher erschließt und bereits die detaillierte Grundlage für die kulturgeschichtliche Entwicklung eines Landes darstellt, für welches wir uns – geschichtsträchtigen Spuren folgend – um wohlwollendes Verständnis bemühen.

Neolithische Kulturen in den Tälern des Huang He und Chang Jiang

Vor etwa 7000 bis 8000 Jahren entstanden in einem nur langsam fortschreitenden Prozeß allmählich kleine Dörfer und Weiler, menschliche Siedlungen in den Tälern des Gelben Flusses, Huang He, und des Langen Flusses, Chang Jiang. Die Vorfahren der heutigen Chinesen begannen mit Getreideanbau und Viehzucht, sie benützten steinernes Werkzeug und keramisches Geschirr. In der Zeitrechnung der Archäologie spricht man vom Beginn des neolithischen Zeitalters. Dort, wo sich die weiten und fruchtbaren Lößebenen an den Ufern des Gelben Flusses erstrecken und der aufkeimenden Agrikultur guten Nährboden boten, entstanden auch die wichtigsten neolithischen Kulturen. Rund 7000 Fundstätten aus der Jungsteinzeit sind bereits registriert; die vielen Funde vermitteln eine relativ genaue Vorstellung vom Leben des jungsteinzeitlichen Menschen in China. Doch es ist keinesfalls eine einheitliche Kultur, die sich über die Gebiete des heutigen China erstreckt, sondern vielmehr ein Nebeneinander oder unmittelbares Aufeinander unterschiedlicher Kulturen, bei denen die verschiedenen Entwicklungsstufen menschlicher Fähigkeiten und Fertigkeiten sehr gut zu erkennen sind.

Yangshao-Kultur, neolithische Funde im Lößgebiet der Provinz Henan

Eine der wichtigsten Kulturen ist die nach ihrem ersten Fundort benannte Yangshao-Kultur, die sich etwa zwischen 5000 und 3000 vor unserer Zeitrechnung weit über die Lößhochebenen Zentralchinas erstreckte. Die Fundstätten sind verstreut über die heutigen Provinzen Henan, Shaanxi, Shanxi, Hebei, Gansu, Ningxia, Qinghai, Nei Menggu und zum Teil auch Hubei. Noch ohne Töpferscheibe fertigte man damals die für die Yangshao-Kultur so charakteristische rote Keramik, die – gelegentlich nach dem Brand mit abstrakt stilisierten Formen bemalt – nicht nur für häusliche Zwecke, sondern auch als Schmuck verwendet wurde.

Abb. 3 Neolithische Vase aus gebranntem Ton, Yangshao-Kultur

Abb. 4 Neolithischer Krug aus gebranntem Ton, Longshan-Kultur

Banpocun, bedeutendste Fundstätte der Yangshao-Kultur, Xi'an/Shaanxi

Vor etwa 5000 bis 6000 Jahren befand sich nahe dem Dorf Banpo – unweit von Xi'an, einer der traditionellen Kaiserstädte Chinas – auf einer terrassenartigen Anhöhe über einem Flußufer, wie bereits bei neolithischen Siedlungen üblich, eine Ortschaft mit rund 500 bis 600 Bewohnern: Häuserreste, Zäune, Vorratsgruben, Töpfereien und Grabstätten wurden von 1954 bis 1957 freigelegt und zum Teil als Museum überbaut. Um ein rundes Versammlungshaus, das wohl für alle offiziellen und gesellschaftlichen Ereignisse genutzt wurde, gruppieren sich die Wohnstätten, deren Fußboden zumeist abgesenkt ist, so daß der Wohnraum über Stufen oder eine Leiter zugänglich war. Aus Lehm und Flechtwerk waren die Mauern errichtet, die zugleich – wie auch das Dach – von hölzernen Pfosten gestützt wurden. Die Feuerstelle zum Zubereiten der Speisen liegt in der Mitte der Wohnstätte; die Vorräte wurden in nahen großen Gruben außerhalb des Hauses aufbewahrt. Ein Verteidigungsgraben – doch noch keine Mauer! – umschloß beschützend die Siedlung. Die Grabstätten befinden sich außerhalb im Norden der Ortschaft – nur Kleinkinder wurden in irdenen Gefäßen unweit der eigenen Wohnstätte beerdigt; die Keramiköfen befinden sich im Osten der

Siedlung. Für die unterschiedlichsten Zwecke stellten die Bewohner von Banpo einfache Keramik und allerlei Steinwerkzeug her; sie lebten von der Jagd und vom Fischfang, gleichzeitig bauten sie Hirse an und domestizierten das Schwein, die Ziege und den Hund. Auch war ihnen die Technik des Spinnens und Webens nicht mehr unbekannt – eine Vielzahl von Spinnwirteln wurde ausgegraben, und ein halber Seidenraupenkokon aus einem Grab in der Provinz Shaanxi läßt die Verwendung von Seide vermuten.

Longshan-Kultur, neolithische Fundstätte in der Provinz Shandong

Als man im Jahre 1928 beim Dorf Longshan in der Provinz Shandong auf äußerst dünnwandige, schwarze beziehungsweise graue Keramik stieß, die augenscheinlich auf einer Scheibe gedreht war, hatte man die zweite große neolithische Kultur entdeckt. Die in herkömmlicher Weise ebenfalls nach ihrem ersten Fundort benannte Longshan-Kultur überlagerte die zuvor genannte Yangshao-Kultur und löste sie ab; sie erstreckte sich über den Zeitraum von 3000 bis 2000 vor unserer Zeitrechnung. Die seßhaften Bauern jener Zeit lebten in häufig von Lehmwällen umfriedeten Dörfern auf den Lößterrassen im östlichen China. Auch ihre Häuser waren in den lehmigen Boden eingesenkt; sie züchteten neben Schwein, Schaf und Hund auch das Rind. Bei dieser Kulturform fallen insbesondere die vielen Spuren einer bereits bestehenden Orakeldeutung anhand von Knochen auf, die sich wenig später, in der ersten historisch belegten Dynastie der Shang, zu einer elaborierten Kunst entwickelte. Auch so manche Gefäßtypen dieser Kultur sind unmittelbare Vorläufer der unter den Shang ausgeprägten Ritualbronzen. Denn in der chinesischen Zentralebene, genau im Schnittpunkt der beiden großen neolithischen Kulturen, an den südlichen Uferregionen des Gelben Flusses, entstand etwa um die Mitte des 2. Jahrtausends v. Chr. eine bronzezeitliche Kultur: die Dynastie der Shang.

Museum der Chinesischen Geschichte, Beijing
Museum der Provinz Gansu, Lanzhou

Wer für die steinzeitlichen Kulturen Chinas und die repräsentativen archäologischen Funde dieser und der darauffolgenden Perioden eine besondere Vorliebe hegt, ist gut beraten, noch weitere Museen zu besuchen: Da ist zum Beispiel das Museum der Chinesischen Geschichte in Beijing zu nennen, jener repräsentative Museumsbau an der Ostseite des Platzes des Himmlischen Friedens, der zugleich das Museum der Chinesischen Revolution beherbergt. Es enthält eine Reihe archäologischer Kostbarkeiten von den Funden der frühesten Hominiden Chinas. Hochinteressant ist auch die Sammlung jungsteinzeitlicher Keramikfunde auf dem Boden der Provinz Gansu, die im dortigen Provinzmuseum in der Stadt Lanzhou zu sehen ist.

Mythologie

Etwa im 2. Jahrtausend vor unserer Zeitrechnung trat China in seine historische Zeit ein. Die erste Dynastie, deren Existenz durch zahlreiche archäologische Funde belegt ist, ist die der Shang (1766–1122 v. Chr.). Zwar ist die in diversen Grabstätten jener Zeit gefundene Inschriftenliteratur auf Bronzen und auf zu Orakelzwecken verwendeten Knochen sehr reichhaltig, sie gestattet es jedoch nicht – wegen ihrer beschränkten Thematik –, die Geschichte der Dynastie systematisch und verläßlich zu rekonstruieren.

Philosophische Texte und Ritualschriften historischen Inhalts, deren Entstehungszeit freilich nicht immer gesichert und vor allen Dingen wesentlich später anzusetzen ist, liefern hingegen sehr wohl eine Fülle von Informationen über diese Epoche: Diese Texte und die späteren Dynastiegeschichten nennen indessen noch vor der Shang-Dynastie eine andere, die legendäre Dynastie der Xia, die bislang von der Archäologie noch nicht bestätigt werden konnte. Es ist aber gewiß statthaft, ja reizvoll, aufgrund der reichen mythologischen Literatur, die oft genug auf die Xia-Dynastie anspielt, die Spuren tief in die legendäre Vergangenheit Chinas weiterzuverfolgen, auch wenn sie gelegentlich verwischt und unscharf sind.

Die drei Erhabenen, die mythischen Herrscher Chinas und Begründer der menschlichen Gesellschaft

In der Morgendämmerung der Historie sollen die »Drei Erhabenen«, San Huang, aufgetreten sein. Sie legten den Grundstein zur menschlichen Gesellschaft, machten der Urzeit im Chaos ein Ende. Sie zeichneten sich durch eine Vielzahl von Erfindungen und Segnungen aus, die sie den Menschen zuteil werden ließen. Nicht alle Legenden und mythenhaften Erzählungen entwerfen eine deckungsgleiche Beschreibung dieser mächtigen Herrschergestalten; doch dies ist wohl das Vorrecht mythologischer Literatur. Die folgende Darstellung der mythischen Herrscher Chinas folgt der gängigsten Überlieferung.

Fuxi, Nügua und Shennong

Fuxi, dem ersten der »Drei Erhabenen«, wird die Erfindung der Schrift und der Acht Trigramme als Grundlage der Orakelkunst zugeschrieben; er lehrte die Menschen, Fischfang zu betreiben und wilde Tiere zu jagen. Gemeinsam mit Nügua, welche die Sintflut bannte, errichtete er jene weise Regierung, die den Fortbestand der menschlichen Ordnung zu sichern vermochte. Shennong schließlich, der »Göttliche Landmann« und dritte der »Drei Erhabenen«, lehrte die Menschen die Grundlagen des Ackerbaus sowie die Fertigung und Benutzung des Pfluges.

Huangdi, der Gelbe Kaiser – der erste der fünf legendären Kaiser

Alsdann trat Huangdi, der »Gelbe Kaiser«, seine Weltenherrschaft an, als erster der fünf legendären Kaiser. Er gilt als Ahnherr des chinesischen Volkes und ist unumstritten eine der wichtigsten Gestalten im chinesischen Volkstum. Er, den die Daoisten später als Gründer ihrer Lehre betrachten, wird in der Überlieferung als Richter und Eroberer vorgestellt. Der »Gelbe Kaiser« war – von seiner Herkunft und Ausbildung her – ursprünglich Schmied und beherrschte damit die Kunst der Verschmelzung und Verwandlung des Metalls, eine Fertigkeit, welche die Beherrschung der Elemente symbolisiert und mit dem Akt der Zeugung verglichen wird. Hundert Jahre soll seine Regentschaft gewährt haben; fünfundzwanzig Söhne nannte er sein eigen. Er rodete die Wälder und lehrte die Menschen, Behausungen zu bauen und in Dörfern zusammenzuwohnen. Er brachte ihnen bei, wilde Tiere zu domestizieren und den Webstuhl zu benutzen, denn seiner Frau ist die Einführung der Seidenraupenzucht zu verdanken.

Yao und Shun – die musterhaften Herrscher des »Goldenen Zeitalters«

Yao und Shun sind die beiden letzten der fünf legendären Kaiser – archäologisch gesehen etwa zur Zeit der ausgehenden Longshan-Kultur. Konfuzius nennt sie als erste geschichtliche Kaiser, und wenn er sein Loblied auf das »Goldene Zeitalter« anstimmt, so meint er damit die Zeit der Regentschaft von Yao und Shun. Besonders Yao gilt als das Musterbeispiel einer idealen, vollkommenen Herrschergestalt, die sich durch Gerechtigkeit und Tugendhaftigkeit auszeichnet.

Die ersten mythischen Herrscher Chinas sind allesamt musterhafte, heroengleiche Leitfiguren, die den Menschen in allerlei nutzbringenden Tätigkeiten und Künsten unterweisen. Eine chinesische ›Kulturgeschichte‹ führt dazu aus: *»In der Urzeit gab es noch keine sittlichen und gesellschaftlichen Ordnungen. Die Menschen kannten nur ihre Mutter, nicht ihren Vater. Hungrig suchten sie nach Nahrung, gesättigt warfen sie die Reste weg. Sie fraßen ihre Nahrung mit Haut und Haaren und tranken das Blut und hüllten sich in Felle und Schilf. Da kam Fuxi und blickte empor und betrachtete die Bilder am Himmel, blickte nieder und betrachtete die Vorgänge auf Erden. Er vereinigte Mann und Frau, ordnete die fünf Wandelzustände und setzte die Gesetze des Menschentums fest. Er zeichnete die acht Zeichen, um die Welt zu beherrschen ...«* (aus dem Baihutong, zit. nach Wilhelm, I Ging, S. 304 ff.).

Yu, der Flutenbändiger – Gründer der legendären Dynastie Xia

Auf Yao und Shun folgte der Tradition nach Yu, der Große. Er gilt als Ahnherr der legendären Dynastie Xia. Mit Geschick und Klugheit verstand er es, gegen die Flut zu kämpfen; er änderte den Flußlauf, sofern es die Notwendigkeit verlangte, engte das Flußbett ein oder öffnete dem Wasser einen Weg. Denn wie ein Trauma liegt die Gewalt des Gelben Flusses über der Geschichte Chinas; leidgeprüft ist das Volk, das gerade hier, an den Gestaden des unberechenbaren, ungebärdigen und tückischen Flusses, die Keimzelle seiner Kultur aufbaut. In dem ertragreichen, fruchtbaren Lößboden finden sich die Spuren der ältesten Ansiedlungen Chinas.

Der Gelbe Fluß – Lebensspender und todbringende Gefahr

4845 Kilometer lang zieht sich der Gelbe Fluß quer durch Nordchina, von seinem Ursprung im Hochland von Qinghai bis hin zum Ostchinesischen Meer. 1500mal durchbrach er in den letzten 2000 Jahren Dämme und Deiche, 26mal änderte er seinen Lauf. Im Oberlauf ungestüm und hastig durch tiefe Täler stürzend, durchquert er im Mittellauf das größte Lößplateau der Welt – das von der Lößerde bräunlich-gelb gefärbte Wasser gab ihm seit jeher seinen Namen. Im Mittellauf sammelt er Unmengen von Schlamm und schleppt sie mit sich, bis er – im Unterlauf breiter und ruhiger geworden – einen Teil dieser Schlammassen wieder ablagert und nur allzuoft mit zerstörender Gewalt aus seinen Ufern tritt. Nicht immer freilich sind in der chinesischen Geschichte die Flutkatastrophen, die jedesmal ein verheerendes Ausmaß annehmen, auch Folge eines Naturereignisses. Die ständig wütende und unablässig bedrohliche Gewalt des Flusses läßt sich auch mit einigem Geschick als eine sehr wirkungsvolle Waffe handhaben: Um eines Aufstandes der Landbevölkerung Herr zu werden, welcher der Kaiserstadt Kaifeng bereits ernsthaft zu schaffen machte, wurden im Auftrag des Ming-Kaisers Chongzhen im Jahr 1642 die Deiche geöffnet. Über 300000 Menschen kamen bei dieser gezielt verursachten Flutkatastrophe ums Leben. Ähnlich verfuhr Jiang Kaishek im Juni des Jahres 1938, als er – um den Vormarsch der Japaner zu stoppen – den Flußdeich nahe Zhengzhou sprengen ließ. Die Wassermassen fluteten über 54000 km^2 Landfläche hinweg und begruben 890000 Menschen in dem Tod und Verwüstung bringenden Strom, 12,5 Millionen Menschen wurden obdachlos. Doch den Japanern war dadurch kein Einhalt geboten! Wenngleich in der Geschichte Chinas für Millionen Menschen zum Sarg geworden, gilt das Becken des Gelben Flusses dennoch als die Wiege der chinesischen Kultur.

Was Wunder also, wenn dem ersten Kaiser der Xia-Dynastie eine zähmende Macht über das Wasser zugesprochen wird? Mit »schwellender Erde« soll es dem Großen Yu gelungen sein, eine geradezu sagenhafte Anzahl von Flüssen einzudämmen. Im Jahre 2205 v.Chr. (oder 1994 v.Chr.) soll Yu die Xia-Dynastie gegründet haben.

Die historische Zeit

Xia-Dynastie (2205–1766 v. Chr.)

Die legendäre Dynastie der Xia

Auch wenn die Xia-Dynastie archäologisch nicht zu belegen ist, ja nicht einmal ihr Name einem schriftlichen Zeugnis ihrer Zeit entstammt – der Name Xia kommt auch nicht auf den Knochen- und Schildkrötenpanzerorakeln der nachfolgenden Shang-Dynastie vor –, so wird man sie doch nicht als Phantasieprodukt späterer historischer Spekulationen abtun können. Die durchaus ansehnlichen Funde aus der ersten frühen Hochkultur Chinas, der Zeit der Shang-Dynastie, lassen die Vermutungen über eine vorangegangene Entwicklungsstufe, die mit der Dynastie der Xia identisch sein könnte, nicht ganz ungerechtfertigt erscheinen. Doch ist es an der Archäologie, dies zu bestätigen. In bewährter traditioneller Manier rekonstruierten spätere historische Texte jedenfalls diese – trotz allem – legendäre Dynastie und schrieben ihr sogar eine Herrscherfolge von siebzehn Königen zu. Wenngleich die Herausbildung einer chinesischen Hochkultur in eine – verglichen mit den anderen Kulturen der Alten Welt – relativ späte Zeit fällt, so ist doch unbestritten, daß in China seitdem eine ununterbrochene Kontinuität dieser Hochkultur bestanden hat.

China – die längste kontinuierliche Hochkultur der Welt

China blickt auf die weltweit längste zusammenhängende Kultur zurück und ist zudem das älteste überlebende Großreich, dessen vorwiegend bäuerliche Gesellschaft von einer kleinen herrschenden Elite bürokratisch organisiert und verwaltet wird – so betrachtet, auch heute noch.

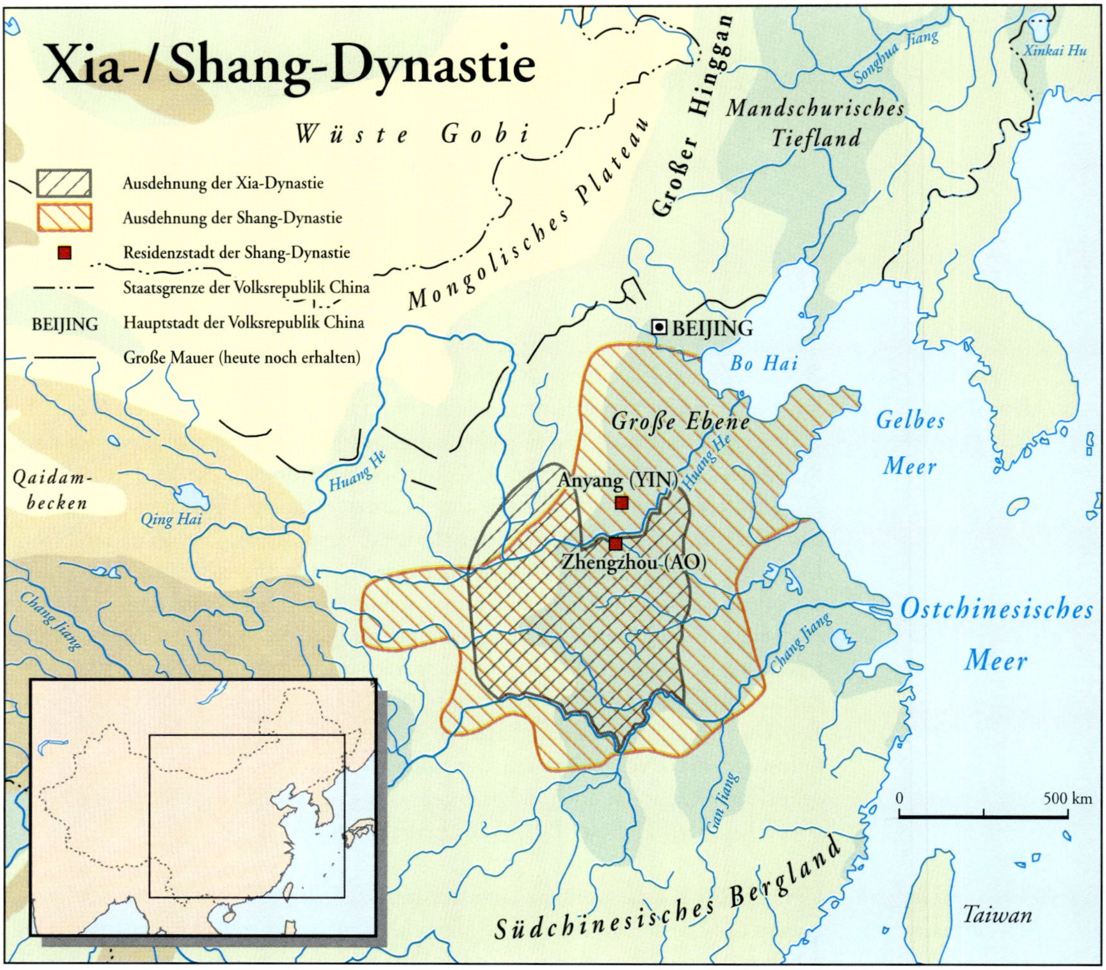

Xia-/Shang-Dynastie
Ausdehnung der Xia-Dynastie
Ausdehnung der Shang-Dynastie
Residenzstadt der Shang-Dynastie
Staatsgrenze der Volksrepublik China
BEIJING Hauptstadt der Volksrepublik China
Große Mauer (heute noch erhalten)
Wüste Gobi
Mongolisches Plateau
Großer Hinggan
Mandschurisches Tiefland
Songhua Jiang
Xinkai Hu
BEIJING
Bo Hai
Große Ebene
Gelbes Meer
Anyang (YIN)
Zhengzhou (AO)
Huang He
Qaidam-becken
Qing Hai
Chang Jiang
Ostchinesisches Meer
Gan Jiang
0 500 km
Südchinesisches Bergland
Taiwan

Shang-Dynastie (1766–1122 v. Chr.)

Erste historische Dynastie – das Reich der Shang am Mittellauf des Huang He

Etwas konkreter gestaltet sich unser Wissen über die archäologisch wie auch historisch-literarisch belegte Dynastie der Shang. Cheng Tang soll der Gründer der Dynastie gewesen sein, und wie in allen nachfolgenden Dynastiegeschichten in ähnlicher Weise ausgeführt, ist es auch hier die Unfähigkeit und Verworfenheit des letzten Herrschers der Vorgängerdynastie, die diesen der Macht verlustig gehen läßt und den Weg für einen tugendsamen, weisen Herrscher bereitet, der mit dem Sturz seines Vorgängers die Macht übernimmt und eine eigene Dynastie begründet. Das moralisierende Moment in sämtlichen Erzählungen von Reichsgründungen ist das Erbe des konfuzianischen idealen Herrscherbildes. Der letzte Herrscher einer Dynastie ist eben immer ein Ausbund an Degeneriertheit und Unfähigkeit, ein äußerst verwerflicher Charakter, der seinen Regierungsauftrag, das »Mandat des Himmels«, verwirkt hat – so fordert es das traditionelle historiographische Klischee. Die Geschichte vom Amtsmißbrauch des grausamen und korrumpierten letzten Herrschers der Xia-Dynastie ähnelt in auffallender Weise der Erzählung in den historischen Aufzeichnungen über den letzten König der Shang-Dynastie. Und es werden sich in der chinesischen Geschichte noch etliche Beispiele dieser Art finden!

In den weiten Flußebenen am Mittellauf des Gelben Flusses gelegen, reichte der Einfluß der Shang-Könige auch in die angrenzenden Gebiete. Zudem ist der Dynastie ein äußerst kriegerischer Charakter nicht abzusprechen; die vielen Feldzüge, die unternommen wurden, dienten der Rekrutierung von Sklaven – sie wurden zu Feld- und Hausarbeiten herangezogen und nicht selten auch rituell geopfert. Achtmal verlegten die dreißig Könige der Shang-Zeit ihre Residenz; die wahrscheinlich letzte war die Stadt Yin, in der Nähe des heutigen Anyang.

Worauf stützt sich unser Wissen über diese – wie wir sehen werden – ausgeprägte Bronzekultur der Shang? – Es begann im späten 19. Jahrhundert, als Bauern beim Pflügen der Felder in der Nähe von Anyang immer wieder auf seltsame Knochenstücke stießen. (Auch die Entdeckung der Tonkriegerarmee des Ersten Kaisers von China, Qin Shihuang, ist der Emsigkeit chinesischer Bauern zu verdanken – in diesem Fall durch das Graben eines Brunnens.)

Diese seltsamen Knochen – zumeist Schulterblätter von Rind, Schwein und Schaf – wurden, wie schon erwähnt, in chinesischen Apotheken als besonders wirkungsvolle Medizin verkauft. Einen herausragenden Wirkungseffekt schrieb man dabei den merkwürdigen Symbolen und Zeichen zu, die auf diesen Knochen eingeritzt sind. Sie zogen bald die Aufmerksamkeit chinesischer Wissenschaftler auf sich, und es stellte sich heraus, daß sie Ursprung und Frühform der chinesischen Schrift sind. Die mit Inschriften versehenen Knochen dienten den Herrschern der Shang-Dynastie zu Orakelzwecken, einer Wahrsagetechnik, bei der sorgfältig vorbereitete, geschabte Schulterblattknochen oder Schildkrötenpanzer, auf denen Fragen eingeritzt waren, dem Feuer ausgesetzt wurden. Die durch die Hitze entstandenen Risse und Sprünge deutete man als Orakelspruch, der die gestellte Frage beantwortete. Der großen Anzahl zutage geförderter Orakelknochen sind verschiedene Themenbereiche zu entnehmen: So diente das Orakel dem Königshaus als wichtige Entscheidungshilfe in politischen, religiösen, wirtschaftlichen und alltäglichen Belangen. Man fragte nach günstigen Bedingungen einer Reise oder einer Jagd, nach den Auspizien eines Feldzuges, nach den Aussichten der bevorstehenden Ernte, nach dem Gesunden eines erkrankten nahen Verwandten und vor allen Dingen nach dem rechtmäßigen Opferritual. Etwa 2000 bis 3000 verschiedene Schriftzeichen sind uns auf diese Weise in ihrer frühesten faßbaren Form erhalten. Ein Gutteil dieser Bildzeichen konnte bereits identifiziert werden. Sie geben reichlich Aufschluß über die wirtschaftlichen und gesellschaftlichen Verhältnisse der Shang-Zeit.

Ausgeprägte Orakelkunst und Frühform der chinesischen Schrift

In den ersten Jahrzehnten dieses Jahrhunderts stieß man auf die Spuren einer Residenzstadt der Shang-Könige: die Stadt Yin, unweit des heutigen Anyang, in der Gegend von Xiaotun in der Provinz Henan. Die Aufdeckung ihrer Ruinen war eine Weltsensation. Etwa um 1300 v. Chr. wurde die Stadt unter König Pankeng bezogen. Heute sind Mauerreste der Stadt auf einer Fläche von ca. 24 km^2 freigelegt; 270 Jahre lang diente sie den Shang-Herrschern als Residenzstadt, bevor sie von einer Flutkatastrophe zur Gänze zerstört wurde.

Yin, Residenz der Shang-Könige – sensationelle Funde bei Anyang/Henan

Eine andere shang-zeitliche Stadt, wahrscheinlich die erste Hauptstadt Ao, wurde bei Zhengzhou entdeckt.

Ao, Residenz der Shang, bei Zhengzhou/Henan

Die Königssitze der Shang-Zeit zeichnen sich durch ein bereits sehr komplexes Stadtbild aus: ein großer Palastbezirk, der gleichzeitig auch das religiöse Zentrum darstellt, ihm angeschlossen Bezirke, in denen die Werkstätten der Handwerker liegen, sodann die Wohnstätten der Bevölkerung. Eine aus gestampfter Erde errichtete und mit etlichen Toren versehene Mauer umschloß die großen städtischen Siedlungen, die beträchtliche Ausmaße annahmen: So umfaßten zum Beispiel die Reste der Lehmwälle um die Hauptstadt bei Zhengzhou eine Fläche von etwa 25 km^2.

Archäologische Arbeiten förderten in den Gebieten der ehemaligen Hauptstädte auch Zeugnisse einer hervorragenden Bronzeverarbeitung zutage: Fast aus-

Die Bronzekultur der Shang

schließlich wurde Bronze für Waffen und andere Kriegsgeräte sowie für rituelle Gefäße verwendet. Eine hohe künstlerische und handwerkliche Qualität zeichnet die shang-zeitlichen Kultgefäße aus, die auch Inschriften aufweisen. Die Werkzeuge und Gerätschaften für die landwirtschaftliche Produktion sind weiterhin aus Holz und Stein gefertigt: So stieß man in Xiaotun, nahe Anyang, auf ein Depot von 400 gebrauchten Steinsicheln, die einst wohl für einen zentral organisierten Ernteeinsatz – zu dem vornehmlich die aus den Feldzügen rekrutierten Sklaven herangezogen wurden – ausgegeben worden sein mögen.

Museum der Provinz Henan, Zhengzhou

Es empfiehlt sich, das Historische Museum der Provinz Henan in Zhengzhou zu besichtigen, denn dort wird speziell zur historischen Frühzeit Chinas ein guter Querschnitt archäologischer Funde ausgestellt.

Totenkult und Ahnenverehrung

Dem Totenkult und der damit verbundenen Ahnenverehrung maß man bereits in der Shang-Zeit große Bedeutung bei: Der bestehende Ahnenkult wurde wenig später von Konfuzius und seiner Ethik legitimiert und systematisiert. (Jahrhunderte später sollten sich die europäischen Missionare in China an dieser Frage und der Quintessenz der Ahnenverehrung aufreiben.) Mit dem Ahnenkult ist jedoch lediglich die Verpflichtung der Nachkommen verbunden, das respektvolle Gedenken und eine entsprechende Verehrung zu bewahren, die dem »Geist« des Verstorbenen ein angenehmes »Weiterleben« ermöglichen und ihn obendrein dazu bewegen sollen, sich für ein günstiges Schicksal seiner Nachkommen einzusetzen. Der konfuzianische Kodex stellte in weiterer Folge vornehmlich die Aufrechterhaltung der sozialen Ordnung und der gesellschaftlichen Beziehungen in den Mittelpunkt.

Stellenwert des Todes

Der Ahnenkult ist durch archäologische Funde für die älteste, historisch belegbare Dynastie der Shang nachgewiesen. Diese Funde aus der frühesten Zeit der chinesischen Hochkultur lassen klar und deutlich den Stellenwert erkennen, den der Tod im Denken der damaligen Bevölkerung besaß: Der Tod bedeutete kein absolutes Ende für den Menschen; vielmehr trat der Verstorbene in einen anderen Lebensrhythmus, einen anderen Lebensabschnitt ein, in dem er – nicht für die Hinterbliebenen sichtbar – noch die nämlichen Wünsche hegte und denselben Bedürfnissen anhing wie in seinem diesseitigen Leben. Wie sonst ließen sich die unzähligen und mannigfaltigen Grabbeigaben erklären, die schon in den Königsgräbern der Shang-Zeit den Glauben an ein Leben nach dem Tod bezeugen, das dem diesseitigen Dasein ähnelt?

Königsgräber der Shang, Anyang/Henan

Elf Königsgräber wurden bei Anyang entdeckt: monumentale und reich mit Beigaben ausgestattete, kreuzförmige Schachtgräber, die etwa 10 m tief ausgehoben sind und deren rechteckige Grabkammer über je eine lange Rampe zu beiden Seiten zu erreichen ist. Die Vorstellung, daß der Verstorbene auch weiterhin all der Dinge bedurfte, die er zu Lebzeiten vonnöten hatte, erklärt die zahlreichen Grabbeigaben. Nicht nur Schmuck und Wertgegenstände aller Art, Speisen und

Gefäße, sondern auch Pferde, Wagen und Waffen wurden dem Verstorbenen in das Grab mitgegeben; ja sogar Diener und Frauen wurden ihm geopfert.

Menschenopfer – die Kultstätte bei Anyang

In manchen Gräbern wurden Hunderte enthaupteter Leichname entdeckt. Auch in den Fundamenten der shang-zeitlichen Paläste entdeckte man Reste von Menschenopfern, zumeist Kopf und Rumpf voneinander getrennt. Unweit der Königsgräber in östlicher Richtung befindet sich eine Kultstätte von riesigem Ausmaß: In einem 4700 m^2 umfassenden Areal befinden sich an die 200 Gruben, in denen die rituell geopferten Sklaven begraben sind; weit über 1000 Skelette belegen den blutigen Opferritus dieser Zeit. Historische Texte bestätigen, daß Menschenopfer in der Shang-Dynastie nichts Ungewöhnliches waren. Auch in zahlreichen anderen bronzezeitlichen Kulturen der Welt begegnet man dem Brauch, den verstorbenen Fürsten gemeinsam mit seinen engsten Gefolgsleuten und seinen Besitztümern als Zeichen seiner irdischen Macht zu bestatten. Erst im heraufdämmernden Humanismus der nachfolgenden Zhou-Dynastie ließ man von diesen Menschenopfern ab, und man bedachte den Verstorbenen mit Sklaven, Wächtern, Soldaten, Tänzerinnen und ähnlichem mehr in Form von Figurinen aus Stroh, Holz und noch viel häufiger aus Ton, wie zum Beispiel die Terrakotta-Armee des Ersten Kaisers. Doch noch bis ins 17. Jahrhundert berichten die Quellen von gelegentlichen (freiwilligen) Menschenopfern bei kaiserlichen Begängnissen: Während noch unter dem Qing-Kaiser Shunzhi (1644–1662) solche Menschenopfer üblich gewesen sein sollen, setzte Kaiser Kangxi (1662–1723) diesem Brauch ein Ende.

Shang-zeitliche Grabkammer

Die shang-zeitliche Grabkammer besteht aus zwei Teilen: einer Plattform, auf der die Beigaben und die Skelette der Geopferten plaziert sind, und der eigentlichen Grabkammer, in welcher die Toten in Särgen bestattet liegen. Unter dem Sarg der Hauptperson befindet sich zudem eine kleine Opfergrube.

Aus den Grabstätten bei Anyang ragt insbesondere das Grabmal der Konkubine Fu Hao heraus. Sie war eine Gemahlin des 23. Königs der Shang-Dynastie, Wu Ding, der etwa um die Mitte des 13. Jahrhunderts v. Chr. regierte. Fu Hao war offenkundig eine bedeutende Persönlichkeit, denn neben ihrer besonderen Stellung als königliche Konkubine betätigte sie sich zudem noch als streitbare Heerführerin. Mehrere Orakelinschriften handeln von ihren Feldzügen.

Gräberfunde – wertvolle Dokumente des Kulturschaffens

Es ist bedeutsam genug, daß ohne den ausgeklügelten und inhaltsreichen Beerdigungsritus nur ein sehr unklares Bild des chinesischen Kulturschaffens aus der Zeit vor dem ersten nachchristlichen Jahrtausend, also aus der Zeit vor der Song-Dynastie (960–1280), erhalten wäre – abgesehen freilich von den schriftlichen Dokumenten, die sehr wohl weit in die Frühgeschichte Chinas zurückreichen. Nahezu alle Paläste und Prachtbauten aus der Song-Dynastie und der Zeit davor sind entweder nicht mehr erhalten oder neu aufgebaut, sieht man von Befestigungsanlagen wie der Großen Mauer einmal ab. Die meisten chinesischen Altertümer stammen – ähnlich wie bei den Etruskern – aus Gräbern.

Auch wenn wir uns erst am Anfang der dynastischen Zeit Chinas befinden und bislang nur eine bescheidene Vorstellung vom historischen Ablauf der Herrscherhäuser, vom »dynastischen Zyklus« – wie es später noch genannt wird –, erlangt haben, so erscheint das Ende der Shang-Dynastie – ganz im Sinne der konfuzianischen Geschichtsschreibung – doch schon recht plausibel: Der letzte König der Shang, Zhou Xin, zeichnete sich zwar durch gewaltige Körperkräfte, scharfe Augen und ein auffallend gutes Gehör sowie ein herausragendes Redetalent aus, gleichwohl soll er eine verderbte und exzessive Person gewesen sein, die in Verworfenheit und Zügellosigkeit die Herrschaft verwirkte. Eine derart wüste Herrschergestalt k a n n nur das Ende der Dynastie bedeuten!

Zhou-Dynastie (1122–221 v. Chr.)

Das Reich der Zhou im gebirgigen Shaanxi

Am Westrand des Reichsgebiets der Shang, etwa in der heutigen Provinz Shaanxi, im Einzugsgebiet des Wei-Flusses, lag der kleine Vasallenstaat der Fürsten von Zhou. In Auflehnung gegen den ungeliebten Shang-Herrscher, wohl aber auch um aus dem von der Natur so wenig begünstigten Berg- und Hügelland von Shaanxi und Gansu in die fruchtbareren Gebiete am Gelben Fluß zu gelangen, zogen König Wen und sein Sohn gegen den letzten Shang-Herrscher zu Felde. Dem Sohn und späteren König Wu gelang es schließlich, die Macht über das Shang-Reich an sich zu reißen. Zhou Xin, der letzte König der Shang, kam bei der Eroberung seiner Residenzstadt ums Leben.

Westliche (oder Frühere) Zhou-Zeit – Residenzstadt bei Xi'an/Shaanxi

Die traditionelle Geschichtsschreibung setzt den Beginn der sogenannten Westlichen Zhou-Zeit um 1122 v. Chr. an; die Beifügung »westlich« deutet die Lage der Hauptstadt an. König Wu, erster König der Zhou-Zeit, bezog seinen Regierungssitz und Wohnsitz in Hao, in der Gegend des heutigen Xi'an.

Xi'an/Shaanxi – über 1000 Jahre Hauptstadt der chinesischen Herrscherdynastie

In der gesamten chinesischen Geschichte ist die Gegend um Xi'an die bevorzugte Region für dynastische Hauptstädte. Darauf deuten schon die bereits erwähnten neolithischen Siedlungen feldbautreibender Gemeinschaften (siehe Banpo). Hier residierten dann vor etwa 3000 Jahren die Herrscher der Westlichen Zhou-Dynastie, hier errichtete Qin Shihuang, der Erste Kaiser und Reichseiniger Chinas, seine Hauptstadt Xianyang. Chang'an sollte die Stadt als Residenz der nachfolgenden Han-Dynastie heißen; als Anfangs- und Endpunkt der Seidenstraße erstreckte sie sich über ein Areal von 7 x 6,5 km. In der Tang-Zeit schwoll sie dann zu einer riesenhaften kaiserlichen Metropole mit nahezu zwei Millionen Einwohnern an. Erst nach dem Sturz der Tang-Dynastie, also vom 9. Jahrhundert an, verlor die Stadt ihren Status als Residenz und somit auch an Bedeutung. In der Ming-Zeit nahm die Stadt – heute noch an der gut erhaltenen Stadtmauer zu erkennen – nur mehr ein Sechstel (!) der ehemaligen Fläche ein. Doch blieb sie wegen ihrer Thermalquellen, Huaqing Chi, auch weiterhin beliebt und aufgrund der beträchtlichen Entfernung von Beijing und der Ostküste als sicherer Zufluchtsort geschätzt. Hierher zog sich im Jahr 1900 die Kaiserinwitwe Cixi mit ihrem Hofstaat zurück, als sich die alliierten Truppen auf Beijing zubewegten, um dem Aufstand der Boxer ein Ende zu bereiten; hier verschloß sich

Jiang Kaishek im Jahr 1936 dem drängenden Ruf nach der Einheitsfront mit den Kommunisten gegen Japan und zog ein Bad in den Thermalquellen einer eindeutigen Entscheidung vor.

Lehenssystem der Zhou

Die Herrscherfamilie von Zhou war zahlenmäßig freilich nur eine kleine Oberschicht. Um das Riesenreich besser verwalten und gleichzeitig auch unter Kontrolle halten zu können, bediente sich König Wu eines mit einer konsequenten Familienpolitik einhergehenden Lehenssystems: Seine dreizehn Brüder wurden mit Schlüsselpositionen bedacht; die über tausend Kleinstaaten wurden hauptsächlich von Angehörigen des Zhou-Familienclans verwaltet.

Erstarken der Feudalherren und Niedergang des Zhou-Reiches

Nach beachtlichen Erfolgen in der Anfangszeit der Dynastie – das Reich erreichte bald eine gewaltige territoriale Ausdehnung – setzte jedoch ein rascher politischer Niedergang ein. Die zahllosen Lehensherren strebten nach Macht und führten gegeneinander Krieg; die Könige büßten ihre Vorrangstellung ein und fungierten mehr oder weniger nur noch als rituelle Oberhäupter. Eine wachsende Instabilität machte sich mit dem Zerfall der Zentralgewalt breit, und als im Jahre 771 v. Chr. der Zhou-König Lu von der Armee eines kleineren Lehensstaates ermordet wurde und mit dem Tal des Wei-Flusses auch das ursprüngliche Stammland der Zhou verloren ging, sah sich dessen Nachfolger gezwungen, seine Residenz in eine andere Stadt – weiter östlich der ehemaligen Hauptstadt – zu verlegen.

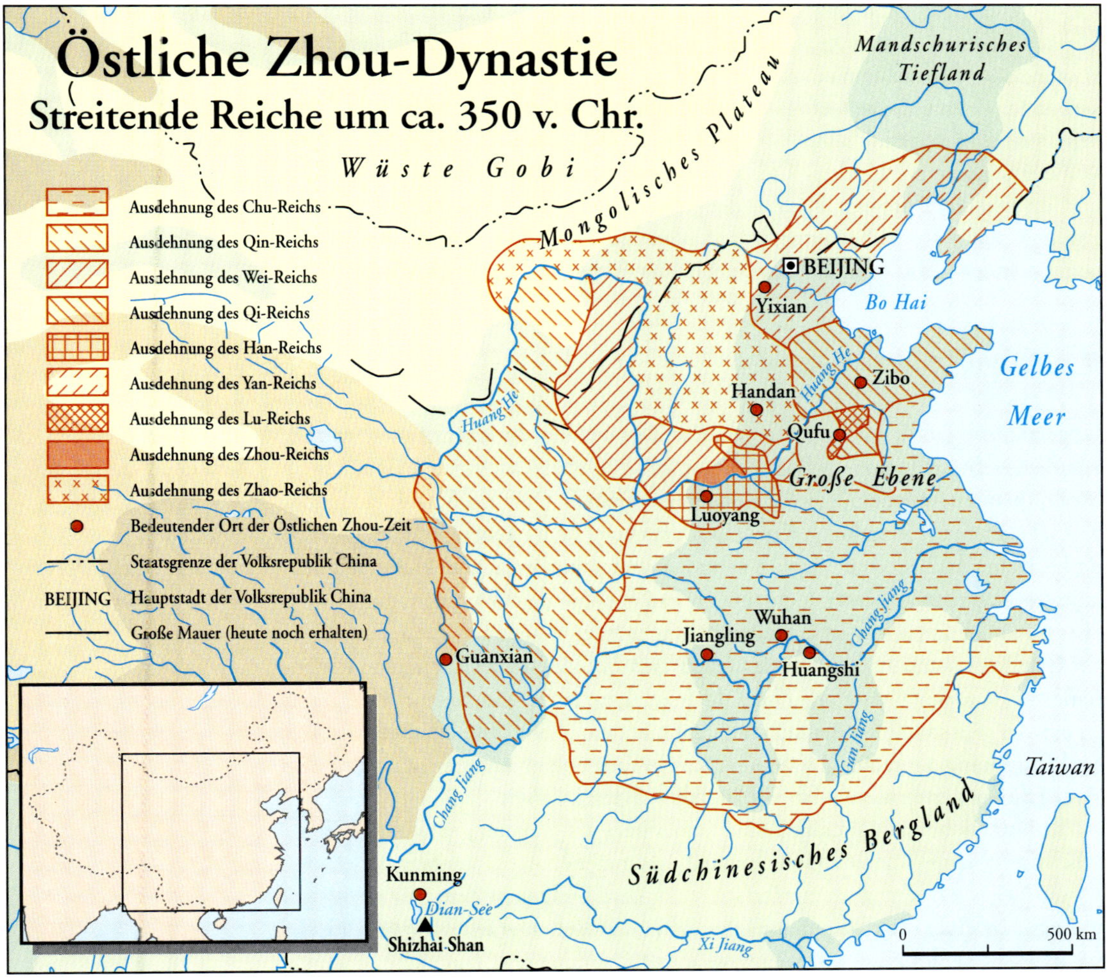

Die neue Hauptstadt lag in der Nähe von Luoyang; die Dynastie erhielt in der Geschichtsschreibung fortan die Bezeichnung »Östliche Zhou-Dynastie«. Doch von einer Funktion des Königs als oberster Lehensherr konnte nun nicht mehr die Rede sein. Insgesamt etwa 25 Feudalstaaten gaben gegenüber dem nominell noch bestehenden Herrscherhaus lediglich fahle Lippenbekenntnisse ab und wetteiferten um die Unabhängigkeit. Wohl blieb das Herrscherhaus aus politischen und religiösen Gründen noch erhalten, die tatsächliche Macht lag jedoch bei den einzelnen Feudalstaaten, die zum einen das gesamte Reich gegen die aus dem Norden einfallenden Nomaden verteidigten, andererseits sich gegenseitig den Rang streitig machten.

Östliche (oder Spätere) Zhou-Zeit, Residenzstadt nahe Luoyang/Henan

Mit dem Verblassen des Königtums und den unsteten politischen Verhältnissen, die bald zu kriegerischen Auseinandersetzungen, in die »Zeit der Streitenden Reiche« führten, ging jedoch – ungeachtet der Kriegswirren (oder vielleicht gerade deshalb) – eine neue Blüte der chinesischen Kultur einher: Einerseits florierte die Wirtschaft, denn es entwickelte sich ein reges Handelsleben zwischen den einzelnen Staaten und Lehensfürsten; zum anderen – und mit dem erstgenannten eng verbunden – erblühte die Geistes- und Gedankenkultur, welche in den nachfolgenden zweieinhalbtausend Jahren – bis heute! – die Grundlage für die historische und kulturhistorische Entwicklung Chinas bildet und das chinesische Erbe so nachhaltig und unverwechselbar prägt. Die Zeit der großen Denker und Philosophen Chinas ist zugleich auch die Geburtsstunde von Gelehrtentum und Poesie, von neuen, faszinierenden Leistungen auf dem Gebiet der Kunst und des Handwerks.

Die »Zeit der Streitenden Reiche« als Grundlage der chinesischen Geisteskultur

Konfuzius

Ungefähr zur Zeit Buddhas in Indien, zur Zeit des Pythagoras in Griechenland, zur Zeit Nebukadnezars und der babylonischen Gefangenschaft der Israeliten in Mesopotamien, wurde 551 v. Chr. in einem kleinen Dorf im Staate Lu, in der heutigen Provinz Shandong, Kong Qiu geboren. Er ist unter der von Jesuiten eingeführten latinisierten Version seines Namens hinlänglich bekannt: Konfuzius. Er stammte aus einer kleinadligen Familie, die ihre Vorfahren bis auf die Shang-Könige zurückdatierte. Zumeist umgeben von einer Schülerschar, zog er als Gelehrter wandernd durch das Land und bot den einzelnen Feudalfürsten seine beratenden Dienste an. Nie jedoch erlangte er ein einflußreiches Amt an einem der Fürstenhöfe. Ähnlich wie viele andere Weise und Propheten stand auch Konfuzius zu seinen Lebzeiten nicht in dem hohen Ansehen, das er – etwa zwei Jahrhunderte später – bis ins 20. Jahrhundert erlangte.

Kong Qiu – Konfuzius, Zeitgenosse von Buddha und Pythagoras – aus dem Staate Lu (heute Provinz Shandong)

Konfuzius betrachtete sich selbst keineswegs als Neuerer; er wollte sich als Übermittler einer sozialen Gerechtigkeit und tugendhaften Weisheit verstanden wissen, wie sie die erhabenen Herrscher aus dem Goldenen Zeitalter zu pflegen wußten. In einer Zeit der chaotischen, von Kriegen zerrütteten Feudalgesellschaft suchte Konfuzius den Weg zurück zur Ordnung, zur friedlichen Harmonie. Sein Gedankengebäude ist von einleuchtender Pragmatik und Klarheit: Er entwickelte eine auf Riten basierende Ethik der gerechten und harmonischen sozialen Beziehungen, welche die Grundlage der Staatsordnung bilden sollte.

Menschliche Güte und kindliche Pietät – zwei konfuzianische Kardinaltugenden

Menschliche Güte, *ren*, und kindliche Pietät, *xiao*, sind die beiden konfuzianischen Kardinaltugenden, erlernbar und durch stete Übung auch zu vervollkommnen, wie überhaupt die Erziehung und Bildung des Menschen stark in den Vordergrund rücken – in diesem Sinne ist Konfuzius revolutionär!

Ahnenkult als Gesellschaftspolitik und Ordnungsprinzip

Von den Vorfahren übernahm Konfuzius die ausgeprägte Ahnenverehrung und machte sie zur tragenden Säule eines geordneten menschlichen Zusammenlebens. Der Ahnenkult ist ein Beispiel dafür, wie sehr ein Kodex von Verhaltensnormen und Riten zu einem pragmatisch-politischen Mittel gedeihen kann; denn in den nachfolgenden Dynastien wurde der Ahnenkult zu einem festen Bestandteil der orthodoxen Staats- und Gesellschaftslehre. Die zunächst magisch gebundene Komponente des Ahnenkults, die sich ursprünglich ausschließlich um das Wohl des Verstorbenen sorgte und in einer späteren Entwicklung zu einem reziproken Abhängigkeitsverhältnis zwischen Lebenden und Toten führte, wurde in der Auslegung des Konfuzius von der erzieherischen und sozialen Komponente verdrängt. Das Ableben eines Familienmitgliedes ist für die Hinterbliebenen eine schmerzliche Erfahrung, für die Familie als Gruppe ein gesellschaftlich desintegrierendes Ereignis. Die geordneten Familienverhältnisse sind jedoch die Grundlage eines geordneten Staatsgefüges. Also soll durch Totenzeremoniell und Ahnenkult die Einheit der aus dem Gleichgewicht gebrachten Familie gewahrt bleiben und die Beziehungen zu den Verstorbenen aufrechterhalten werden. Das elaborierte Trauerzeremoniell und die anschließenden Opferhandlungen im Rahmen der Ahnenverehrung waren im wesentlichen eine Ausformung der konfuzianischen Tugend der kindlichen Pietät. Die entsprechenden Riten reflektierten die über den Tod hinaus andauernde Kontinuität der verwandtschaftlichen Beziehungen und legten öffentlich Zeugnis darüber ab, denn in der Struktur der vorgeschriebenen Trauer spiegelte sich die Organisation des Familienclans, und dies in eben jenem Moment, da die geschlossene und geordnete Gemeinschaft durch das Hinscheiden eines Mitglieds in ihrem Bestand gefährdet schien und die Familienhierarchie bedroht war. Die soziale Struktur – durch den Tod verzerrt und ins Wanken gebracht – wurde durch die streng geregelten Trauerbestimmungen aufrechterhalten. Aus der Art der Trauerkleider und wie lange sie getragen wurden, aus der Weise zu klagen und zu fasten, ist nicht nur die Trauer um den Verstorbenen herauszulesen, sondern auch vor allem das verwandtschaftliche Verhältnis des Trauernden zum Verstorbenen.

Wahrung der sozialen Struktur als Maxime menschlichen Handelns

Die von Konfuzius säkularisierte Funktion des Ahnenkults besteht also in der Entfaltung der kindlichen Pietät oder Sohnesliebe, in der Wahrung der familiären Loyalität sowie der Kontinuität der Familienbande. Auch wichtige Familienereignisse wie Hochzeiten und Geburten mußten den Ahnen in Opferhandlungen

Abb. 5 Konfuzius, Steinabreibung aus dem »Stelenwald« in Xi’an

angezeigt werden, um ihre auch weiterhin bestehende Familienzugehörigkeit noch zu verdeutlichen. Wenn Konfuzius meinte, man sollte den Ahnen opfern, als ob sie anwesend wären, so stellte er damit nicht ihre Existenz in Frage, sondern appellierte an die innere Einstellung beim Opfer, um vor einer gleichgültigen Haltung zu bewahren, die einerseits zu reinem Formalismus absinken, andererseits zu laxem gesellschaftlichen Verhalten führen konnte. Das Einhalten der Riten ist also mehr als ein Genügetun der äußeren Form, es ist vielmehr Reflexion einer inneren Einstellung und Geisteshaltung. Der größte Verstoß gegen die kindliche Pietät bestand darin, keine männlichen Nachkommen zu haben, denn nur durch den Sohn – sei er natürlich oder adoptiert – war die Fortsetzung des Ahnenkults gewährleistet. Wer kinderlos starb, gefährdete nicht nur die eigene Fortexistenz, sondern entzog auch seinen verstorbenen Vorfahren den Genuß der Ahnenopfer. Wenn der Seele des Verstorbenen die entsprechenden beschwichtigenden Opfer nicht dargebracht wurden, mußte sie »hungern« und würde sich deshalb an der Nachkommenschaft rächen. (Die chinesische Literatur ist überaus reich an solchen Geistergeschichten, in denen die Seelen derer, denen nicht mehr geopfert wurde, und jener, die eines plötzlichen und gewaltsamen Todes gestorben waren, zum Schrecken der Nachwelt ihre Umtriebe gestalteten.) Um so größer war die Sorge der Familie um denjenigen, der – ohne einen Sohn hinterlassen zu haben – verblichen war, denn die ihm gebührenden Opfer konnten dann nicht dargebracht werden. Durch Adoption konnten freilich die Ahnenverehrungspflichten innerhalb der Familie gewahrt bleiben.

Und nach dem Tod?

An das heikle Problem einer nach dem Tod existierenden Seele, deren Annahme bei der betonten Ahnenverehrung sich förmlich aufdrängt, wurde jedoch nicht gerührt; die Frage nach einem eventuellen Weiterleben nach dem Tod stellte sich in dieser Form nicht. Auf die Frage nach dem Wesen des Todes lautete die vielzitierte Antwort des Konfuzius: *»Wenn man nicht einmal das Wesen des Lebens kennt, wie kann man dann das des Todes kennen?«* Die Frage nach dem Danach war nicht relevant; dieses Problem, das die jüdisch-christliche Kulturtradition so nachhaltig beschäftigte, stand nicht zur Diskussion. Nicht der Vorteil, welcher den Verstorbenen durch die Opfer erwuchs, stand im Vordergrund, sondern der Vorzug für die Lebenden, denn durch die strenge Ausübung der vorgeschriebenen Zeremonien sollten die Tugenden und moralischen Werte gefördert werden. Dadurch war zudem auch die soziale Ordnung gewährleistet, auf die der konfuzianische orthodoxe Staatsgedanke baut. Dieser elaborierte Ahnenkult bereitete den Missionaren des 17. Jahrhunderts bei ihrer Tätigkeit große Schwierigkeiten.

Das »Reich der Mitte« – die Mitte als Inbegriff der Harmonie

Ein für das Selbstverständnis Chinas sehr wesentlicher Begriff geht in seiner weit gefaßten Interpretation ebenfalls auf Konfuzius zurück. Der Begriff der »Mitte« ist in der chinesischen Denktradition zentral und auch in der chinesischen Selbstbezeichnung enthalten: *Zhongguo*, das Reich der Mitte. Diese Bezeichnung sollte keineswegs den Gedanken vermitteln, China sei das Zentrum der Welt – der Begriff bezeichnet zunächst die »Mittleren Reiche«, drei der sieben Feudalstaaten gegen Ende der Östlichen Zhou-Zeit –; vielmehr ist die »rechte Mitte«, die Ausgewogenheit und Harmonie, das erklärte Ziel. Nur dadurch kann sich eine vollendete Menschheit entfalten, können Kultur und Harmonie entstehen. In der »Mitte« sieht sich China; die Fremdvölker, die Nicht-Chinesen an der Peripherie des Reiches, wurden Barbaren, Kulturlose genannt. (Über die Bedeutung des chinesischen Schriftzeichens für Schrift und Kultur wurde bereits an anderer Stelle gesprochen.) Ein gewisses Bewußtsein kultureller Überlegenheit gehört als integraler Bestandteil zur chinesischen Tradition. Um so schwieriger gestaltete sich jedoch die Lage für China, als die Konfrontation mit dem Westen im vergangenen Jahrhundert ihm ein Gefühl der Rückständigkeit vermittelte.

Laozi

Laozi und der Daoismus

Von den etlichen hundert Weisen und Denkern, die von Staat zu Staat zogen, um die Lehensfürsten der Östlichen Zhou-Zeit zu beraten und zu unterweisen, ist neben Konfuzius auch Laozi zu nennen. Er gilt als einer der richtungsweisenden Begründer jener Gedankenschule, die neben dem Konfuzianismus einen bedeutenden Platz in der chinesischen Denktradition einnimmt: Als eine bemerkenswerte Mischung aus Philosophie und Religion, aus Magie und Wissenschaft ist es vornehmlich der Daoismus, der seit alters her auf Poesie und Malerei großen Einfluß ausübt. Zweifellos gehören die Texte der daoistischen Denker zu den brillantesten Schriften der chinesischen Poesie; viele der schönsten Kunstwerke Chinas verdanken ihre Faszination der Naturergebenheit der Daoisten. Und auch die Wurzeln der chinesischen Naturwissenschaft liegen in der Geisteshaltung der daoistischen Naturbeobachtung: Die Ergebnisse in Heilkunde, Alchimie und Chemie sind daoistisch geprägt.

Aus dem Leben von Laozi sind kaum Details bekannt; berühmt geworden ist jedoch jene biographische Legende, welche von der Entstehung des *Daodejing* erzählt, jenes grundlegenden daoistischen Werkes, dessen Urheberschaft Laozi zugeschrieben wird (nachweislich ist diese Schrift jedoch eine Zusammenstellung von verschiedenen Textfragmenten späterer Zeit): Nach langen Jahren des Lehrens sei Laozi, der Verständnislosigkeit und Ungelehrigkeit der Fürsten müde, auf einem Büffel gen Westen geritten, um jenseits der Grenze des Reiches zu gelangen. Doch der Grenzhüter bat den des Weges kommenden Weisen, seine hehren Gedanken für die nachkommenden Generationen aufzuzeichnen. Laozi war es zufrieden, und mit dem Pinsel schrieb er die 5000 Zeichen des berühmten ›Buches vom Wirken des Dao‹, *Daodejing*. Alsdann setzte er seinen Weg fort. Bertolt Brecht erzählt die Legende so:

Abb. 6 Laozi – auf einem Wasserbüffel reitend, Holzschnitt aus der »Bildenzyklopädie der Drei Bereiche«, Sancai tuhui, von 1609

Legende von der Entstehung des Buches Taoteking
auf dem Weg des Laotse in die Emigration

Als er Siebzig war und war gebrechlich
Drängte es den Lehrer doch nach Ruh
Denn die Güte war im Lande wieder einmal schwächlich
Und die Bosheit nahm an Kräften wieder einmal zu.
Und er gürtete den Schuh.

Und er packte ein, was er so brauchte:
Wenig. Doch es wurde dies und das.
So die Pfeife, die er immer abends rauchte
Und das Büchlein, das er immer las.
Weißbrot nach dem Augenmaß.

Freute sich des Tals noch einmal und vergaß es
Als er ins Gebirg den Weg einschlug.
Und sein Ochse freute sich des frischen Grases
Kauend, während er den Alten trug.
Denn dem ging es schnell genug.

Doch am vierten Tag im Felsgesteine
Hat ein Zöllner ihm den Weg verwehrt:
»Kostbarkeiten zu verzollen?« – »Keine.«
Und der Knabe, der den Ochsen führte, sprach: »Er hat gelehrt.«
Und so war auch das erklärt.

Doch der Mann in einer heitren Regung
Fragte noch: »Hat er was rausgekriegt?«
Sprach der Knabe: »Daß das weiche Wasser in Bewegung
Mit der Zeit den mächtigen Stein besiegt.
Du verstehst, das Harte unterliegt.«

Daß er nicht das letzte Tageslicht verlöre
Trieb der Knabe nun den Ochsen an
Und die drei verschwanden schon um eine schwarze Föhre
Da kam plötzlich Fahrt in unsern Mann
Und er schrie: »He, du. Halt an!

Was ist das mit diesem Wasser, Alter?«
Hielt der Alte: »Interessiert es dich?«
Sprach der Mann: »Ich bin nur Zollverwalter
Doch wer wen besiegt, das interessiert auch mich.
Wenn du's weißt, dann sprich!

Schreib mir's auf! Diktier es diesem Kinde!
So was nimmt man doch nicht mit sich fort.
Da gibt's doch Papier bei uns und Tinte
Und ein Nachtmahl gibt es auch: ich wohne dort.
Nun, ist das ein Wort?«

Über seine Schulter sah der Alte
Auf den Mann: Flickjoppe. Keine Schuh.
Und die Stirne eine einzige Falte.
Ach, kein Sieger trat da auf ihn zu.
Und er murmelte: »Auch du?«

Eine höfliche Bitte abzuschlagen
War der Alte, wie es schien, zu alt.
Denn er sagte laut: »Die etwas fragen
Die verdienen Antwort.« Sprach der Knabe: »Es wird auch schon kalt.«
»Gut, ein kleiner Aufenthalt.«

Und von seinem Ochsen stieg der Weise
Sieben Tage schrieben sie zu zweit.
Und der Zöllner brachte Essen (und er fluchte nur noch leise
Mit den Schmugglern in der ganzen Zeit).
Und dann war's soweit.

Und dem Zöllner händigte der Knabe
Eines Morgens einundachtzig Sprüche ein.
Und mit Dank für eine kleine Reisegabe
Bogen sie um jene Föhre ins Gestein.
Sagt jetzt: kann man höflicher sein?

Aber rühmen wir nicht nur den Weisen
Dessen Name auf dem Buche prangt!
Denn man muß dem Weisen seine Weisheit erst entreißen.
Darum sei der Zöllner auch bedankt:
er hat sie ihm abverlangt.

Ursprüngliche Einheit von Natur und Mensch

Auch Laozi war darum bemüht, die verhängnisvolle Anarchie abzuwenden, die sich im Reich breitmachte. Die politischen Wirren und Naturkatastrophen seit dem 8. vorchristlichen Jahrhundert sahen er und seine Schüler als das Resultat der im Prozeß der Zivilisation verlorengegangenen, ursprünglichen Einheit von Mensch und Natur. Berechnender Verstand hatte sich der Natur bemächtigt und machte sie zum Objekt der Manipulation. Die ursprüngliche Einheit war durch Staat, Kultur und Kalkül verzerrt und in Verlust geraten; Rodung, intensivierter Landbau, neue Arbeitstechniken verbunden mit einer daraus resultierenden Bevölkerungszunahme zerstörten das Gleichgewicht in Natur und Gesellschaft. Als Reaktion auf die Mißstände und Gefahren dieser Zeit suchte die politische und ökologische Kritik des Daoismus nach der Lösung der Frage, wie der zerstörten Umwelt und den politischen Wirrnissen beizukommen sei: Nur in einer Hinwendung und Rückkehr zur Natur konnte die Harmonie der Menschen untereinander und mit dem gesamten Kosmos wiederhergestellt werden.

Natur – organische Einheit und Maß aller Dinge

Für den Daoismus ist die Natur ein einheitliches Ganzes und völlig unabhängig von gesellschaftlichen und menschlichen Normen. Sie ist spontan und sich selbst genügend. Der Mensch tut gut daran, mit der Natur in Einklang zu stehen und in einer betrachtenden Zuwendung zu ihr in jenen harmonischen Urzustand zurückzukehren, den für den Daoismus die primitive kollektivistische Gesellschaft der frühesten Dorfgemeinschaft darstellt. Auch der Daoismus ist also eine Soziallehre, deren Ziel die Wiederherstellung der ursprünglichen Gleichheit unter den Menschen ist – diese wiederum kann nur durch die Überwindung des bestehenden Feudalsystems und der hierarchischen Herrschaft erlangt werden.

Im Unterschied zum hohen Wert eines geordneten Familienlebens, das der Konfuzianismus als Grundlage der Harmonie betrachtet, wird der Daoist zum Einzelgänger. Als Individualist flieht er die – seiner Anschauung zufolge – ohnehin verderbte Gesellschaft. In einer möglichst reizvollen Landschaft führt er ein eremitenhaftes Dasein, losgelöst von gesellschaftlichen Zwängen und familiären Verpflichtungen, in mystischer Versenkung und erhebender Betrachtung der Natur. Nur wer ein Leben in Begierdelosigkeit und Genügsamkeit führe, wer sich verhalte wie das Wasser, der wisse, *»nicht wider die Natur zu handeln, fördert der Dinge Gedeihen«* (Daodejing, Kap. 43); denn:

nichts in der welt ist weicher und schwächer als wasser
und doch gibt es nichts, das wie wasser
starres und hartes bezwingt
unabänderlich strömt es nach seiner art
daß schwaches über starkes siegt
starres geschmeidigem unterliegt
wer wüßte das nicht?
doch wer handelt danach!
(Daodejing, Kap. 78; zit. nach Schwarz)

Ein interessantes Detail am Rande: Als der Daoismus im 3. nachchristlichen Jahrhundert sich zur Religion entwickelte und im Zuge dessen auch unzählige daoistische Tempel gebaut wurden, erhielten diese eine aufschlußreiche Bezeichnung: *Guan*, der chinesische Begriff für einen daoistischen Tempel (ausschließlich!), heißt in seiner ursprünglichen Bedeutung »sehen« (das Schriftzeichen *guan* verbindet das Zeichen für »sehen« mit einem Schriftzeichen, das in seiner ältesten Form einen Vogel bezeichnet).

Suche nach Unsterblichkeit

Aus der Lebensphilosophie des frühen Daoismus wurde vom 2. nachchristlichen Jahrhundert an eine Art religiöser Daoismus. Im Vordergrund steht auch hier die Sehnsucht nach Lebensverlängerung und Unsterblichkeit. Eine Reihe von Methoden, wie Askese, Diätvorschriften, Atemübungen, Sexualpraktiken etc., sollte dabei hilfreich sein. Unzählige Mythen der Frühzeit Chinas fließen in der Folge in den religiösen Daoismus ein, so daß bald ein breites Spektrum an Gottheiten in seiner Naturverehrung vorzufinden war.

Daoismus als Grundlage zahlreicher Geheimgesellschaften

Sein magisch-mystischer, heilslehrenmäßiger Charakter begünstigte die Entstehung zahlreicher Sekten und Geheimgesellschaften, die – bei den Konfuzianern stets auf starke Skepsis stoßend – nicht selten auch in Aufstandsbewegungen verwickelt waren. Die Taiping-Rebellion des vergangenen Jahrhunderts und der Boxeraufstand des Jahres 1900 sind dabei nur die bekanntesten Aufstände. Auch wenn der Daoismus, der viele Vorstellungen aus dem im 1. nachchristlichen Jahrhundert nach China gedrungenen Buddhismus absorbierte und adaptierte, zeitweise beträchtlichen Einfluß auf das gesellschaftspolitische Leben auszuüben vermochte, so konnte er den Konfuzianismus als etablierte Staatslehre zwar gelegentlich erschüttern, jedoch nicht verdrängen.

Legalismus

Legalismus – die Schule des Gesetzes als Grundlage des chinesischen Staates

Weder den Anhängern des Konfuzius noch den nach daoistischem Vorbild lehrenden Weisen gelang es in ihren Anfängen, an politischer oder auch ideologischer Macht zu gewinnen. Die Gedankenrichtung, die sich in der Zeit der »Streitenden Reiche« durchsetzte und in weiterer Folge wohl auch am nachhaltigsten die Geschichte chinesischer Institutionen prägte, ist die Schule des Gesetzes, der Legalismus. An erster Stelle stand das geschriebene Gesetz; es garantierte die wirtschaftliche und militärische Stärke des Staates. Strenge Strafen sollten ihre Einhaltung gewährleisten; nur in einer rigorosen Anwendung der Gesetze konnten innenpolitisch sozialer Friede und Harmonie hergestellt werden. Die nach legalistischen Gesichtspunkten agierende Regierung war in außenpolitischer Hinsicht von großer Aggressivität. Mit der Schaffung des Einheitsreiches von Qin im Jahre 221 v. Chr. war der Legalismus mit der Staatlichkeit Chinas untrennbar verbunden.

»Hundert Schulen«

Die »Zeit der Streitenden Reiche« ist gleichzeitig auch die Ära der »Hundert Schulen« – »hundert« bedeutet hier eine unbestimmte Vielzahl; tatsächlich sollen es an die zweihundert Gedankenschulen gewesen sein, von denen jedoch nur etwa ein Dutzend an Bedeutung gewann. Nie wieder wurden in der Geschichte Chinas so vielfältige und unterschiedliche Lösungen und Denkansätze angeboten, wie den gesellschaftlichen Gegensätzen und Widersprüchlichkeiten Herr zu werden, wie der politischen Unruhe und Instabilität beizukommen sei. Mit dem Slogan »Laßt hundert Blumen blühen und hundert Gedankenschulen miteinander wetteifern« suchte Mao Zedong im Jahre 1956 eine ähnlich fruchtbare Periode einzuleiten. Sie endete in einem Desaster. Wie sehr Mao auch die dynastische Vorgeschichte Chinas zu überwinden trachtete, wie sehr er mit dem überkommenen System des Kaiserreichs auch in der Vorgabe zu denken brechen wollte, er entkam der bodenständigen Tradition nicht: Er, der bis ins hohe Alter die Lektüre der historischen Annalen pflegte, welche sogar – als seine Sehkraft nachließ – eigens für ihn in einer Ausgabe mit besonders großen Zeichen aufgelegt wurden, bemühte selbst die konfuzianischen Klassiker, um sein Vorgehen zu untermauern und zu legitimieren.

Wahrung der politischen und kulturellen Einheit des Staates als höchstes Ziel

Gerade die Zeit der einander befehdenden Territorialstaaten gilt als das klassische Zeitalter der chinesischen Philosophie. Wenngleich sich der Konfuzianismus in der Folge gleichsam als Staatslehre etablierte, war er zunächst nur eine Gedankenschule von vielen und nicht besonders einflußreich. Erklärtes Ziel der Überlegungen aller Gedankenschulen ist aber stets die Staatsordnung in politischer und kultureller Einheit.

*

Lehensstaat Qi, heute Provinz Shandong

Für den weiteren Verlauf unserer »Kultur-Geschichte« soll hier die Feststellung genügen, daß die zweite Hälfte der Östlichen Zhou-Zeit zu Recht als »Zeit der Streitenden Reiche« bezeichnet wird. Einer der mächtigsten Lehensstaaten war der im Osten des Staatenverbandes, in der heutigen Provinz Shandong gelegene Staat Qi. Nur mehr fiktive Verwandtschaftsbeziehungen zum Königshaus der Zhou legitimierten die Herrschaft der Herzöge von Qi. Sie machten zunächst vor allem durch ihr starkes Heer von sich reden; die kluge Nutzung der reichhaltigen Naturschätze bescherte dem Feudalstaat ansehnliche Wohlhabenheit. Hier wurden die für das spätere Kaiserreich so charakteristischen Staatsmonopole auf Eisen- und Salzgewinnung eingeführt.

Zwei Persönlichkeiten des Staates Qi – Guan Zhong und Herzog Huan

Zwei große Persönlichkeiten sind mit dem Erblühen des Staates Qi untrennbar verbunden: Guan Zhong († 645 v. Chr.), auch als Guanzi in die Geschichte eingegangen, war ein hoher Beamter und einflußreicher Staatsmann; er gilt als einer der Begründer des Legalismus. Des weiteren Herzog Huan von Qi (685–643 v. Chr.), dem während seiner Herrschaft Guan Zhong als Minister beratend zur Seite stand. Seine Residenz- und Hauptstadt des Reiches Qi lag im heutigen Linzi, etwa 25 km nordöstlich von Zibo, in der Provinz Shandong. Schon Mitte des 9. vorchristlichen Jahrhunderts verlegte der siebte Herrscher von Qi, Herzog Xian, die Reichsresidenz hierher; über 620 Jahre lang diente die Stadt den Herzögen von Qi als Residenz und war ein wichtiges politisches, wirtschaftliches und kulturelles Zentrum im Osten des Landes. Im Jahr 221 v. Chr. wurde dann auch der Staat Qi vom Ersten Kaiser in sein Reich einverleibt.

Ausgrabungen der Residenzstadt von Qi, nahe Zibo/Shandong

Im Jahre 1964 begannen die archäologischen Arbeiten, welche Fundamentreste und Stadtmauern der einst mächtigen Residenz des Staates Qi zutage förderten. Im wesentlichen ähnelt der Grundriß der zhou-zeitlichen Städte dem der vorangegangenen Shang-Dynastie. Grundsätzlich rechteckig oder auch quadratisch angelegt, ist in manchen Fällen der Regierungspalast beziehungsweise das Regierungsviertel bereits durch eine Mauer von den anderen Stadtteilen getrennt. Die Werkstätten der Bronzegießer und Töpfer grenzten an das Regierungszentrum und an die Siedlungen der Bevölkerung, die nach wie vor den halb unterirdischen Wohnbau bevorzugte. Ein funktionstüchtiges Kanalisationssystem und mächtige Erdwälle sind noch heute Zeugen einer hochstehenden Kultur.

Fundamentreste zweier Stadtteile

Über eine Fläche von 30 km^2 erstreckte sich die Stadt, die zwei von eigenen Mauern umschlossene Stadtteile erkennen läßt. Die »Große Stadt« von etwa 4,5 x 3,5 km Fläche diente Beamten und Handeltreibenden sowie der gewöhnlichen Bevölkerung als Wohnsiedlung; die südwestlich davon angeschlossene »Kleine Stadt« (Palastbezirk) von 2 x 1,5 km war ausschließlich Residenz der Herzöge. Die Stadtmauern, feste Lehmwälle, sind durchschnittlich 30 m breit; an manchen Stellen erreicht die Mauer der »Kleinen Stadt« sogar eine Breite bis über 60 m. Die rationell angelegten Transportwege und das Kanalisationssystem, das in ausgeklügelter Weise Abwasserkanal, Stadtgraben und natürlichen Flußlauf miteinander verbindet, bezeugen eine verblüffende Wirtschaftlichkeit und besondere wissenschaftliche Kenntnisse.

Plattform des Herzogs Huan

Im Nordwesten der »Kleinen Stadt«, wo sich der Residenzpalast des Herzogs befand und auch alle Verwandten des Herrscherhauses residierten, erhebt sich eine Plattform, Huan Gong Tai, die Plattform des Herzogs Huan. Hier soll der Herzog Aufmarsch und Übungen seiner Soldaten überwacht und beobachtet haben. Über zweieinhalb Jahrtausende Wind und Wetter ausgesetzt, ist sie heute noch immer 14 m hoch und besitzt die stattliche Grundfläche von 86 x 70 m. Unweit dieser Plattform sind noch Überreste der anderen herzöglichen Paläste erhalten.

»Gräber von Linzi« – Grabstätten der Herzöge von Qi

Die Gegend um die ehemalige Hauptstadt des Reiches Qi weist etwa über 150 große und kleine Grabstätten auf, alle zumeist aus der Zeit der Streitenden Reiche, einige aus der nachfolgenden Han-Dynastie. Auch diese Grabanlagen der Zhou-Zeit lassen sich mit denen der Shang-Dynastie vergleichen: Neben der zentralen Grabkammer stieß man auf Überreste von Menschenopfern, die je nach ihrer gesellschaftlichen Stellung mit reichem Schmuck oder ohne jegliche Beigaben beigesetzt wurden. Mit Grabbeigaben aller Art hatte man keineswegs gegeizt: Geschirr aus Holz und Lack, Musikinstrumente wie Glocken, Klangsteine und Zithern und sogar Bücher stellte man dem Verstorbenen auch weiterhin zur Verfügung. Von den »Gräbern von Linzi«, die nahezu alle von der Plattform des Herzogs Huan aus zu sehen sind, sollen hier einige Beispiele genannt werden, bevor etwas näher auf eine archäologische Sensation eingegangen wird. So befindet sich hier zum Beispiel Er Wang Zhong, das Grabmal zweier Herzöge, in welchem Herzog Huan (685–643 v. Chr.), von dem bereits die Rede war, und Herzog Jing (547–490 v. Chr.) ruhen sollen. Auch die beiden engsten Berater dieser Herzöge, Guan Zhong und Yan Ying, liegen auf dem Gebiet der alten Residenzstadt begraben.

Sensationeller Fund: Xunma Keng, die Pferdeopferstätte

Innerhalb der »Großen Stadt« gelegen, ist Xunma Keng, die Pferdeopferstätte für einen Herzog von Qi, die aufsehenerregendste Anlage. Von der insgesamt 215 m langen, 5 m breiten, klammerförmigen Opfergrube wurden in den Jahren 1964 bis 1972 etwa 84 m freigelegt und dabei 228 Skelette geopferter Pferde entdeckt: in zwei Reihen, die Köpfe nach außen und hoch erhoben, die Beine wie in rasendem Galopp abgewinkelt. Die Pferde sind wohl einst – mit zusammengebundenen Beinen – lebend begraben worden; daraus erklärt sich auch die »Lebendigkeit« der Skelette.

Das Pferd als Symbol für Reichtum und Kampfesstärke

Sowohl in der Shang- als auch in der Zhou-Zeit war das Pferd der wichtigste Bestandteil der Kriegskunst; auch der beste Streitwagen war wertlos, wenn er nicht von zwei oder vier schnellen und wendigen Pferden gezogen wurde. Der Reichtum und die Kampfesstärke eines Fürsten wurden nicht zuletzt an seinem Pferdebesitz gemessen. Etwa 600 Pferdeskelette vermutet man in der gesamten Opfergrube; 105 davon sind in der 1983 errichteten Ausstellungshalle zu sehen, welche auf einer Länge von 40 m diese für die chinesische Archäologie und Geschichte so wertvolle und aufschlußreiche Opferstätte enthält.

Kanalisationssystem der Residenz von Qi

Es bleibt noch ein wichtiges Charakteristikum zhou-zeitlicher Städte zu nennen: das Kanalisationssystem. Im Jahre 1979 wurde ein an der westlichen Mauer der »Großen Stadt« angelegter Sammelkanal freigelegt. Mit natürlichen Steinen ausgelegt, ist das Wasserbecken etwa 42 m lang, 7 m breit und rund 3 m tief; übereinander gelegte Steine bilden drei Reihen zu je fünf Wasserausgängen, aus denen das Wasser mühelos den Weg in das Becken finden konnte. Dieser Sammelkanal war nicht nur ein Teil einer gut funktionierenden Abwasserentsorgung, sondern stellte gewiß auch ein unüberwindliches Hindernis für potentielle Angreifer dar.

Lehensstaat Lu, heute Provinz Shandong, die Heimat des Konfuzius

Ein weiterer Feudalstaat im Osten des Staatenverbandes, ebenso wie der Staat Qi auf dem Boden der heutigen Provinz Shandong gelegen, war das Herzogtum Lu. Dort lebte von 551 bis 479 v. Chr. ein Mann namens Kong Qiu. Nur ein unbedeutendes Amt am Hofe von Lu war ihm beschieden; und als seine Ratschläge ungehört verhallten – das Herzogtum Lu befand sich zu seiner Zeit bereits in einem Stadium des Niedergangs –, kehrte er seiner Heimat den Rücken und zog lehrend von Fürstenhof zu Fürstenhof. Sein Geburtshaus steht in Qufu, der ehemaligen Haupt- und Residenzstadt von Lu.

Fundamentreste der Residenzstadt von Lu, Qufu/Shandong

Die Überreste der alten Hauptstadt sind heute noch auf einer Fläche von 3,5 x 2,5 km zu sehen; im Norden und Westen vom Zhu-Fluß umschlossen, folgt ihr Grundriß dem gewohnten zhou-zeitlichen Stadtbild.

Hier wurde Kong Qiu, den wir unter seinem latinisierten Namen Konfuzius bereits kennengelernt haben, im Jahre 551 v. Chr. geboren. Als er 479 v. Chr. ebendort starb und an den Ufern des kleinen Flüßchens Si beigesetzt wurde, hielt der damalige Herzog Ai von Lu eine klagende Grabrede: *»Der Himmel hat mir den Verehrungswürdigen nicht lassen wollen! Nun ist niemand mehr da, der mir helfen könnte. Ach! Wehe mir!«* Drei Jahre lang hielten sich die Schüler des Konfuzius in Hütten nahe der Grabstätte auf und trauerten um ihren Meister wie um einen Vater.

Kong Lin, Gräberwald der Familie Kong, Qufu/Shandong

Das Grab des Konfuzius bildet heute das Zentrum des etwa 1,5 km außerhalb der Stadt Qufu liegenden Gräberwaldes der Familie Kong, Kong Lin oder auch Sheng Lin, Heiliger Wald, genannt. Auf einem Areal von rund 200 ha, umschlossen von einer 10 km langen Mauer, stehen zwischen uralten Kiefern, Zederbäumen und Zypressen zahlreiche Grabsteine, Stelen und Gedenkpavillons. Einen mit Gras bewachsenen Erdhügel, der mit einer Ziegelmauer eingefaßt ist, kennzeichnet die davor aufgerichtete Steinstele als Grabmal des Meisters. Als der Gründer der Han-Dynastie, Kaiser Wu, im Jahre 194 v. Chr. nach Qufu reiste, um dem Meister seine Reverenz zu erweisen, wurde es auch bald für die Fürsten und hohen Würdenträger zu einer geradezu rituellen Gewohnheit, das Grab des Konfuzius vor Antritt eines neuen Amtes zu besuchen. Nach über zweitausend Jahren respektvoller Verehrung, in denen sich Qufu zu einer konfuzianischen Kultstätte ersten Ranges entwickelt hatte, geriet das schlichte Grab während der Kulturrevolution zum Ziel erbitterten Hasses seitens der Roten Garden.

Kong Miao, Konfuzius-Tempel, Qufu/Shandong

Bereits ein Jahr nach dem Tod des Konfuzius, im Jahr 478 v. Chr., ließ Herzog Ai von Lu das Wohnhaus von dessen Familie zu einer Tempelanlage ausbauen und als Gedenk- und Kultstätte einrichten. Unzählige Male wurde in den darauffolgenden Dynastien an ihr gebaut, die einzelnen Gebäude restauriert, die Anlage erweitert. Die heutigen Bauten des Konfuzius-Tempels, Kong Miao, stammen zum Großteil aus dem 18. Jahrhundert. Die zentrale Nord-Süd-Achse, an der nach traditionellem Baustil alle Hauptgebäude ausgerichtet sind, ist über einen Kilometer lang; die Anlage selbst bedeckt heute eine Fläche von 21 ha, etwa ein Fünftel der Gesamtfläche der Stadt Qufu. Hat man die sieben mächtigen Tore durchschritten, gelangt man zu einer zentralen Stelle der Tempelanlage: dem Aprikosen-Altar, Xing Tan. So manche Vorlesung mag Konfuzius hier, unter einem Aprikosenbaum sitzend, gehalten haben, umgeben von seiner lauschenden Schülerschar. Wie hoch Konfuzius – freilich erst lange Jahre nach seinem Tod – in Ansehen stand, beweisen die roten Mauern und kaisergelb gedeckten Dächer; denn nur einem Kaiser gebühren diese Farben. Der über dem Aprikosen-Altar errichtete viereckige Pavillon geht auf das 16. Jahrhundert zurück: ein anmutig geschwungenes doppeltes Zeltdach, gedeckt mit leuchtend gelben Glasurziegeln. Erst unmittelbar hinter dem Aprikosen-Altar ragt das eigentliche Hauptgebäude auf: Dacheng Dian, die Halle, in der durch die Jahrhunderte die großen Opferfeierlichkeiten und Zeremonien zu Ehren des Konfuzius abgehalten wurden. Ursprünglich aus dem 11. Jahrhundert, wurde sie 1480 neu aufgebaut; später brannte sie zur Gänze nieder und wurde einmal durch Blitzschlag zerstört. Die heutige Halle stammt aus dem 18. Jahrhundert. Sie erhebt sich auf einer 2 m hohen Steinterrasse mit einer Fläche von 1836 m^2 und einer Höhe von 32 m. An ihrer Vorderseite wird das geschwungene Dach, an dessen Dachfirsten

Abb. 7 Dacheng Dian, Haupthalle im Konfuziustempel von Qufu (Aufnahme von ca. 1920)

die kaiserliche Höchstzahl an geisterabwehrenden und beschützenden Fabelwesen, nämlich neun, angebracht ist, von zehn Steinsäulen gestützt, die allesamt ein phantastisches Halbrelief aufweisen: Zwei große Drachen, die mit einem Ball beziehungsweise einer Perle spielen, winden sich an den Säulen empor.

Als sich der Konfuzianismus im Laufe der Han-Dynastie zur Staatslehre etablierte, folgten mit der Aufwertung der konfuzianischen Ideen auch eine durch vorgeschriebene Riten heiligmäßige Verehrung des Meisters und ein gesteigertes Ansehen seiner Nachkommen. Bald wurde die Familie in den Adelsrang erhoben; sie sammelte auch in den nachfolgenden Dynastien eine Reihe von Titeln an. Ihre unmittelbare Aufgabe bestand darin, den Tempelbezirk zu überwachen, die Familienchronik zu führen und die Besitztümer der Familie zu verwalten, die sich zeitweise auf 64 000 ha Grundbesitz beliefen.

Kong Fu, bis zum Jahr 1937 Wohnsitz der Familie Kong, Qufu/Shandong

In der Ming-Dynastie hatte die Macht der Familie Kong ihren Höhepunkt erreicht: Der erste Ming-Kaiser ließ ihr, unmittelbar an den Konfuzius-Tempel angrenzend, eine Residenz errichten, die ständig restauriert und erweitert wurde, bis sie zu der jetzigen Anlage heranwuchs, die eine Fläche von 16 ha einnimmt und neun Höfe sowie 463 Räume enthält. Bis zum Jahr 1937 war diese Residenz Wohnsitz der wohlhabenden und vor allen Dingen einflußreichen Nachkommen des Konfuzius; sie gibt einen guten Einblick in die traditionelle chinesische Wohnkultur der oberen Gesellschaftsklasse. Einen in seiner Art einmaligen und kostbaren Schatz birgt die Residenz in ihren nach außen hin schlichten, grauen Mauern: das Archiv der Nachfahren des Konfuzius von 1534 bis 1948, mit penibel genauen Aufzeichnungen über Leben und Arbeit einer privilegierten Familie innerhalb der alten chinesischen Gesellschaftsordnung.

Yan Miao, Tempel des Yan Hui, Qufu/Shandong

Wenn man sich in Qufu aufhält, sollte man noch Zeit für den Tempel des Yan Hui, Yan Miao, erübrigen. Der Lieblingsschüler des Konfuzius war besonders begabt, gelehrig und von herausragender Klugheit. Er starb im Alter von 32 Jahren und hinterließ einen zu Tode betrübten, weinenden Meister: »*Klage ich zu heftig? Wenn ich um diesen Mann nicht bitterlich weine, um wen sollte ich es dann tun?*« Bereits zu Beginn der Han-Zeit, etwa um 200 v. Chr., wurde ihm zu Ehren im Norden der Stadt Qufu ein Tempel errichtet. Die Dächer dieser Tempelanlage leuchten nicht im kaiserlichen Gelb des Konfuzius-Tempels, sondern in strahlendem Grün.

Lehensstaat Chu, am Mittellauf des Chang Jiang

Im Jahr 249 v. Chr. wurde das kleine Herzogtum Lu von dem mächtigen Feudalstaat Chu unterworfen und aufgesogen. Auch das Feudalreich Chu, südlich der »Mittleren Staaten« gelegen, gehörte gegen Ende der Östlichen Zhou-Zeit zu den mächtigsten Lehensstaaten. Am Mittellauf des Langen Flusses gelegen, erstreckte sich das Einflußgebiet von Chu auch auf die Provinz Hunan; dort liegt eine Stadt, die bereits damals eine bedeutende Rolle spielte, das heutige Changsha.

Museum in Jiangling/Hubei – sehenswerte Funde aus dem Reichsgebiet von Chu

Wertvolle Funde aus der Zeit des Staates Chu, der eine durchaus eigenständige und hochinteressante Kultur entwickelte, sind in dem kleinen Museum der Stadt Jiangling, in der Provinz Hubei, zu sehen. Etwa 5 km in nördlicher Richtung entfernt wurde die alte Hauptstadt des Reiches Chu ausgegraben.

Lackhandwerk – eine chinesische Erfindung

In der Zeit der Streitenden Reiche erreichte die Lackkunst, jenes für den ostasiatischen Raum so charakteristische Kunsthandwerk, einen ersten Höhepunkt. Besonders im damaligen Mittel- und Südchina wurde das Lackhandwerk gepflegt: Man überzog mit dem aus der Rinde des Lackbaums gewonnenen Saft Gegenstände aus Holz, Pappmaché oder Leinwand oder stellte ganze Gefäße damit her. Später – in der Yuan- und Ming-Zeit – entwickelten die Chinesen die Schnitzlacktechnik, bei der in die erhärtete Oberfläche von mehr als hundert übereinander aufgetragenen, hauchdünnen Lackschichten ein Dekor geschnitzt

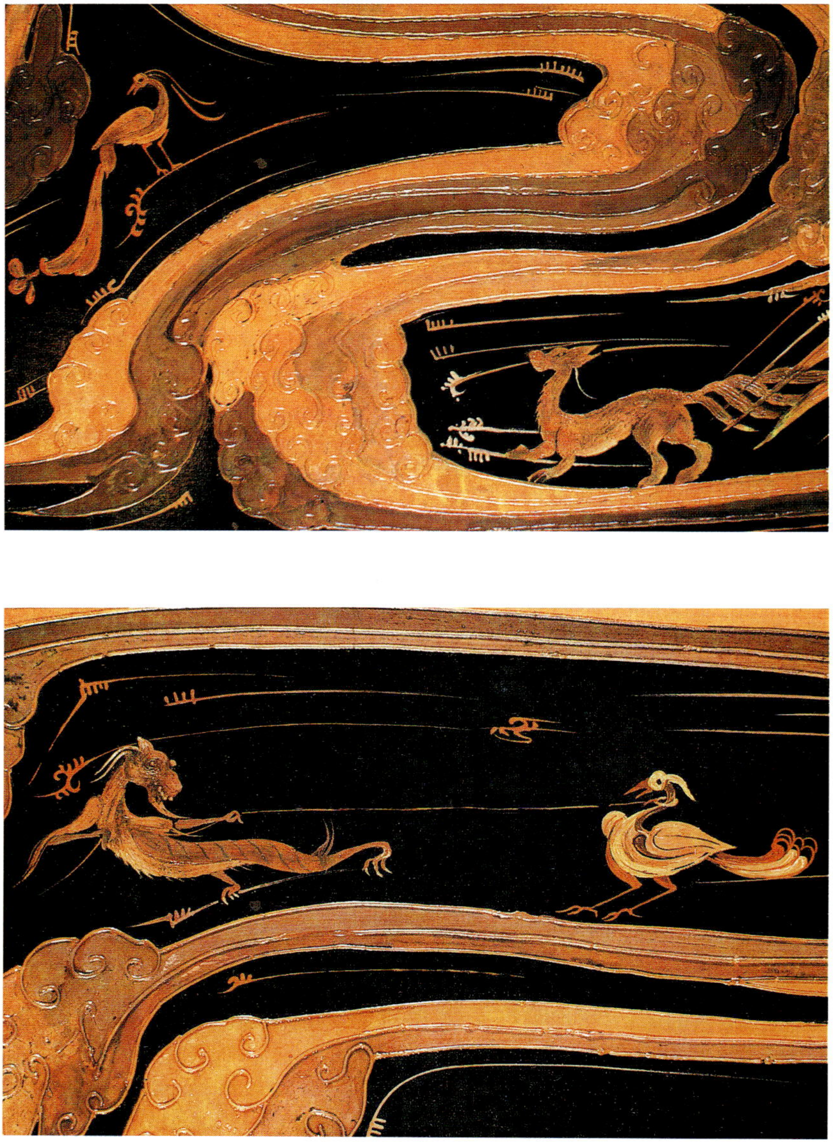

Abb. 8 Sarkophag-Dekor, Lackmalerei auf Lackgrund, Han-Zeit

Abb. 9 Teller mit Dorfszene, Rotlack, Ming-Zeit (frühes 15. Jh.)

wird. In Gräbern auf dem Gebiet des früheren Staates Chu sind ferner die ersten Seidengemälde erhalten; solche Funde sind aufgrund der Vergänglichkeit des Materials sehr selten. Viel eher findet man sogenannte Bambus-Bücher: von oben nach unten beschriftete Bambusstreifen, die aneinandergereiht und mit Schnüren zusammengeheftet sind.

Museum der Provinz Hubei, Wuhan: das berühmte Grabmal des Fürsten Yi von Zeng

Wertvolle Funde aus dem alten Königreich Chu sind heute auch im Museum der Provinz Hubei in Wuhan zu besichtigen. Zu den Kleinodien dieses Museums gehören die kostbaren Funde aus dem berühmten Grab des Fürsten Yi von Zeng. Das reich ausgestattete und prunkvolle Grabmal aus der beginnenden Zeit der Streitenden Reiche wurde in einem Vorort der Stadt Suizhou, etwa 180 km von Wuhan entfernt, im Norden der Provinz Hubei, entdeckt. Die hervorragend erhaltenen Grabbeigaben, die ungefähr zweieinhalbtausend Jahre alt sind, versetzen den Betrachter heute noch in Erstaunen: Die Bronzeobjekte, insgesamt etwa 10 Tonnen schwer, zeigen einen üppigen Ornamentstil, der – auch Huai-Stil genannt – schon auf dem Gebiet des Königreiches Chu, also auch in Zentral- und

Südchina, zu voller Ausprägung kam. Als besonders kostbar gelten auch die über 240 Bambusstäbchen, die Vorschriften zu den Trauerfeierlichkeiten und Berichte über die Beziehungen zwischen den beiden Feudalstaaten Zeng und Chu enthalten. Es ist müßig, an dieser Stelle den reichhaltigen Fund aus der Zeit der Streitenden Reiche im Detail zu beschreiben; hier mag die Feststellung genügen, daß ein Besuch des Provinzmuseums in Wuhan ein lohnendes Unterfangen ist.

Altertümliche Kupferhütte in Huangshi/Hubei

Interessiert man sich für die technischen Grundlagen der ausgeprägten, elaborierten Bronzekultur Chinas, so ist man gut beraten, das kleine Museum des altertümlichen Hüttenwesens in der Stadt Huangshi am Ufer des Langen Flusses zu besuchen. Dort hat man über der in den späten sechziger Jahren entdeckten, zhou-zeitlichen Kupferhütte im Jahr 1984 eine Ausstellungshalle errichtet, in der ein repräsentativer Teil der ursprünglichen Kupfergrube sowie wertvolle Werkzeuge zu Abbau und Verhüttung des Kupfers ausgestellt sind.

Lange Jahre stand Chu in schwerem Konflikt mit dem Staat Wu am Unterlauf des Langen Flusses. Und noch ein anderes Feudalreich machte in dieser Zeit von sich reden: Yue, in der heutigen Provinz Zhejiang gelegen, hatte sich nicht einmal annähernd bemüht, dem Zhou-Herrscherhaus auch nur durch einen fiktiven Stammbaum verwandtschaftlich verbunden zu sein. Abseits des zhou-zeitlichen Herrschaftsgebiets erblühte indes ein fremdes Königreich, welches mit seiner hochentwickelten Bronzekultur der ohnedies reichhaltigen chinesischen Kulturgeschichte einen besonderen Glanz verleiht: das Königreich Dian in der fruchtbaren Hochebene der heutigen Provinz Yunnan.

Dian, 4. bis 1. Jh. v. Chr. – ein fremdes Königreich an den Ufern des Dian-Sees, Yunnan

In seinen historischen Aufzeichnungen berichtete Sima Qian bereits von Barbarenstämmen im äußersten Südwesten des chinesischen Reiches, unter denen der Stamm der Dian der bedeutendste war. Der Chu-König Wei schickte einen seiner Generäle aus, um dieses Reich am Dian-See zu unterwerfen und dem Königreich Chu einzuverleiben. Doch dem General wurde nach gelungener Expedition durch den eroberungswütigen Herrscher von Qin, dem späteren Qin Shihuang, der Rückweg abgeschnitten. Er kehrte deshalb in das eben eroberte Gebiet zurück und ernannte sich selbst zum König von Dian. Etwa zweihundert Jahre später entsandte der Han-Kaiser Wu ein Heer gegen Dian, und die Annalen berichten, daß der König von Dian sich bereitwillig dem Han-Reich unterordnete: *»Da der König von Dian guten Willens war, wurde sein Leben verschont. Er ergab sich und man bat um Beamte, die das Königreich verwalten sollten. So wurde Dian zur Yizhou-Kommandatur gemacht. Dem König wurde das Königssiegel überreicht, und so konnte dieser wieder über sein Volk herrschen.«*

Kostbare Funde der Bronzekultur von Dian am Shizai Shan, Jinning/Yunnan

Als im Jahre 1956 das kleine goldene Siegel mit den archaischen, doch klar lesbaren Zeichen »Siegel des Königs von Dian« am Shizhai Shan bei Jinning am Dian-See ausgegraben wurde, galt der Bericht des Sima Qian als bestätigt. Hier am Shizhai Shan lag die Nekropole der Könige von Dian. Die zutage geförderten Gebrauchs- und Kultgegenstände der Dian-Kultur zeugen von einer hochent-

Abb. 10
Kauernde männliche Figur, Bronze aus dem Königreich Dian, etwa Mitte der Westlichen Han-Zeit (ca. 150–50 v. Chr.)

Abb. 11 Niedriger Ritualtisch in Gestalt eines Rindes, das von einem Tiger angefallen wird, Bronze aus dem Königreich Dian, Östliche Zhou-Zeit (etwa 6.–frühes 5. Jh. v. Chr.)

wickelten Bronzekultur, deren naturalistisch geformte Menschen- und Tierfiguren vor allem in Jagd- und Kampfhandlungen dargestellt sind. Ein höchst ungewöhnliches und wohl einmaliges Fundstück ist ein niedriger Ritualtisch aus Bronze in Gestalt eines Rindes, das von einem Tiger angefallen wird. Das Bronzewerk ist 43 cm hoch und 76 cm lang, wurde in mehreren Einzelstücken gegossen und anschließend zusammengefügt. Der ruhige massive Rinderkopf, der an der Stelle des Rückens in eine leicht konkave Platte ausläuft, steht in eigenwilligem Kontrast zu der geschmeidigen Raubkatze, die – an den Hinterbeinen des Rindes emporgesprungen – sich in den Schwanz des Rindes verbeißt.

Museum der Provinz Yunnan, Kunming (besonders sehenswert)

Die reichhaltigen Kostbarkeiten aus den verschiedenen Grabungsfeldern in der Gegend um den Dian-See sind heute im Museum der Provinz Yunnan in Kunming aufbewahrt. Es hat sich neben den Kulturgütern der 24 verschiedenen ethnischen Minderheiten der Provinz besonders auf die reichhaltige Sammlung der Dian-Kultur spezialisiert.

Es ist müßig, die Zeit der Kriegswirren und des Verfalls des zentralen Zhou-Königshauses in allen Einzelheiten zu analysieren, es ist vor allem für die Erläuterung der Kulturgeschichte nicht zwingend erforderlich. Ziel der Zwistigkeiten und kriegerischen Auseinandersetzungen war stets, ein geeintes Reich zu schaffen, dem auch alle an den Randgebieten gelegenen Staaten angeschlossen sein sollten. Der Gedanke der Koexistenz war den Feudalherren fremd; ihr Ziel bestand in der vollständigen Unterwerfung aller anderen. Sieben größere Staaten fochten letztendlich diese Entscheidung untereinander aus.

Lehensstaat Shu, heute Provinz Sichuan

Auch die abgelegeneren Staaten hatten indes auf kulturellem Gebiet einen hohen Entwicklungsstand erreicht. So zeichnete zum Beispiel den Staat Shu ein hervorragend ausgeklügeltes Bewässerungssystem aus: Im heutigen Sichuan war bereits im 4. Jahrhundert v. Chr. die Bewässerung der Ebene durch ein kompliziertes System von abgeleiteten Flüssen und Kanälen gewährleistet.

Dujiang Yan, die bedeutendste Stätte des traditionellen Wasserbaus, am Min-Fluß, Guanxian/Sichuan

59 km von der Provinzhauptstadt Chengdu entfernt, bei Guanxian, liegt eine der wohl bedeutendsten historischen Stätten des traditionellen Wasserbaus, die Bewässerungsanlage Dujiang Yan. Etwa um das Jahr 250 v. Chr. begann der Präfekt Li Bing mit der Regulierung des Min-Flusses bei Guanxian. Dort, wo der Fluß aus dem gebirgigen Gelände hervortrat, ließ Li Bing in der Flußmitte einen Deich errichten, das »Fischmaul«, und teilte den Fluß somit in zwei Arme. Der Hauptarm, »Äußerer Fluß« genannt, mündete als Min-Fluß in weiterer Folge auch in den Langen Fluß; der »Innere Fluß« ergoß sich durch den »Flaschenhals« in einem ausgeklügelten Kanalsystem in die Ebene im Westen der Provinz Sichuan, die von jeher zwar fruchtbar, aber immer zu wenig feucht war. Ein weiteres Wehr sollte bei Hochwasser zusätzlich die Gewalt des »Inneren Flusses« zähmen. Seit über zweitausend Jahren ist dadurch die Bewässerung des Umlandes gewährleistet. Auf der Grundlage dieses mehr als 2000 Jahre alten Systems wird heute eine Fläche von über 5350 km^2 bewässert!

Erwang Miao, Tempel der Zwei Könige, Guanxian/Sichuan

Zum Gedenken an den großartigen Ingenieur dieser Anlage wurde ganz in der Nähe am Ostufer des Min-Flusses – freilich erst im 5. nachchristlichen Jahrhundert – ein Tempel erbaut: Erwang Miao, der Tempel der Zwei Könige, ist Li Bing und seinem Sohn Li Erliang gewidmet, der das Werk seines Vaters fortführte. Erst nach der Song-Zeit wurde beiden posthum die Königswürde verliehen. Die heute bestehenden Hallen des Tempels stammen aus der Qing-Zeit. Etliche Steininschriften überliefern die Worte des Li Bing: *»Die Kanäle grabt tief, die Deiche macht niedrig«*. Eine berühmte Bambus-Hängebrücke spannt sich unweit davon in etwa 500 m Länge über den Min-Fluß: die Anlan-Brücke, früher auch Zhupu-Brücke genannt, wurde erst 1974 mit einer Betonkonstruktion und Eisenketten erneuert. Im selben Jahr entdeckte man in den Fluten des Min-Flusses eine Steinstatue des Li Bing, die auf das Jahr 168 n. Chr. datiert werden konnte.

Fulong Guan, Tempel des Drachenbezwingers, Guanxian/Sichuan

Die Statue mit einer Höhe von 2,9 m und einem Gewicht von 4,5 Tonnen befindet sich heute im Fulong Guan, Tempel des Drachenbezwingers, der ebenfalls zur Verehrung des Fluten(=Drachen-)bändigers Li Bing errichtet wurde. Dort sind auch Pläne, Skizzen und Modellbauten des Bewässerungssystems zu besichtigen.

Abb. 12 Dujiang Yan – die Regulierung des Min-Flusses bei Guanxian, historischer Wasserbau aus dem 3. Jh. v. Chr.

Abb. 13 Anlan-Brücke, Bambus-Hängebrücke über den Min-Fluß (Aufnahme von etwa 1909)

Lehensstaat Zhao, heute Provinz Shanxi und Hebei

Hoch im Norden der Provinz Shanxi und im Nordwesten von Hebei gelegen, an die mongolische Steppe grenzend, erstreckte sich der Staat Zhao. Aus einer Reichsteilung des Staates Jin hervorgegangen, gewann er seit seiner Existenz kaum an Einfluß.

Fundamentreste der Residenzstadt von Zhao, Handan/Hebei

Auf dem Gebiet der heutigen Stadt Handan in der Provinz Hebei lag einst die Hauptstadt von Zhao. Zhao Wangcheng Yizhi, die Überreste dieser Stadt, befinden sich heute 4 km südwestlich des Stadtzentrums von Handan. Auf einer Fläche von über 5 km^2 erstrecken sich die Ausgrabungen von drei gesonderten Stadtteilen. Auf der etwa 75 000 m^2 großen und 19 m hohen Drachenterrasse erhob sich wohl einst der Palast des Zhao-Herrschers. Unweit davon liegt eine Plattform, die Herzog Wuling von Zhao als Aussichtsterrasse anlegen ließ. Wie schon die Herzöge von Qi, kontrollierte und beobachtete auch er von hier aus die Truppenaufmärsche und ergötzte sich an Gesangs- und Tanzveranstaltungen. Heute ist hier ein öffentlicher Park angelegt. Doch *»wie eine Seidenraupe ein Maulbeerblatt verschlingt«* (Sima Qian), so eroberte der Staat Qin der Reihe nach alle Feudalreiche der damaligen Zhou-Zeit. Das Recht hierzu entnahm der Herrscher von Qin unter anderem der legalistischen Philosophie: An erster Stelle stand das Gesetz und mit ihm die ständige Kriegsbereitschaft.

Lehenstaat Yan, heute Provinz Hebei

Der Staat Yan, der, im heutigen Hebei gelegen, das abgeschottetste Territorium bildet, fiel als letzter der kriegerischen Herrschaftsauffassung von Qin zum Opfer.

Ruinen der Residenzstadt von Yan, Yixian/Hebei

2 km vom heutigen Yixian in der Provinz Hebei entfernt liegt das alte Yandu, die Ruinen der Hauptstadt von Yan. Die Siedlung, die sich etwa 8 km in ostwestlicher und 4 km in nordsüdlicher Richtung ausdehnt, wurde seinerzeit vom Yunliang-Fluß in eine Ost- und eine Weststadt geteilt. Während die letztere Sicherungs- und Wehrfunktion innehatte, beherbergte die Oststadt neben dem Regierungspalast auch Handwerksstätten und Wohnviertel; in der nordwestlichen Ecke der Oststadt sind die Grabstätten angelegt.

Lehensstaat Qin, heute Provinz Shaanxi und Sichuan

Eisenproduktion und Salzgewinnung, die schon einmal genannten, für das spätere Kaiserreich so typischen Staatsmonopole, verhalfen auch einem anderen Feudalstaat zu großem Aufschwung. Der Staat Qin, der bald von sich reden machen sollte, verfügte mit seinem Herrschaftsgebiet in der heutigen Provinz Sichuan über Sole, die man in gußeisernen Pfannen verdampfte. Mit der Zeit lernte man auch die Schmiedekunst beherrschen, so daß der Staat Qin – was die Ausrüstung seines Heeres mit funktionstüchtigen Eisenwaffen anlangt – allmählich seine Vormachtstellung ausbauen konnte. Mit einem geübten Massenheer in strategisch günstigem Gebiet und mit List – zukünftige Opfer verstand man sich durch Drohungen oder Geschenke zu Verbündeten zu machen – gelang es dem Staat Qin, in rigoroser Grausamkeit die Hegemonie zu erkämpfen. Wie ein »reißender Tiger« verschlang Qin die restlichen Staaten, auch hier der legalistischen Theorie der militärischen Abschreckung folgend. Die Einigung des Reichs und die Herstellung der politischen Ordnung wurden durch ein Zusammenspiel wirtschaftlicher, sozialer und geistiger Faktoren begünstigt.

Die nordostchinesische Tiefebene östlich des Dabie-Gebirges – topographisch äußerst günstig gelegen – war oftmals Schauplatz der für die Geschichte Chinas bedeutsamen großen Schlachten: Hier schlugen die Truppen des Qin-Herrschers ihren letzten großen Widersacher, die Streitkräfte des mächtigen Reiches Chu; hier besiegte der Gründer der Han-Dynastie einen Fürsten aus dem Süden, einen erbitterten Konkurrenten um die Macht. Im Jahr 387 n. Chr. behauptete sich hier das Reich der Südlichen Qin gegen eine übermächtige Tartareninvasion (Schlacht von Fei Shuei); hier errangen die kommunistischen Truppen im Jahr 1948 in der Huai-Hai-Schlacht den entscheidenden Sieg über die nationalchinesischen Truppen des Jiang Kaishek, die mit ihren schweren amerikanischen Panzerfahrzeugen in der vom langen Regen durchweichten schlammigen Ebene hilflos festsaßen.

Doch zurück zu unserer Chronologie: Im Jahr 221 v. Chr. trat der chinesische Einheitsstaat auf den Plan, so wie er bis heute erhalten geblieben ist.

Qin-Dynastie (221–206 v. Chr.)

»Unbedeutend wie ich bin«, sagte König Zheng, »habe ich Truppen ausgehoben, um die rebellischen Fürsten zu bestrafen, und mit Hilfe der heiligen Kraft unserer Ahnen habe ich sie bestraft, wie sie es verdient haben, so daß das Reich endlich befriedet ist. Wie aber sollen wir unsere Errungenschaften für die Nachwelt bewahren, wenn wir nicht die Würde eines neuen Titels schaffen« (zit. nach Cotterell 2, S. 136).

Qin Shihuangdi – der Erste Kaiser von China

Nachdem er alle früheren Lehensstaaten der Vorgängerdynastie unter seine Herrschaft gebrachte hatte, nannte sich der »reißende Tiger« fortan Qin Shihuangdi, der Erste Kaiser von Qin. Von zehntausend – was im Chinesischen so viel bedeutet wie zahllos, unzählig viele – Generationen an nachfolgenden Herrschern seiner Dynastie meinte Qin Shihuang der erste zu sein; so wollte er auch seinen Namen verstanden wissen. Und doch gehört seine Dynastie zu den kurzlebigsten der chinesischen Geschichte!

Wasserbauprojekte als Manifestation der Macht

Die Bedeutung von Wasserbauprojekten in der chinesischen Geschichte ist im Verlauf dieser Kultur-Geschichte schon einige Male zur Sprache gekommen; auch im Zusammenhang mit dem Erstarken des Qin-Reiches muß erneut dieser Aspekt hervorgehoben werden: Bei hoher Fruchtbarkeit und einem gewaltigen Ernteertrag mangelte es dem Lößboden des Kernlandes von Qin nur an hinreichender und regelmäßiger Versorgung mit Wasser. So legte man auch im Staat Qin auf den Ausbau von Bewässerungskanälen besonderen Wert.

Zheng Guo-Kanal

Schon 246 v. Chr., noch vor der Reichseinigung, wurde der Zheng Guo-Kanal eröffnet, der ursprünglich als Falle für den Staat Qin gedacht war. Denn – so schreibt Sima Qian in seinen Historischen Annalen – der Fürst des angrenzenden Feudalstaates Han ersann eine List, um die Ausdehnung des feindlichen Staates durch große inländische Projekte hintanzuhalten und dessen Kraft auf diese Weise zu erschöpfen. Er entsandte den Wasserbauingenieur Zheng Guo zum Fürsten von Qin mit dem Auftrag, diesen von einem gewaltigen Bewässerungsprojekt, eben jenen später nach dem Ingenieur benannten Zheng Guo-Kanal, zu überzeugen. Doch anstatt die strategische Kraft des Qin-Reiches zu schwächen, schuf dieser 124 km lange Bewässerungskanal, der die Flüsse Jing und Luo

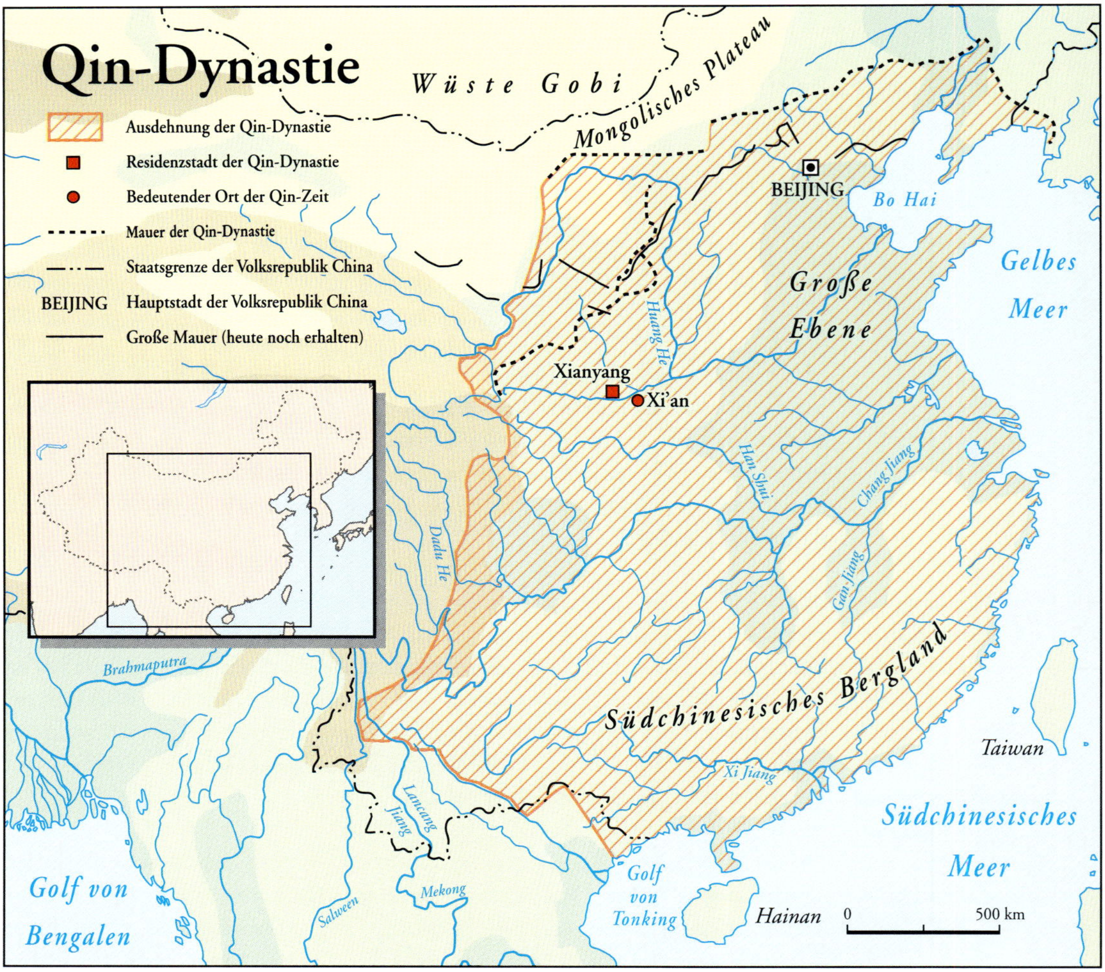

nördlich des Wei-Flusses verband, die Voraussetzung für einen gewaltigen Aufschwung und den bald darauffolgenden Sieg von Qin. Denn der Kanal steigerte nicht nur die Ertragsfähigkeit des Landes, sondern verbesserte auch erheblich die Leistungsfähigkeit des Verkehrsnetzes! Fast wie eine »Kulturrevolution« muten die tiefgreifenden Umgestaltungen auf wirtschaftlichem und gesellschaftlichem Gebiet an, die der Erste Kaiser unmittelbar nach der politischen Unterwerfung sämtlicher Königreiche einleitete. (Mao Zedong sollte ihn in seinen späten Jahren darob sehr bewundern.)

Vereinheitlichung des Qin-Reiches

Bei den rigorosen Einigungsmaßnahmen stand dem Ersten Kaiser von China mit Li Si ein Minister zur Seite, der eine streng legalistische Variante des Konfuzianismus vertrat. Das feudale Lehenssystem wurde abgeschafft; an seine Stelle traten der freie Grundbesitz und das Pachtwesen. Qin Shihuang errichtete ein zentralistisches, von einem Beamtenapparat getragenes Verwaltungssystem, das die Grundlage für die in den folgenden zwei Jahrtausenden bestehende Staatsform in China bildete. Die Vereinheitlichung von Maßen, Gewichten und Zahlungsmitteln gewährleisteten einen einheitlichen Wirtschaftsraum. Auch die in den früheren Feudalstaaten unterschiedliche Achsenlänge beziehungsweise Spurenbreite der Wagen, die für den Überlandverkehr kein unbeträchtliches Hindernis darstellte, wurde einheitlich festgelegt und garantierte damit die Zuverlässigkeit und Schnelligkeit des Transportwesens. Die Schriftzeichen, die man in den einzelnen Feudalreichen bislang sehr unterschiedlich geschrieben hatte, wurden in großem Zuge vereinheitlicht und normiert; in weiterer Folge setzten entsprechende Neuerungen im gesamten Bildungssektor ein.

Legalismus als Grundprinzip

Das Gesetz stand an erster Stelle, denn der Mensch, so die gängige Auffassung der Regierungskunst, sei nur durch strikte Gebote und Verbote zu regieren. Also ordnete Qin Shihuang an, auf allen Waren den Namen des Herstellers vermerken zu lassen, damit dieser, falls seine Waren von geringer Qualität wären, einer entsprechenden Strafe zugeführt werden könnte. Mit seinem streng nach legalistischen Gesichtspunkten geordneten Reich schuf der Erste Kaiser jene politische, wirtschaftliche und kulturelle Einheit, die für die Struktur des heutigen China noch maßgeblich und grundlegend ist.

Unterdrückung des Konfuzianismus

Die Legitimität seiner Herrschaft war jedoch nach der damals bereits konfuzianisch geprägten Geisteshaltung nicht unangefochten. Denn Qin Shihuang distanzierte sich von eben dieser Überlieferung und unterdrückte die Gelehrtenwelt, die kritische Stimmen hätte erheben können. Er berief sich dabei auf einen der wichtigsten Theoretiker des Legalismus, Han Feizi, der in einem Aufsatz über ›Die fünf Arten Ungeziefer‹ ausführte: *»Der kluge Herrscher duldet keine Schriften; in seinem Staat ist das Gesetz die einzige Theorie; es kommt nicht mehr in Frage, die Lehren der alten Herrscher zu erhalten.«* Und in seinem ›Traktat über den Herren von Shang‹ heißt es: *»Das Volk soll sich nicht mit dem Wissen beschäftigen, denn dann vernachlässigt es nur die Landwirtschaft. Ein Volk, welches das Wissen verachtet, bleibt unwissend, und im Zustand des Unwissens bleibt es unempfänglich für fremde Einflüsse, und das gereicht der Staatssicherheit stets zum Vorteil. In dieser Situation – wenn die nationale Sicherheit gewährleistet ist und das Volk sich ausschließlich mit der Landwirtschaft beschäftigt – kann sich das Land entwickeln«* (zit. nach Guikovaty, S. 11). Diese klassische Schrift des Totalitarismus könnte aus dem 20. Jahrhundert stammen. *»Das Volk soll keine anderen Lehrer haben als die Politiker, die es regieren«*, lautete ein berühmter Erlaß, den Li Si für Qin Shihuang formulierte; Schriften und Kenntnisse, die ein eigenständiges Urteilsvermögen und unabhängiges Denken förderten, wurden damit ausgelöscht und unterdrückt.

Die Bücherverbrennung des Jahres 213 v. Chr.

Mit der empörten Auflehnung der Konfuzianer, die ihren moralisch-sittlichen Kodex mißachtet sahen, wurde Qin Shihuang rasch fertig. Schriften, deren Inhalt seinen legalistischen Vorstellungen zuwiderlief und Unruhe im Reich heraufbeschwören konnte, ließ er kurzerhand verbrennen: Im Jahr 213 v. Chr. fand eine der frühesten Bücherverbrennungen der Weltgeschichte statt; sämtliche Werke, die nicht unmittelbar den militärischen Despotismus im Einheitsstaat untermauerten und guthießen, wurden – bis auf jeweils ein Exemplar für die kaiserliche Bibliothek – dem Feuer überantwortet. Ein Edikt aus demselben Jahr stellte sogar den Besitz verbotener Schriften unter Todesstrafe. (Nur mühsam und stellenweise mit sehr fragwürdigem Ergebnis gelang es den Überlebenden dieser Zeit und ihren Nachkommen, nach einigen Jahrzehnten die klassischen Texte zu rekonstruieren; dies war um so schwieriger, zumal die drei Monate lang wütende Feuersbrunst in der Hauptstadt, die zugleich das Ende der Qin-Dynastie bedeutete, auch die kaiserliche Bibliothek vernichtete.) Jahrhunderte später – der Konfuzianismus war längst etablierte Staatslehre und galt als orthodox – griff man bevorzugt auf ähnlich gewaltsame Methoden zurück, um die eine, die rechtmäßige Lehre durchzusetzen: Auch in der Ming- und Qing-Dynastie gab es Bücherverbrennungen!

Qin Shihuang und Mao Zedong

Mit den Konfuzianern verfuhr Qin Shihuang nicht besonders zimperlich: 460 konfuzianische Gelehrte ließ er kurzerhand lebendig begraben. Etwa zwei Jahrtausende später war Mao Zedong, der sich den Ersten Kaiser zum Vorbild erkoren hatte und damit eine langjährige, traditionell mißbilligende Geschichtsbewertung dieses Despoten revidierte, beeindruckt und stolz, diesen überflügelt zu haben. In einer Rede, die Mao im Jahr 1958 vor einer internen Parteikonferenz hielt, führte er aus: »*Was war denn so außergewöhnlich an Qin Shihuang? Er hat nur 460 Gelehrte hingerichtet. Wir haben 46000 davon hingerichtet! Dazu habe ich schon gewissen Demokraten entgegengehalten: Ihr glaubt, ihr könntet uns beleidigen, wenn ihr uns als Qin Shihuang bezeichnet, aber ihr irrt, wir haben Qin Shihuang hundertfach übertroffen! Ihr bezeichnet uns als Qin Shihuang, ihr bezeichnet uns als Despoten – wir bekennen uns gern zu diesen Eigenschaften, wir bedauern nur, daß ihr derart hinter der Wahrheit zurückbleibt, daß wir eure Vorwürfe ergänzen müssen!*« (zit. nach Guikovaty, S. 12). – Qin Shihuang ist mit seiner grausamen, tyrannischen Herrschaft der einzige Herrscher der chinesischen Geschichte, den die Historiographie einheitlich und getreu ihrer konfuzianischen Ausrichtung verteufelte; Jahrhunderte hindurch wurde die Herrschaft des Ersten Kaisers allgemein verabscheut und abgelehnt, erst unter Mao Zedong wurde er offiziell rehabilitiert. (Auch das Lebenswerk Mao Zedongs wird heute ähnlich skeptisch betrachtet, wie jahrhundertelang die Herrschaft des Ersten Kaisers.)

Xianyang, nahe Xi'an/ Provinz Shaanxi, Residenzstadt des Qin-Reiches

Seit dem Jahr 350 v. Chr. war Xianyang, südwestlich des heutigen Xi'an, am Nordufer des Wei-Flusses gelegen, Hauptstadt des Qin-Reiches. Mit der Einigung des gesamten Staatenverbandes unter dem Ersten Kaiser von China entwikkelte sich Xianyang zur politischen, wirtschaftlichen und kulturellen Metropole des gesamten Landes und sollte dies für etwa tausend Jahre bleiben. 120000 vornehme und wohlhabende Familien ließ Qin Shihuang zwangsweise in Xianyang ansiedeln, nicht nur um seiner Metropole besonderen Glanz zu verleihen, sondern vor allem auch um die Grundbesitzer von ihren Lehen zu trennen. Denn das Feudalwesen hatte im Konzept eines strikt legalistischen Staates keinen Platz mehr.

Ausdehnung des Reiches – Qin Shihuang als militärischer Stratege

Auch auf militärischem Gebiet war Qin Shihuang erfolgreich: Seine Truppen stießen über Südchina bis nach Annam vor, und gen Osten wurde das Staatsgebiet ebenfalls erweitert. Nach den strategischen Anweisungen von Xunzi und seiner Schrift zur ›Kriegskunst‹ errangen die Soldaten des Qin-Herrschers gewaltige Erfolge, denn *»die im Krieg Erfahrenen vermeiden den Feind, wenn sein Kampfgeist wach ist, und greifen ihn an, wenn sein Kampfgeist schlaff ist; dieses entscheidende Element nennt man den moralischen Faktor.«* Ähnlich agierte später die Rote Armee während jener strategisch angelegten Flucht, die als der »Lange Marsch« in die Geschichte einging: *»Der Feind rückt vor, wir weichen zurück. Er hält an, wir belästigen ihn. Er ist erschöpft, wir greifen ihn an. Er weicht zurück, wir verfolgen ihn«*, lautete die Anweisung des antiken Strategen in der Diktion von Mao Zedong, der im Jahr 1928 mit dieser Formel die Grundprinzipien der Guerillakriegführung definierte.

Qin Shihuang als großer Baumeister

Als zielstrebiger Autokrat betätigte sich der Erste Kaiser nicht nur als ein gewaltiger militärischer Stratege, sondern auch als großer Baumeister. Gegen die stete Gefahr von Nordwesten, die unruhigen nomadischen Turkvölker, wußte er sich zu helfen: Er ließ die bereits bestehenden Lehmwälle – denn schon die Fürsten des kleinen Feudalstaates Zhao hatten an Pässen und einigen Stellen, die den Steppenvölkern nur allzu leicht Zugang gewährten, zur Absicherung Mauern errichten lassen – zwischen den Gebirgszügen im Norden miteinander verbinden und zu einem zusammenhängenden Wall ausbauen.

Wanli Changcheng, die »Große Mauer der 10000 Li«

Im Jahr 214 v. Chr. gab Qin Shihuang den Auftrag zu jenem bedeutenden Bauwerk, das in jeder Hinsicht als Weltwunder bezeichnet werden kann und allseits als die Große Mauer bekannt ist. Über zwei Jahrtausende wurde an ihr gebaut, bis sie die Ausmaße und die Form annahm, in denen sie sich heute dem staunenden Besucher präsentiert. Der Bau der Großen Mauer bezeugt das außergewöhnliche organisatorische und administrative Talent der Chinesen. In den gebirgigen, schwer zugänglichen und zudem nicht bewirtschaftbaren Regionen, durch welche sich die Mauer wie ein Drache von Ost nach West windet, mehrere 100000 Mann in Arbeitstruppen einzuteilen, ihren Arbeitseinsatz zu steuern und dazu noch ihre Verköstigung zu gewährleisten, war gewiß keine leichte Aufgabe. Die Kaiser der Ming-Dynastie, die auf der gesamten Länge der Mauer eine bewaffnete Armee von etwa einer Million Mann unterhielten, sahen sich mit kaum geringeren Schwierigkeiten konfrontiert.

Auch wenn Qin Shihuang gemeinhin als Erbauer der Großen Mauer angesehen wird, so zerstörte er in Wirklichkeit doch mindestens ebenso viele Befestigungsbauten und Bollwerke, wie er errichtet hatte. Systematisch ließ er die von den Königen der früheren Feudalstaaten erbauten Verteidigungsmauern, die einer Zentralisierung des Landes im Wege standen, niederreißen, während die bestehenden Wälle und Mauern im Norden und Westen der Feudalreiche Yan, Zhao und Qin zu einer zusammenhängenden Mauer verbunden wurden. General Meng Tian war mit der Aufsicht über den Bau der »Großen Mauer der 10000 Li«, Wanli Changcheng, beauftragt, die sich in Gestalt und Form dem Gelände anpassen und alle natürlichen Hindernisse und Pässe nutzen sollte. Der General befehligte ein 300000 Mann starkes Heer, das unter seinem Kommando auch zum Mauerbau herangezogen wurde. Zusätzlich ließ Qin Shihuang noch etwa 500000 Bauern zwangsrekrutieren und an die riesige Baustelle im Norden des Landes deportieren. Außerdem enthielt die Rechtsprechung der Qin- und Han-Dynastie eine besondere Klausel, die den eines Verbrechens überführten Häftling zur Arbeit am Mauerbau verurteilte. Ähnlich verfuhren auch die Herrscher der Nachfolgedynastien bei der Rekrutierung von Arbeitspersonal. Allein der verwaltungstechnische Aufwand, der diesem Bauprojekt zugrunde liegt, das zwischen einer halben und einer Million Arbeiter zur gleichen Zeit auf einer Länge von rund 5000 km beschäftigte, versetzt den Betrachter heute noch in Erstaunen.

Zum Bau selbst wurde grundsätzlich nur das an Ort und Stelle vorhandene Material verwendet. Sind die Wälle in der Wüste Gobi abwechselnd aus Schichten von Sand und Kieseln, Tamariskenzweigen und Schilf aufgeführt, so wurden die Bollwerke im holzreichen Nordosten, in der heutigen Provinz Liaoning, aus Eichenbrettern, Fichtenholz und chinesischer Kiefer errichtet. Während im Gebirge die Mauern größtenteils aus Stein gebaut sind, bestehen sie in den Ebenen und in den Lößgebieten aus gestampfter Erde. Erst in der Ming-Zeit wurden zusätzlich große Mengen von Ziegeln, Backsteinen, deren Herkunft durch Stempelaufdruck auch heute noch erkennbar ist, und Kalk verwendet.

Reste der ursprünglichen Mauer

Die ursprüngliche Mauer des Ersten Kaisers erstreckt sich über 5000 km von Lintao, Provinz Gansu, bis Yanmao, Provinz Hebei. Nur wenige Reste sind von dieser ersten Großen Mauer noch erhalten: bei Yinchuan und Lintao. Und doch erreichen die Relikte der ältesten Mauer in ihrem westlichsten Abschnitt bei Dunhuang auch nach 2000 Jahren noch stellenweise ihre ursprüngliche Höhe von 6 m: Hier wechseln etwa 20 cm dicke Lagen aus Sand und Kieseln und 5 cm dicke Schichten aus pflanzlichem Material einander ab. Der durch Aufstände und den Niedergang der Qin-Dynastie schließlich eingestellte Mauerbau wurde in der Han-Zeit wieder aufgenommen, die Mauer selbst nach und nach in Richtung Westen ausgedehnt.

Die Große Mauer in der Ming-Zeit

Ihre größte Bedeutung erhielt die Mauer unter der Ming-Dynastie. Nach der vorangegangenen hundertjährigen Herrschaft der Mongolen in China besaß die

Abb. 14 Große Mauer bei Simatai, Provinz Hebei

energische militärische Verteidigung der Landesgrenzen für die Ming-Kaiser oberste Priorität. Im Laufe von 170 Jahren setzten sie die gesamte Mauer wieder instand und hielten sie ununterbrochen unter militärischer Bewachung. Aus dieser Zeit stammen auch die meisten der Bauabschnitte, die heute noch zu besichtigen sind.

Befestigungsanlagen der Großen Mauer

Das charakteristische, überwältigend schöne und imposante Erscheinungsbild der Mauer ergibt sich aus ihrem grundsätzlichen Verlauf entlang der Scheitellinie der Bergrücken. Nahe der Mauer, die sich wie der Schuppenkamm eines Drachen weithin sichtbar über die Hügel und durch die Ebene zieht, befinden sich als Hauptverteidigungsanlagen sogenannte Sperrforts und Festungen. Hinzu kommen eine große Zahl von Wehrtürmen und Bastionen, die als Verteidigungsschwerpunkte dienen, und jede Menge Signaltürme, von denen mittels Feuer- und Rauchzeichen Signale gegeben wurden. Seit der Qin-Dynastie bewerkstelligte man die Nachrichtenübermittlung durch Signalfeuer, wobei eine vereinbarte Zahl von Feuern die Stärke der feindlichen Truppen anzeigte. In der Ming-Zeit ergänzte man die Zahl der Signalfeuer durch entsprechende Salven von Kanonenschüssen.

Abb. 15a Jiayuguan, westliches Ende der Großen Mauer, Provinz Gansu

Abb. 15b Jiayuguan, der Jadetor-Paß

Jiayuguan/Provinz Gansu, westliches Ende der großen Mauer

Unter den schnee- und eisbedeckten Gipfeln des Qilian-Gebirges in der Provinz Gansu bildet die Festung Jiayuguan, das »Jadetor«, auf 1773 m Höhe das westliche Ende der Mauer. Die Festung selbst, unweit derer die Reste der Mauern zu sehen sind, die der Han-Kaiser Wu zum Schutz gegen die mongolischen Xiongnu errichtet hatte, stammt aus der Ming-Zeit. Von dort zieht sich die unter den Ming restaurierte und bewehrte Mauer etwa 6000 km durch die geographisch unterschiedlichsten und vielgestaltigsten Gebiete Nordchinas, bis sie in Shanhaiguan im äußersten Osten des Reiches zum Meer hin abfällt. Auf ihrem Weg streift sie den Südrand der Wüste Gobi, überquert viermal den Gelben Fluß, erklimmt gewaltige Höhen und steigt schließlich wieder auf Meereshöhe hinab.

Juyongguan und der Mauerabschnitt bei Badaling/Provinz Hebei

Etwa 60 km von Beijing entfernt liegt ein für die Hauptstadt des chinesischen Kaiserreiches von jeher strategisch bedeutsamer Paß, Juyongguan. Die ehemalige Befestigungsanlage verläuft etwa 20 km durch ein schmales Tal und endet im Norden am Gebirgspaß bei Badaling. Massive und nahe beieinander liegende Befestigungstürme sowie zahlreiche Signaltürme, die zusätzlich auf den Bergkuppen errichtet wurden, kennzeichnen dieses wichtige Mauerteilstück bei Badaling. Von hier aus kontrollierte man einst den nordwestlichen Zugang zu Beijing. Auf den umliegenden Berghängen und Bergkämmen sind noch die Ruinen der Mauern und Signaltürme der vormaligen Festung zu sehen. Die Hauptattraktion ist auch heute noch Juyongguan Yuntai, die »Wolkenterrasse«, aus weißem Marmor. Sie stammt aus der Zeit der mongolischen Yuan-Dynastie. Die drei Stupas, die sich einst auf ihr erhoben, fielen bereits im 15. Jahrhundert einem Feuer zum Opfer. Auch der daraufhin errichtete Tempel wurde im Jahr 1702 von Flammen zerstört. Die Terrasse ist 9,5 m hoch und ca. 27 x 17,5 m groß. Der reich geschmückte Torbogen ist mit Zitaten aus heiligen buddhistischen Texten sowie mit Berichten vom Bau der Terrasse in sechs verschiedenen Sprachen versehen: Sanskrit, Tibetisch, Bhaxba, Uigurisch, Chinesisch und Xixia. Die Mauer bei Badaling ist etwa 8,5 m hoch und 5,7 m breit; wie überall ist auch hier das Fundament um rund einen Meter breiter als die Mauerkrone – der Grundriß der Mauer ist demnach trapezförmig.

Mauerabschnitt bei Mutianyu/ Provinz Hebei

Etwas weiter von Beijing entfernt – und daher touristisch noch längst nicht so überlaufen – liegt der landschaftlich besonders schöne und erst seit wenigen Jahren zugängliche Mauerabschnitt von Mutianyu. Eine Seilbahn hilft hier den steilen und für manche beschwerlichen Weg auf die Mauer zu überwinden.

Gubeikou und der Mauerabschnitt bei Simatai/ Provinz Hebei

Noch weiter östlich liegt eine geschichtsträchtige Paßstelle: Gubeikou, das an der Grenze zum Bezirk Miyun eine ähnliche Schlüsselstellung einnimmt wie Juyongguan und Badaling. Hier wurde der Zugang zu Beijing von Nordosten gesichert. Die Mauer spannt sich an dieser Stelle über den Zhao-Fluß und schleust das Wasser durch drei Tore. Kaum hundert Meter voneinander entfernt stehen hier die Wachtürme. Im Jahr 1793 passierte Lord McCartney in einer englischen Postkutsche die Mauer bei Gubeikou auf seinem Weg in die kaiserliche Sommerresidenz in Chengde. Auch der Kaiser selbst bevorzugte den Weg über Gubeikou, wenn er zu Beginn der heißen Jahreszeit die Hauptstadt Beijing verließ und in die erfrischende Kühle seiner Sommerresidenz in Chengde übersiedelte.

Shanhaiguan/Provinz Hebei – östliches Ende der Mauer

Nordöstlich der Stadt Qinhuangdao in der Provinz Hebei liegt die östlichste Festung der Mauer: das Sperrfort von Shanhaiguan, eine rechteckige Festung mit einem Umfang von etwa 4 km. Hier sind die Mauern 14 m hoch und 7 m stark. Das Fort liegt strategisch besonders günstig auf dem schmalen Küstenstrich zwischen Gebirge und Meer. Durch diese Schlüsselstelle gelangten im Jahr 1644 die Truppen der Mandschu-Herrscher mit Hilfe des Ming-Generals Wu Sangui ins Landesinnere. Beijing war zu diesem Zeitpunkt bereits vom aufständischen Bauernheer des Li Zicheng erobert worden; der letzte Ming-Kaiser hatte sich auf dem Kohlenhügel hinter dem Kaiserpalast erhängt. Alsbald besetzten die durch Shanhaiguan ins Land gedrungenen Truppen der Mandschuren auch die Residenzstadt: Die Zeit der letzten offiziellen Herrscherdynastie Chinas begann. Ganz in der Nähe des Forts liegt der »Tempel der Jiang Nü«. Mit ihm ist eine Begebenheit verbunden, die sich in der Zeit des Ersten Kaisers abgespielt haben soll und wohl für das Schicksal Tausender und Abertausender repräsentativ ist: Eine junge Frau aus der Provinz Shaanxi, namens Meng Jiang, deren Mann zur Zwangsarbeit an der Mauer rekrutiert worden war, machte sich auf den beschwerlichen Weg in den Norden des Landes, um ihn zu suchen und ihm warme Kleidung für den bitteren Winter zu bringen. Als sie jedoch an der Baustelle anlangte, mußte sie erfahren, daß ihr Mann bereits in der Mühsal umgekommen war. Vom Schmerz überwältigt, begann sie zu weinen; der Strom ihrer Tränen brachte die Mauer zum Einsturz und gab den Leichnam frei. Mit der Leiche des geliebten Mannes in den Armen, suchte Meng Jiang in den Fluten des Ostchinesischen Meeres den Tod. Die drei Felsen, die sich vor dem östlichen Ende der Mauer bei Shanhaiguan aus dem Meer erheben, dienen ihr als Grabstätte. – Heute noch wird diese rührende Geschichte gerne erzählt.

Große Mauer – Sinnbild des chinesischen Reiches

Die Große Mauer spiegelt in allem die Geschichte Chinas. In ihrem ursprünglichen Sinn war sie keine Grenzbefestigung, eher eine Verteidigungslinie, die Schutz vor Übergriffen aggressiver Nachbarn gewährte und als eine Demarkationslinie Chinesen von Barbaren schied. Sie ist ein Sinnbild des Reiches der Mitte; Symbol für den Willen, die eigene und eigenständige Welt zu schützen, das Fremde abzuwehren, das nicht zum Nutzen, sondern nur zum Schaden dieser Welt gereichte. Wohl ist sie aus einer historischen Situation erwachsen, notwendig und nutzbringend gewesen, doch bald konnte sie die ihr zugedachte Aufgabe nicht mehr erfüllen. Die Große Mauer bleibt indes Spiegel der Selbstgenügsamkeit und der gewollten Isolation des Reiches vor allem Nicht-Chinesischen.

Qin Shihuang und die Suche nach dem Lebenselixier

Durch sein rigoroses und gewaltsames Vorgehen machte sich Qin Shihuang nicht wenige zu Feinden, und zeit seines – kurzen – Lebens fürchtete sich der Kaiser vor Attentaten. Drei Attentate hatten ihn in Todesangst versetzt; zwar fügten sie ihm keinen körperlichen Schaden zu, gewiß aber einen seelischen. Das traumatische Erlebnis, dem gewaltsamen Tod nur um Haaresbreite entgangen zu sein, mag seine Angst vor dem Tod noch verstärkt haben. Eine verzehrende Sehnsucht nach immerwährendem Leben erfaßte ihn; rastlos, zunehmend verschlossen und in sich gekehrt unternahm der Kaiser ebenso zahl- wie erfolglose Erkundungsreisen durch sein großes Land, stets auf der Suche nach dem Lebenselixier, dem Elixier der Unsterblichkeit.

Bingma Yong, die Terrakotta-Armee des Qin Shihuang, nahe Xi'an/ Provinz Shaanxi

In einem gewaltigen Eroberungszug hatte der Erste Kaiser »alles, was unter dem Himmel liegt«, *tianxia*, unterworfen; auch im Tode blieb er dem Bild des Unbezwingbaren treu: Eine waffenstrotzende Terrakotta-Armee hält über dem Todesschlaf des Ersten Kaisers von China Wache. Schon als er im Jahr 246 v. Chr. den Thron des Feudalreiches Qin bestieg, beschäftigte sich der spätere Erste Kaiser von China mit dem Bau seines Mausoleums. Aus dem ganzen Reich holte er begnadete Künstler und hochqualifizierte Handwerker in seine Residenzstadt. Staunend steht man vor der unterirdischen Streitmacht aus Ton; es müssen Heerscharen von Künstlern gewesen sein, die diese weltweit einmalige und sensationelle Leistung zuwege brachten. Tatsächlich wuchs mit den Jahren auch die Zahl der Arbeitskräfte, die schließlich über eine halbe Million betrug. Neben dem Bau der Großen Mauer ist dieses unterirdische Mausoleum das zweite geradezu übermächtige Denkmal des Ersten Kaisers. Eine Beschreibung dieses Mausoleums findet sich in den Historischen Annalen des Han-Historikers Sima Qian, einem Text, der etwa um 100 v. Chr. entstanden ist: *»Sobald der Erste Kaiser König von Qin wurde* [246 v. Chr.], *begannen die Arbeiten für sein Grabmal am Berg Li. Nachdem er das Reich für sich gewonnen hatte* [221 v. Chr.], *arbeiteten dort mehr als 700 000 Zwangsarbeiter aus allen Teilen Chinas. Sie arbeiteten sich durch drei unterirdische Wasserläufe hindurch; sie gossen geschmolzenes Kupfer für den äußeren Sarkophag; und sie füllten die Grabkammer mit Modellen von Palästen, Türmen und öffentlichen Gebäuden, desgleichen mit feinen Gebrauchsgegenständen, Edelsteinen und seltenen Dingen. Handwerker wurden angewiesen, selbsttätige Armbrüste derart anzubringen, daß Grabräuber getötet würden. Die Wasserstraßen des Reiches, der Gelbe Fluß und der Lange Fluß, ja sogar der große Ozean selbst, waren durch Quecksilber dargestellt und wurden mechanisch zum Fließen gebracht. Darüber waren die Sternbilder des Himmels abgebildet, während sich unten eine Darstellung der Erde befand. Mit Walöl gefüllte Lampen waren so angebracht, daß sie sehr lange Zeit brennen konnten.*

Der Zweite Kaiser ordnete an [210 v. Chr.], *daß die kinderlosen Konkubinen seines Vaters ihm ins Grab folgen sollten. Nachdem sie befehlsgemäß beerdigt waren, wies ein Beamter darauf hin, daß die für die mechanischen Vorrichtungen verantwortlichen Handwerker zu viel über den Inhalt des Grabes wüßten, als es für dessen Sicherheit gut wäre. Nachdem der Erste Kaiser in die Grabkammer gelegt und der Grabschatz verschlossen war, wurden daher die mittleren und äußeren Tore verriegelt, so daß alle, die an dem Grabmal gearbeitet hatten, darin gefangen waren. Kein einziger kam heraus. Dann wurden Bäume und Gras auf das Mausoleum gepflanzt, damit es wie ein natürlicher Hügel aussah«* (zit. nach Cotterell 2, S. 17).

Abb. 16 Terrakotta-Krieger in Schlachtordnung, aus dem Mausoleum des Ersten Kaisers, Bingma Yong, bei Xi'an, Provinz Shaanxi

Im März 1974 stießen Bauern beim Ausheben etlicher Brunnen für die Versorgung der umliegenden Gehöfte auf den ersten, im Zusammenhang mit dem Mausoleum des Ersten Kaisers stehenden Fundkomplex. Die rechteckige unterirdische Anlage, 210 m lang, 60 m breit und etwa 3 m tief (insgesamt 5 m unter der Erdoberfläche), birgt eine komplette militärische Formation. Elf parallele Korridore erstrecken sich auf einer Länge von 200 m, wobei die beiden äußeren knapp 2 m, die mittleren 3 m breit sind. Gestampfte Erde gewährleistet eine relativ gute Stabilität der einzelnen Korridore; leicht gewölbte Ziegel bedecken den Boden und garantieren, daß eindringendes Wasser auch wieder ablaufen kann. Um diese Kammer für die Welt unsichtbar zu machen, wurden Holzpfeiler und Balken über die Korridore gelegt. Bevor die Erde wieder aufgetragen wurde – um das Bild eines noch nicht bestellten Ackerbodens vorzutäuschen –, legte man noch geflochtene Matten darüber, die mit einer dünnen Tonschicht bestrichen sind. Doch das kaschierende Machwerk sollte wenig nützen: Wenige Jahre später drang die Rebellenarmee des Xiang Yu in die unterirdische Kammer ein – auf der Suche nach brauchbaren Waffen. Sie wurde fündig: die Terrakotta-Armee des Ersten Kaisers war mit qualitätvollen, funktionstüchtigen Bronze- und Eisenwaffen ausgerüstet …

Abb. 17 Krieger unterschiedlicher Herkunft

In diesen Korridoren also wacht die Armee des Ersten Kaisers, in Schlachtformation gen Osten angeordnet: Je vier Fußsoldaten in den breiten Korridoren, die zwar keine Helme, wohl aber Rüstungen tragen. Im vorderen Verbindungskorridor, der quer zu den elf parallelen Korridoren verläuft, hat sich die Regimentspitze eingefunden: etwa 200 Scharfschützen, mit Bogen und Armbrust ausgerüstet, angetan mit besonders flexiblen Rüstungen, die aus einzelnen (!) Plättchen bestehen, bahnen den von vier Pferden gezogenen Streitwagen den Weg. Unter diesen Streitwagen befinden sich zwei Kommandowagen, die mit Trommel und Schelle versehen sind. Die Soldaten dieser Armee sind alle aus dem grauen Ton geformt, der in der Umgebung des Berges Li vorkommt. Die Beine einer jeden Figur sind massiv, Oberkörper und Kopf dagegen hohl. Verblüffend ist, daß kein Gesicht dem anderen gleicht, jede Figur trägt individuelle Gesichtszüge; Haartracht und Bart kennzeichnen die unterschiedlichen Nationalitäten, die im Heer des Ersten Kaisers dienten. Nach dem Brennen wurden alle Figuren mit kräftigen Farben bemalt.

Betritt man die große Ausstellungshalle, die den ersten Grabungssektor überdacht, jene riesenhafte Grube mit etwa 700 freigelegten, restaurierten und wieder in Schlachtordnung aufgestellten Kriegern, so schlägt dem erstaunten Betrachter eine spürbare Welle gespannter Konzentration entgegen. Das Antlitz der Krieger ist zwar starr, doch trägt es eine ruhige, besonnene Entschlossenheit zur Schau, jeden Moment bereit, den Feind zu bedrängen.

Dicht neben dem ursprünglichen Grabungssektor, etwa 20 m nördlich, entdeckten Archäologen im Jahr 1976 eine zweite Anlage: Hier hält eine Einheit aus Streitwagen und Kavallerie, unterstützt von unbewaffneten, im Nahkampf geübten Kriegern – insgesamt etwa 1400 Mann – Wache. Allein in diesem Bereich wurden 1400 bronzene Pfeilspitzen geborgen. Unweit davon stieß man bei einem dritten Grabungssektor auf die Kommandozentrale der tönernen Armee: 68 hohe Offiziere, deren Körpergröße mit 1,90 m die durchschnittlich 1,80 m großen gewöhnlichen Infantristen und Kavalleristen deutlich überragt, sind hier versammelt. Westlich des eigentlichen Grabhügels machte man im Jahr 1980 einen weiteren sensationellen Fund: Zwei kaiserliche Karrossen mit Kutscher und je vier Pferden aus Bronze im Maßstab 1:2. Die beiden schwer zerstörten Wagenmodelle wurden inzwischen restauriert. Der geschlossene, überdachte und zweirädrige Wagen, der vermutlich mit feingemustertem Stoff überzogen war – denn die Bronze weist elegante eingravierte Muster auf –, mißt mit dem Pferdegespann 3,1 m und ist 1,6 m hoch. Der durch einen Schirm geschützte Stehwagen vermittelt eine beeindruckende Wendigkeit.

Der Erste Kaiser hätte der Nachwelt kein charakteristischeres Zeugnis seines Militärregimes hinterlassen können. Wollte er in spöttischer Überlegenheit den nachfolgenden Berichten über seine grausame Herrschaft und militärische Despotie zuvorkommen, ihnen mit ironischem Lächeln einen nachträglichen Beweis vorführen? Die freigelegte Tonkriegerarmee befindet sich in dem einst eingefriedeten, rund 2 km^2 großen Areal, in dem auch der bislang noch nicht geöffnete Grabhügel des Ersten Kaisers emporragt. Etwa 30 km östlich von Xi'an, nahe der Stadt Lintong, inmitten wohlbestellter Felder und weitläufiger Granatäpfelhaine, erhebt sich dieser 55 m hohe Grabhügel, unter welchem man die von Sima Qian beschriebene unterirdische Palastanlage vermutet.

Tod des Ersten Kaisers und Ende der Qin-Dynastie

Auf einer seiner unzähligen Inspektionsreisen durch das Land, die stets auch mit der unerfüllten Hoffnung auf das Elixier der Unsterblichkeit verbunden waren, starb der Erste Kaiser im Sommer des Jahres 210 v. Chr. Aus Furcht vor öffentlichem Aufruhr und Zwist um die Thronfolge sowie aus Angst um ihr eigenes Leben – denn der Sohn des Kaisers und rechtmäßige Thronfolger war keineswegs mit der rigorosen Politik seines Vaters einverstanden – hielten die Minister den Tod des Kaisers geheim: Als ob der Kaiser noch am Leben wäre, setzte der kaiserliche Zug seine Reise fort und kehrte wie geplant in die Hauptstadt zurück; hinter einer Wagenladung faulender Fische, die den Verwesungsgeruch des kaiserlichen Leichnams überdecken sollte, wurde der verstorbene Kaiser in einer Sänfte in seine Residenz zurückgebracht. In einer Intrige kam der rechtmäßige Nachfolger um Thron und Leben; doch das Ende der Qin-Dynastie war nicht mehr aufzuhalten. Der unter recht fragwürdigen Umständen auf den Thron gelangte Zweite Kaiser, Er Shihuang, vermochte der allgemeinen Auflehnung und Unruhe im Land nicht mehr Herr zu werden.

Abb. 18 Stehwagen, Bronzegespann aus dem Mausoleum des Ersten Kaisers

Abb. 19 Gezäumtes Pferd, Bronze aus dem Mausoleum des Ersten Kaisers

Afang Gong, Afang-Palast, Xianyang/ Provinz Shaanxi – Fundamentreste des Kaiserpalastes von Qin Shihuang

Vielleicht hätte Qin Shihuang, wäre er nicht so unversehens gestorben, auch das dritte große Bauvorhaben zu Ende führen können: Nur spärliche Überreste sind von dem legendären Afang-Palast in Xianyang erhalten geblieben, den der Erste Kaiser in übersteigerter Prunksucht sich als kaiserliche Residenz erbauen ließ; er sollte sämtliche Paläste der Zhou-Könige in den Schatten stellen. Wieder waren etwa 700000 Arbeiter beim Bau dieses mächtigen Palastes am Südufer des Wei-Flusses eingesetzt. Doch die ständigen Massenrekrutierungen hatten die Bevölkerung vollends zermürbt; die Bestellung des Ackerlandes wurde vernachlässigt, es kam in dem so fruchtbaren Landstrich sogar zu Hungersnöten. In einem Aufruhr gegen die unmenschliche und Jahre andauernde Zwangsarbeit stürmte die aufgebrachte, notleidende und ausgebeutete Bevölkerung den Palastkomplex und machte die bereits existierenden Gebäude dem Erdboden gleich. Nur mehr eine rechteckige Plattform aus gestampfter Erde, südlich von Xianyang, in dem kleinen Dorf Afang, zeugt noch von der gewaltigen Größe dieses legendären Palastes: Etwa 260000 m^2 mißt die Erdterrasse, einst Fundament des Afang-Palastes, heute zum Teil bestelltes Ackerland, teilweise wild wucherndes Grünland. Nordöstlich dieser Erdterrasse erhebt sich ein ca. 20 m hoher Erdhügel mit einem Umfang von 310 m; er diente vermutlich einst als Opferstätte.

So gewaltig und schaffensreich die Herrschaft des Ersten Kaisers von China auch war: Es gelang seinem Nachfolger nicht, die – gemessen an der langen Geschichte des Reiches – in relativ kurzer Zeit eingeführten Neuerungen und ins Leben gerufenen Institutionen sowie die ungeheuere Machtfülle zu erhalten. Kaum 20 Jahre währte die Dynastie, der ihr Gründer einst einen – wenn nicht ewigen – so doch Jahrhunderte oder auch Jahrtausende währenden Fortbestand prophezeit hatte.

Han-Dynastie (206 v. Chr.–220 n. Chr.)

Das wenig rühmliche Ende der Qin-Dynastie war nach dem Tod des Ersten Kaisers von China nicht mehr aufzuhalten. Der Mitbegründer des Reiches, der gewiß mehr als jeder andere den Kaiser in seinen Regierungsgeschäften beeinflußt hatte – der berüchtigte Minister Li Si – wurde wegen des Verdachts auf Hochverrat hingerichtet. Der unter zweifelhaften Umständen auf den Thron gekommene »Zweite Kaiser«, Er Shihuang, vermochte der um sich greifenden Unruhe im Land nicht Herr zu werden: Die folgenden Jahre waren von ständigem Bürgerkrieg gekennzeichnet.

Xiang Yu und Liu Bang – Rivalen im Kampf um die Macht

Unter den lokalen Heerführern taten sich bald zwei wackere Kämpen hervor, die aufgrund ihrer verschiedenen Charaktere und ihrer Kühnheit nicht nur die Fäden der Geschichte in Händen hielten und den weiteren Gang der Ereignisse nachhaltig beeinflußten, sondern vor allem auch in der chinesischen Literatur Eingang fanden. Zahlreiche Anekdoten ranken sich um Xiang Yu, der einem alten Adelsgeschlecht entstammte, und den aus dem Volke emporgestiegenen Liu Bang, der letztendlich den Sieg über den anderen davontrug und die Dynastie der Han begründete.

Im Jahr 207 v. Chr. eroberte Liu Bang den Regierungssitz des schwachen Qin-Kaisers, er gelangte dadurch in den Besitz aller bürokratischen und verwaltungstechnischen Unterlagen sowie der gesamten Archive. Kurz danach zog sein erbittertster Gegner, Xiang Yu, gegen Xianyang; seine Truppen fielen im Jahr 206 v. Chr. brandschatzend und plündernd in die Hauptstadt des Qin-Reiches ein. Die prachtvollen Bauten der damaligen Metropole wurden in einer drei Monate lang wütenden Feuersbrunst allesamt bis auf die Grundfesten vernichtet, der letzte Qin-Kaiser kam dabei ums Leben. Auch wenn es noch einige Jahre dauerte, bis Liu Bang seinen Machtanspruch gegenüber Xiang Yu durchgesetzt hatte, setzt die traditionelle Historiographie den Beginn der neuen Dynastie mit dem Jahr 206 vor unserer Zeitrechnung an.

Han-Dynastie – längste Dynastie Chinas

Kurzfristig durch ein fremdes Interregnum unterbrochen, zerfällt die Zeit der längsten Kaiserdynastie Chinas in zwei Teile: in die nach der Lage der Hauptstadt Chang'an benannte Westliche (Frühe) Han-Dynastie und die Östliche (Späte) Han-Dynastie mit der Hauptstadt Luoyang. Die Han-Dynastie dehnte

die Grenzen des Reiches weit aus, errichtete tributpflichtige Kolonien in Korea und Indochina und stieß sogar bis nach Zentralasien vor. Große und wichtige Handelsstraßen wurden eröffnet, die auch den kulturellen Austausch mit dem Nahen Osten und Indien erleichterten. Die ungeheure Vielfalt lokaler Kulturen, die nebeneinander bestanden und sich gegenseitig zu immer neuen Formen der Kunst beflügelten, sowie der rege Austausch verschiedener Traditionen und die bereitwillige Aufnahme unterschiedlicher Kunststile kennzeichnen ein hochstehendes, blühendes kulturelles Leben.

Liu Bang, der erste Kaiser dieser Dynastie, der aus einer einfachen bäuerlichen Familie in Shandong stammte und ursprünglich als Vorsteher einer Poststation tätig war, verstand es schlau, sich mit Persönlichkeiten zu umgeben, die über staatsmännischen Weitblick und bürokratische Fertigkeiten verfügten und ihm beratend zur Seite stehen konnten. Er war, was wir heute einen »Populisten« nennen. Im wesentlichen übernahm er von seinem Vorgänger die politische und administrative Organisation des Kaiserreiches, doch er beseitigte, was die Vorgängerdynastie beim Volk so unbeliebt, ja verhaßt gemacht hatte: das rigorose Strafrecht. Erschöpft von den aufreibenden Diensten, die in der Zeit der grausamen Autokratie geleistet werden mußten, sehnte sich das Volk zunächst nur nach Ruhe und Sicherheit. Doch obwohl Liu Bang energisch die Macht der früheren Lehensstaaten einschränkte und den Ausbau des streng zentralistischen Verwaltungsapparates forcierte, konnte er bei der Größe des Reiches nicht ohne Lehensfürsten auskommen. Dies aber hatte zur Folge, daß bald nach der Neugründung des Reiches der politische Separatismus wieder zunahm und die zu Reichtum gekommenen Grundbesitzer und Kaufleute sich noch mehr Land anzueignen suchten.

Chang'an, Residenz der Westlichen Han – 5 km nordwestlich von Xi'an/ Provinz Shaanxi

Die neue Hauptstadt des jungen Reiches lag nicht weit von der Residenz des Ersten Kaisers entfernt. Etwa 10 km in südwestlicher Richtung trennten das zerstörte Xianyang von der neuen Metropole, Chang'an, der »Stadt des Ewigen Friedens«, die im Verlauf der chinesischen Geschichte noch eine bedeutende Rolle einnehmen sollte. Eine 25 km lange Mauer umschloß die Stadt. Ihre Prachtbauten nahmen wie schon in der Qin-Dynastie gewaltige Ausmaße an, Wohnhäuser und andere Bauwerke waren nahezu ausschließlich aus vergänglichem Material wie Holz und Lehm errichtet. Und doch gibt es reichliche Information über die Architektur und den Baustil der Han-Zeit: In den vorwiegend aus Ton und Stein gestalteten, prächtig ausgestatteten Nekropolen der Han-Dynastie sind fast alle Bautypen der damaligen Zeit in Modellform erhalten.

Fundamentreste der einstigen Prachtpaläste: Weiyang Gong, Jianzhang Gong und Changle Gong

Von der Hauptstadt Chang'an ist heute jedoch kaum mehr als die Fundamentreste der ehemaligen Prachtbauten erhalten, mittels derer man immerhin die Größe einiger Paläste ziemlich genau rekonstruieren und sich eine ungefähre Vorstellung vom Prunk und Pomp einer Metropole um die Zeitenwende verschaffen kann. So haben die kaiserlichen Palastanlagen etwa zwei Drittel der gesamten Fläche von Chang'an eingenommen. Allein ein Fünftel der Stadt beanspruchte der Weiyang-Palast für sich, der nicht nur als Residenz des Kaisers, sondern für acht Dynastien als politisches Zentrum fungierte. Mit einem Umfang von 11 km umfaßte er einst etwa 40 Gebäude und Hallen. Heute noch ist auf dem Gebiet der Ruinen des han-zeitlichen Chang'an, etwa 5 km nordwestlich von Xi'an, die 100 x 200 m große Terrasse zu sehen, auf der sich damals die vorgelagerte Audienzhalle erhob. Direkt gegenüber liegen die Reste des Jianzhang-Palastes, der mit 36 Hallen einen Umfang von über 10 km erreicht. Er war ursprünglich durch eine überdachte Galerie mit dem Weiyang-Palast verbunden. Unweit davon befindet sich der Changle Gong, der »Palast der Ewigen Freude«, für gewöhnlich Sitz der Kaiserinwitwe. Dieser Palast geht auf eine Gründung des

Ersten Kaisers zurück, wurde jedoch im Jahr 202 v. Chr. vergrößert und ausgebaut. Mit einem ähnlichen Umfang von über 10 km umschloß dieser Palast 14 Hallen. Nur mehr riesenhafte Terrassen aus gestampfter Erde bekunden die gewaltigen Ausmaße der kaiserlichen Palastanlagen der Han-Zeit.

Als Liu Bang im Jahr 195 v. Chr. an einer im Krieg erlittenen Verletzung starb, übernahm seine Gemahlin, Lü Hou, für den noch unmündigen Thronfolger, ihren eigenen Sohn, die Regentschaft. Lü Hou war eine jener bemerkenswerten, äußerst grausamen und geschickten Kaiserinwitwen, deren Gewaltherrschaft sich auch gegen die männlichen Verwandten ihres kaiserlichen Gatten richtete, um den Einfluß der eigenen Sippe zu stärken. So beseitigte sie den ältesten Sohn des Kaisers und rechtmäßigen Thronfolger, der eine andere kaiserliche Gemahlin zur Mutter hatte, und auch etliche Nebenfrauen des verstorbenen Kaisers. Erst mit ihrem Tod und der Thronfolge eines anderen Sohnes von Liu Bang fielen Macht und Einfluß wieder an die Familie des Han-Gründers zurück.

Kaiser Wu, Han Wudi, und die größte Ausdehnung des Han-Reiches

Zu den bedeutendsten Herrschergestalten der chinesischen Geschichte gehört der Han-Kaiser Wu, der von 141 bis 87 v. Chr. über ein halbes Jahrhundert die Geschicke des Reiches zu leiten verstand. Er setzte jenes monarchische Grundprinzip endgültig durch, an dem sich dann jahrhundertelang die Regierungsform im chinesischen Reich orientierte. In der Zeit seiner Regierung erreichte das Han-Reich seine größte Ausdehnung: von Nordkorea bis in das Tarimbecken, in das Quellgebiet des Oxus (Amu Darja) und bis an den Oberlauf des Indus; auch Vietnam gehörte bis zur Gegend von Huei zum chinesischen Reichsgebiet. Was Wunder, daß die nationale Vielfalt zu einer neuen kulturellen Blüte führte! Doch obwohl nach außen hin geeint, bestand das Han-Reich noch immer aus zahlreichen Kleinstaaten, die sich voneinander durch jeweils eigene Lokalkulturen unterschieden.

Konfuzianismus als offizielle Staatsideologie

Die ethischen Werte eines einzelnen dieser Staaten setzten sich allmählich durch: In der Gegend des früheren Feudalstaates Lu, also etwa in der heutigen Provinz Shandong, hatte sich das Gedankengut des Konfuzius bewahrt. Unter Kaiser Wu kam der Konfuzianismus in der politischen und sozialen Administration des Reiches schließlich zum Tragen und wurde zur offiziellen Staatsideologie erhoben. Freilich hatte man seine ursprünglichen Grundzüge aktualisiert, den bestehenden Verhältnissen angepaßt.

Institutionalisierung des Rituals

Aus der Ethik des Feudalstaats ist so eine Ideologie des Beamtenapparates geworden. Die ursprüngliche Gesetzesfeindlichkeit wurde geschickt mit legalistischen Prinzipien überdeckt; Gesetz und moralische Verpflichtung schlossen einander nicht mehr aus, waren bis zu einem gewissen Grad versöhnt. Das gesamte Ritual wurde institutionalisiert, man rief sogar ein eigenes Ministerium ins Leben, das sich ausschließlich mit den staatlichen Zeremonien befaßte. Allein die Stellung des Kaisers war durch das »Mandat des Himmels« sanktioniert. Die eingangs geschilderten Grundzüge kamen nunmehr zum Durchbruch: die Vernetzung von Mensch und Natur und die mit kosmologischen Spekulationen angereicherte Vorstellung von der Welt, in der Kosmologie und Moral, Geschichte und politische Absicht untrennbar miteinander verknüpft sind. Neben dem Konfuzianismus als Grundlage des Staatskultes behauptete sich weiterhin die mystische Naturlehre des Daoismus mit ihren alchimistischen Experimenten, der Herstellung von Lebenselixieren und allerlei anderen lebensverlängernden Praktiken.

Bedrohung im Norden und Westen des Reiches durch die Xiongnu

Während sich die innenpolitische Situation in den Anfangsjahren der Han-Dynastie durchaus ruhig und zufriedenstellend gestaltete, kam es an den Grenzen im Norden und Westen des Reiches immer wieder zu heftigen Auseinandersetzungen mit dem protomongolischen Stamm der Xiongnu, die plündernd und raubend in das Land einfielen. Die Große Mauer wurde deshalb auch weiterhin instandgehalten und ausgebaut. In mehreren Feldzügen und Befriedungsaktionen, ja sogar durch Tributzahlungen, versuchten die Han-Herrscher dieses lästige außenpolitische Problem zu meistern, bis endlich Kaiser Wu im Jahr 121 v. Chr. in der Wüste Gobi den für die nächsten achtzig Jahre entscheidenden Sieg über die Xiongnu errang. Militärische Expeditionen brachten das Tarimbecken schließlich unter chinesische Oberhoheit und garantierten somit die Vorherrschaft der Han auch in Zentralasien.

Beliebtes Motiv der han-zeitlichen Kunst: das Pferd

Aus den kräfteraubenden Zusammenstößen mit dem nomadischen Reitervolk der Xiongnu läßt sich ein augenfälliges Detail in der han-zeitlichen Kunst ableiten: Besonders beliebt und begehrt war die Darstellung von Pferden. Dies hat zumindest zweierlei Gründe: Zum einen ist die ursprüngliche Überlegenheit der Xiongnu gegenüber den Truppen der Han-Herrscher auf die geschickte Handhabung und die ausgezeichnete Rasse des Pferdes zurückzuführen. Vor diesem Hintergrund ist auch die kaiserliche Anordnung zu sehen, die einen Haushalt von Grundsteuer und Zwangsarbeit befreite, wenn er dem kaiserlichen Heer ein Pferd mit Wagen zur Verfügung stellte.

Expedition des Zhang Qian

Zum anderen schickte Kaiser Wu sogar Expeditionen in den Westen aus, um in den Besitz der berühmten »Himmlischen Pferde« zu gelangen, in denen er ein Mittel zur Unsterblichkeit zu erkennen vermeinte. Er entsandte zu diesem Zweck den Offizier Zhang Qian nach Ferghana und Sogdiana, in die Gegend des heutigen Turkestan. Von dort erhielten die Chinesen nicht nur die begehrten Pferde, sondern auch die Kunde von Traubenwein und einigen anderen Kulturpflanzen wie den Luzernen. Bis an den Rand der hellenistischen Welt gelangte Zhang Qian mit seiner Delegation. Seine Expeditionen gehören zu den ungewöhnlichsten Forschungsreisen der Antike. Seine Beschreibung der einzelnen Länder und der Handelsbeziehungen erlangte eine ungeheure Bedeutung für die Ausdehnung des Reiches nach Westen; sein Weg führte ihn entlang jener Landroute, die gemeinhin als Seidenstraße bekannt ist.

Einrichtung des Staatsmonopols auf Salz, Eisen, Münzprägung ... und auf Alkohol

Die Erfolge der Expeditionen und kriegerischen Feldzüge waren freilich teuer erkauft: Die territoriale Ausdehnung und die Prachtentfaltung am Hofe ließen ein ausgeblutetes und ein in seinen menschlichen und wirtschaftlichen Ressourcen erschöpftes Land zurück. Kaiser Wu richtete neben dem Staatsmonopol auf die Herstellung von Eisen und Salz, das wir ja bereits aus der Zeit der Streitenden Reiche kennen, im Jahr 112 v. Chr. auch das Monopol für Münzprägung ein. Denn die rasche und riesige Ausdehnung des Landes ging mit unvorhergesehenen wirtschaftlichen Problemen einher: Der Handel erlebte zwar einen noch nie gekannten Aufschwung, doch die plötzliche Umstellung vom Tauschhandel zur Geldwirtschaft hatte einen akuten Mangel an Münzen zur Folge. Viele Großgrundbesitzer, auf deren Ländereien sich Kupferminen befanden, sahen sich veranlaßt, Unmengen von Münzen zu produzieren, um ihren Bedarf zu decken. Die Inflation ließ nicht lange auf sich warten. Mit einigem Geschick und dem Rat von Kaufleuten beschloß Kaiser Wu, auch die Münzprägung mit einem Staatsmonopol zu belegen; damit konnte er die wirtschaftliche Stabilität – wenn auch nur für kurze Zeit – wieder aufrichten. Auch die Herstellung und der Verkauf von alkoholischen Getränken – fermentierten Getränken auf Getreidebasis – wurden im Jahr 98 v. Chr. mit dem Monopol versehen; es lieferte dem Staatsärar beträchtliche Einnahmen, wurde jedoch 80 v. Chr. wieder aufgehoben.

»Salzmuseum« in Zigong/ Provinz Sichuan

Zur Salzgewinnung in China, die bereits in der Han-Zeit auf eine jahrhundertealte Tradition zurückblicken konnte, sei an dieser Stelle eine kleine Anmerkung eingeschoben. Die Stadt Zigong in der Provinz Sichuan, auch »Salzstadt« genannt, produzierte und vertrieb schon zur Han-Zeit Solsalz. In einer qingzeitlichen prachtvollen Wohnhausanlage, die sich ein durch den Salzhandel reich gewordener Kaufmann aus der Provinz Shaanxi im Jahr 1736 in Zigong errichten ließ, ist seit 1959 ein durchaus sehenswertes Museum eingerichtet, das die hochinteressante Geschichte der Solsalzgewinnung in China am Beispiel der regionalen Funde nachvollziehbar werden läßt.

Seidenstraße – von Chang'an an die Ostküste des Mittelmeeres

Mit der politischen Mission des Zhang Qian und den nachfolgenden Expeditionen in die Westgebiete bildeten sich Verkehrs- und Handelswege heraus, die an besiedelten Oasenlandschaften, militärischen Lagern und Poststationen vorbeiführten. Einer dieser Verkehrswege, der um die Zeitenwende an Bedeutung gewann und China mit dem Mittelmeerraum verband, führte den Weltverkehr in der Antike zu einem herausragenden Höhepunkt: die Seidenstraße, die bei Chang'an, der Hauptstadt des Han-Reiches, ihren Anfang nahm, durch den Gansu-Korridor nach Dunhuang und weiter nach Kashgar führte. Über die Pässe des Pamirgebirges gelangten die Karawanen nach Baktrien im heutigen nördlichen Afghanistan und von dort über das iranische Plateau bis nach Syrien und an die Ostküste des Mittelmeeres. Auf diesem Wege gelangte die begehrte chinesische Seide – besonders berühmt waren damals schon die Seidengewebe der früheren Feudalreiche Qi und Lu auf dem Boden des heutigen Shandong (die Shandong-Seide) –, die jener Handelsstraße auch den Namen gab, in den internationalen Warenumschlagsplatz Antiochia. In den altphönizischen Städten Sidon, Tyros und Berytos (Beirut) wurden die chinesischen Seidengarne dann zu den verschiedensten Geweben verarbeitet.

Die Römer und die chinesische Seide

Für die Römer erhielt die Seide alsbald unschätzbaren Wert. Wie sehr man sich jedoch über die Herstellung der Seide noch immer im unklaren war, beweisen die Berichte römischer wie auch griechischer Autoren. Plinius der Ältere führt in seiner umfassenden Geschichte des 1. nachchristlichen Jahrhunderts über die Serer, die Einwohner jenes sagenhaften Landes, das auch Herkunftsort des feinen Gewebes sein soll, folgendes aus: »*Sie sind berühmt wegen der Wolle ihrer Wälder. Sie lösen den weißen Flaum von den Blättern, indem sie diesen mit Wasser besprengen. Dann unterziehen sich die Frauen der doppelten Arbeit des Spinnens und Webens. Auf so mühsame Weise und in so entlegenen Gegenden stellt man den hauchdünnen Stoff her, mit dem sich unsere Damen in der Öffentlichkeit zeigen*« (zit. nach Uhlig, S. 71).

Abb. 20 Seide aus einer Spinnerei in Shandong

Selbst in der Mitte des 2. nachchristlichen Jahrhunderts ist die Unkenntnis geradezu verblüffend. Mit einem Schmunzeln liest man den Bericht, in dem der Grieche Pausanias über die Serer erzählt: »*Es gibt in ihrem Land ein kleines Tier, das die Griechen Ser nennen, von den Serern selbst wird es aber irgendwie anders und nicht Ser genannt. Seine Größe ist etwa doppelt so groß wie der größte Skarabaeus, im übrigen gleicht es den Spinnen, die unter den Bäumen leben, und hat auch acht Beine ebenso wie die Spinnen. Diese Tiere züchten die Serer, indem sie ihnen Häuser einrichten, die für Sommer- und Winterzeit geeignet sind. Das Erzeugnis der Tiere findet sich als feines Gespinst um ihre Beine gewickelt. Sie züchten sie vier Jahre lang, wobei sie ihnen Hirse als Futter geben. Im fünften Jahr geben sie ihnen, da sie wissen, daß sie nicht länger leben, grünes Rohr zu fressen. Das ist für das Tier das allerliebste Futter. Es frißt das Rohr in sich hinein und platzt an Überfüllung, und so finden sie in dem toten Tier viele Fäden«* (zit. nach Uhlig, S. 71).

Die Bezeichnung »Seidenstraße« ist in China freilich niemals in Gebrauch gewesen. Vermutlich hatte erst Freiherr von Richthofen zu Beginn dieses Jahrhunderts diesen bezeichnenden Namen eingeführt, der bald in aller Munde war und den auch die Chinesen dann gerne verwendeten. Der Verkehrsweg, der diesen Namen trägt, erstreckte sich einst über eine Länge von 10000 km, von Xi'an über Anxi, Kashgar, Samarkand und Seleukia nach Tyros in Syrien. Das kostbare Gewebe, das auf dieser wohl längsten und kulturgeschichtlich bedeutungsvollsten Handelsstraße transportiert wurde, war Seide. Zwar wußten die Römer nicht genau, woher dieser wertvolle Stoff stammte, doch das bedrückte sie nicht im mindesten. Ganz im Gegenteil, die Seide gehörte in Rom bald zu den beliebtesten Luxusartikeln. Nicht nur aufgrund ihrer komplizierten Herstellung, sondern auch wegen des langen Transportweges war sie sehr kostspielig. Dies gab schon bald Anlaß zu heftiger Kritik, welche die Beliebtheit der Seide als ein Zeichen für die zunehmende Dekadenz des Volkes bezeichnete. Voller Empörung schrieb Seneca über den Verfall der Sittlichkeit in Rom: *»Ich sehe seidene Gewänder – soweit sie die Bezeichnung überhaupt verdienen –, an denen nichts ist, womit man seinen Körper oder auch nur die Scham schützen könnte. Wenn eine Frau solche Gewänder anlegt, wird sie schwören, sie sei nicht nackt, doch man vermag ihr nicht zu glauben. Das ist nun der Stoff, der um einen gewaltigen Betrag von fernen Gegenden, die auch dem Handel fast unbekannt sind, herbeigeschafft wird, damit unsere Damen ihren ehebrecherischen Liebhabern im Schlafzimmer nicht mehr von sich zeigen, als sie es ohnehin in der Öffentlichkeit tun«* (Seneca, Über die Wohltaten; zit. nach Drège, S. 14).

Ein zweiter Luxus- und Exportartikel Chinas war der aus dem natürlichen Saft des Lackbaumes gewonnene Lack, den Manufakturen im Gebiet der heutigen Provinzen Henan und Sichuan zu besonders kunstvollen Stücken verarbeiteten. Wenig später waren es dann auch Seladon und Porzellan, welche, über die Seidenstraße kommend, in Europa von der herausragenden Kunstfertigkeit der Chinesen kündeten. Obwohl nicht monopolisiert, waren es doch vor allem viele staatliche Betriebe, welche diese kostbaren Artikel für den Kaiserhof und für den Export herstellten. Im Gegenzug importierten die Chinesen – jedoch in weit geringerem Umfang als ihr Export an Seide – vor allem Pferde, Pelze und Wollstoffe.

Kulturtransfer auf der Seidenstraße

Über die Seidenstraße drangen in späterer Zeit auch der Manichäismus, das nestorianische Christentum und der Islam nach China ein. Ein anderes wesentliches Kultur- und Gedankengut gelangte noch in der Han-Zeit über die Südroute der Seidenstraße nach China, die über die Pässe des Karakorum oder über Khabul nach Indien führte: An den ausgedehnten und prächtigen Höhlenheiligtümern in Zentralafghanistan und Xinjiang bis zu den Höhlengrotten im östlichen China läßt sich der Weg verfolgen, auf dem der Buddhismus von Indien über Afghanistan, Turkestan und Xinjiang in China Eingang fand.

Grabkultur der Han – eindrucksvolle Ziegelarchitektur mit Reliefdekor und Wandmalereien

Die alte Tradition in China, sich im Grab mit vertrauten und kostbaren Gegenständen zu umgeben, um so den Lebensstil und gesellschaftlichen Rang auch in jenseitigen Gefilden zu demonstrieren, liefert der Nachwelt eine nahezu lückenlose Dokumentation über das materielle Leben in der Han-Zeit. Zudem kam in der Han-Zeit der Brauch auf, Grabkammern aus Ton und Stein zu errichten. Auf diese Weise sind Beispiele einer ausgeklügelten und teilweise auch sehr gewagten Ziegelarchitektur bis in die heutige Zeit erhalten geblieben: Kuppel- und Gewölbekonstruktionen aus kleinen Ziegeln überdachen die Grabkammer. Zahlreiche Stein- und Ziegelreliefs, deren Motive auch koloriert wurden, sowie Wandmalereien stellen eine der wichtigsten Quellen zur Kultur der Han-Zeit dar.

Nekropole der Han-Kaiser

Von den elf Kaisern der Westlichen Han-Dynastie liegen neun in der Ebene unweit der Reichshauptstadt Chang'an am nördlichen Ufer des Wei-Flusses begraben. Ziemlich geradlinig sind die Mausoleen auf einer Strecke von 50 km angeordnet, alle gekennzeichnet durch einen Hügel festgestampfter Erde, unter welchem die kaiserliche Grabkammer verborgen ist.

Mao Ling, das Mausoleum von Kaiser Wu

Das größte Grab ist Mao Ling, das Mausoleum des Kaisers Wu. Kurz nach seinem Regierungsantritt gab der Kaiser im Jahr 139 v. Chr. bereits den Bau seines Mausoleums in Auftrag. Die Kosten dafür waren gewaltig: Etwa ein Drittel der gesamten landesweiten Steuereinnahmen floß in das Bauprojekt. Der Grabhügel ist heute etwa 46,5 m hoch; sein Plateau mißt 39,5 x 35,5 m, sein Fundament 231 x 234 m. Die Grabanlage selbst ist von einer rechteckigen Mauer umschlossen.

Grabmal des Generals He Qubing

Rund 500 m östlich dieses Mausoleums liegt das Grabmal von General He Qubing, der Kaiser Wu bei der Verteidigung der chinesischen Nord- und Westgrenzen gegen die Xiongnu erfolgreich zur Seite stand, jedoch sehr jung, im Alter von nur 24 Jahren, starb. Die vierzehn monumentalen Granitfiguren, die vor seinem Grabmal gefunden wurden, gehören zu den berühmtesten Steinplastiken der Han-Zeit, denn große Monumente dieser Art wurden in der Han-Zeit nur äußerst selten hergestellt. Wie zu erwarten, ist es auch hier die Darstellung eines Pferdes, die Aufsehen erregt: das massige und kraftvolle Tier tritt auf einen gefallenen, sich aufbäumenden Krieger, der – mit zottigem Haar und Vollbart – wohl einen der gefürchteten Xiongnu verkörpert. Im Jahre 1978 richtete man in der Nähe dieses Grabmals ein sehenswertes Museum ein.

Abb. 21 Fliegendes Pferd – im Paßgang mit einem Fuß auf einer Schwalbe stehend, Bronze, Östl. Han-Zeit (2. Jh. n. Chr.)

Han-Grab von Leitai/ Provinz Gansu und das berühmte »Fliegende Pferd«, heute im Museum der Provinz Gansu in Lanzhou

Aus der Östlichen Han-Dynastie stammt das Grabmal eines anderen Generals, das man im Jahr 1969 in Leitai, im Bezirk Wuwei, in der Provinz Gansu entdeckte. Wiewohl im Laufe der Jahrhunderte schon mehrmals geplündert, enthielt es noch immer rund 220 kostbare Lack- und Jade-, Bronze-, Gold- und Silberarbeiten, darunter 14 Bronzewagen, 17 Bronzepferde mit Reitern und 45 Figuren wie Wagenfahrer, Wagenbegleiter und Diener. Alle Statuen haben eine Höhe von etwa 40 cm. Einzigartig unter diesen Funden ist die Bronze-Darstellung eines mit dem Huf eine Schwalbe berührenden »Fliegenden Pferdes«. Die ungewöhnlich gut ausbalancierte, ausgewogene Plastik, 34,5 cm hoch und 45 cm lang, vermittelt das Idealbild eines kraftvollen, wiehernden, leichtfüßig und schnell dahingaloppierenden Pferdes, es gehört zu den auserlesensten, weltweit gepriesenen Funden aus der Han-Zeit. Die wunderbare Skulptur ist nicht nur die Frucht einer hochentwickelten Bildhauerkunst, sondern auch Träger der magischen Bedeutung, die man dem Pferd in der Han-Dynastie beimaß. Das »Fliegende Pferd« sowie andere Kostbarkeiten aus dem Grab von Leitai sind im Provinzmuseum von Gansu, in der Stadt Lanzhou, zu besichtigen.

Provinzmuseum von Gansu, Lanzhou (besonders sehenswert)

Das Museum der Provinz Gansu in Lanzhou hat sich ganz der Geschichte der Provinz und den archäologischen Funden auf ihrem Gebiete verschrieben. Es sind hier vor allem drei Themenbereiche zu nennen, die besondere Beachtung verdienen: zum einen die jungsteinzeitlichen Keramikfunde, die – allesamt bemalt – etwa sieben bis acht verschiedene Kulturen repräsentieren; zum anderen die han-zeitlichen Schriften auf Bambus- oder Holzstäbchen, die in den dreißiger Jahren im Norden der Provinz Gansu entdeckt wurden. Über 10000 dieser beschrifteten Bambusstäbchen hat man in jener Zeit zutage gefördert, doch gerieten sie allesamt wenig später in Verlust. Zwischen 1972 und 1976 grub man erneut an der ursprünglichen Fundstelle und stieß abermals auf über 20000 dieser han-zeitlichen Schriftstäbchen. Die Texte, die sich nahezu ausschließlich mit Fragen der Medizin befassen, gehörten wohl zu den Materialien und wichtigen Dokumenten der militärischen Garnisonen, die man während der Han-Zeit in den Westgebieten um Zhangye und Tianshui eingerichtet hatte. Die dritte Besonderheit schließlich ist die reichhaltige Sammlung an buddhistischen Kunstgegenständen, die den Zeitraum von den Nördlichen Dynastien bis zur Sui- und Tang-Zeit umfassen. Nicht anders als sensationell zu nennen ist die

Abb. 22 Bauer beim Pflügen, Wandmalerei aus einem Ziegelgrab von Jiayuguan, 3. Jh. n. Chr.

Verlegung eines der acht Gräber aus der Wei- und Jin-Dynastie, die 20 km nordöstlich von Jiayuguan in der Provinz Gansu im Jahr 1982 entdeckt wurden. Sechs dieser Ziegelgräber sind mit eindrucksvollen Wandmalereien ausgestattet, die vornehmlich Szenen aus dem alltäglichen Leben, von Ackerbau und Viehzucht, von der Jagd, im Garten, bei Festbanketten, auf der Reise zu Pferd usw. darstellen. Grab Nr. 5 wurde in das Provinzmuseum von Gansu verlegt und getreu der originalen Vorgabe wieder aufgebaut. Das begehbare Grabmal weist auf über 50 Ziegeln wunderbar erhaltene, farbige Szenendarstellungen auf.

Gräber von Mancheng/ Provinz Hebei und die Jadetotenkleider von Prinz Liu Sheng und Prinzessin Dou Wan

Im Jahr 1968 stieß man etwa 150 km südwestlich von Beijing, an den Hängen des Ling-Berges, bei Mancheng, auf zwei in ihrer Anordnung weitgehend gleiche, unterirdische Mausoleen aus der Westlichen Han-Zeit, die in den Felsen des Berges hineingeschlagen sind: die Grabstätten des Prinzen Liu Sheng, einem älteren Bruder des Kaisers Wu, und seiner Gemahlin, der Prinzessin Dou Wan. Durch eine massive Wand aus Gußeisen geschützt, blieben die Gräber bis zu ihrer Öffnung durch Archäologen von Grabräubern verschont. Das Grab des Prinzen ist 51,7 m lang, etwa 6,8 m hoch und mißt an seiner breitesten Stelle 37,5 m; sein Rauminhalt von 2700 m^3 wird von der Begräbnisstätte der Prinzessin Dou Wan noch übertroffen. In aller Welt bekannt ist das berühmte Totenkleid der Prinzessin: Es besteht aus 2160 Jadeplättchen in den Größen von 1,5 x 1 cm bis 4,5 x 3,5 cm, die größtenteils mit Golddraht verbunden sind. Das Totenkleid des Prinzen ist um einige Zentimeter länger und besteht aus 2498 Jadeplättchen.

Jade als Symbol des Langen Lebens

Seit frühester Zeit gehörte Jade zu den lebenserhaltenden beziehungsweise revitalisierenden Gegenständen wie auch Gold, Kaurimuscheln und Perlen, welche die Lebensgeister am Verlassen des Körpers hindern und den Verfall des Körpers unterbinden sollten. Denn falls die Seele des Verstorbenen tatsächlich wiederkehrte, mußte sie einen intakten Körper vorfinden. So ist es seit der Westlichen Han-Dynastie Brauch, Jadeplättchen auf sämtliche Körperöffnungen und einen Jadestein in Form einer Zikade auf die Zunge des Verstorbenen zu legen. (Die Zikade, deren Lebenszyklus sich über 17 Jahre erstreckt, von denen sie vier Jahre unter der Erde zubringt, gilt ob dieser Eigenschaft ebenfalls als ein Symbol langen Lebens und der Wiederbelebung.) Ganze Totenkleider aus Jade blieben den Angehörigen der kaiserlichen Familie vorbehalten. In den beiden Mausoleen von Mancheng barg man ferner fast 3000 Objekte aus Bronze, Gold, Silber, Eisen, Jade, Glas, Keramik, Lack und Seide, welche die hohen künstlerischen Fertigkeiten jener Zeit unter Beweis stellen.

Funde aus Mancheng im Provinzmuseum von Hebei, Shijiazhuang

Eine große Anzahl dieser Objekte ist im Provinzmuseum von Hebei, in der Stadt Shijiazhuang, ausgestellt. Vielleicht das kostbarste Werk aus dem Grabmal der Prinzessin Dou Wan ist die vergoldete Bronzelampe in Form einer jungen knienden Dienerin, die einen Lampenschirm in ihrer linken Hand hält; ihr Antlitz strahlt eine heitere Ruhe aus. Zwei halbrunde Klappen regulieren den Lichtschein, und der Rauch der Lampe zieht durch den rechten, hohlen (!) Arm der Frau ab, so daß sich der Ruß im Inneren der Figur absetzt. Die insgesamt 48 cm hohe Skulptur ist zerlegbar, sogar der rechte Arm und der Kopf der Statuette sind abnehmbar, um die Figur leichter reinigen zu können.

Abb. 23 Vergoldete Bronzelampe aus dem Grabmal der Prinzessin Dou Wan, Mancheng, Westl. Han-Zeit

Gräber von Mawangdui/ Provinz Hunan und das berühmte Seelenbanner

Die Gräber des entfernt mit dem Kaiserhaus verwandten Adels stehen an Reichtum und Pracht den Grabstätten des Prinzen Liu Sheng und seiner Gemahlin kaum nach. Im Jahr 1973 wurden in Mawangdui, etwa 4 km nordöstlich von Changsha, in der Provinz Hunan, die Gräber der Fürstenfamilie von Dai entdeckt, die unter den vielen han-zeitlichen Gräbern in und um Changsha am bedeutendsten sind. Hier liegen Li Cang, Fürst von Dai, seine Gemahlin und einer ihrer gemeinsamen Söhne bestattet. Um die Grabkammern gegen Feuchtigkeit zu schützen, sind sie mit einer dicken Schicht Ton und einer Schicht Holzkohle umgeben. Völlig unversehrt ist das prachtvoll und einzigartig ausgestattete Grabmal der Fürstin von Dai; ihr Leichnam, in einem fünffachen Sarg eingeschlossen und in 20 Gewänder gehüllt, ist zur Gänze erhalten. Über 1000 kostbare Objekte aus Keramik und Jade, Lack und Bambus, Holz und gebranntem Ton, Nachbildungen von Gegenständen aus dem täglichen Leben, stehen der verstorbenen Fürstin zur Verfügung; ja sogar Früchte und andere Speisen sind – wenn auch stark vertrocknet – bis zum heutigen Tag erhalten geblieben. Die beiden anderen Gräber haben im Laufe der Zeit Wasserschäden erlitten und sind daher weniger gut erhalten. Die Beschreibung der kostbaren Funde aus den Gräbern von Mawangdui würde ein Buch füllen: Toilett- und Schminkartikel, Seidenballen und Stoffe, die eine Vielfalt verschiedener Webtechniken belegen, Musikinstrumente, allerlei Gefäße und Figuren, Paravents und Matten, Schreibutensilien und Lebensmittel ... Nur zwei dieser han-zeitlichen Kostbarkeiten sollen hier ausführlicher Erwähnung finden: die im Grabmal des Sohnes aufbewahrten Texte, die nicht nur – wie gewöhnlich – auf Holz- oder Bambustäfelchen, sondern auch auf Seide geschrieben sind, zusammen mit den drei ältesten chinesischen Landkarten, die bisher bekannt sind; und das Seelenbanner der verstorbenen Fürstin, ein großes T-förmiges Seidengemälde, das wohl bei der feierlichen Prozession zur Grabstätte dem Sarg vorangetragen und schließlich bei der Bestattung mit der Bildfläche nach unten auf den Sarg gelegt wurde. Der gesamte Kosmos ist auf diesem Seelenbanner wiedergegeben, er versinnbildlicht die einzelnen Stationen im diesseitigen und jenseitigen Leben.

Seelenbanner der Fürstin Dai, heute im Provinzmuseum von Hunan, Changsha

Das Seelenbanner vermittelt in seiner Ikonographie die Reise der Verstorbenen ins Jenseits. Drei zusammenhängende große Szenen werden dargestellt, die schlaglichtartig den gesamten Kosmos umfassen: Aus den Wassern und der Dunkelheit der Unterwelt am unteren Bildrand winden sich zwei große Drachen empor, die den unsterblichen Teil der Seele ins Jenseits bringen sollen. Auf einer ersten Plattform, die sich als Teil der irdischen Welt über der Unterwelt befindet, trauern sieben Angehörige um die in ihrer Mitte aufgebahrte Verstorbene. Auf der zweiten Plattform darüber, etwa in der Mitte der Bildfläche, erhebt sich die Gestalt einer alten Dame, zweifellos die Darstellung der Verstorbenen. Bei der Interpretation der anderen Figuren, ja der gesamten Szene gehen die Meinungen der Fachleute auch heute noch auseinander: Zum einen mag es der Empfang der Seele der Verstorbenen durch himmlische Boten sein, es könnte aber auch eine Darstellung des Fu-Rituals sein, bei dem die Angehörigen der Verstorbenen deren Seele zurückrufen; schließlich könnte es die Verstorbene im Kreis ihrer Dienerinnen und Hofdamen darstellen, die sie ins Jenseits begleiten. Im oberen Teil schließlich, dessen Zugang durch einen eulenähnlichen Vogel, einen Würde symbolisierenden Baldachin und zwei wachende Unsterbliche gekennzeichnet ist, schließt der himmlische Bereich im Querbalken des Seelenbanners das Gesamtgefüge ab. Am linken Bildrand sind Mond, Mondkröte und Mondhase als Symbol des Langen Lebens und der Unsterblichkeit anzutreffen, am rechten Bildrand die Sonne mit dem nach der Legende dreibeinigen glückverheißenden Sonnenraben; in der Mitte eine weibliche Gottheit, deren Körper in den sich

Abb. 24 Seelenbanner aus dem Grabmal der Fürstin von Dai, Östl. Han-Zeit, Seidenmalerei aus Mawangdui

Abb. 25 Darstellung der verstorbenen Fürstin von Dai, Ausschnitt aus dem Seelenbanner

ringelnden Schwanz einer roten Schlange ausläuft, nach M. Pirazolli-t'Serstevens wahrscheinlich Nügua, die Ahnherrin der Menschheit.

Das Seelenbanner und viele andere Funde aus Mawangdui sind heute im Provinzmuseum von Hunan, in Changsha, ausgestellt.

Holzkammergrab von Dabaotai/Beijing

Wenn man sich besonders für die Gräberfunde der Han-Zeit interessiert, so ist die Besichtigung des Museums von Dabaotai, in einem Vorort von Beijing, Fengtai, ein unbedingtes Muß. Hier wurde im Jahr 1974 eines jener selten vollständig erhaltenen Holzkammergräber der Westlichen Han-Zeit entdeckt, deren Holzkonstruktion im Grunde genommen schon in der Zhou-Zeit üblich war, in der Han-Zeit jedoch stärker strukturiert ist. Zwei Gräber aus dem 1. Jahrhundert vor unserer Zeitrechnung sind hier zu besichtigen. Die Holzkammer in Grab Nr. 1 besteht aus mehr als 15 000 Holzsparren, alle etwa 10 cm breit, 10 cm stark und etwa 90 cm lang. Die äußeren Maße der Grabkammer betragen 18 m in der Länge, 10,8 m in der Breite und etwa 3 m in der Höhe. Nördlich der Zugangsrampe entdeckte man eine Opfergrube mit drei hölzernen Wagen und elf Pferden. Han-zeitliche Wagen dieser Art waren den Archäologen bis zu den Ausgrabungen in Dabaotai nur anhand der Wandmalereien aus jener Zeit bekannt. Eine dicke Glasabdeckung und sorgfältige Maßnahmen zur Konservierung sollen diesen zweitausend Jahre alten Schatz vor dem Verfall bewahren. Obwohl das Grab mehrmals ausgeraubt und vom Feuer zerstört wurde, förderte man über 400 Grabbeigaben aus Keramik, Bronze, Eisen, Jade, Lack und Seide zutage.

Museum in Nanyang/ Provinz Henan: einmalige Sammlung han-zeitlicher Steinreliefs

Ein ganz besonderes Museum gilt es in diesem Zusammenhang noch zu nennen: Die Stadt Nanyang in der Provinz Henan, schon in der Han-Zeit eine wichtige Handelsstadt, beherbergt heute ein Museum, das ausschließlich den auf Stein gravierten han-zeitlichen Darstellungen gewidmet ist. Über 1300 solcher Abbildungen auf Stein machen das Museum in Nanyang zum größten und reichhaltigsten seiner Art. Die Exponate sind in vier Gruppen gegliedert: ein Teil befaßt sich mit den Wissenschaften – wobei hier wiederum vornehmlich die Kosmologie der Han-Zeit herausragt –; ein anderer Abschnitt handelt von den Künsten jener Zeit, von Musik, Tanz, Kampfkunst und Akrobatik; ein weiterer Abschnitt veranschaulicht das han-zeitliche Alltagsleben; und ein Teil widmet sich schließlich dem Geistesleben jener Zeit. Das Museum in Nanyang gleicht einer großen Enzyklopädie der Han-Zeit.

Wuliang Ci, die Gräber der Familie Wu, in Jiaxiang/ Provinz Shandong

Zu den bedeutenden historischen Monumenten der Östlichen Han-Zeit zählen die Grabopferhäuschen der Gräber einer vermögenden Kaufmannsfamilie aus dem 2. Jahrhundert unserer Zeitrechnung. Die Gräber der Familie Wu liegen etwa 16 km südlich der Stadt Jiaxiang, in der Provinz Shandong, und sind berühmt für die kunstvollen Personendarstellungen, die auf den über 40 Steinstelen eingraviert sind. Die Flachreliefs, auf denen die Figuren und Gegenstände ausschließlich im Profil oder Halbprofil dargestellt sind, geben nicht nur den künstlerischen Stil der Han-Zeit besonders treffend wieder, sie spiegeln auch in anschaulicher Weise die Geisteshaltung einer konfuzianisch gebildeten Familie und überliefern ein facettenreiches Bild aus Politik, Wirtschaft und Kultur der Han-Zeit. Man findet auf ihnen bekannte Motive aus der noch jungen Geschichte des chinesischen Reiches, zum Beispiel die Darstellung des Mordanschlags auf Kaiser Qin Shihuang; Szenen aus den Erzählungen über die mythischen Herrscher und Heroen der traditionellen Mythologie; Motive aus der Ikonographie des noch jungen Daoismus sowie aus den konfuzianischen Schriften; nicht zu vergessen die prachtvollen Darstellungen von Festbanketten,

Abb. 26 Mordanschlag auf Kaiser Qin Shihuang (oberer Fries), Steinabreibung eines Flachreliefs von den Gräbern der Familie Wu, Wuliang Ci, Östl. Han-Zeit

Kampf- und Reiseszenen. Heute ist an dieser Stelle eine Ausstellungshalle errichtet, in der die wertvollen Steinreliefs besichtigt werden können.

Steingrab von Yinan/ Provinz Shandong

In diesem Zusammenhang sollte auch das han-zeitliche Steingrab nordwestlich der Stadt Yinan, in der Provinz Shandong, erwähnt werden. Es wurde im Jahr 1954 entdeckt und gehört zu den bemerkenswertesten Funden der han-zeitlichen Bildkunst. Das für die Han-Zeit ebenfalls typische Steingrab ist etwa 7,55 m breit, 8,7 m lang und besteht aus drei Hauptkammern. 280 sorgfältig behauene Kalksteinblöcke bilden das etwas klein anmutende Grab, 42 davon sind mit Motiven versehen. Wieder stammen die Themen der Darstellungen vornehmlich aus der konfuzianischen und daoistischen Gedankenwelt. Von besonderem Interesse ist, daß in einigen Fällen die Flächen unterhalb der jeweils vorgeführten Szene für Inschriften genutzt sind, welche das Motiv – einem Untertitel gleich – näher beschreiben. Das Grabmal, gewiß eines der kostbarsten han-zeitlichen Funde, datiert in das ausgehende 2. Jahrhundert unserer Zeitrechnung.

Han-Gräber von Dahuting/ Provinz Henan

Zu den ob ihrer Wandmalereien sehenswerten Gräbern der Han-Zeit gehören auch die beiden Gräber von Dahuting, etwa 6 km westlich der Stadt Mixian, in der Provinz Henan. Das westliche und größere der beiden Steingräber besteht

Abb. 27 Festwagen mit Akrobaten und Musikern von geflügelten Drachen gezogen, Relief aus dem Steingrab von Yinan, Provinz Shandong, Östl. Han-Zeit

aus sieben Grabkammern, ist 25,16 m lang, 17,28 m breit und erreicht in seiner Hauptkammer eine Höhe von 4,88 m. Eine 25 m lange Zugangsrampe führt von Süden her in das Grabinnere. Die reichhaltigen Wandbilder sind gut erhalten und sehr reizvoll. Das östliche Grab weist zur Gänze farbige Wandmalereien auf; hier bestícht vor allem das großzügige Gelage mit Musikern und Akrobaten. Etwa 2,5 km nordöstlich von Dahuting liegen drei weitere Han-Gräber, die in Form und Ausgestaltung den beiden Gräbern von Dahuting ähneln.

Han-Gräber im Königsstadtpark, Wangcheng Gongyuan, in Luoyang/ Provinz Henan

Nordwestlich der alten Stadt Luoyang wurden im Jahr 1957 zwei han-zeitliche Gräber freigelegt, die man wenig später auf das Areal des Königsstadtparks, Wangcheng Gongyuan, umsiedelte. Das aus zwei Grabkammern bestehende, insgesamt 6,1 m lange Grabmal aus der Westlichen Han-Zeit besteht in seinen Mauerteilen aus großen Hohlziegelsteinen, in den Nebenkammern aus kleinen massiven Ziegelsteinen. Vor allem Objekte des täglichen Lebens, tönerne Gefäße, Opfergegenstände, Tonmodelle, Bronzeschmuck – insgesamt 456 Stück – waren in diesem Grab enthalten. Besondere Bedeutung kommt jedoch auch in diesem Fall dem Wanddekor des Grabmales zu: Beide Grabkammern sind mit den mittlerweile wohl bekannten glückverheißenden und dämonenabwehrenden Motiven aus der chinesischen Mythologie reich verziert, wie zum Beispiel die beliebte Darstellung der Königinmutter des Westens, Xiwang Mu, als Überbringerin der Unsterblichkeit und Regentin des Kosmos, des weiteren bekannte Szenen und Bilder der konfuzianischen Lehre, die zumeist von Geschichten über Helden, weise Männer und wohlverdiente Beamte handeln. Die Wandmalereien in diesem Grabmal der Westlichen Han-Zeit gehören auf Grund ihrer lebendigen Ausdruckskraft gewiß zu den künstlerisch wertvollsten historischen Kunstwerken Chinas.

Abb. 28 Längsschnitt des Ziegelgrabes von Wangdu, Provinz Hebei, Östl. Han-Zeit

Ziegelgrab Wangdu/ Provinz Hebei

Wer eine Vorliebe für die han-zeitlichen Wandmalereien hegt, sollte sich das mächtige Ziegelgrab bei Wangdu in der Provinz Hebei nicht entgehen lassen.

Han-Grab bei Helinger/Autonome Region Nei Menggu

Sehenswert ist auch das han-zeitliche Grab 40 km südöstlich der Stadt Horinger, chinesisch Helinger, in der Inneren Mongolei. Das Grabmal, das – für jenen Landstrich typisch – von Osten her (!) zu betreten ist, mißt knappe 20 m in der Länge und birgt über 50 verschiedene Motive vornehmlich aus dem Alltagsleben jener Zeit. Die dortigen han-zeitlichen Malereien gelten vor allen Dingen als unentbehrliches Dokument bei der Erforschung der nationalen Minderheiten im Norden Chinas in jener Zeit.

Han-Dynastie – Zeit wichtiger Erfindungen und neuer Errungenschaften

Eine Reihe der wichtigsten Errungenschaften Chinas stammt aus der Han-Dynastie und ist ebenso anhand von Grabbeigaben belegt, so zum Beispiel das Zahnrad, die Kurbel und die Wassermühle, der Schubkarren, die mechanische Sämaschine und die Worfelmaschine mit Drehflügeln. Auch die Techniken bei der Herstellung von Lack und Seide, beim Eisenguß und bei der Stahlproduktion wurden in der Han-Zeit erheblich verfeinert.

Mondkalender

Im Jahr 104 v. Chr. wird ein neuer Kalender eingesetzt, der in China bis in unsere Tage als Mondkalender seine Gültigkeit besitzt. Eine besonders bedeutsame Erfindung jener Epoche ist mit dem Namen des herausragenden Mathematikers, Astronomen und Astrologen Zhang Heng (78–139) verbunden, der nebenbei auch noch ein begnadeter Dichter und Maler war: Im Jahr 132 n. Chr. entwickelte er einen Seismographen, der eine genaue Lokalisierung von Erdbeben ermöglicht.

Papier – erst im 12. Jahrhundert in Europa

Von weltgeschichtlicher Bedeutung ist eine Erfindung der Han-Zeit, die erst Jahrhunderte später von Europa übernommen wurde: das Papier. Holztäfelchen und Bambusstreifen, gelegentlich auch Seide, wurden bis ins 2. nachchristliche Jahrhundert für die Aufzeichnungen von Dokumenten und anderen Texten verwendet. Durch Einweichen der Fasern aus der Rinde des Maulbeerbaumes – später auch von Bambus – und durch Bildung eines Faserbreis, aus dem mittels Verfilzung das einzelne Blatt hervorgeht, entwickelten die Chinesen um etwa 100 n. Chr. eine Form der Papierherstellung, nach deren Grundzügen die hochtechnisierte Papiermaschinerie auch heute noch arbeitet. Über die Seidenstraße gelangte das Papier zunächst in die arabischen Länder und von dort erst Anfang des 12. Jahrhunderts nach Spanien und auf europäischen Boden.

Der Bann der Geschichte – China und seine Historiographie

Keine andere Kultur steht so sehr im Banne ihrer eigenen Geschichte wie die chinesische. Die Ereignisse der Vorgängergeneration wurden unverzüglich von der nächsten Generation aufgezeichnet. Detailliert und aufmerksam, wenngleich ein wenig tendenziös, ist diese Geschichtsaufzeichnung doch gleichzeitig Anleitung und Leitfaden für die jeweilige Gegenwart. In den nachfolgenden Zeiten wurden die Ereignisse genauso detailliert, aber vielleicht anders interpretiert weitergegeben. Geschichte ist Politik. Die chinesischen Geschichtsschreiber waren nicht nur akademisch gebildete, hochintelligente Historiker, sondern stets auch Politiker. Das historische Beispiel ist in der chinesischen Geschichte stets ein Präzedenzfall für aktuelle politische Entscheidungen.

Sima Qian und die erste Universalgeschichte: Shiji, die Historischen Annalen

Die systematische Darstellung einer dynastischen Universalgeschichte hat ihre Wurzeln in der Han-Zeit und geht zurück auf den großen Historiographen Sima Qian (etwa 145–86 v. Chr.) Schon früh mit den alten historischen Schriften vertraut und durch ausgedehnte Reisen reich an Erfahrungen, folgte Sima Qian im Jahr 108 v. Chr. seinem Vater in der Position eines Großastrologen am kaiserlichen Hof in Chang'an nach. Als Astrologe oblag ihm die Beobachtung der Gestirne, anhand deren Verlauf und Unregelmäßigkeiten er das Schicksal des Reiches deutete. Seine neue Aufgabe ermöglichte ihm den Zutritt zu den kaiserlichen Archiven, und so setzte er die von seinem Vater initiierte Kompilation eines universalen Geschichtswerkes fort. Als der Han-General Li Ling bei einer der vielen kriegerischen Auseinandersetzungen den Xiongnu unterlag und Sima Qian ihn beim Kaiser verteidigte, fiel er selbst in Ungnade und wurde zur Kastration verurteilt. Doch entgegen der herkömmlichen Gepflogenheiten beging Sima Qian nach Vollzug der Strafe nicht Selbstmord, sondern widmete sich der Vollendung seines Geschichtswerkes. Mit seinen ›Historischen Aufzeichnungen‹, dem *Shiji*, verfaßte Sima Qian, von der erzieherischen Funktion der Geschichte überzeugt, ein Werk, dessen Grundzüge für die nächsten 2000 Jahre die Struktur der offiziellen dynastischen Geschichtsschreibung prägte. Neben den kaiserlichen Annalen und einer Auflistung wichtiger Ereignisse findet man in den 130 Kapiteln seiner Geschichte Chinas von den legendären Urkaisern bis zum Han-Kaiser Wu auch Monographien zu verwaltungstechnischen Themen wie Kalenderwesen, Bewässerung, Wirtschaft, Astrologie sowie eine Vielzahl von Biographien und Beschreibungen fremder Völker. Etwa 150 Jahre später entstand mit der ›Geschichte der Früheren Han-Dynastie‹, dem *Hanshu*, das erste auf eine einzige Dynastie beschränkte Geschichtswerk, Vorbild und Muster für die Geschichtsschreibung sämtlicher nachfolgenden Dynastien. Mit seinem Verfasser, Ban Gu, begann außerdem die Zeit des beamteten Historikers.

Interregnum des Wang Mang

Ein kurzes Interregnum zwischen den Jahren 9 bis 23 n. Chr. teilte die lange Herrschaft der Han-Kaiser in zwei Perioden, in die Westliche und in die Östliche Han-Dynastie. Die wenigen Jahre, die dem Usurpator Wang Mang zur Verfügung standen, sind von einer Reihe grundlegender Reformen gekennzeichnet, die in vielerlei Hinsicht einen Rückschritt in die von Wang Mang idealisierte Zhou-Zeit bedeuteten, gleichzeitig aber die Macht des Kaisers weiter bestärkten. Doch die Hast, mit der er die Reformen vorantrieb, kam ihm teuer zu stehen: Überschwemmungs- und Flutkatastrophen außergewöhnlichen Ausmaßes – der Gelbe Fluß veränderte gerade in diesen Jahren seinen Lauf – und die damit verbundenen Hungersnöte und Seuchenplagen in der Bevölkerung beschleunigten nur noch die Verzweiflung des Volkes und trieben es in den Aufruhr. Mit der Unterstützung einer jener Geheimgesellschaften, die noch des öfteren in der chinesischen Geschichte das Ende einer Dynastie herbeiführen sollten, brach ein Volksaufstand aus, den sich ein junger Adeliger aus der Familie des Kaiserhauses Han zunutze machte. Es gelang ihm, Wang Mang die Macht zu entreißen und die Herrschaft wieder den Han-Kaisern zurückzuerobern. Zum Zeichen des Sieges wurde der abgeschlagene Kopf des Usurpators auf dem Marktplatz von Chang'an zur Schau gestellt.

Östliche Han-Dynastie – Residenz in Luoyang

Den nun folgenden Kaisern der Späteren Han-Dynastie – die nach der nach Osten verlegten Hauptstadt auch die Östliche Han-Dynastie genannt wird –, die bis zum Jahre 220 formell China regierten, war es nicht vergönnt, den Glanz der Früheren Han-Dynastie wieder herzustellen.

Macht der Eunuchen

Ähnlich wie der große Kaiser Wu begünstigte der erste Kaiser der Späteren Han-Dynastie die Eunuchen an seinem Kaiserhof, die als persönliche Sekretäre das besondere Vertrauen des Kaisers genossen. Es wurde ihnen wenig später sogar durch einen kaiserlichen Erlaß gestattet, Söhne zu adoptieren; dies ermöglichte es den Eunuchen, nachhaltigen und weitreichenden Einfluß zu gewinnen. Zwischen ihnen und den Beamtenliteraten am Kaiserhof brachen in der Folge heftige Kämpfe und Rivalitäten aus, die zum Niedergang der Dynastie beitrugen.

Stabile Reichsgrenzen auch im ersten Jahrhundert n. Chr.

Und doch sind die ersten hundert Jahre der Späteren Han-Dynastie eine Zeit der Stabilität und des kulturellen und politischen Fortschritts. Der rege Handelsverkehr an der Seidenstraße stellte für China eine gute Einnahmequelle dar. Um das chinesische Handelsmonopol nicht zu gefährden, waren die Han-Kaiser unablässig bemüht, die verschiedenen Stämme der Xiongnu gegeneinander auszuspielen und so eine eventuelle Konföderation dieser Stämme zu unterbinden. Als diese List jedoch nicht mehr den gewünschten Erfolg zeigte und die Xiongnu-Stämme Anstalten machten, sich zu einem Großreich zusammenzuschließen, das eventuell auch Turkestan einbeziehen sollte, entsandte Kaiser Ming den Feldherrn Ban Chao, der in kurzer Zeit ganz Turkestan unter chinesische Herrschaft brachte. Bis zum Tod des Kaisers im Jahr 102 blieb Turkestan fest in chinesischer Hand, und auch die späteren Han-Kaiser übten zumindest eine Hegemonie in Turkestan aus.

Eindringen des Buddhismus in China und Gründung des ersten buddhistischen Klosters

In die Zeit des Kaisers Ming fiel auch die erstmalige Erwähnung des Buddhismus, der wohl im Zuge des zentralasiatischen Handelsverkehrs von Indien über die Seidenstraße sowie über die Häfen der Südküste nach China gelangte. Das erste Auftreten des Buddhismus ist mit einer Legende verwoben, die auch von der Gründung des ersten buddhistischen Klosters in China erzählt: Ein Traum veranlaßte Kaiser Ming, im Jahre 61 n. Chr. eine Expedition nach dem Westen zu entsenden, um das Bildnis jenes »schwebenden, goldenen Mannes« herbeizuholen, von dem er geträumt hatte und der später mit Buddha identifiziert wurde. Eine aus 18 Personen bestehende Delegation brach alsbald in Richtung Indien auf und kehrte im Jahre 67 mit zwei indischen Priestern und einer Sammlung von 42 heiligen Schriften nach Luoyang zurück. Die Schriften wurden von einem weißen Pferd getragen.

Baima Si, das Kloster des Weißen Pferdes, bei Luoyang/ Provinz Henan

Außerhalb des westlichen Stadttores, etwa 10 km östlich der heutigen Stadt Luoyang, ließ Kaiser Ming das erste buddhistische Kloster Chinas, das Kloster des Weißen Pferdes, Baima Si, errichten. Von der ursprünglichen Tempelanlage, in der die beiden indischen Mönche die buddhistischen Texte übersetzten und lehrten, ist freilich nichts mehr erhalten. Die heutige Anlage stammt aus der Ming-Dynastie. Östlich des Tempels befindet sich die Pagode der Versammelten Wolken, Qiyun Ta, die zu den schönsten und formvollendetsten Pagoden der Zeit nach der Tang-Dynastie gehört. Die 24 m hohe Ziegelpagode stammt aus dem Jahr 1175 und erhebt sich über einem quadratischen Grundriß mit ca. 6 m Seitenlänge über 13 Geschoße mit einer Höhe von etwa 24 m. Die anmutige und schlanke Pagode besitzt eine einzige Öffnung an der Vorderseite der Basis und ist nicht zur Gänze begehbar. Vor dem Eingangstor des Tempels erinnert heute noch eine Pferdeskulptur – ursprünglich waren es wohl zwei – an den Transport der ersten Sutras von Indien nach China.

Buddhismus

Buddhismus – eine fremde Hochreligion in China

Zunächst noch auf dem Landweg, später auch auf dem Seeweg gelangte etwa seit dem ersten nachchristlichen Jahrhundert die erste und einzige fremde Hochreligion nach China, der es gelang, aufgrund ihres missionarischen Charakters und durch Ausnutzung historischer Umstände, Fuß zu fassen und die chinesische eigenständige Denktradition nachhaltig zu beeinflussen: der Buddhismus. Eher als andere fundamentale Neuerungen und Umwälzungen brachte die neue Lehre aus dem Westen eine fast willkommene Bereicherung. Zudem vermeinten die Chinesen in ihr anfangs nur eine Variante des bodenständigen Daoismus zu erkennen, schien doch Buddha niemand anderer zu sein als Laozi, der – nachdem er dem Paßwächter seine Schriften ausgehändigt hatte – in den Westen weitergezogen war. Als die Fremdheit des Buddhismus schließlich offenkundig wurde, war er schon eine bemerkenswerte Symbiose mit den beiden chinesischen Denktraditionen – besonders mit dem Daoismus – eingegangen. Der zur starren Staatsethik abgesunkene, für viele Gebildete reizlos gewordene Konfuzianismus und der im besonderen Maße zur Methaphysik tendierende han-zeitliche Daoismus schufen ebenso günstige Rahmenbedingungen für die Aufnahme des Buddhismus wie die mit dem Niedergang der Han-Dynastie sich rasch wandelnde, von Fremdvölkern dominierte politische Lage.

Aufschwung des Buddhismus unter der Wei-, Sui- und Tang-Dynastie

In der Zeit der Sechs Dynastien, einer Epoche politischer Instabilität und der Kriegswirren, wurde die fremde Erlösungsreligion attraktiv, fand enormen Zulauf und erfaßte nach und nach auch alle Gesellschaftsschichten. Unter der Fremdherrschaft der protomongolischen Toba, der Nördlichen Wei-Dynastie (386–534), etablierte sich eine Art buddhistische Staatskirche, die einerseits der weltlichen Kontrolle unterstellt war, andererseits dadurch jedoch umfangreiche materielle und finanzielle Zuwendungen genoß. In den nachfolgenden Dynastien der Sui (589–618) und Tang (618–906) konnte der Buddhismus in China seine bedeutende Stellung aufrechterhalten und ausbauen.

Assimilation des Buddhismus

In der Konfrontation mit dem pragmatischen Konfuzianismus und dem mystischen Daoismus – wobei letzterer um einiges besser mit den buddhistischen Vorstellungen in Einklang zu bringen war – wurde der Buddhismus freilich dem chinesischen Gedankengut angeglichen und assimiliert; nicht zuletzt aufgrund der schon eingangs beschriebenen Eigenschaften der chinesischen Schriftsprache, die es unmöglich macht, fremde Begriffsinhalte unverfälscht zu übernehmen, wollte man vermeiden, dem neuen Begriff durch Transliteration den Stempel des Nicht-Chinesischen aufzudrücken.

Siddharta Gautama – Buddha

Der nordindische Fürstensohn Siddharta Gautama (ca. 563–483 v. Chr.) aus dem Geschlecht der Sakya war ein Zeitgenosse von Konfuzius. Mit 29 Jahren ließ er seine Familie und ein Leben in Wohlstand hinter sich. In meditativer Versenkung erlangte Gautama eines Nachts unter einem Feigenbaum die Erleuchtung, die der Überwindung des leidvollen Lebens und dem Ausscheiden aus dem Rad der Wiedergeburten gleichkommt; von nun an war er Buddha, der »Erleuchtete«. Gerade die buddhistische Lehre von der Wiedergeburt übte – basierend auf einem folgenreichen Mißverständnis – eine besondere Faszination auf die Chinesen aus.

Lehre von der Wiedergeburt – mißverstanden, doch ansprechend

Die Idee des *Karma* und die damit verbundene Lehre von der sogenannten »Seelenwanderung« ist vorbuddhistischen Ursprungs und bereits in der ursprünglichen Religion der Upanishaden ein zentrales Thema. Buddha, der wie einst auch Jesus die überbetonte und veräußerlichte Ritualisierung anprangerte und kritisierte, wollte das *Karma* auf ethischer und moralischer Grundlage verstanden wissen: Nicht die Ausübung der Opferriten sei ausschlaggebend für eine entsprechende Vergeltung in den zukünftigen Existenzen, sondern allein die Lebensführung, die Bilanz der moralisch guten und schlechten Taten.

Idee der Wiedergeburt als ansprechende Fortführung des Ahnenkults

Dieses ethische Anliegen unterlegte dem Buddhismus in Form der Wiedergeburt eine zentrale Erziehungsfunktion. Diese wiederum machte den Buddhismus für die Chinesen besonders attraktiv: Die von jeher auf Moral und Ethik ausgerichtete chinesische Gesellschaft sah in dem Gedanken der Wiedergeburt eine über die nächsten verwandtschaftlichen Generationen hinaus ausgedehnte Verpflichtung zum moralischen Handeln. Daß die zentrale Idee des Buddhismus eigentlich das Verlassen dieses *Karma*-Kreislaufes und das Ausscheiden aus dem Wiedergeburtszyklus bedeutete, war für die Chinesen von geringerer Bedeutung.

Samsara, der Kreislauf der Wiedergeburten

Eine Kette von zwölf Gliedern konstituiert den bedingten Kreislauf der Wiedergeburten, *samsara*. Das dritte Glied dieser Kette, *vijnana* (Bewußt-Sein), ist als nicht-materielle Kraft definiert, die gleichzeitig als *Karma*-Träger fungiert und so die Beschaffenheit des nächsten Wiedergeburtsstadiums bestimmt; das *Karma* selbst basiert auf der moralisch-ethischen Bilanz des vergangenen Lebens. Der Tod ist dieser Auffassung zufolge kein Ende und keine Unterbrechung, sondern nur ein Stadium in einem langen, kausal gesehenen Zyklus von Stadien, in dem sich der aus fünf Faktoren zusammengesetzte Lebenskomplex (Gefühle, Ideen, *Karma,* Bewußtsein, Körper) auflöst. Ein *karma*-geprägter Impuls bewirkt die Wiedergeburt durch eine neuerliche, temporäre Vereinigung dieser Daseinsfaktoren. In der Erleuchtung jedoch wird beim Verlassen des *samsara*-Prozesses, beim Ende des todbringenden und leidvollen Kausalnexus, kein *vijnana* mehr frei. Die Losgelöstheit aus dem Wiedergeburtszyklus bedeutet den Eintritt in das Stadium der »Todlosigkeit«, *nirvana*, welches mit dem nicht zu beschreibenden Zustand von erloschenem Feuer gleichgesetzt wird.

In durchaus nachvollziehbarer Mißdeutung wurde die buddhistische Lehre von der Wiedergeburt als Bestätigung eines Weiterlebens der Seele nach dem Tod aufgefaßt. Man erblickte in ihr eine Weiterführung der chinesischen Tradition, die für den Ahnenkult ja stillschweigend die Existenz von Geistern und Seelen

(Ahnen) angenommen und, wenn auch nicht unbedingt explizit befürwortet, so doch nicht vollkommen ausgeschlossen hatte. Wenn die Lehre von der Wiedergeburt einerseits den Konfuzianer alten Stils befremdete, der vor der Vorstellung zurückschreckte, seinen Ahnen oder auch Nachkommen in Gestalt eines Tieres zu begegnen, so erbrachte sie jedoch andererseits gewissermaßen den »Beweis« für die Existenz einer Seele, welcher auch nach dem Tode die pietätvolle Verehrung der Nachkommen entgegengebracht werden sollte.

Von der konfuzianischen Kritik zu den Buddhistenverfolgungen

Gleichzeitig mit der Entfaltung des Buddhismus in China inmitten der angeregten Auseinandersetzung mit dem fremden Gedankengut meldeten sich die ersten Bedenken der zumeist konfuzianisch ausgerichteten Gentry- und Beamtenschicht, die in der Ausdehnung des Buddhismus eine Gefahr für die soziale Ordnung des Staates erblickte. Schon zu Beginn des 4. Jahrhunderts sind starke anti-buddhistische Ressentiments festzustellen, deren Kritik sich im besonderen gegen die Mönchsgemeinden, *sangha,* richtete. Denn mit dem klösterlichen Leben gingen eine Abkehr von familiären und gesellschaftlichen Pflichten, Steuerfreiheit und per Gesetz an die Mönchsgemeinschaft zu übereignender Grund und Boden einher; nicht zuletzt diese Bestimmung führte zu einer respektablen wirtschaftlichen Macht der Klöster. Das Verständnis des konfuzianischen Staatssystems war jedoch mit der Existenz einer – unter diesen Gesichtspunkten als asozial und unproduktiv betrachteten – in jeder Hinsicht unabhängigen Gruppe innerhalb des Staatsgefüges unvereinbar. Die Tätigkeit der buddhistischen Klöster, die der Stabilität und Prosperität des Staates entgegenwirkte, kam heftig unter Beschuß, das unproduktive und daher entbehrliche Klosterleben sowie das höchst asoziale und unmoralische Mönchtum, das gegen die altüberlieferten Maximen des Gesellschaftslebens verstieß, wurden angeprangert. Die wachsende Ablehnung gipfelte in den groß angelegten Buddhistenverfolgungen der Jahre 842 und 845; 4600 Klöster wurden zerstört, über fünf Millionen Hektar Klosterland eingezogen und 260000 Mönche und Nonnen in den Laienstand versetzt.

Symbiose des Buddhismus mit Konfuzianismus und Daoismus – Sinisierung des Buddhismus

Der Einfluß des Buddhismus, der mittlerweile mit Elementen aus dem Daoismus und dem Konfuzianismus zu einer synkretistischen Volksreligion verschmolzen war, konnte freilich nicht mehr rückgängig gemacht werden. Die Sinisierung des Buddhismus kommt allein schon dadurch zum Ausdruck, daß seine Verteidiger sich vorwiegend auf die konfuzianischen Klassiker und daoistischen Meister beriefen, um der noch fremden Lehre angemessen Rückhalt zu bieten und durch zahlreiche Allusionen zu den klassischen Schriften ihre Fremdheit zu eliminieren.

Die chinesische Vorstellung des Bodhisattva Avalokitesvara und des Buddha Maitreya

Wie sehr sich die chinesische Denktradition bei der Übernahme buddhistischer Elemente behauptete, zeigt sich auch deutlich in der Um-Interpretation buddhistischer Gottheiten: Avalokitesvara, der Bodhisattva der Barmherzigkeit, wurde im Chinesischen kurzerhand zu einer Frau – man flehte sie um reichen Kindersegen an und stellte sie daher gelegentlich auch mit einem Kind dar. Die ersten europäischen Missionare, die nach China kamen, hielten sie deshalb für die

Abb. 29 Guanyin, die Göttin der Barmherzigkeit, Holzschnitt aus dem Sancai tuhui, 1609

Jungfrau Maria. Maitreya, der Buddha der Zukunft, ist in China seit der Song-Zeit ein lachender, spitzbäuchiger Mönch, der von einer Schar Kinder umgeben ist – wieder treten hier der traditionelle Ahnenkult und die damit verbundene Verpflichtung zur Nachkommenschaft stärker in den Vordergrund als der lebensabgewandte, Enthaltsamkeit und Verzicht fordernde Heilspfad des Buddhismus.

Günstlingswirtschaft und Korruption, Rivalitäten zwischen den erstarkenden Eunuchen und den Beamten sowie der Bauernaufstand der »Gelben Turbane« brachten das Han-Reich, dessen Niedergang sich bereits seit der Mitte des 2. nachchristlichen Jahrhunderts abzuzeichnen begann, letztlich zu Fall. Um die Rebellion, die einen vier Jahrzehnte andauernden Bürgerkrieg einleitete, niederschlagen zu können, sah sich der Kaiserhof zu gewaltigen Truppenaushebungen gezwungen. An der Spitze dieser mächtigen Heeresverbände stand eine Handvoll »Beschützer der Dynastie«, die nach der Niederschlagung der Rebellion einander selbst in die Haare gerieten und sich im Kampf um die Vormachtstellung gegenseitig zerfleischten.

Die Zeit der Reichsspaltung (220–589)

Jahre der Unsicherheit und der Zerrissenheit des chinesischen Reiches folgten so auf die insgesamt stabile und lang andauernde Epoche der Han-Dynastie. 360 Jahre sollten vergehen, bis es einer chinesisch-stämmigen Dynastie gelang, das gesamte Reichsgebiet Chinas wieder unter eine Herrschaft zu bringen. Dazwischen lag die Zeit der Drei Reiche (220–265), auf die im Jahre 280 eine kurzlebige Wiedervereinigung des Landes unter der Westlichen Jin-Dynastie (265–316) folgte, die jedoch nur ein knappes halbes Jahrhundert Bestand hatte.

Das Fremdvolk der Toba und die Sinisierung ihrer Dynastie

Ein nomadisches Fremdvolk, das türkische und früh-mongolische Elemente umfaßte, errichtete für rund 200 Jahre eine Dynastie im Norden Chinas: Das tungusische Volk der Toba bediente sich recht bald der chinesischen Gesellschafts- und Verwaltungsstruktur. Sehr deutlich zeigte sich hier das vereinnahmende Wesen der chinesischen Kultur, und es brauchte nur kurze Zeit, bis die fremden Herrscher völlig sinisiert und in der chinesischen Kultur aufgegangen waren. Es kam also nicht, wie man vielleicht vermuten könnte, bei dem Barbareneinfall zum Stillstand der chinesischen Kultur, nicht zu einer Unterbrechung der Schrifttradition oder zu einer allfälligen Wandlung der Sprache. Ganz im Gegenteil: Die zahlenmäßig unterlegenen Fremden wurden alsbald von der chinesischen Bevölkerung absorbiert; die fremden Herrscher sahen sich gezwungen, sich die bestehende Kultur zunutze zu machen, sollte ihre Herrschaft nicht schon zum Zeitpunkt der Machtübernahme zum Scheitern verurteilt sein. Gebildete Chinesen fungierten als Staatsbeamte und Militärgouverneure, und die chinesische Kultur triumphierte über die fremden Invasoren. Jahrhunderte später sollte sich dieses Phänomen ein weiteres Mal drastisch bei der Vereinnahmung Chinas durch die Mandschuren zeigen.

Das Herrscherhaus der Toba (386–534) bediente sich bezeichnenderweise eines chinesischen Dynastienamens; sie nannten sich (Nördliche) Wei. Auch die mongolische Erobererdynastie unter Kublai Khan und die mandschurischen Herrscher, deren Dynastie gleichzeitig die letzte der dynastischen Regierung Chinas war, versuchten durch einen ähnlichen Schachzug ihrer Herrschaft Legitimität zu verleihen. Die Toba kleideten sich chinesisch und erlernten auch die chinesische Sprache. Geschickt förderten sie ihre eigene Integration durch das Verbot der Endogamie. (Ähnlich sollten die frühen Ming-Kaiser mit den Restbeständen der Mongolen verfahren.)

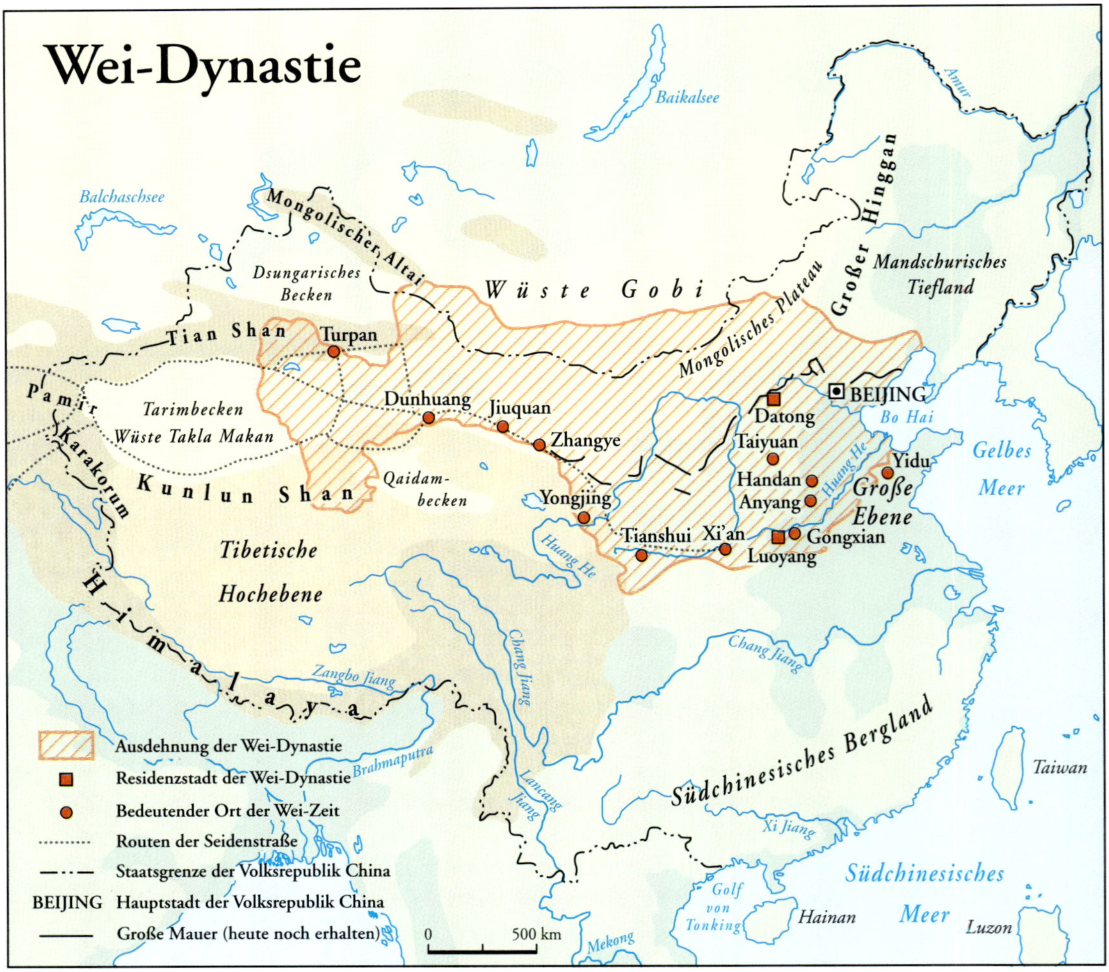

Gesellschaftsstruktur unter den Toba – Auswirkungen auf das Stadtbild

Und doch bildeten sich große Gegensätze in der Gesellschaft des damaligen China heraus. Kaiser Xiaowen verfügte im Jahr 496, daß der jeweilige soziale Status und der ausgeübte Beruf erblich sein sollten. Dieses Gesetz, das zunächst einmal dazu diente, die Stellung der Privilegierten, der Beamten und Funktionäre zu festigen, verankerte dadurch jedoch auch die Aussichtslosigkeit für Bauern, Handwerker und Kaufleute, jemals in die Klasse der Privilegierten aufzusteigen. In Luoyang, das ebenfalls unter Kaiser Xiaowen zum Regierungssitz ausgebaut wurde, war daher der Palastbezirk der kaiserlichen Familie von den Siedlungsgebieten der restlichen Bevölkerung streng getrennt. In den Vorstädten von Luoyang waren die Angehörigen verschiedener Berufs- und Handwerksgruppen in jeweils eigenen Stadtvierteln oder Straßenzügen zusammengefaßt.

Die Südlichen Dynastien – Fortbestand der chinesischen Kultur

Während der Norden Chinas unter der Herrschaft der Toba großteils vereint war, wechselten im Süden des Landes sechs kurzlebige, aufeinanderfolgende chinesische Dynastien einander ab. Doch trotz der labilen politischen Lage wurden im Süden des Reiches Tradition und Kultur der Han-Dynastie weiter gepflegt und kultiviert. Besonders in der Stadt Nanjing erreichte das kulturelle Leben ein hohes Niveau. Die Kontinuität der chinesischen Zivilisation blieb also weiter bestehen, und auch im Norden wurden die fremden Eroberer zunehmend von der chinesischen Kultur vereinnahmt.

Gesellschaftlicher Wandel

Die von Instabilität, kriegerischen Wirren und Unsicherheit geprägte Zeit, die auf die Han-Dynastie folgte, war eine Epoche, in der sich in China auch die Gesellschaft einem grundlegenden Wandel unterzog. Die soziale Verankerung innerhalb von Familie und Staat rückte in den Hintergrund, denn gerade der Staat war mittlerweile zu einem besonders unsicheren Faktor geworden. Also konzentrierte man sich mehr auf das Individuum, auf sich selbst, und wandte sich metaphysischen Spekulationen zu. Die Verlängerung des eigenen Lebens, das Erlangen der Unsterblichkeit stellte das Hauptziel jenes religiösen Daoismus dar, der sich seit dem 3. nachchristlichen Jahrhundert in China entwickelte.

Aufschwung des sinisierten Buddhismus

Zur gleichen Zeit schwang sich der Buddhismus, die erste fremde Hochreligion in China, in einer von Unsicherheit getriebenen, aus den Fugen geratenen Gesellschaft zu einer Hochblüte auf. Der Buddhismus in seiner ursprünglichen Form, wie sie im Hinayana-Buddhismus Indiens auch heute noch gepflegt wird, hätte freilich nie in China Fuß fassen können: Wie die fremden Eroberer wurde auch diese fremde Religion adaptiert und mit Elementen der chinesischen Geisteskultur versetzt. Der religiösen Tradition, die der Daoismus zu diesem Zeitpunkt verkörperte, erstand in einem solcherart angepaßten Buddhismus ein großer Konkurrent. Wohl unter dem Einfluß der Buddhisten schlossen sich nun auch die Daoisten in klösterlichen Gemeinschaften zusammen.

Luoyang als Zentrum des Buddhismus

Allmählich entwickelte sich die Stadt Luoyang zum Zentrum des chinesischen Buddhismus; von den bald 180 buddhistischen Tempeln des Landes befanden sich allein 42 in Luoyang. Mit der Verlegung der Wei-Hauptstadt nach Luoyang stieg die Zahl der buddhistischen Klöster innerhalb und außerhalb der Stadt auf nahezu über eintausend.

Shaolin Si/Henan – berühmt für die waffenlose Kampfkunst seiner Mönche

Unter dem Wei-Kaiser Xiaowen entstand in einem Gebirgstal etwa 60 km südöstlich von Luoyang das Kloster Shaolin. Hierher gelangte im Jahre 527 der indische Mönch Bodhidharma (chinesisch Damo genannt), der als legendärer Begründer der bedeutendsten aller chinesischen Schulen des Buddhismus gilt, des Chan- oder Meditationsbuddhismus. Der Legende nach soll Bodhidharma neun Jahre meditierend in einer Höhle zugebracht haben, »eine Wand anstarrend«. Die Höhle, in der Bodhidharma der Legende nach jene neun Jahre zugebracht hatte, ist heute noch am Felsabhang nordwestlich des Klosters zu

Abb. 30 Pagodenwald im Shaolin-Kloster, Provinz Henan

besichtigen; sie ist etwa 7 m tief und 3 m breit. Auf Bodhidharma soll auch jene Form der körperlichen Ertüchtigung zurückgehen, die sich später zu einer waffenlosen Kampfsportart entwickelte. Die Faustkampfkunst der Shaolin-Mönche war bereits zu Beginn der Tang-Zeit im ganzen Land bekannt; heute ist dem Kloster eine Schule angeschlossen, in der diese elitäre Kampfsportart weiter gepflegt wird. Das Shaolin-Kloster selbst ist seit seiner Gründung oftmals zerstört und wieder aufgebaut worden. Die heutige Anlage umfaßt über 30000 m^2, allein die Tausend-Buddha-Halle, Qianfo Dian, erhebt sich über einer Fläche von ungefähr 300 m^2. Sie ist vor allem für das berühmte mingzeitliche Wandgemälde der 500 Lohans bekannt, welches ebenfalls eine Fläche von 300 m^2 einnimmt. Besonders beeindruckend ist der westlich des Klosters gelegene Pagodenwald. Auf diesem größten Klosterfriedhof Chinas ragen über 220 Grabpagoden von Mönchen aus der Tang-, Song-, Jin-, Yuan-, Ming- und Qing-Dynastie empor, welche die historische Entwicklung des Pagodenstils eindrucksvoll dokumentieren. Auch hier stechen die stupa-förmigen Pagoden der Yuan-Dynastie besonders ins Auge.

Buddhismus als Staatskirche der Wei-Dynastie

Bald breitete sich die neue fremde Religion in allen Schichten der Gesellschaft aus, erfaßte in gleichem Maß den Kaiserhof wie die bäuerliche Bevölkerung. Die noch immer bestehende klassische chinesische Staatstradition, die in der Person des Kaisers als Sohn des Himmels eine Art religiöses Oberhaupt sah, veranlaßte die Fremddynastie der Toba, eine gewisse Kontrolle über die sich ausbreitenden buddhistischen Gemeinden zu erlangen. Kaiser Taizu (386–409) richtete deshalb ein Amt ein, an dessen Spitze ein vom Kaiserhof bestellter Mönch und oberster Beamter die Aufsicht über die Klöster und sämtliche mit der Religion befaßten Angelegenheiten zu versehen hatte. Geschickt hatte Taizu damit den Buddhismus als Staatsreligion etabliert und die gleichsam beamteten Mönche der staatlichen Macht unterstellt. Er und seine Nachfolger förderten großzügig die Übersetzung heiliger Texte sowie die Errichtung monumentaler Heiligtümer; es entstanden die in aller Welt berühmten und einmaligen buddhistischen Höhlentempel, die heute noch den Betrachter in Erstaunen versetzen.

»Seit alters her werden die Paläste der Kaiser immer völlig niedergebrannt. Wenn man nach diesem Muster Gebäude errichtet, werden auch diese nicht verschont bleiben … Liegen die Bauten jedoch an einem bergigen Platz, so ist man sein ganzes Leben sicher … Wenn man dort (buddhistische) Figuren aufstellt, so macht man sie entweder aus Stein oder Gips« (zit. nach Li Zehou, S. 194f.). So beschrieb der buddhistische Mönch Daoxuan in seinen Schriften, *Guang hongming ji*, die angestrebte größtmögliche Sicherheit der buddhistischen Höhlentempel gegenüber den herkömmlichen Tempeln und Palästen. Dies ist auch der Grund, warum gerade in der von Kriegswirren stark heimgesuchten Zeit der kurzlebigen Nördlichen und Südlichen Dynastien eine große Zahl an Höhlentempeln entstand.

Buddhistische Höhlentempelkunst in China

Die buddhistische Höhlentempelkunst, deren älteste Vertreter in den Höhlen der Nördlichen Wei-Dynastie zu finden sind, ist wohl die bedeutendste Ausformung der religiösen Kunst, die uns aus dem chinesischen Altertum erhalten ist. Hierher gehören die Höhlentempel von Yungang, Dunhuang und Maiji Shan. Auch während der Tang-Zeit und der nachfolgenden Song-Dynastie entstanden noch weitere buddhistische Höhlentempel, doch unterscheiden sie sich in der Darstellung und ihren Stilformen wesentlich.

Höhlentempel der Nördlichen Wei-Dynastie – die ältesten buddhistischen Höhlengrotten und ihr Grundmotiv: Leben ist Leiden

So spiegelt sich in den Wandmalereien der ältesten buddhistischen Höhlentempel das Leiden an der Wirklichkeit, die Klage über eine durch Kriegswirren und Hungersnöte, Seuchen und Aufstände zerrüttete, erbarmungslose Welt. Die Verheißungen eines buddhistischen Paradieses waren dieser Zeit geradezu willkommen. Dementsprechend inbrünstig, ja besessen mögen die Schöpfer dieser gewaltigen Tempelanlagen gearbeitet haben. Die Szenen, die in den lebendigen und kraftvollen Wandmalereien dargestellt werden, sind zumeist leidvolle und brutale Geschichten.

Geschichte von Prinz Shiva

Hierher gehört die Geschichte des Prinzen Shiva, einer früheren Inkarnation Buddhas, der bereit war, für die Rettung einer Taube sein eigenes Fleisch hinzugeben. Ruhig sitzt er im Lotossitz, auf seiner Handfläche die kleine Taube, die ihn um Hilfe gegen den verfolgenden, gefräßigen Adler anfleht. Eine klein gewachsene Figur mit grimmigem Gesichtsausdruck schneidet indessen ein großes Stück Fleisch aus Shivas Bein. Die Legende erzählt, daß Prinz Shiva dem hungrigen Adler ein der Taube entsprechendes, gleich schweres Stück Fleisch von seinem eigenen Leib versprach. Doch gelang es ihm nicht, das Gewicht der kleinen Taube aufzuwiegen. Schließlich warf er sich selbst auf die Waagschale und bot sein Leben an. Da verschwanden Adler und Taube.

Legende von Mahasattva

Eine andere Legende aus dem frühen Leben Buddhas erzählt von Mahasattva, dem jüngsten Prinzen aus dem Lande Maha, der sein Leben einer hungernden Tigerin opferte, um ihre sieben neugeborenen Jungen versorgt zu wissen. Doch die Tigerin selbst war nicht einmal mehr kräftig genug zu fressen. Also stürzte er sich von einem Felsen herab direkt vor die Tigerin, aus vielen Wunden blutend. Diese leckte an seinem Blut, gelangte zu Kräften und verschlang ihn zur Gänze. In tiefer Trauer errichteten die Brüder und Eltern des Prinzen an jenem Ort eine Pagode. Die Geschichte wird in mehreren Szenen auf den Wandgemälden dargestellt, die trotz ihrer Verblichenheit und Vagheit noch immer die bedingungslose Hingabe der Künstler erahnen lassen (Dunhuang).

Geschichte von Prinz Suddhana

Eine andere, häufig dargestellte Geschichte handelt von dem freigebigen Prinzen Suddhana. Großzügig und opferfreudig gab er alle seine Schätze, seine Kleider, seine Wagen, ja sogar seine Kinder hin, nur um unter Tränen seinen Grundsatz der Freigebigkeit aufrechtzuerhalten. In all diesen Szenen ist der Aufruf zu disziplinierter Duldsamkeit und Aufopferungsbereitschaft zu erkennen. Leben ist Leiden, so lautet der fundamentale Gedanke der buddhistischen Religion, und erst durch duldsames Leiden gelingt es, das Leben zu überwinden.

Skulpturen in den ältesten Höhlengrotten

In spannungsgeladenem Gegensatz zu der leidvollen und furchtbaren Szenerie an den Wänden heben sich die friedliche Entrückung und Harmonie ausstrahlenden Buddhaskulpturen ab. In diesen Statuen, die einen Höhepunkt der chinesischen Bildhauerkunst markieren, kommen alle Hoffnungen und Sehnsüchte der Gläubigen zum Ausdruck. Die klaren und anmutigen Züge dieser Skulpturen vermitteln nicht Anteilnahme, sondern friedliche Überlegenheit, nicht Interesse, sondern Gleichgültigkeit, nicht Mitleid, sondern Enthobenheit. Diese Eigenart der frühen buddhistischen Kunst in China wurde jedoch bald sinisiert, und die Skulpturen in den Höhlentempeln der Tang-Zeit erscheinen in mancher Weise menschlicher und freundlicher. Generell idealisieren die Statuen die menschliche Gestalt; um so auffälliger ist daher die große Buddhafigur in den Yungang-Grotten bei Datong, die schwarze Muttermale im Gesicht und am Fuß trägt. Dieser Buddha wurde jedoch im Auftrag des Kaisers Wu von Liang (502–549) als sein getreues Abbild gefertigt. In den Geschichtsannalen der Wei-Dynastie heißt es dazu: *»In diesem Jahr befahl der Kaiser, eine Buddhastatue aus Stein zu fertigen, die ihm ähneln solle. Als sie fertig war, befand sich im Gesicht und am Fuß schwarzes Gestein, welches Muttermale des Kaisers darstellt«* (zit. nach Li Zehou, S. 204).

Höhlentempel der Sui- und Tang-Dynastie

Die menschlichere und warmherzigere Ausstrahlung der Buddhaskulpturen, die in einer Zeit der Einheit und des Friedens entstanden und einen anderen Stil in Motiv und Darstellung vermitteln, wurde ja bereits genannt. Hinzu kommt nun, daß die Skulpturen, die früher von einer undifferenzierten Allgemeinheit gekennzeichnet waren, jetzt einen bestimmten Bedeutungsgehalt zugesprochen bekamen. Genau festgelegt ist nunmehr die Anordnung der Figuren, ihre Körperhaltung und Gesichtszüge, die jeweils einer bestimmten Bedeutung entsprechen. Mit der fortschreitenden Sinisierung des Buddhismus ging auch ein anderes merkwürdiges Phänomen einher: Den Äbten und obersten Würdenträgern des buddhistischen Klerus wurde Beamtenstatus zugestanden und ein entsprechendes Beamtengehalt bezahlt.

Hinwendung zum buddhistischen Paradies

Die Skulpturen in den buddhistischen Höhlentempeln von Longmen, Dunhuang und am Tianlong Shan sind schöne Beispiele für die typische tang-zeitliche Bildhauerkunst. Langsam erfuhren auch die grausamen und leidvollen Darstellungen der Wandmalerei eine grundlegende Veränderung. Das Leben als ausschließliches Leid war für die traditionelle chinesische Geisteskultur einfach nicht nachvollziehbar. Also mied man in der Folge solche Szenen und wandte sich statt dessen den Glück und Zufriedenheit vermittelnden Darstellungen des buddhistischen Paradieses zu, in das mittlerweile nicht wenige daoistische Vorstellungen eingeflossen waren. Skulptur und Wandmalerei befanden sich nunmehr in den Höhlentempeln in sich ergänzender Harmonie. Die an den Wänden vorgestellten Szenen sind durchwegs Ausschnitte aus Geschichten mit glücklichem Ausgang. So wird zum Beispiel die Geschichte von zwei Prinzen erzählt, die sich gemeinsam mit 500 Gefolgsleuten auf die Suche nach kostbaren Perlen begeben. Der Weg aber ist gefährlich und schwierig, und so kehrt einer der Prinzen, der Böse, um. Der Gute jedoch überwindet all die Fährnisse und gelangt schließlich in den Besitz jenes kostbaren Geschmeides. Auf dem Rückweg überfällt ihn jedoch der böse Prinz, sticht ihm die Augen aus und beraubt ihn. Als blinder Spielmann gewinnt der gute Prinz die Liebe einer Königstochter, und ihre Vermählung gibt ihm sein Augenlicht wieder. Sie kehren zurück in das Reich seines Vaters. Der gute Prinz vergibt schließlich dem bösen, und die königliche Familie ist wieder glücklich vereint.

Höhlentempel der Song-Zeit und ihre profanen Motive

Mit den gesellschaftlichen Veränderungen gegen Ende der Tang-Zeit rückten jedoch bei den Wandmalereien immer mehr Themen aus dem alltäglichen Leben in den Vordergrund: Zutiefst weltliche Szenen ergriffen von der buddhistischen Kunst Besitz; religiöse Motive wurden immer mehr durch profane Motive ersetzt. In der nachfolgenden Song-Zeit wurde die religiöse Philosophie des Buddhismus letztendlich durch die nüchterne, weltliche Gedankenausrichtung des Neokonfuzianismus abgelöst. Über die song-zeitlichen Höhlen von Dunhuang schreibt Li Zehou, einer der bedeutendsten chinesischen Denker der Gegenwart, ein hart anmutendes Urteil: *»Zwar sind die Höhlen groß, doch strahlen sie keine Spur von Geistigkeit aus. Die Boddhisattva auf den Wandmalereien sind wohl zahlreich und stattlich, aber es mangelt ihnen an Lebendigkeit. Sie erinnern eher an Schatten oder Scherenschnitte. Konzeptionalisierung und Klischeehaftigkeit sind offensichtlich. Sogar die Ornamente, die doch von so reiner Formschönheit zu sein scheinen, sind davon nicht ausgenommen: Sie besitzen weder die dynamische Lebendigkeit der Ornamente aus der Nördlichen Wei-Zeit noch die Gelöstheit der tang-zeitlichen. Manche von ihnen sind lediglich schablonenhafte, leblose Wiederholungen. Die Höhlen rufen im Betrachter ein Gefühl von Kälte, Eintönigkeit und kraftloser Starre hervor. Sehenswert sind nur noch die realistischer Darstellung nahekommenden Bilder von Landschaften und Tempeln (...) Aber das ist schon keine religiöse Kunst mehr. Diese Höhlentempel erinnern an die rationale Lyrik und den Neokonfuzianismus der Song-Zeit: Sowohl hemmungslose religiöse Begeisterung als auch Vertiefung in reine Spekulation sind verschwunden. Was man fortan schätzt, sind gelehrte Dispute und ethische Verhaltensnormen. Kunst und Philosophie verlaufen hier wieder ganz parallel«* (zit. aus Li Zehou, S. 221–122). Repräsentativ für die neue Bildhauerkunst sind die Höhlentempel von Dazu und Maiji Shan, aber auch die berühmten Figuren der Hofdamen im Jin-Ahnentempel nahe der Stadt Taiyuan.

Mythos von der Höhle

Wie viele Völker türkischer Abstammung pflegten auch die Toba die Vorstellung, ihre Ahnen seien aus einer heiligen Höhle in die Welt gekommen. Diesen Mythos machten sich nicht zuletzt die Buddhisten zunutze, und die eindrucksvollen Höhlentempel entstanden so allesamt mit kaiserlicher Finanzierung.

Datong/Shanxi, erste Hauptstadt der (Nördlichen) Wei

Nach dem Vorbild der Heiligtümer Innerasiens ließen die Wei-Kaiser in kürzester Zeit in der Nähe ihrer damaligen Haupt- und Residenzstadt, Datong, die Höhlentempel von Yungang schaffen.

Luoyang/Henan, zweite Hauptstadt der Wei

Als Kaiser Xiaowen die Hauptstadt der Dynastie nach Luoyang verlegte, wurde ein ähnlich kolossales Unterfangen in Longmen in Angriff genommen; an diesen Höhlentempeln baute man noch in der Tang-Zeit.

Höhlengrotten an der Seidenstraße

Nicht ohne Grund entstanden die prächtigsten buddhistischen Tempel- und Höhlengrottenanlagen – mit nur ganz wenigen Ausnahmen – entlang der Seidenstraße. Denn mit den Kaufleuten zogen auch Mönche, Übersetzer und Künstler über die Handelsstraße, die somit als Kulturträger für die geistesgeschichtliche Entwicklung der durch sie verbundenen Länder an Bedeutung gewinnt.

Dunhuang/Gansu – Grenz- und Zollstelle an der Seidenstraße

Bunte Oasenstädte erblühten auf dem Weg von Indien über Zentralasien nach China. Eine von diesen Städten, die wegen des regen Warenaustausches an dem eigens dafür geschaffenen Transportweg der Seidenstraße in China zu Bedeutung und Wohlstand gelangte, ist Dunhuang. Dort verließ man durch den Yumen-Paß, am westlichen Ende der Großen Mauer, von Chang'an kommend, das Gebiet des eigentlichen China. Yumenguan, der Jadetor-Paß unweit der Stadt, fungierte als Grenz- und Zollstelle; durch diesen Paß gelangte man auf die nördliche Route der Seidenstraße. Ursprünglich als militärischer Stützpunkt zum Grenzschutz eingerichtet und mit dem Jahre 11 v. Chr. zum chinesischen Verwaltungsdistrikt erhoben, entwickelte sich Dunhuang in der Blütezeit der Seidenstraße zu einer mächtigen Handelsstadt. Hier teilte sich die Seidenstraße in eine nördliche und eine südliche Route, um das westlich anschließende Wüstengebiet der Taklamakan zu umgehen und in Kashgar wieder zusammenzutreffen. Etwa für ein Jahrtausend war Dunhuang eine Drehscheibe des kulturellen Austausches und bedeutender Warenumschlagplatz.

Mogao-Grotten bei Dunhuang/Gansu

Unweit von Dunhuang, dessen Bedeutung als Grenzort an der Seidenstraße erst im 20. Jahrhundert im Westen bekannt wird, liegen die berühmten Mogao-Grotten, an einem steilen Abhang über dem ausgetrockneten Bett eines ehemaligen Flusses. Die Höhlengrotten, in denen dank des Wüstenklimas Wandmalereien, Zeremonialgeräte und eine ganze Bibliothek heiliger Texte auf natürlichem Wege hervorragend konserviert sind, wurden erst durch Sir Aurel Stein und den Franzosen Paul Pelliot in der Öffentlichkeit bekannt. Beiden Wissenschaftlern gelang es Anfang dieses Jahrhunderts, reiche Schätze aus diesen Höhlen für das British Museum und das Musée Guimet in Paris zu erwerben. In den einst etwa tausend Höhlen findet der heutige Betrachter die Entwicklung der chinesischen und zentralasiatischen Kunstgeschichte über einen Zeitraum von mehr als 800 Jahren wie in einem Bildband dargestellt. Die Grotten wurden 1943 unter Denkmalschutz gestellt.

Im Jahre 366 begann der buddhistische Mönch Lezun jenseits der unfruchtbaren Wüste, etwa 25 km südöstlich der Stadt Dunhuang, am Südhang des Mingsha Shan, des »Gebirges des Singenden Sandes«, mit der Ausgestaltung der ersten Höhlen der Mogao-Grotten (allerdings ist durch eine Inschrift die Existenz dieser Höhlen bereits für das Jahr 353 belegt). Von da an wuchs die buddhistische Gemeinde in der chinesischen Garnisonsstadt im Westen des Reiches zu einer der größten und reichsten heran. Großzügige Spenden und Stiftungen eifriger Mäzene trieben – wie auch in Datong und Luoyang – den Ausbau der Höhlen voran; weitere Höhlen und Nischen entstanden am

Abb. 31 Mogoa-Grotten bei Dunhuang, Provinz Gansu

Bergrücken des Mingsha Shan. Die zugleich isolierte Lage garantierte Dunhuang in hohem Maße Unabhängigkeit vom Rest des Reiches und gewährte zudem Schutz vor den Auswirkungen politischer Instabilität und zeitweiliger Verfolgungen. Relativ unbehelligt wurden über ein Jahrtausend hindurch bis in die Yuan-Zeit bei den Mogao-Grotten immer neue Höhlentempel ausgestaltet und eröffnet.

492 dieser Höhlen sind bis auf den heutigen Tag in – zum Teil – hervorragendem Zustand erhalten geblieben: Wandmalereien auf einer Fläche von über 45 000 m^2, 2415 bemalte Skulpturen und fünf Holzvorbauten aus der Tang- und Song-Dynastie. Am schönsten ist hier der charakteristische Stil der Tang-Zeit dokumentiert; nicht nur buddhistische Themen, sondern auch Szenen aus dem täglichen Leben bieten eine reichhaltige Quelle für das Studium jener Zeit, deren Kunst ansonsten nur noch durch diverse Gräberfunde belegt ist.

Viele Pilger und Kaufleute machten in Dunhuang Station; also wurden heilige Schriften in vielerlei Sprachen übersetzt, Texte vervielfältigt, Malereien auf Seide und Papier gefertigt und heilige Motive gestickt. Ein Gutteil dieser Schriftdokumente und Kunsthandwerke wurde den Pilgern zum Verkauf angeboten.

Die berühmte Bibliothek von Dunhuang

Die Grotten, die sich auf einer Länge von mehr als 1600 m von Süden nach Westen über fünf Ebenen hin ausdehnen, erregten um die Jahrhundertwende internationale Aufmerksamkeit: Im Jahre 1900 entdeckte der daoistische Mönch Wang Yuanlu, ein ehemaliger Armeegeneral von Hunan, die berühmte Höhle Nr. 17, die durch eine Ziegelwand zugemauert war. Nach dem Abriß dieser Mauer entpuppte sich der dahinterliegende Raum als gewaltige Bibliothek – als Lagerstätte von vielen hundert in Leinen gewickelten Manuskriptpaketen, von Gemälden und Stickereien. Um diesen »Schatz von Dunhuang« vor den räuberischen Tanguten zu schützen, die das Gebiet um Dunhuang im 11. Jahrhundert besetzten und fast zwei Jahrhunderte lang kontrollierten, hatte man alle Dokumente, derer man habhaft werden konnte, sämtliche wertvollen Bücher, Manuskripte, heiligen Schriften – insgesamt über 50 000 Kulturgegenstände – in dieser Höhle zusammengetragen und eingemauert. Die alten Handschriften sind nicht nur in Chinesisch abgefaßt, sondern auch in Tibetisch, Uigurisch, in Sanskrit, Sogdisch und Tocharisch; und es fand sich sogar eine Auswahl aus dem Alten Testament in Hebräisch. China hat für diesen Fund eine eigene Forschungsdisziplin ins Leben gerufen: am Fuß der Höhlen liegt heute das Forschungsinstitut »Dunhuang Institute for Cultural Relics«.

Sir Aurel Stein und Paul Pelliot

Wenig rühmlich war auch hier einmal mehr das Auftreten der ausländischen »Gäste« in Dunhuang: Im Jahr 1907 reiste der in britischen Diensten stehende Sir Aurel Stein nach Dunhuang und überredete den daoistischen Mönch Wang Yuanlu, ihm für eine Summe Geldes einen Teil des Materials zu überlassen, das ohnehin noch nicht katalogisiert war. 150 Brokatstücke, 500 Malereien und über 6 500 Dokumente eignete sich Aurel Stein in Dunhuang an und notierte hierzu: *»Wenn ich heute den Reichtum an archäologischem Material überschaue, das ich für diese Summe davongetragen habe, so erscheint mir das Geschäft großartig und jenseits aller Glaubwürdigkeit«* (zit. nach Gascoigne, S. 102; aus Stein, Serindia). Dieser nicht bemeßbare Wert ist heute zum Großteil im British Museum in London aufbewahrt. Auf ähnliche Weise erwarb im Jahr 1908 der französische Sinologe Paul Pelliot über 6000 Schriftrollen und eine große Anzahl von Kunstwerken, die nach Paris verbracht wurden. Auch der Russe Sergei Oldenburg bediente sich, des weiteren der Japaner Tachibana Juicho und der Amerikaner Langdon Warner. In zunehmender Sorge um das einzigartige Kulturgut wurde diesem Ausverkauf der Reichtümer von Dunhuang – spät, aber doch – im Jahr 1943 von chinesischen Stellen energisch ein Riegel vorgeschoben. Der Zerstörung wären diese ins Ausland verbrachten Manuskripte gewiß nicht ausgesetzt gewesen! Die Rolle der fremden »Forscher« ist daher etwas strittig.

Die Schriften und Malereien aus Dunhuang sind gewiß das bedeutendste historische Dokument aus der Zeit der frühen und mittleren Periode des chinesischen Buddhismus. Sämtliche kaiserlichen Bibliotheken dieser Zeit sind ja leider nicht erhalten geblieben. Weltbedeutung erlangten die Mogao-Grotten vor allem wegen ihrer Wandmalerei, die über einen Zeitraum von eintausend Jahren die Geschichte der chinesischen Malerei kontinuierlich darstellt. Die meisten

Abb. 32 Lokapala – himmlischer Wächter, Tusche und Farbe auf Seide, 10. Jh., Dunhuang, heute im British Museum, London

Abb. 33 Würdenträger und Diener, Malerei auf Papier, Tang-Zeit (8. Jh.), Dunhuang, heute im Musée Guimet, Paris

dieser Gemälde sind al-secco-Werke, bei denen auf getünchten Wänden mit einem Pinsel gezogene, gleichmäßig dicke Umrißlinien Gesicht und Körper der Figuren andeuten. Hier in Dunhuang findet man auch viele Jataka-Darstellungen, Erzählungen aus dem Leben Buddhas. Die starke indo-iranische Tradition – wie Streifen in kontrastierenden Farben und auffallende Linearität – ging jedoch Mitte des 8. Jahrhunderts verloren, und es setzte sich auch hier der charakteristische »Internationale Tang-Stil« durch, der sich unter anderem durch eine bemerkenswerte realistische Wiedergabe auszeichnet, vor allem bei profanen Szenen, die einen kulturgeschichtlich hochinteressanten Einblick in das China der damaligen Zeit bieten: Jagdszenen und Bilder aus dem Alltag von Bauern und Kaufleuten erzählen von der Zeit des tang-dynastischen Weltreiches, Vornehme und Edle, Reisende, Musikanten und Tänzer treten dem Beobachter

Abb. 34 Wandmalerei in Höhle Nr. 329 der Mogao-Grotten, Tang-Zeit (7. Jh.)

gegenüber. Diese profanen Darstellungen dienen nur teilweise als Hintergrund religiöser Bildwerke; zum Teil sind sie eigenständige Kompositionen und vermitteln sehr deutlich die Einbettung der buddhistischen Kunst in die doch wesentlich pragmatischer ausgerichtete chinesische Tradition. Die kräftigen Pflanzen- und Erdfarben auf der harten Gipsoberfläche ließen die Wandmalereien in wunderbarer Frische Jahrhunderte überdauern.

Yungang-Grotten bei Datong/Shanxi – die eindrucksvollsten und einheitlichsten Höhlen

Mit den großen Höhlenanlagen Nordchinas hat der Buddhismus machtvolle und dauerhafte Zeugnisse in der Kunst hinterlassen. In den Jahren 453 bis 495 entstanden am Südhang der Wuzhou-Berge, etwa 16 km westlich der heutigen Stadt Datong, die berühmten Yungang-Grotten, die neben den Longmen-Grotten bei Luoyang und den Höhlentempeln von Dunhuang zu den bedeutendsten buddhistischen Heiligtümern Chinas zählen. Das heutige Datong hieß seinerzeit Pingcheng und war damals noch die Hauptstadt der Nördlichen Wei-Dynastie; wenig später verlegten die Wei-Kaiser ihren Sitz nach Luoyang. Auf einer Länge von etwa einem Kilometer sind bis heute 53 Höhlen mit rund 51 000 größeren und kleineren Skulpturen erhalten.

Die Höhlentempel am Yungang oder »Wolkengrat« werden im allgemeinen als die eindrucksvollsten und am reichsten ausgestalteten Höhlentempel Chinas angesehen. Der Bau dieser Höhlentempel wurde vom fünften Wei-Kaiser, Wencheng, in Auftrag gegeben. Sein Vorgänger, Kaiser Taiwu, hatte mit dem Buddhismus gebrochen und alle Besitztümer der wachsenden Klöster konfisziert. Wencheng aber ließ sich von dem buddhistischen Mönch Tan Yao dazu überreden, den Buddhismus wieder zu pflegen und zunächst im Andenken an seine Vorgänger am Yungang fünf Höhlen zu schaffen. Schon im Jahr 495, als Kaiser Xiaowen seine Hauptstadt nach Luoyang verlegte, wurden die Arbeiten an den Yungang-Höhlen größtenteils eingestellt.

Die fünf kaiserlichen Höhlen, die heute die Nummern XVI bis XX tragen, liegen im äußersten westlichen Abschnitt der Höhlentempelanlage. Die zentralen Buddha-Gestalten – riesenhafte Skulpturen des Buddha Sakyamuni oder des Bodhisattva Maitreya – in diesen fünf Höhlen erinnern an die fünf Kaiser der Wei und sollen jeweils getreu nach deren Abbild entstanden sein; sogar die großen schwarzen Muttermale des Kaisers Wencheng sind, wie erwähnt, durch dunkleres Gestein wiedergegeben. Ursprünglich waren die Fassaden der Höhlen durch hölzerne Vorbauten geschützt, einige davon sind heute wieder aufgebaut. In Höhle V befindet sich mit 17 m Höhe die größte Buddha-Figur der Yungang-Grotten. Alle diese Grotten und Höhlen sind von Menschenhand geschaffen.

Diese Höhlen und die bedeutenden Doppelhöhlen VII und VIII im mittleren Abschnitt der Anlage stammen allesamt aus den Jahren 460 bis 475. Hinter einer gemeinsamen Fassade gliedern sich die letztgenannten Höhlen in einen Eingangsbereich und eine dahintergelegene Kapelle. Als im Jahre 454 der Knabe Xianwen die Thronnachfolge antrat, wurde seine Mutter nach Sitte der Toba hingerichtet. Ihr ist eine der beiden Höhlen gewidmet, die andere ihrem kaiserlichen Gemahl und Vater des jungen Thronfolgers, Kaiser Wencheng, der auch die Arbeiten an dieser Höhlentempelanlage in Auftrag gab.

›horror vacui‹

Besonders die Höhlen im mittleren Abschnitt vermitteln den Eindruck, die Bildhauer hätten alles getan, um des ›horror vacui‹ Herr zu werden. Sämtliche zur Verfügung stehenden Wände sind mit Buddha-Skulpturen versehen, umgeben von unzähligen Reihen kniender und meditierender Bodhisattvas. Die Darstellungen spielen alle im wesentlichen auf das Wunder bei Sravasti an, als Buddha vor einer großen Menge seine berühmte, im Lotos-Sutra enthaltene Predigt hielt. Stilisierte Lotosblüten, fliegende Apsaras und andere Figuren ohne Zahl lassen kaum ein Fleckchen an den Höhlenwänden frei.

Die Höhlen der ersten Bauperiode, die zwischen den Jahren 460 und 475 entstanden sind, zeigen in ihrem Stil noch die Verwandtschaft zur zentralasiatischen Tradition des Buddhismus. Ganz anders dagegen die Höhlen I und II im westlichen Abschnitt sowie die Höhlen V und VI, die schon sehr viel mehr sinisierte Züge in ihrer Ausgestaltung aufweisen. Diese Höhlen bestehen aus einer einzigen großen Kammer, in deren Mitte ein mächtiger Pfeiler das Gewölbe der Höhle trägt. Die halbkreisförmigen Schnörkel aus der westasiatischen Tradition werden hier zu einander gegenüberstehenden Drachen, Sinnbild der Sinisierung der Toba-Dynastie.

In der gesamten Anlage am Yungang gibt es kaum Reliefs, die in erzählender Weise gestaltet sind; nur in den Höhlen I und VI fallen einige Jataka-Reliefs auf, die Szenen aus dem früheren Leben Buddhas darstellen: So findet man zum

Abb. 35 Yungang-Grotten bei Datong, Provinz Shanxi: Höhle Nr. 20

Beispiel den indischen Prinzen auf der Jagd, auf einem weißen Elefanten reitend oder beim nächtlichen Aufbruch vom väterlichen Palast. In späteren Jahren waren die Fassaden der Höhlentempel von hölzernen, pavillonartigen Gebäuden umgeben, welche den Eingangsbereich vor Wind und Wetter schützten. Heute noch stehen am westlichen Ende des Felsabhangs einige dieser Holzbauten, die aus der späten Ming-Zeit stammen. Über 40 solche Höhlen sind heute noch erhalten, wobei nur die Hälfte von ihnen als bedeutend angesehen wird und – vor allen Dingen – begehbar ist. In Höhle XI befindet sich im oberen Teil der östlichen Wand eine 24zeilige Inschrift mit 337 Schriftzeichen. Dieses für die Geschichte der Yungang-Grotten wichtige »Dokument« erzählt, daß im Jahr 483 vierundfünfzig buddhistische Mönche Geldmittel für insgesamt 95 Skulpturen herbeischufen.

Longmen-Grotten bei Luoyang/Henan

Im Jahr 494 verlegte Kaiser Xiaowen die Haupt- und Residenzstadt von Datong nach Luoyang. Schon ein Jahr später begannen etwa 14 km südlich der Stadt, in dem reizvollen Tal des Yi-Flusses, an den Kalkfelswänden seines nördlichen Ufers, die Bauarbeiten an den Höhlentempeln von Longmen. Über zweieinhalb Jahrhunderte wurde an diesen Höhlen gearbeitet, bis auch hier die Repressionen gegen den mittlerweile mächtigen Buddhismus die Einstellung der Arbeiten erzwangen. 2137 Höhlen und Nischen sind heute noch erhalten, von den 1352 Höhlen sind insgesamt 28 größeren Ausmaßes.

Die älteste Höhle der Anlage ist die Guyang-Höhle, die zugleich auch am bemerkenswertesten und reichhaltigsten ausgestaltet ist. Die vielerlei Buddha- und Maitreya-Darstellungen im Innern der Höhle greifen allesamt den Inhalt des berühmten Lotos-Sutra auf, das die Grundzüge der buddhistischen Lehre sowie eine Unzahl von Geschichten und Wundern aus dem Leben Buddhas überliefert.

Die Binyang-Höhle, die auf das Jahr 505 zurückgeht, weist einen interessanten Grundriß auf: Sie besteht aus drei Einzelräumen, wobei die Ausgestaltung des mittleren insgesamt 24 Jahre in Anspruch nahm; die beiden anderen Höhlen wurden erst zu Beginn der Tang-Zeit fertiggestellt. Die zentrale Figur in der mittleren Binyang-Höhle ist eine mächtige sitzende Buddha-Figur, umgeben von zwei seiner insgesamt zehn Schüler, Kasyapa und Ananda, und je einem Bodhisattva. Hochinteressant sind die auf den Innenseiten des Höhleneingangs in vier Dekorreihen dargestellten Legenden aus dem früheren Leben Buddhas, wie etwa eine Anspielung auf die Geschichte des Prinzen Shiva oder die beliebte Darstellung »Kaiser und Kaiserin huldigen Buddha«. Nicht selten findet man dieses Thema in den Höhlengrotten von Longmen dargestellt, doch ist die Ausführung in der Binyang-Höhle wohl die herausragendste. Leider sind die Reliefgruppen nicht mehr vollständig an ihrem angestammten Platz zu finden; sie wurden von fremden Forschern demontiert und ins Ausland verbracht.

Die Lianhua-Höhle, die Lotoshöhle, ist vor allem wegen ihrer wunderschön gearbeiteten Decke bemerkenswert; in ihrer Mitte befindet sich eine große Lotosblüte, nach der die Höhle ihren Namen trägt. Zentrale Figur ist hier eine – an Gesicht und Händen stark beschädigte – etwa 5 m hohe Gestalt des Maitreya-Buddha.

Die Yaofang-Höhle datiert aus der späten Zeit der Nördlichen Wei-Dynastie. Die Buddhafiguren und Bodhisattva-Skulpturen, die sie beherbergt, stammen alle aus der Nördlichen Qi-Dynastie (550–577), sie ist die einzige der gesamten Anlage mit Skulpturen aus jener Dynastie. Besonders bemerkenswert sind die über 140 medizinischen Rezepte, die zu beiden Seiten des Höhleneingangs in die Felswand der Höhle gemeißelt sind. Die Rezepte gegen Malaria, Magen- und Herzbeschwerden, Zucker- und Infektionskrankheiten sind Werke der frühen Tang-Zeit.

Etwa zwei Drittel der buddhistischen Höhlen am Longmen, dem »Drachentor«, stammen aus der Tang-Zeit. Nur zwei von den großen tang-zeitlichen Höhlen sollen hier genannt werden: die Wanfo-Höhle, die »Zehntausend-Buddha-Höhle«, entstand im Auftrag des Kaisers Gaozong im Jahr 680. Ihre nördliche und südliche Innenseite zieren 15000 kleine Buddha-Figuren, denen die Höhle ihren Namen verdankt. An der Rückwand der Höhle sitzen auf 54 Lotosblüten Bodhisattvas und Gläubige in unterschiedlicher Haltung und Gebärde. Besonders die Statue der Guanyin, der Göttin der Barmherzigkeit, am Eingang der Höhle strahlt jene wunderbare und mildtätige Güte aus, die sich die chinesischen Buddhisten erhofften.

Abb. 36 Longmen-Grotten bei Luoyang, Provinz Henan: Seitenwand der Fengxian-Höhle mit zwei Wächterfiguren

Abb. 37 Kopf des Kasyapa, 6. Jh., aus den Longmen-Grotten, heute im Musée Guimet, Paris

Höhepunkt der Anlage und gleichsam einer der Prunkstücke der buddhistischen Bildhauerei in China ist die im südlichen Abschnitt des Felsabhangs gelegene offene Terrasse des Fengxian-Tempels, der Höhle der Ahnenverehrung. Sie ist im Grunde genommen keine Höhle, sondern viel eher die größte, unter freiem Himmel liegende Nische der gesamten Anlage. Ebenso im Auftrag des Kaisers Gaozong im Jahr 672 in Angriff genommen, ist sie etwa 36 m breit und 41 m tief. Inmitten der zentralen Figurengruppe erhebt sich die 17 m hohe, auf einem Sockel sitzende Gestalt des Buddha Vairocana, der meist als der höchste Buddha galt. Seine Gestalt strahlt Würde und Weisheit, Sanftmut und Mitgefühl in charakteristischer chinesischer Klarheit aus; ihm zur Seite stehen je zwei Bodhisattvas, die mit Kronen und reicher Gewandung geschmückt sind. Am eindrucksvollsten freilich sind die grimmigen und wehrhaften Figuren der vier Wächtergestalten, die paarweise an den Schmalseiten der Nische Wache halten. Die beiden Figuren an der nördlichen Seitenwand sind gut erhalten: Mit dem rechten Bein tritt der eine von ihnen gerade auf einen jämmerlichen Bösewicht, in der rechten Hand hält er die Stupa hoch; der andere wehrt in drohender Pose allem Bösen. Die realistisch anmutenden Skulpturen sind etwa 10 m hoch und vermutlich Vorläufer der vier Wächterkönige, die schon im Theravada-Buddhismus Indiens vorkommen, vom Mahayana-Buddhismus als kriegerische Schutzherren der vier Weltgegenden übernommen wurden und stets vor der Haupthalle eines buddhistischen Tempels zu finden sind. Die riesenhafte Nische des Tempels der Ahnenverehrung wurde einst durch Holzvorbauten vor Wind und Wetter geschützt.

Noch einmal soll besonders hervorgehoben werden, daß die größten und bedeutendsten buddhistischen Höhlentempel alle – mit wenigen Ausnahmen – im Bereich der Seidenstraße entstanden sind.

Maiji Shan Shiku, die Grotten am Maiji Shan, bei Tianshui/Gansu

An der Ostgrenze der Provinz Gansu, etwa 30 km südöstlich der Stadt Tianshui, liegt der Maiji Shan, der »Kornspeicherberg«, so genannt nach seiner Form, die einem Getreidehaufen ähnelt. Nicht zuletzt ist es die Gestalt dieses Berges, welche die hier gelegenen buddhistischen Höhlengrotten besonders eindrucksvoll erscheinen läßt. Freilich liegen sie fernab vom Weg, waren zur Zeit ihrer Entstehung schon relativ unzugänglich und sind daher in gewissem Maße besser erhalten als die Höhlentempel von Dunhuang.

Schon zu Beginn des 5. Jahrhunderts soll sich hier eine buddhistische Gemeinde niedergelassen haben; als früheste Datierung der Höhlen findet man jedoch erst die Eintragung 502 n. Chr. Durch ein Erdbeben im Jahre 734 wurde der Mittelteil des Kalkfelsens zerstört und die Höhlenanlage in einen östlichen und einen westlichen Teil getrennt. Insgesamt sind heute noch 194 Höhlen erhalten, 54 am östlichen, 140 am westlichen Hang des Felsens, sowie über 7000 unterschiedlich große Buddha-Skulpturen und Wandmalereien auf einer Fläche von 1300 m^2. In die senkrecht aufragende, insgesamt 150 m hohe Felsenwand sind die Höhlen unter gewaltigen Anstrengungen übereinander angelegt worden und ebenso mühsam über hölzerne Laufstege von außen zu begehen. Wenn diese

Abb. 38 Höhlengrotten am Maiji Shan, Provinz Gansu

Abb. 39 Grotten des Bingling-Tempels am Gelben Fluß, Provinz Gansu

Laufstege einstürzten, waren die Höhlen völlig abgeschnitten. Die größte Höhle (Nr. 4), Sanhua Lou, die »Halle der Verstreuten Blumen«, wird auch »Halle der Sieben Buddhas«, Qifo Ge, genannt. Sie ist 31 m breit, 11 m tief und 16 m hoch und beherbergt eine Reihe von insgesamt sieben rechteckigen kleinen Räumen, denen ein schmaler Hof vorgelagert ist. Der Zugang zu diesem Vorhof liegt genau über dem riesenhaften Relief eines Buddha Sakyamuni in etwa 45 m Höhe. Bis in die Qing-Dynastie wurde an diesen buddhistischen Höhlengrotten gebaut, geändert, hinzugefügt. Besonders charakteristisch ist das Fehlen der pagodenartigen Mittelpfeiler, die in den Grotten von Dunhuang viel Raum beanspruchen.

Bingling Si Shiku, die Grotten des Bingling-Tempels, bei Yongjing am Gelben Fluß

Eine der vielen Höhlentempelanlagen in der Provinz Gansu soll hier noch – vor allen Dingen ob ihrer äußerst reizvollen Lage – genannt werden: Die Grotten des Tausend-Buddha-Tempels, Bingling Si Shiku, liegen etwa 50 km westlich der Stadt Yongjing, unmittelbar am nördlichen Ufer des Gelben Flusses. Auf einer Länge von 2 km sind in die steil zum Fluß hin abfallende Felswand vier Reihen von unterschiedlich großen Nischen und Grotten eingehauen. Davon sind 183, unter ihnen 34 Höhlen, bis auf den heutigen Tag erhalten geblieben, des weiteren

694 steinerne Buddhaskulpturen und 82 tönerne Figuren und Wandmalereien auf einer Fläche von 900 m^2. Die Inschrift der ältesten Höhle datiert aus dem Jahre 420. Zwei Drittel der ausgestalteten Höhlen stammen allerdings aus der Tang-Zeit.

Nicht von ungefähr wurde einst jene Felsenschlucht am Gelben Fluß für diese Höhlengrotten ausgewählt: Die Grotten liegen an einer strategisch wichtigen Stelle. Hier überquerte die stark frequentierte Seidenstraße den Gelben Fluß. Ehemals gab es ganz in der Nähe eine Brücke, die noch bis in die Song-Zeit in historischen Quellen Erwähnung fand. Alle Reisenden mußten diese Brücke passieren, und auch der berühmte buddhistische Mönch Faxian – er befand sich von 399 bis 414 auf einer langen Pilgerfahrt – überquerte an dieser Stelle auf seiner Reise in den Westen den Gelben Fluß. In Höhle Nr. 169 ist bis heute eine mit Tusche geschriebene Inschrift aus seiner Hand erhalten.

Im Jahr 1967 wurde bei der Errichtung eines Stausees eine 200 m lange und über 20 m hohe Schutzmauer zu Füßen der Grotten angelegt; das in dieser Schlucht gelegene Wasserkraftwerk gehört zu den beeindruckendsten und leistungsstärksten Einrichtungen dieser Art in China. Allein die einmalige Landschaft und die in China wohl einzigartige Lage dieses Höhlentempels sind es unbedingt wert, die Reisestrapazen dorthin auf sich zu nehmen.

Höhlengrotten von Bäzäklik/Xinjiang

Früher noch als die Höhlengrotten von Dunhuang entstanden als eine Anlage von den über zwölf Höhlengrottentempeln in der Provinz Xinjiang die Tausend-Buddha-Höhlen von Bäzäklik. Sehr romantisch am Nordufer des Murtuq-Flusses gelegen, sind von den 236 in den zum Fluß hin abfallenden Lößfelsen gehauenen Höhlen noch etwa 75 erhalten. Sie erlangten besonders durch ihre Wandmalereien Berühmtheit, die einen noch stärkeren indischen Einfluß erkennen lassen als diejenigen in Dunhuang. Großen Schaden erlitten die Höhlen, als der Islam in diese Gebiete vordrang und Buddha durch den Halbmond ersetzt wurde. Ausländische »Forscher« bedienten sich ebenfalls an den Kunstwerken dieser Höhlengrotten, in denen heute kaum eine vollständige Skulptur zu finden ist. Von den Wandmalereien ist eine Fläche von etwa 10000 m^2 erhalten. Hier herrschen die Jataka-Darstellungen vor; so findet man zum Beispiel in Höhle Nr. 17 achtunddreißig verschiedene Geschichten aus dem Leben Buddhas. Die Tausend-Buddha-Höhlen von Bäzäklik, die schon in ihrem Namen »bäzäklik« die Bedeutung für »schön geschmückt« enthalten, sind das größte buddhistische Heiligtum dieser Art südlich des Tianshan-Massivs.

Höhlengrotten am Tianlong Shan, bei Taiyuan/Shanxi

Nur knapp 40 km südwestlich des heutigen Taiyuan, in der Provinz Shanxi, entstanden fast zur gleichen Zeit wie die Höhlen vom Yungang, und mit staatlicher Förderung, an den steil abfallenden Wänden einer Schlucht die buddhistischen Höhlentempel am Tianlong Shan, am »Berg des Himmlischen Drachen«. Bis in die Tang-Zeit wurde an der Anlage gebaut, die heute an der östlichen Steilwand acht Höhlen, an der westlichen dreizehn aufweist. Die meisten dieser Höhlen stammen aus der Tang-Zeit. Am eindrucksvollsten ist

Abb. 40 Höhlengrotten von Bäzäklik, Aut. Reg. Xinjiang

wohl die Höhle Nr. 9, in deren oberem Teil sich eine der wenigen zur Gänze erhaltenen Buddha-Skulpturen erhebt. Die riesenhafte Maitreya-Gestalt ist – wohl aufgrund ihrer schwer erreichbaren Lage – die einzige Figur dieser Grotten, die noch ihren Kopf behalten hat! Zu Füßen des Maitreya erhebt sich eine (kopflose) reich geschmückte Gestalt der Göttin der Barmherzigkeit, Guanyin. Viele der fehlenden Buddha-Köpfe und geraubten Skulpturen sind heute in internationalen Museen zu besichtigen. Ab Höhle Nr. 14 findet man in den erhaltenen Skulpturen den reinen und internationalen Stil der Tang-Zeit.

Gewiß gibt es noch eine ganze Menge weniger bekannte buddhistische Höhlengrotten, die ebenfalls in die Zeit der Wei-Dynastie zu datieren sind. Hierzu zählen *die Höhlengrotten am Wenshu Shan, bei Jiuquan/Gansu*, unweit der Stadt Jiuquan in der Provinz Gansu, die nicht nur buddhistische, sondern auch daoistische Höhlen enthalten; und *die Mati-Grotten bei Zhangye/Gansu*, am Westufer des Mati-Flusses, etwa 60 km südlich von Zhangye in der Provinz Gansu.

Steinhöhlentempel von Gongxian/Henan

Etwa 8 km nordöstlich von Gongxian, in der Provinz Henan, auf halbem Weg zwischen Luoyang und Zhengzhou, am linken Ufer des Luo-Flusses kurz vor seiner Einmündung in den Gelben Fluß, erhebt sich der Berg Dali, an dessen Fuß im Jahr 517 die Arbeiten am Steinhöhlen-Tempel, Shiku Si, einsetzten. Zusammen mit den Höhlen von Yungang und Longmen zeigen auch die Höhlen von Gongxian die Kunst der Nördlichen Wei-Dynastie auf ihrem Höhepunkt. Die äußeren Skulpturen sind leider durch Überschwemmungen zur Gänze zerstört.

Steinhöhlen des Lingquan-Tempels, bei Anyang/Henan

Auch in der Provinz Henan, unweit von Anyang, liegen etwa 25 km in südwestlicher Richtung, im Tal des Bao Shan, die Steinhöhlen des Lingquan-Tempels, Lingquan Si Shiku. Doch nicht nur in den Regionen entlang der Seidenstraße entstanden buddhistische Höhlengrotten.

Höhlengrotten am Xiangtang Shan, bei Handan/Hebei

Südwestlich der Stadt Handan in der Provinz Hebei liegen am Gu Shan, dem »Trommelberg«, die Höhlengrotten des Echohallen-Berges, Xiangtang Shan Shiku. Die interessante Anlage aus der Nördlichen Qi-Zeit, etwa aus dem 6. Jahrhundert, gliedert sich in zwei Teile, die 15 km voneinander entfernt sind – in die nördlichen und südlichen Grotten des Echohallen-Berges, insgesamt 16 Grotten mit über 3400 Skulpturen.

Höhlengrotten am Tuo Shan, bei Yidu/Shandong

Noch weiter im Osten, in der heutigen Provinz Shandong, wurde unweit der kleinen Kreisstadt Yidu, auf dem 408 m hohen Tuo Shan, dem »Kamelberg«, die größte buddhistische Höhlengrottenanlage der Provinz geschaffen. Fünf Grotten mit insgesamt 638 kleinen und großen Skulpturen entstanden gegen Ende des 6. Jahrhunderts.

Höhlengrotten am Yunmen Shan, bei Yidu/Shandong

Ganz in der Nähe liegen am Yunmen Shan, dem »Wolkentorberg«, zehn aus der Sui- und Tang-Zeit datierende buddhistische Höhlen mit 272 Figuren.

Entwicklung der Klöster zu wirtschaftlichen Machtzentren

Umfangreiche Schenkungen von Ländereien und großzügige Geldspenden an die Klöster ließen die religiösen Gemeinschaften zu wirtschaftlichen Machtzentren werden. Zumeist entlang der verschiedenen Routen der Seidenstraße gelegen, übernahmen die Klöster bald schon die Funktion von Herbergen, die von den reisenden Kaufleuten gerne in Anspruch genommen wurden. Es dauerte nicht lange, bis sich zwischen den Mönchen und den Kaufleuten ein reger Tauschhandel entwickelte; die großen Klostermärkte und Pfandleihgeschäfte verhalfen den Klöstern in kurzer Zeit zu stattlichem Reichtum. Die Mönche waren indes von jeglichen Steuerleistungen dem Staate gegenüber, von Fronarbeit und Militärdienst befreit. So war es nur eine Frage der Zeit, daß die mächtigen buddhistischen Klöster als gewichtiger gesellschaftspolitischer und finanzwirtschaftlicher Faktor der staatlichen Zentralgewalt ein Dorn im Auge wurden.

Daoismus und Suche nach dem Lebenselixier

In dieser Zeit der politischen Wirren und des gesellschaftlichen Wandels entwickelte sich der ehemals quietistisch ausgerichtete Daoismus zu einer beliebten

Volksreligion mit mystischen und magischen Elementen, die zu einem Gutteil durch Vorstellungen und Ideen aus dem Buddhismus angereichert waren. Die Suche nach dem Lebenselixier der Unsterblichkeit bildete die Grundlage jeglicher wissenschaftlicher Tätigkeit. So leisteten die Daoisten vor allen Dingen einen maßgeblichen Beitrag in der Entwicklung der traditionellen chinesischen Medizin.

Synkretismus

Synkretismus – die Verschmelzung der »Drei Lehren« Chinas

Mit der gleichen integrierenden Kraft, welche die für die chinesische Wesenseigenheit so typische, idealisierte Einheit von Staat, Gesellschaft und Kultur schuf, verschmolzen auch die »Drei Lehren« Konfuzianismus, Daoismus und Buddhismus. Die offizielle Ideologie der Han-Zeit hatte allmählich eine politische und moralische Ordnung etabliert, die allgemeingültige Richtlinien für das menschliche Zusammenleben formulierte. Der Mensch als Gemeinschaftswesen stand dabei im Mittelpunkt; ihm war nur in einer harmonischen Beziehung zu den anderen Menschen und zur Natur Erfüllung vergönnt. Denjenigen, die nach einem persönlichen, individuellen Glück strebten, gab diese konfuzianische Lösung keine zufriedenstellende Antwort. Also wandte man sich dem Daoismus zu, der zwar ebenfalls moralische Normen aufstellte, aber zugleich die Unsterblichkeit des eigenen Körpers durch Hygiene, Askese und Gymnastik verhieß. Diese Grundaussagen beider Lehren waren dem allgemeinen Empfinden nach keine Gegensätze, sondern Ergänzungen. So kam es nach der Han-Zeit vor allem im Volk zu einer starken Verknüpfung von Konfuzianismus und Daoismus. Brauchbare Ideen aus dem Buddhismus wurden als willkommene Bereicherung der chinesischen Kulturtradition einverleibt. Das reichhaltige Pantheon des Buddhismus vermischte sich mit dem nicht minder reich ausgestalteten des Daoismus, und so darf es nicht verwundern, in etlichen Tempeln Gottheiten und Heilige aller drei Gedankenschulen vereint zu finden. Die großzügige Toleranz des chinesischen Wesens, die besonders deutlich und ungeachtet sämtlicher Widersprüche in der unbekümmerten Synthese dieser drei Gedankengebäude zutage tritt – und die auch heute noch anzutreffen ist –, erlebte John Blofeld in den dreißiger Jahren unseres Jahrhunderts in einem ebenso liebenswürdigen wie verblüffenden Zwiegespräch:

»›*Herr Chang, sind Sie Konfuzianer?*‹

›*Natürlich. Der weise Konfuzius ist seit rund zwei Jahrtausenden maßgebend für unser Regierungssystem, unser Bildungswesen und unsere Lebensart. Im Herzen sind wir alle Konfuzianer.*‹

›*Der Buddhismus sagt Ihnen also nicht zu?*‹

›*O doch. Sakyamuni Buddha hat gelehrt, wie man sich davon befreien kann, Äonen um Äonen in der Welt des Staubes umherzuwandern. Ich bin ein gläubiger Anhänger seiner Lehren.*‹

›*Aber Taoist sind Sie jedenfalls nicht?*‹

›Warum nicht? Die taoistischen Weisen wußten, wie man in Einklang mit der Natur lebt, sie waren gleichgültig gegenüber Verlust und Gewinn. Und manche Taoisten sind vorzügliche Lehrer der Kunst, wie man als fröhlicher und gesunder Mensch ein hohes Alter erreicht. Sehen Sie sich unsere Dichtung und unsere Malerei an, und Sie werden erkennen, daß wir im Gemüt allesamt Taoisten sind.‹

›Nun gut; aber wenn wir die Philosophie einmal beiseite lassen, müssen Sie denn nicht darüber lächeln, wenn den Göttern der Berge und Flüsse, vergöttlichten Generalen, Kobolden, Elfen, Dämonen und wie sie alle heißen, Weihrauch dargebracht wird und daß man sie verehrt, zu ihnen betet?‹

›Natürlich könnte man das belächeln, aber es schadet bestimmt nichts, sich mit allen Arten von Wesen gut zu stellen. Viele von ihnen mögen gebratene Hühner und ein paar Tassen Wein lieber als den Duft des Weihrauchs – diese Dinge sind handfester.‹

›Und wie steht es mit den Geistern der Ahnen?‹

›Man fegt natürlich ihre Gräber am Fest des Lichts und opfert ihnen zu den gehörigen Zeiten vor ihren Geistertafeln, sonst würden sie sich vernachlässigt fühlen.‹

›Das heißt also, daß Sie sich zu vier oder fünf verschiedenen Religionen bekennen?‹

›So kann man es wirklich nicht ausdrücken! Warum etwas verwerfen, was man nicht mit Sicherheit wissen kann? Jede der drei Lehren – Konfuzianismus, Taoismus und Buddhismus – ist in ihrer Art bewundernswert. Was die Opfer für Geister und Ahnen angeht, wer kann wissen, ob es sie gibt oder nicht? Wenn es sie gibt, müssen die Opfergaben ihnen willkommen sein. Wenn nicht, finden zumindest die Lebenden Erbauung in solchen Riten, meinen Sie nicht?‹« (zit. aus Blofeld, S. 32).

Auch Mao Zedong vermochte es nicht, bei der Schaffung des »Neuen Menschen« und der »Neuen Gesellschaft« diese zweitausend Jahre alte Geistesgeschichte zu ersetzen – sie hat selbst den wütenden Sturm der Kulturrevolution überdauert und treibt in vielen Gegenden Chinas gegenwärtig neue Blüten.

Sui-Dynastie (589–618)

Die reichseinigende Dynastie der Sui

Die seit jeher idealisierte Einheit des chinesischen Reiches, die es ja heute noch zu wahren gilt, ist erst wieder im Jahre 589 hergestellt worden. Die kurzlebige, einheimische Dynastie der Sui ähnelt in gewisser Weise der Qin-Dynastie. Beiden Dynastien ist es gelungen, nach einer Zeit der Wirren die Einheit des Reiches wieder herzustellen, was vor allem der jeweils nachfolgenden Dynastie zum Nutzen gereichte. Und wie einst in der Qin-Dynastie, führte auch hier der Sohn des Dynastiegründers das noch junge einheitliche Reich in den Untergang. Die orthodoxe Geschichtsschreibung steht der Sui-Dynastie ebenfalls feindselig gegenüber und rückt die beiden Herrschergestalten wohl nur deshalb in ein schlechtes Licht, um die Vorzüge der nachfolgenden Dynastie vor diesem Hintergrund stärker zu betonen und sie dadurch noch mehr von ihren Vorgängern abzuheben. Denn wie der erste Kaiser von China, Qin Shihuang, haben auch die beiden Kaiser der Sui-Dynastie durch ihren Ideenreichtum, durch gigantische Bauprojekte und ihre effiziente, energische Herrschaft sich in der chinesischen Geschichte einen dauerhaften Rang gesichert.

Yang Jian, Reichseiniger und Dynastiegründer

Die beiden dominierenden Herrscherpersönlichkeiten der Sui-Dynastie waren Vater und Sohn. Der Vater, Yang Jian (514–604), entstammte einer aristokratischen Militärfamilie und erwarb sich schon bald als Heerführer im Norden Chinas einen Namen. Ihm gelang es schließlich, durch einen Militärputsch an die Macht zu kommen, und er gründete im Jahr 581 die Sui-Dynastie.

Chang'an – Xi'an, abermals Hauptstadt des chinesischen Reiches

Zwei Jahre später verlegte er seine Hauptstadt in das zentral gelegene Chang'an, um von dort aus mit einer halben Million kampferprobter Soldaten seinen Eroberungszug nach Süden fortzusetzen. Mit dem Jahre 589 war dieses Unternehmen erfolgreich abgeschlossen und China nach mehr als dreieinhalb Jahrhunderten wieder unter einer einzigen regierenden Dynastie vereint. Auch die von den Steppenvölkern im Norden des Reiches ausgehende ständige Gefahr wußte Yang Jian durch staatsmännisches Geschick und den Einsatz lokaler Milizsoldaten vorübergehend zu bannen. Sodann widmete er sich der inneren Erneuerung des Landes: Die Maße und Gewichte wurden im ganzen Reiche vereinheitlicht und das Währungssystem in Ordnung gebracht; große genormte Getreidespeicher wurden angelegt, so daß die Getreidevorräte beim Tode des Kaisers im Jahre 605 eine noch nie dagewesene Höhe erreichten.

Yang Huan, exzentrischer Nachfolger

Yang Huan, dem jüngeren Sohn des Kaisers, ist ein gewisser Hang zur Grausamkeit nicht abzusprechen: Er ermordete im Jahre 604 seinen Bruder, den Thronfolger, vergiftete daraufhin seinen Vater und ernannte sich kurzerhand selbst zum Kaiser der Sui-Dynastie.

Kaiserkanal – Glanzleistung des chinesischen Wasserbaus

Yang Huan trat vor allem durch seine hektische Bautätigkeit hervor: Er initiierte mit dem Auftrag zum Bau des Kaiserkanals jenes gewaltige Wasserbauprojekt, welches die nördlichen und südlichen Provinzen des Reiches miteinander verband und heute noch einen wichtigen Verkehrsweg zwischen Nord und Süd darstellt. Denn die chinesischen Flußsysteme verlaufen zumeist von West nach Ost; um die Versorgung der im Norden eingesetzten Truppen zu gewährleisten und den Getreidetransport in die Hauptstadt zu erleichtern, begann man im Jahr

Abb. 41 Kaiserkanal

605 mit dem Bau jenes Kanalnetzes, dessen Kernstück eine Verbindung zwischen dem Gelben Fluß und dem Langen Fluß herstellt. Das Kanalsystem, das schon unter den Sui die Städte Chang'an und Luoyang mit der Stadt Yangzhou am Langen Fluß vernetzte und später auch weit in den Norden in die Gegend um Beijing reichte, wurde während der nachfolgenden Dynastien verbessert und auf eine Gesamtlänge von knapp 2000 km ausgebaut. Als im Jahr 1852 der Gelbe Fluß seinen Lauf veränderte, entstand östlich des alten Kaiserkanals eine neue Wasserstraße.

Weitere gewaltige Bauprojekte

Der Kaiserkanal ist nicht das einzige Bauprojekt des zweiten Sui-Kaisers. Er ließ die Stadt Luoyang als zweite östliche Hauptstadt ausbauen und sogar eine dritte Residenz im heutigen Yangzhou am Langen Fluß errichten. Gleichzeitig wurde mit einem nicht minder großen Aufwand an Menschen und Material die Große Mauer weiter ausgebaut und ein leistungsstarkes Straßennetz angelegt. Die schwere Fronarbeit überstieg jedoch schließlich das Leistungsvermögen des Volkes.

Den ruhelosen und extravaganten Kaiser, der sich vor allem seinen Vergnügungen hingab und lange Reisen durch sein Land überaus schätzte, plagte ein nicht unerheblicher Größenwahn. Bei seinen ausgedehnten Inspektionen und Bootsfahrten mußten ihn der gesamte Hofstaat und eine Unzahl von Konkubinen begleiten. Schon kurz nach seinem Regierungsantritt begab er sich auf eine Vergnügungsbootfahrt und kehrte erst nach acht Monaten wieder nach Luoyang zurück. Über tausend größere und kleinere Boote folgten dem kaiserlichen Drachenboot. Als im Jahr 610 nach verschleißendem Arbeitseinsatz der Kaiserkanal zwischen Luoyang und Yangzhou fertiggestellt war, segelte der Kaiser auf einem eigens angefertigten, 70 m langen, vierstöckigen Drachenschiff, das 120 Kabinen und einen riesigen Thronsaal enthielt, an der Spitze einer stattlichen Flotte mitsamt seinem Hofstaat nach Yangzhou. Der kahlen Bäume in Herbst und Winter überdrüssig, ließ der exzentrische Kaiser Bäume und Sträucher mit frischem Grün, Seidenblüten und -blättern schmücken. Während seiner Regierungszeit hat er insgesamt drei solche großangelegte Reisen unternommen, von denen jede einzelne Unsummen verschlang.

Erschöpfung der finanziellen Mittel und Niedergang der Dynastie

Doch nicht nur die großen Bauprojekte und die kostspieligen Extravaganzen des Kaisers strapazierten die finanziellen Reserven des Landes über die Maßen, sondern auch die drei gewaltigen, jedoch vergeblichen Militärexpeditionen gegen Korea. Daß Kaiser Yang zur Beschaffung weiterer finanzieller Mittel dabei auch die Reichen des Landes schröpfte, sollte sich als Fehlschlag erweisen: Der Unmut wuchs damit nicht nur in der ausgebeuteten, verelendeten und durch langjährige Fronarbeit ausgelaugten Bauernschaft, sondern auch unter den zu Sonderzahlungen herangezogenen Aristokraten. In den darauffolgenden Wirren des Bürgerkrieges gelang es dem hochbegabten Offizier Li Yuan, China unter einer neuen Dynastie zu Ordnung und Einheit zu verhelfen.

Tang-Dynastie (618–907)

Während im Abendland das Römische Reich immer mehr auseinanderfiel und es letztlich auch Karl dem Großen nicht gelang, die Einheit des römischen Imperiums wieder dauerhaft herzustellen, setzte in China mit der Tang-Dynastie gleichsam ein Goldenes Zeitalter ein. Auf den Trümmern der so bald zu Sturz gebrachten reichseinigenden Dynastie der Sui erstand China von neuem als kulturelle Großmacht Ostasiens. Eine sehr großzügige, aufgeschlossene, tolerante Atmosphäre kennzeichnete den Aufschwung zu Beginn der Tang-Dynastie. Das Nebeneinander verschiedener Kulturen und Völker bildete ein vielfältiges und doch einheitliches Konglomerat, welches für ein herausragendes Schaffen in Literatur und Kunst einen fruchtbaren Boden darstellte.

Li Shimin, auch Tang Taizong, der bedeutendste Kaiser der Tang – Idealfigur des konfuzianischen Herrscherbildes

Dem zweiten Tang-Kaiser und eigentlichen Dynastiebegründer – sein Vater übte nach der Wiedervereinigung von ganz China als erster Kaiser nur die nominelle Staatsgewalt aus – ist es zu danken, daß das Reich sich für die nächsten 150 Jahre eines dauerhaften inneren Friedens erfreuen konnte: Li Shimin, der als der wohl bedeutendste Kaiser der Tang-Dynastie in die Geschichte einging, war indessen keinesfalls ein seinem Vater höchst ergebener Sohn, wie es die konfuzianischen Kardinaltugenden verlangten: Als der Vater durch ein Zusammentreffen glücklicher Umstände in seinem 50. Lebensjahr an die Macht kam und die Dynastie der Tang begründete, war vor allen Dingen sein Sohn Li Shimin hierbei die treibende Kraft. Wenig später entledigte sich der willensstarke Sohn seines Vaters, indem er ihn zur Abdankung zwang, völlig entmachtete und unter Hausarrest stellen ließ. Den rechtmäßigen Thronfolger beseitigte er kurzerhand eigenhändig, außerdem noch etliche andere Familienmitglieder, von denen außer Ränken und Rache nichts zu erwarten war. Und dennoch ging Li Shimin als eine Idealfigur des konfuzianischen Herrscherbildes in die historischen Annalen ein. Vielleicht war er ein besonderes Genie in eigener Sache: Zeit seines Lebens und seiner langen Herrschaft verstand er es, sich ins rechte Licht zu rücken und sämtliche Beamte an seinem Kaiserhof – hier wiederum speziell die Historiographen – von seiner Ernsthaftigkeit zu überzeugen und entsprechend zu beeinflussen. (Der einzigen offiziell regierenden Kaiserin in der Geschichte Chinas, Wu Zetian, gelang es freilich nicht, sich ebenso positiv in der chinesischen Historiographie zu verewigen, auch wenn sie in ihren Herrschaftsmethoden den Kaisern der

Tang-Dynastie um nichts nachstand.) Li Shimin, der als Kaiser Taizong, »Großer Ahn«, in die Geschichte einging, ist jedenfalls eine der herausragenden Herrschergestalten Chinas. Seine streng zentralistisch geführte Herrschaft verlieh dem Reich Stabilität und Macht. Ein hochentwickeltes Zivilverwaltungssystem, das selbst den absolutistischen Verwaltungsapparat rund tausend Jahre später im Europa des 18. Jahrhunderts übertroffen haben mag, ermöglichte die Erschließung des Landes, den effizienten Einsatz der Arbeitskraft und die Kontrolle der Bevölkerung in einem wesentlich größeren Maßstab als bisher. Die Grundzüge dieses Verwaltungsaufbaus, das Prüfungssystem der Tang und ihre Gesetzgebung, sind vorbildlich für die nachfolgenden Dynastien.

Größtes Reich der Welt

Der leistungsfähige Staatsapparat mit Sitz in Chang'an kontrollierte ein Reich, das zu der damaligen Zeit gewiß das größte und volkreichste der Welt war. Die stabilen Verhältnisse im kosmopolitischen Tang-Imperium verhalfen auch Kunst und Kultur zu einer neuen Blütezeit, und so gilt heute noch die Zeit der Tang-Dynastie als Musterbeispiel kultureller Überlegenheit, nationaler Größe und toleranter Weltoffenheit.

Befriedung der nordwestlichen Grenzgebiete

Um das nordwestliche Grenzgebiet des Reiches zu befrieden, hatte schon Kaiser Taizu die Osttürken, die von Mal zu Mal in das Reich einfielen, erfolgreich niedergehalten. Statthalter und Garnisonstruppen, im Gebiet des Tarimbeckens stationiert, bildeten den Vorposten für den direkten Kontakt Chinas mit der Welt Vorderasiens. Mit den Arabern, die bis nach Persien vorgedrungen waren und Ansprüche auf die Gebiete Innerasiens geltend machten, unterhielt der tangzeitliche Kaiserhof ebenfalls diplomatische Verbindungen.

Erster Kontakt mit den Tibetern

Ein Volk, das bis dahin von der Weltgeschichte noch unentdeckt geblieben war, trat ebenfalls im 7. Jahrhundert auf den Plan: die Tibeter. Der erste folgenreiche Kontakt mit dem Schneeland im Westen ergab sich für den Tang-Kaiser Taizong, der – selbst ein strenger Buddhist – zunächst mit dem militanten, einen fremdartigen schamanistischen Kult pflegenden Herrscher des tibetischen Königreiches nichts zu tun haben wollte: Denn der damalige tibetische König, Songtsen Gampo (608–649), kontrollierte mit seinem Kriegsheer von mehr als hunderttausend Mann ein riesiges Gebiet, das sich von Turkestan bis zum Koko Nor, von Nepal bis tief in die Mongolei erstreckte. Seine neue Hauptstadt war Lhasa.

Die Wiege der tibetischen Kultur lag freilich etwa 180 km von der neuen Hauptstadt entfernt in Tsetang, im Yarlung-Tal: Chongye, die alte Hauptstadt Tibets. Hier, ungefähr 26 km südwestlich, lag die alte Hauptstadt der tibetischen Dynastie, bevor König Songtsen Gampo seine Residenz nach Lhasa verlegte.

Königsgräber von Chongye/Xizang

Chongye verlor zwar mit der Übersiedlung nach Lhasa an Bedeutung, blieb jedoch Begräbnisstätte für die Religionskönige Tibets. Unweit davon, im sogenannten Tal der Könige, befinden sich die Grabstätten aus dem 7. bis 9. Jahrhundert. Historischen Berichten zufolge hatte man hier ursprünglich 13 Gräber angelegt, von denen bislang nur neun entdeckt worden sind. Die Kulturrevolution ist auch bis hierher vorgedrungen: Die Tempel, die einst die Erdhügel zierten, sind allesamt zerstört. Allein der Tempel auf dem Hügel des Königs Songtsen Gampo wurde im Jahr 1983 wieder aufgebaut.

Tributleistungssystem

Mit einem starken Heer zog Songtsen Gampo schließlich vor Chang'an, die Hauptstadt des Tang-Reiches. Angesichts dieser militärischen Bedrohung sah sich Kaiser Taizong gezwungen, ihm eine Tochter zur Frau zu geben, und verpflichtete sich obendrein um des lieben Friedens willen, jährlich 50 000 Rollen Seide dem tibetischen Herrscher als Tribut zu entrichten. Hier schon macht das faszinierende Tributleistungssystem staunen, das China – wenn es unterlegen war – mit seinen Nachbarn und anderen fremden Staaten, einem Ordnungsprinzip gleich, unterhielt.

Bekanntwerden des Buddhismus in Tibet

Mit der chinesischen Prinzessin Wen Cheng hielt auch der Buddhismus in der Hauptstadt Tibets Einzug. Zuvor schon hatte eine nepalesische Prinzessin, die König Songtsen Gampo zur Frau genommen hatte, buddhistisches Gedankengut in Lhasa eingeführt. Prinzessin Wen Cheng brachte jedoch als Mitgift noch die berühmteste und bis heute am meisten verehrte Statue Tibets nach Lhasa mit, den Jowo-Buddha, der heute im Jokhang aufbewahrt ist.

Jokhang in Lhasa, das höchste Heiligtum Tibets

Der Jokhang, das »Haus des Herrn«, ist das Hauptheiligtum Tibets und liegt im Zentrum der Stadt Lhasa. Seine heutige Gestalt mit den vier vergoldeten Kupferdächern erhielt er in der Regierungszeit des Fünften Dalai Lama. Doch die Tempelanlage selbst stammt aus der Zeit des tibetischen Königs Songtsen Gampo, der für die als Mitgift mitgeführten wertvollen Buddha-Figuren seiner beiden buddhistischen Gemahlinnen diesen Tempel errichten ließ. Im Jokhang fanden einmal im Jahr auch die Mönchsprüfungen statt, zu denen nur 22 Prüflinge aus ganz Tibet zugelassen waren. Während der Kulturrevolution diente das höchste Heiligtum Tibets als staatliches Gästehaus und als Kino. Vor dem Portal des Jokhang stehen drei Steinstelen: Eine davon erinnert an das tibetisch-chinesische Abkommen aus dem Jahr 823. Sie ist 4,76 m hoch und beschreibt die Waffenstillstandslinie zwischen China und Tibet. Diese Steinstele ist heute von einer Mauer umgeben! Die beiden anderen, etwas kleineren Stelen datieren aus dem Jahr 1794: Zu jener Zeit grassierte in Tibet eine Pockenepidemie. Sobald man die Pockenerkrankung bei jemandem feststellte, jagte man ihn aus der Stadt und gab ihn so dem Tode preis. Chinesische Verwaltungsbeamte, die bei Hofe Bericht erstatteten, übermittelten dem Dalai Lama und dem Panchen Lama Anweisungen für Gesundheitsregeln und eine bessere Hygiene. Solche Hygienevorschriften wurden an den beiden Stelen angebracht. Sie sind jedoch sehr abgeschlagen, weil man bereits dem Stein eine heilende Wirkung zuschrieb.

Samye, erstes Kloster Tibets, bei Tsetang/Xizang

Mit Hilfe des indischen Gelehrten Padmasambhava wurde im Jahre 770 das erste Kloster in Tibet gegründet: Samye, etwa 40 km westlich von Tsetang, dem ehemaligen Zentrum der tibetischen Kultur. Wenig später, im Jahr 791, erhob der damalige zweite Religionskönig Trisong Dezen den Buddhismus zur Staatsreligion. Später verlor das Kloster an Bedeutung, zumal das Staatsorakel in eine neue Klosteranlage am Fuße von Drepung übersiedelte. Auch Samye erlitt während der Kulturrevolution schwere Schäden.

Niedergang des großen tibetischen Königreiches

Trotz aller Bemühungen, das Volk zum Buddhismus zu bekehren, war der Einfluß der Priester der bodenständigen Bön-Religion, eines schamanistischen Ahnen- und Dämonenkults, nicht gebrochen. Während einer großen Buddhistenverfolgung und der Ermordung des Königs und seines Bruders zerfiel etwa um das Jahr 840 das große Königreich. An die Stelle des großtibetischen Reiches, das weite Teile der heutigen chinesischen Provinzen Qinghai, Gansu, Yunnan und Sichuan umfaßte, traten nunmehr viele kleine Teilreiche.

In dem Maße, wie sich die chinesische Kultur ins Tarimbecken und nach Innerasien ausdehnte, beeinflußte sie auch das im Westen gelegene Schneeland. Mit Vietnam im Süden des chinesischen Reiches wurden ebenso regelmäßige Tributgesandtschaften ausgetauscht, und auch an seiner Nordostgrenze ging das tang-zeitliche China mit Korea ein Bündnis ein. So waren dem Vordringen der chinesischen Kultur alle Wege geebnet, zumal Japan zu dieser Zeit von Korea die Kultur der Tang-Zeit übernahm. Nicht ganz unbegründet spricht man daher heute noch von der politischen und wirtschaftlichen, aber auch kulturellen Überlegenheit des chinesischen Reiches unter der Tang-Dynastie.

Chang'an, Hauptstadt der Tang, Kultur- und Wirtschaftszentrum

Die Hauptstadt des Tang-Reiches, Chang'an, entwickelte sich zum Zentrum des Außenhandels und des Kulturaustausches. Etwa 4000 bis 5000 Ausländer haben zu dieser Zeit wohl in Chang'an gelebt: Gäste aus Innerasien, Tibet, Indien und Persien, zumeist nicht nur reiche Händler, sondern auch Anhänger des Islam, des Judentums, des Manichäismus, des Nestorianismus und sogar des Zoroastrismus. Allerdings war der Buddhismus, den schon die beiden Kaiser der Sui-Dynastie gefördert und unterstützt hatten, die dominante ausländische Religion der Tang-Zeit. Doch auch andere große Städte, wie die zweite Hauptstadt Luoyang oder Guangzhou und Yangzhou im Süden, standen der Hauptstadt Chang'an an kultureller und wirtschaftlicher Bedeutung nicht nach. Hatte man einst politisch mißliebige Personen an den Langen Fluß oder noch tiefer in den Süden, in die Region um Guangzhou, versetzt, so bedeutete dies in der Tang-Zeit keine große Strafe mehr. Noch heute weist der spezifische Kanton-Dialekt hie und da Sprachreste aus der Tang-Zeit auf.

Größte Entfaltung des Buddhismus

Der Buddhismus erfuhr im neu geeinten Reich der Sui und besonders der Tang seine größte Verbreitung in allen Gesellschaftsschichten. Eine Unzahl von Klöstern und Tempeln entstand meist mit Förderung des Kaiserhofes; so manches Kloster wurde zum Zentrum der klassischen Bildung und erlangte auch große Bedeutung für das Wirtschaftsleben, denn sie waren, wie erwähnt, von der Besteuerung ausgenommen. Nicht selten fungierten sie als Herbergen und Gasthäuser für Reisende, so daß die religiösen Institutionen bald auch amtliche Gaststättenbetriebe waren. Zumeist waren sie ausgebucht, so daß der japanische Mönch Ennin mit einiger Empörung in seinem Tagebuch vermerkte: *»Das K'ai-yüan-ssu hat nur wenige Zellen für Mönche, aber sie sind alle von offiziellen Reisenden mit Beschlag belegt, und keine ist leer. Wenn Mönche kommen, hat man für sie keinen Platz«* (zit. nach Reischauer, S. 151).

Kaiyuan Si, einer der größten Tempelkomplexe Chinas, in Quanzhou/Fujian

Der Kaiyuan Si im Nordwesten der Stadt Quanzhou ist mit einer Fläche von 70 000 m^2 einer der größten Tempelkomplexe Chinas. Im Jahre 686 während der Regierungszeit der Kaiserin Wu Zetian gegründet, wurde die Tempelanlage im Regierungsjahr Kaiyuan des Kaisers Quanzong in Kaiyuan-Tempel umbenannt.

Die Architektur und Bildhauerei dieses Tempels spiegeln das interessante künstlerische Erbe einer Hafenstadt wider, in der persische und arabische Kaufleute, unter ihnen Moslems, Christen, Buddhisten und Manichäer, lebten und Handel trieben. Ein starker indischer Einfluß, aber auch Themen aus der ägyptischen Mythologie und zentralasiatische Ornamentik verleihen der Tempelarchitektur einen eigenartigen Reiz. Die achteckigen Zwillingspagoden der Tempelanlage, die etwa 200 m voneinander entfernt stehen, fünf Stockwerke haben und reich verziert sind, gelten als Wahrzeichen der Stadt und dienten den Seefahrern als Orientierung.

Quanzhou/Fujian – im Abendland als Zaiton bekannt

Im mittelalterlichen Europa war Quanzhou unter dem Namen Zaiton bekannt, abgeleitet von den Zitong-Bäumen, welche die Stadt zur damaligen Zeit umgaben. Schon während der Südlichen Dynastien war die Stadt an der Ostküste ein wichtiger Warenumschlagplatz, wenig später, seit der Tang-Zeit, kam Quanzhou als einer der lebendigsten Handels- und Hafenstädte Chinas im Kontakt mit fremden Kulturen große Bedeutung zu. In China hieß es, Quanzhou liege an der »Seidenstraße der Meere«.

Museum zur Geschichte des Überseehandels in Quanzhou/Fujian

Das Vielvölkergemisch des tang-zeitlichen Quanzhou ist heute noch in den unzähligen steinernen Inschriften und Grabsteinen belegt, die über die ganze Stadt verstreut gefunden wurden. Viele von ihnen sind freilich verschwunden, manche wurden zum Bauen oder Pflastern wieder verwendet; einige davon sind aber heute noch in dem 1959 eröffneten Museum zur Geschichte des Überseehandels, in der Nähe des Kaiyuan-Tempels, zu sehen. Diese Steinstelen, zumeist Grab- oder Gedenkstelen, berichten von der missionarischen Tätigkeit der Moslems und der Christen – in der Yuan-Zeit kamen auch Franziskanermönche nach Quanzhou –, der Manichäer und der Hinduisten; sie geben ein beredtes Zeugnis von der bunten Nationalitäten- und Kulturenvielfalt im Quanzhou der Tang-, Song- und Yuan-Zeit. Die zahlreichen Exponate des Museums in Quanzhou sind hochinteressante Dokumente einer Zeit, in der Kaufleute aus aller Welt und unterschiedlichster Glaubenshaltungen in dieser Stadt an Land gingen. Ein mächtiges, am Bug beschädigtes Seeschiff führt den Besucher zurück in die Song-Zeit. In seinem jetzigen Zustand mißt es 24,2 m in der Länge und 9,15 m in der Breite; einst mag es 34 m lang gewesen sein. Auch die verschiedenen Schiffsanker jener Zeit werfen ein interessantes Licht auf die damalige Schiffahrt und den Schiffsbau. Der im Jahr 1981 im Hafenbecken von Quanzhou aufgefundene eiserne Anker ist rund 750 kg schwer und 2,78 m hoch; um eine Spur kleiner ist der marmorne Anker, der in ähnlicher Form auch in Japan entdeckt wurde; schließlich gibt es dort einen hölzernen Anker von 7,5 m Länge aus dem feuer- und wasserresistenten Holz des Eisenbaumes. Etliche der zur damaligen Zeit im Handel befindlichen wertvollen Waren sind hier ausgestellt: Keramik- und Porzellangefäße, Bronzegegenstände, Lack- und Bambusartikel, Schmuck, vor allen Dingen aber auch Gewürze und Dufthölzer sowie eine Anzahl von Kupfermünzen, deren Herkunft von der Tang- bis in die Song-Zeit reicht.

Abb. 42 Großer Buddha von Leshan, Provinz Sichuan

Leshan Dafo, der Große Buddha von Leshan/Sichuan

Der Blüte des Buddhismus im tang-zeitlichen China verdankt die Welt auch die größte Buddha-Skulptur. Dort, wo sich östlich des kleinen Städtchens Leshan der Min-Fluß, der Qingyi-Fluß und der Dadu-Fluß vereinen, erhebt sich an der Westwand der Lingyun-Berge der Große Buddha von Leshan, Leshan Dafo. Der Legende nach soll der Mönch Haitong im Jahre 713 mit der Arbeit an der Skulptur begonnen haben, um die Schiffer vor den tückischen Strömungen des Flusses an dieser Stelle zu warnen und sie dem Schutze der Buddha-Figur zu überantworten. 90 Jahre lang arbeiteten buddhistische Mönche an der riesigen sitzenden Buddha-Figur, bis sie im Jahre 803 fertiggestellt war. Auch wenn die Meinungen über die Größe der Buddha-Figur auseinandergehen – je nachdem, ob man sie vom Wasserspiegel des Flusses oder von ihren Füßen an mißt –, hat man sich im allgemeinen auf die Größe von 71 m geeinigt. Im Jahre 1986 haben Wissenschaftler die Statue vermessen: Allein der Kopf der Figur ist 11,7 m hoch und 7,8 m breit, die Nase etwa 3,5 m lang, die Ohren 6,43 m. Der Kopf ist mit 1200 an Schneckengehäuse erinnernden Locken versehen. Die Gestalt war einst vergoldet und zur Gänze bemalt; Wind und Wetter hatten jedoch im Laufe der Zeit die Bemalung vernichtet.

Chan-Buddhismus

Abermals war es der faszinierenden Eigenschaft der chinesischen Kultur zu verdanken, daß sie den Buddhismus nicht nur aufsaugte und für eigene Zwecke modifizierte, sondern während der Tang-Zeit neuartige Richtungen in der buddhistischen Lehre herausbildete. Die interessanteste Sekte ist dabei der chinesische Meditationsbuddhismus, der als Chan-Buddhismus oder – nach der Übernahme durch die Japaner – auch als Zen-Buddhismus bekannt ist. Die für diese buddhistische Ausformung charakteristischen Meditationspraktiken stammen vornehmlich aus dem Daoismus. Ihr Begründer war der Mönch Huineng (638–713).

Entwicklung des Buchdrucks

Im Gefolge der regen Übersetzertätigkeit und der zahlreichen Kommentare zu buddhistischen Schriften entwickelten die Chinesen in der ersten Hälfte des 9. Jahrhunderts den Block- oder Holztafeldruck, lange bevor Johann Gensfleisch zum Gutenberg etwa um 1440 mittels Metallettern Europas erstes gedrucktes Buch herstellte, die 42zeilige lateinische Bibel aus dem Jahr 1455 zu Mainz. Seit der Han-Zeit war in China bereits die Technik bekannt, von Steininschriften Abreibungen vorzunehmen. Hieraus entstand vermutlich jenes Druckverfahren, das sich Holzplatten bediente, in die der Text negativ eingeschnitten war. Noch vor der Mitte des 11. Jahrhunderts verfügten die Chinesen sogar über bewegliche Lettern aus Ton oder Porzellan. Gleichwohl blieb der Blockdruck weiter in Verwendung, erwies es sich bei den chinesischen Schriftzeichen doch fast bequemer, eine Druckplatte für eine ganze Seite zu entwerfen. Das älteste erhaltene Druckwerk der Welt stammt aus dem Jahre 868, es enthält den chinesischen Text des Diamant-Sutra. Im Jahre 1907 entdeckte Sir Aurel Stein unter den Manuskripten in der alten Bibliothek der Höhlen von Dunhuang diese älteste gedruckte Schriftrolle. Die Querrolle aus sechs Textblättern und einem illustrierten Titelblatt, das eine Länge von 368 cm und eine Höhe von 23 cm aufweist, trägt neben dem Namen des Auftraggebers auch das Datum: den 11. Mai 868. Gegen Ende der Tang-Dynastie gab es in China drei Zentren des Buchdrucks: die Provinz Sichuan, das Gebiet um den unteren Chang Jiang und Luoyang, die östliche Hauptstadt der Tang. Bis heute ist nicht zufriedenstellend geklärt, ob Gutenberg sein Druckverfahren völlig unabhängig entwickelte oder aber einer – möglicherweise aus Ostasien auf dem Handelswege nach Europa gelangten – Anregung verdankte.

Der buddhistische Mönch Xuanzang

In die Hochblüte des Buddhismus fiel die Reise des buddhistischen Mönchs Xuanzang, der in den Jahren 629 bis 645 durch Zentralasien bis nach Indien wanderte, wo er siebzehn Jahre lang an einer buddhistischen Hochschule studierte. Er kehrte mit 657 Schriftrollen nach China zurück und ließ sich in Chang'an nieder, wo er im Jahre 664 starb. In der Großen Wildganspagode, Da Yanta, die heute noch in Xi'an zu besichtigen ist, sind die von ihm mitgebrachten wertvollen Texte aufbewahrt.

Da Yanta, die Große Wildganspagode, in Xi'an/Shaanxi

Die Große Wildganspagode entstand im Jahre 652, im westlichen Hof des Klosters der Großen Wohltätigkeit, Ci'en Si, das Kaiser Gaozong wenige Jahre zuvor zum Gedenken an seine verstorbene Mutter errichten ließ. Die Tempelanlage, die einst aus mehr als zehn Höfen und 1897 Räumen bestand, wurde im Jahr 648 fertiggestellt. Wenig später übersiedelte der Mönch Xuanzang in ein eigens dafür eingerichtetes Amt für die Übersetzung buddhistischer Schriften in das Kloster. Etwa seit dem Jahre 650 widmete er sich hier mit großem Eifer der Übersetzung und dem Kommentieren der buddhistischen Texte: *»Jeden Morgen stellte er sich eine neue Aufgabe, und wenn ihn irgendeine Angelegenheit daran gehindert hatte, sie zu vollenden, versäumte er es niemals, sie des Nachts fortzuführen. Wenn er auf eine Schwierigkeit stieß, legte er die Schrift zur Seite, dann, nachdem er zu Buddha gebetet und seine religiösen Pflichten bis zur dritten Nachtwache erfüllt hatte, erhob er sich (zur fünften Nachtwache wieder von seinem Lager), las den indischen Text mit lauter Stimme und strich mit roter Tusche nacheinander Stellen an, die er bei Sonnenaufgang zu übersetzen beabsichtigte. In der Morgendämmerung eines jeden Tages nahm er eine kärgliche Mahlzeit zu sich und erklärte vier Stunden lang ein neues heiliges Buch. Seine Schüler, die zu ihm kamen, um ihn um seinen Rat und seine Unterweisung zu bitten, füllten die Galerien und angrenzenden Hallen«* (zit. nach Grousset, S. 246). Die wertvollen buddhistischen Schriften, die er aus Indien mitgebracht hatte, verwahrte Xuanzang in der Großen Wildganspagode. Die ursprünglich fünfgeschossige Pagode ließ Kaiserin Wu Zetian auf zehn Geschosse aufstocken; gegen Ende der Tang-Dynastie wurde die Pagode jedoch durch eine Feuersbrunst schwer beschädigt und ist seitdem auf jene sieben Stockwerke reduziert, die sich dem heutigen Betrachter präsentieren. Der Sokkel, auf dem sich die Pagode mit einer Gesamthöhe von 64,1 m erhebt, mißt 45,9 x 48,4 m. Die aus dem indischen Buddhismus herrührende Bauform der

Abb. 43 Große Wildganspagode in Xi'an, Provinz Shaanxi (Aufnahme von ca. 1920)

Pagode war von Anbeginn als Aufbewahrungsort für Reliquien und als Gedächtnisschrein konzipiert. Das Kloster der Großen Wohltätigkeit diente während der Tang-Zeit auch als Inskriptionsstelle für die Beamtenprüfung. Der Tempelkomplex ist heute nicht mehr zur Gänze erhalten, doch sind noch einige dieser Konskriptionsstelen zu sehen.

Xiao Yanta, die kleine Wildganspagode, in Xi'an/Shaanxi

Wu Zetian ließ in Erinnerung an ihren verstorbenen kaiserlichen Gemahl im Jahr 684 eine Tempelanlage errichten, von der heute nur mehr die sogenannte Kleine Wildganspagode, Xiao Yanta, erhalten ist. Die Bauarbeiten zum Tempel des Aufbewahrten Glücks, Cunfu Si, begannen etwa hundert Tage nach dem Tod des Kaisers Gaozong. Die Kleine Wildganspagode entstand in den Jahren 707 bis 709. Ursprünglich hatte sie insgesamt 15 Stockwerke, büßte jedoch durch mehr als 70 Erdbeben ihre beiden oberen Geschosse ein. Mit den verbliebenen dreizehn Stockwerken erreicht sie heute eine Höhe von etwa 43,3 m.

Während seiner Reise, die gänzlich im Dienste der buddhistischen Lehre stand, schrieb Xuanzang zwar kein Tagebuch, doch er verfaßte nach seiner Rückkehr einen zusammenhängenden Bericht über jene Länder, die er auf seinen Reisen durchwandert hatte, allerdings ohne Einzelheiten und beschreibende Ausschmückungen, die den Text etwas lebhafter hätten gestalten können. Dennoch ist seine Beschreibung der Westlande, *Xiyou ji,* eine überaus wichtige historische Quelle zum damaligen Indien und Grundlage des beliebten, volkstümlichen Romans ›Die Reise nach dem Westen‹.

Die Reisen des Mönchs Ennin

Anders verhält es sich bei Ennin, einem buddhistischen Mönch aus Japan, der über vier Jahrhunderte vor Marco Polo eine Reise in den Fernen Osten antrat und die Überfahrt nach China wagte, um nach neuen buddhistischen Texten zu forschen und weitere erhellende Erkenntnisse im buddhistischen Glauben zu erlangen. Ennin, der im Jahre 838 das Meer überquerte, schrieb während der folgenden neuneinhalb Jahre ein Tagebuch mit allen Einzelheiten seiner Reise durch das Tang-Reich. Das außergewöhnlich detaillierte und gewissenhaft geführte Tagebuch steht in scharfem Gegensatz zu den zumeist verallgemeinernden und vagen, an manchen Stellen auch falschen Erinnerungen des venezianischen Kaufmanns Marco Polo. Und doch hat sich der Ruhm Marco Polos über die ganze Welt verbreitet. Die Aufzeichnungen des Mönchs Ennin jedoch, in so mancher Hinsicht verläßlicher und auf jeden Fall bedeutender, sind bis ins 20. Jahrhundert nahezu unbekannt geblieben. Der japanische Mönch schrieb sein Tagebuch in mittelalterlichem Chinesisch – wiederum ein Indiz für die alles durchdringende Überlegenheit der tang-zeitlichen chinesischen Kultur. So wie sich ein mittelalterlicher Mönch des Abendlandes der lateinischen Sprache bediente, benützte auch der gebildete japanische Gelehrte die klassische chinesische Schriftsprache; erst im 9. Jahrhundert entwickelten die Japaner ihre eigene phonetische Silbenschrift aus den zuvor übernommenen chinesischen Zeichen. Ennin weilte gerade zu dem Zeitpunkt in der Hauptstadt des Tang-Reiches, als die chinesische Staatsverwaltung den heftigsten Angriff in der gesamten chinesischen Geschichte gegen religiöse Gemeinschaften durchführte; er erfuhr die Unbill eines gläubigen Buddhisten an der eigenen Person.

Buddhistenverfolgung

Als sich der Staat im 9. Jahrhundert gegen den Buddhismus wandte, erlitt das bis dahin blühende religiöse Leben der Tang-Dynastie schwere Einbußen. Vordergründig auf religiöse Divergenzen zurückgeführt, ist die Ursache der gewaltsamen Laisierung wohl auf wirtschaftlichem Gebiet zu suchen. Nicht zuletzt durch die Entwicklung der Tempeljahrmärkte zu regelrechten Großmärkten fernab staatlicher Einflußnahme gediehen die Klöster zu wichtigen Handels- und Wirtschaftsunternehmen. Schon in den Jahren 446 und 574 kam es zu ersten großen Buddhistenverfolgungen, bevor schließlich im Jahr 842, unter dem Tang-Kaiser Wuzong, den religiösen Gemeinschaften erneut schwere Schläge versetzt wurden. Der kritische Denker Fan Zhen hatte bereits Mitte des 6. Jahrhunderts in der Ausdehnung des Buddhismus eine Gefahr für die soziale Ordnung des Staates gesehen. Anknüpfend an die Diskussion um die Vergänglichkeit der Seele, richtete er seinen berühmten Traktat in erster Linie gegen den das herkömmliche Gesellschaftsgefüge untergrabenden Buddhismus selbst; als ihn am Schluß sein fiktiver Gesprächspartner fragte, welchen Nutzen nun die Kenntnis über die Vergänglichkeit der Seele mit sich bringe, antwortete er: *»Der Buddhismus schädigt die Regierung, die Sramanas* [Mönche] *unterhöhlen die Sitten … Denn was bedeutet es, das Vermögen zu erschöpfen, um sich zu den Mönchen zu begeben, den Besitz zugrunde zu richten, um Buddha nachzulaufen, ohne Mitleid für die Blutsverwandten, ohne Erbarmen für die Elenden? Sicherlich ist der Grund dafür, daß die selbstsüchtigen Gefühle tief und die altruistischen Gedanken gering sind … Alle verlassen ihre Blutsverwandten, jeder schneidet seine Nachkommenschaft ab. Sie veranlassen schließlich den Soldaten zur Niederlage in den Reihen der Armee, den Beamten zur Untätigkeit in den Ämtern, die Erschöpfung der Kornvorräte für herumtreibende Faulenzer, das Aufbrauchen der Güter für (Götzenbilder aus) Lehm und Holz … Das Übel ist endlos, der Schaden ohne Grenzen«* (zit. nach Balázs, S. 234).

»Wie kann man es verfrüht nennen, wenn Wir diese Religionen jetzt endlich vernichten?«

Im achten Monat des Jahres 845 erging jenes Edikt des Kaisers Wuzong, das – in konfuzianische Form gebracht – die Verfolgung der buddhistischen Mönche rechtfertigte: *»Wir haben erfahren, daß unter den drei Dynastien* [Xia, Shang, Zhou] *niemals von dem Buddhismus die Rede war und diese götzendienerische Religion erst unter den Han und Wei eine Blüte erlebte. In jüngster Zeit sind ihre fremdartigen Praktiken so allgemein üblich geworden und haben sich so weit verbreitet, daß sie langsam und unbewußt die Moral unseres Landes zersetzen. Sie verführen die Herzen unseres Volkes und leiten die Massen ganz und gar in die Irre. Von den Gebirgs- und Ödlandgegenden bis an die ummauerten Paläste der beiden Hauptstädte nimmt die Zahl buddhistischer Mönche von Tag zu Tag zu, immer mehr wächst die Macht der Klöster. Keiner verlangt härtere Arbeit für die Errichtung von Bauten, keiner beraubt mehr die Menschen um des eigenen Gold- und Edelsteinschmuckes willen, keiner verläßt treuloser Herrscher und Familie, um dem Lehrer zu folgen, keiner läßt schnöder die Gefährten fallen, um die Klosterregeln einzuhalten, und keiner verhöhnt die Gesetze und schädigt das Volk mehr als diese Religion. Wenn ein einzelner sein Land nicht bestellt, leiden andere Hunger, und wenn eine Frau nicht webt, müssen andere frieren. Gegenwärtig sind die Mönche und Nonnen des Reiches ohne Zahl, aber sie alle sind in ihrer Ernährung auf die Landwirtschaft und in ihrer Bekleidung auf die Seiden-*

zucht angewiesen. Es gibt zahllose Klöster und Tempel, sie alle sind stattlich und wundervoll geschmückt und wetteifern an Herrlichkeit mit den Palästen. Kein anderer Grund als dieser führte zu der wirtschaftlichen Schwächung und der Lockerung der Moral unter den Chin, Sung, Ch'i und Liang ... Wir haben die obigen Feststellungen gründlich erwogen und uns von überallher die herrschenden Auffassungen vorlegen lassen, und Wir hegen absolut keinen Zweifel, daß dieses Übel abgestellt werden muß. Unsere Minister am Hofe und in den Provinzen sind mit Unserem Willen einig ... Wir werden im ganzen Reich über 4600 Klöster zerstören, über 260000 Mönche und Nonnen ins Laienleben zurückführen und sie der doppelten Steuer (zweimal jährlich abzuführende Grundsteuer) *unterwerfen, über 40000 Tempel und Schreine vernichten, mehrere zehn Millionen ch'ing* [1 qing = 6,6 Hektar] *fruchtbaren Landes und schöner Felder konfiszieren, 150000 Sklaven übernehmen und sie zur doppelten Steuerzahlung verpflichten. Da die Ausländer uns fremde Religionen vor Augen führen, sollen über 3000 Nestorianer und Anhänger Zarathustras ins Laienleben zurückkehren, damit sie nicht die chinesischen Sitten verderben. Welcher Jammer, daß dieses nicht schon früher angeordnet worden ist: Es scheint, als habe man auf Uns gewartet. Wie kann man es verfrüht nennen, wenn Wir diese Religionen jetzt endlich vernichten? ...* (zit. nach Reischauer, S. 225.)

Während der Buddhistenverfolgungen Mitte des 9. Jahrhunderts flohen viele dem Buddhismus zugewandte Gläubige in den Süden des Landes; nicht wenige von ihnen fanden im Königreich Shu Zuflucht.

Abb. 44 Höhlengrotten von Dazu, Provinz Sichuan: Der ins Nirvana eingegangene Buddha Sakyamuni

Höhlengrotten von Dazu/Sichuan – am Bei Shan und Baoding Shan

An über mehr als 20 Stätten im Kreis Dazu sind heute Zigtausende Steinskulpturen aus der Späten Tang- und Song-Zeit erhalten. Die Skulpturen am Bei Shan und Baoding Shan sind wohl die besten und eindrucksvollsten. Die ungebrochene Schaffenskraft der auf kaiserlichen Befehl vertriebenen Buddhisten hat in Sichuan – einem Exil gleich – die schönsten Beispiele realistischer Bildhauerei hinterlassen. 264 Grotten und Nischen sind am Bei Shan, etwa 2 km nordwestlich der Kreisstadt Dazu, erhalten. Auf dem Areal des Baoding Shan, des »Schatzkammerberges«, nordöstlich der Stadt Dazu, sind die Steinmetzarbeiten auf dreizehn Orte verteilt. Nach Auskunft der Quellen setzten die Arbeiten an

Abb. 45 Hölle von siedendem Öl, Detail aus den Grotten von Dazu

Abb. 46 Hölle von gefrorenem Eis, Detail aus den Grotten von Dazu

Abb. 47 Hölle von Dung und Jauche, Detail aus den Grotten von Dazu

Abb. 48 Frau beim Füttern der Hühner, Detail aus den Grotten von Dazu

dem buddhistischen Heiligtum im Jahre 1175 ein; die Skulpturen und Darstellungen reflektieren also allesamt den song-zeitlichen Stil der Bildhauerkunst, der höchst realistisch und bisweilen grotesk an die profanen Figuren der französischen Gotik erinnert. Der größte zusammenhängende Komplex am Baoding Shan ist die hufeisenförmige, der natürlichen Rundung des Berges angepaßte Große Buddha-Nische, die etwa 500 m lang und zwischen 15 und 30 m hoch ist. Die Skulpturenkombinationen sind zunächst in der Kleinen Buddha-Höhle entworfen und später hier ausgeführt worden. Etwa 30 Motive finden sich dargestellt; am berühmtesten sind wohl der riesige, liegende, bereits ins Nirvana eingegangene Buddha Sakyamuni und die knapp 3 m hohe Skulptur der tausendarmigen Guanyin, bei der sich der Künstler bemüht hat, tatsächlich tausend Arme zu schaffen: Auf einem Lotosthron sitzend, nimmt diese Figur eine Felswand mit 88 m^2 Fläche ein. Noch mehr beeindrucken allerdings die besonders plastisch und ausdrucksstark ausgestalteten Formen der buddhistischen Hölle: Mit unbarmherzigem Blick wachen abscheuliche Dämonen über den – unterschiedlichsten Lastern frönenden – Sündern, um sie der ewigen Bestrafung zuzuführen.

Zoroastrismus Auch die beiden Religionen persischer Herkunft traf die große Ächtung des 9. Jahrhunderts. Die in China niedergelassenen Perser waren vornehmlich Anhänger des Zoroastrismus, der unter der Bezeichnung »Lehre des Feuergottes« die Religion der Sassaniden bis zur Zeit der islamischen Eroberung war. In Nordchina ist er seit dem 6. Jahrhundert belegt, doch die Konzeption dieser Religion wie auch des Manichäismus, der anderen persischen Glaubenslehre, blieb den Chinesen in ihrem Wesen fremd.

Manichäismus Bis zu den Funden manichäischer Handschriften in der Nähe von Dunhuang und Chotscho kannte man den Manichäismus nur aus den Veröffentlichungen seiner Gegner. Er geht auf den Prinzen Mani zurück, der im 3. nachchristlichen Jahrhundert versuchte, Elemente aus dem Buddhismus, dem Christentum, der Gnosis und dem Zoroastrismus zu einer synkretistischen Religion zusammenzufügen. Nach seiner Hinrichtung und der Vertreibung seiner Anhänger aus Persien erlebte seine Lehre als Manichäismus in den Städten entlang der Seidenstraße eine Blütezeit: So machten beispielsweise die Uiguren, die im 8. Jahrhundert ein mächtiges, aber kurzlebiges Reich im Tarim-Becken begründeten, den Manichäismus zu ihrer nationalen Religion. Das Reich der Uiguren wurde wohl um 840 von Kirgisenstämmen vernichtet, in und um Gaocheng hielt man jedoch nach wie vor am Manichäismus fest. Erst etwa seit dem 11. Jahrhundert wandten sich die Uiguren dem erstarkenden Islam zu. Auch der Manichäismus hinterließ nach den Verfolgungen von 843 bis 845 kaum Spuren in China.

Nestorianismus Das nestorianische Christentum gelangte ebenfalls in der Tang-Zeit nach China: Als der Patriarch von Konstantinopel, Nestorius, im Jahre 431 auf dem Konzil von Ephesos erklärte, Christus sei zwar gottähnlich, aber nicht gottgleich, widersprach er der Lehre der römisch-katholischen Kirche. Er wurde verurteilt und nach Ägypten verbannt. Seine Anhänger flohen ins Sassanidenreich und weiter über die Seidenstraße bis nach China, wo sie unter dem syrischen Mönch Olopen in den Provinzen Shaanxi und Fujian Fuß fassen konnten. Ein Edikt des Kaisers Taizong aus dem Jahr 638 gestattete den Nestorianern ungehinderte Bewegungsfreiheit im ganzen Land. Die Nestorianer, die etliche Christengemeinden gründeten, welche in manchen Teilen des Landes sogar noch unter der Mongolenherrschaft bestanden, waren jedoch keine Chinesen; ihre Gemeinden setzten sich vielmehr aus westasiatischen Kaufleuten zusammen. Dies erklärt das relativ rasche Verschwinden gerade dieser Gemeinden, als das – formal gegen alle Religionen, vor allem aber gegen den Buddhismus abzielende – Laisierungsedikt auch dem Nestorianismus ein Ende bereitete. Auf die Kenntnis des Abendlandes hatte die gesamte Periode des nestorianischen Christentums in China keinerlei Einfluß, denn die nestorianischen Mönche sahen keine Veranlassung, ihre Berichte – sofern sie welche geschrieben haben – weiter als bis zu ihren Vorgesetzten gelangen zu lassen. Und die nestorianischen Bischöfe mochten ihr Vorrecht in einem Land bewahrt haben, für dessen christliche Bekehrung sie allein sich eingesetzt hatten. In Chang'an soll es im Jahr 638 die erste nestorianische Kirche gegeben haben. Kaiserin Wu Zetian beschäftigte einen nestorianischen Architekten namens Abraham bei der Planung und baulichen Ausführung ihres mächtigen Palastes.

Nestorianerstele

Die heute im »Stelenwald« in Xi'an aufbewahrte Nestorianerstele aus dem Jahr 781 überliefert die Geschichte des nestorianischen Christentums in China; sie wurde 1625 in der Nähe von Xi'an entdeckt. In chinesischer Sprache schildert sie die Ausbreitung der Lehre; an ihren Seiten sind außerdem Namen und Funktionen damaliger nestorianischer Mönche in altsyrischer Sprache aufgeführt. In Dunhuang entdeckte man in der berühmten Höhle Nr. 17 im Jahr 1900 einige nestorianische Handschriften.

Provinzmuseum von Shaanxi, Xi'an, und der berühmte »Stelenwald«

Das Museum der Provinz Shaanxi, bis vor wenigen Jahren auf dem Areal des ehemaligen Konfuziustempels dem Stelenwald angeschlossen, ist seit 1991 in einem neuen Museumsbau nordwestlich der Großen Wildganspagode untergebracht. Auf insgesamt 11 600 m^2 Ausstellungsfläche sind hier die reichhaltigen archäologischen Funde aus der Zhou-, Qin- und Westlichen Han-, Sui- und Tang-Zeit sowie aus den Fünf Dynastien zu bewundern, die allesamt auf dem Gebiet der Provinz Shaanxi ausgegraben wurden; vor allem herausragend ist hier die Sammlung der tangzeitlichen Wandmalereien. Zu den Besonderheiten von Xi'an gehören freilich die Sammlung der steinernen Skulpturen und der berühmte »Stelenwald«, Bei Lin. Über 70 wertvolle Steinfiguren sind in der Halle der Steinskulpturen ausgestellt; die riesenhaften beeindruckenden Arbeiten stammen teils aus han-zeitlichen, teils aus tang-zeitlichen Grabanlagen. Hier sind vier der sechs berühmten Pferdereliefs von der Grabanlage des Tang-Kaisers Li Shimin aufbewahrt. Der »Stelenwald« von Xi'an, eine Sammlung von über 1000 Grab-, Gedenk- und Schriftstelen in sechs einzelnen Hallen, ist kulturhistorisch noch bedeutender. Der Tang-Kaiser Wenzong erteilte im Jahr 837 den

Auftrag, die Texte der zwölf wichtigsten konfuzianischen Schriften auf Steinstelen einzugravieren, um so der Nachwelt einen standardisierten Text hinterlassen und wohl auch der buddhistischen Lehre entgegenwirken zu können. Diese Sammlung an kanonischen Schriften besteht aus 114 Steinen, die auf beiden Seiten beschrieben sind und über 650000 Schriftzeichen enthalten. Sie bilden das Herz des Stelenwaldes, den der Song-Kaiser Zhezong im Jahr 1090 errichten ließ. Andere Steine überliefern die verschiedenen Stile der chinesischen Schrift, ihre Entwicklung vom Piktogramm bis hin zur kurzschriftartigen Grasschrift.

Islam

Im Vorderen und Mittleren Orient setzten im 9. Jahrhundert entscheidende politische und religiöse Veränderungen ein: Die Araber und ihre neue, vom Propheten Mohammed verkündete Religion drangen rasch nach Persien und bis nach Mittelasien vor. Weite Teile Asiens erobernd, stießen sie bis an die Peripherie Indiens und Chinas. Während die Einführung des Buddhismus, des Nestorianismus und des Manichäismus in der chinesischen Geschichtsschreibung sehr wohl vermerkt ist, findet man merkwürdigerweise keine Erwähnung des zur gleichen Zeit auftauchenden Islam in China. Ein Grund mag sein, daß der Islam mit Handeltreibenden und Abgesandten des arabischen Reiches nach China eindrang und nicht – wie etwa das nestorianische Christentum – mit der Absicht der Missionierung. So setzte die Buddhistenverfolgung zugleich allen anderen fremden Glaubensbekenntnissen in China ein Ende, nicht hingegen dem Islam.

Arabische Söldner verdingten sich bei den Truppen der Tang-Kaiser und ließen sich wenig später auch in dem fremden Lande nieder. Der Kontakt Chinas mit dem Islam wird auf das Jahr 756 zurückgeführt, als es den Tang-Kaisern nur mit Hilfe arabischer Söldner gelang, die Rebellion des An Lushan niederzuschlagen. Kurz zuvor, im Jahr 751, war es zur ersten und einzigen chinesisch-arabischen Schlacht gekommen: Am Fluß Talas in Kirgisien, in der Nähe von Samarkand, stieß ein Heer des tang-zeitlichen Kaiserhofes mit arabischen Truppen zusammen und erlitt eine Niederlage. Diese Schlacht war insofern von Bedeutung, als von da an Westturkestan dem islamischen Kulturkreis zuzurechnen ist. Des weiteren erlangte die islamische Welt nach dieser militärischen Konfrontation Kenntnis von der Papierherstellung, denn chinesische Gefangene aus der Talas-Schlacht brachten dem islamischen Westen das Papier, dessen Herstellung in China ja bereits eine lange Tradition hatte. Aus dem Zusammentreffen zwischen der chinesischen und arabischen Welt resultierte auch der älteste und bei weitem genaueste Bericht, der vor Marco Polo Informationen über China enthielt: Das arabische Manuskript, nach Erzählungen von mehreren Kaufleuten zusammengestellt, zu denen auch ein gewisser Soleyman gehörte, stammt in Teilen aus dem Jahr 851. Abu Said aus Siras vervollständigte die Schilderungen und fügte noch einige andere Details hinzu. Auch in der Stadt Guangzhou herrschte ein lebhafter Austausch zwischen arabischen und chinesischen Kaufleuten; dort soll die erste arabische Moschee errichtet worden sein. Doch nicht nur auf dem Seeweg, auch über die Seidenstraße drangen arabische Händler nach Zentralasien und China vor.

Islamische Sakralbauten

Einige islamische Sakralbauten sind seit der Tang-Zeit erhalten geblieben. Vornehmlich in den großen Städten entlang der Seidenstraße sowie in Handelsstädten wie Guangzhou und Quanzhou entstanden die großen Gebetshäuser der Moslems.

Aitika-Moschee in Kashgar/Xinjiang

Daß sich in Kashgar mit der Aitika-Moschee der größte islamische Sakralbau Chinas befindet, der als markantestes Bauwerk der Stadt auf eine Gründung des 9. Jahrhunderts zurückgeht, ist nicht weiter verwunderlich: Die Bevölkerung der Autonomen Region Xinjiang ist mit den turksprachigen Uiguren vorwiegend islamischen Glaubens.

Huai Sheng-Moschee in Guangzhou/Guangdong

Ebenfalls als tang-zeitliche Gründung ist die Huai Sheng-Moschee in Guangzhou mit dem Gründungsjahr 627 wahrscheinlich die älteste Moschee Chinas. Inmitten der Anlage erhebt sich ein etwa 36 m hohes, zweiteiliges Minarett als runde, dekorlose Ziegelpagode, die auch »Pagode des Lichts« oder »Nackte Pagode«, Guang Ta, genannt wird.

Abb. 49 Huajue Si, Moschee in Xi'an (Aufnahme von ca. 1920)

Huajue Si, die Moschee in Xi'an/Shaanxi (sehenswert)

Von allen islamischen Heiligtümern Chinas ist die Besichtigung der Moschee in Xi'an für den interessierten Reisenden ein Muß: Nur die arabischen Schriftzeichen, die große Gebetshalle und die West-Ost-Ausrichtung (!) des gesamten Komplexes weisen den Betrachter darauf hin, in welchem Sakralbau er sich befindet. Die Anlage gleicht einem chinesischen Tempelbezirk und stammt aus der frühen Ming-Zeit, doch soll sich bereits im Jahr 732 an dieser Stelle ein islamisches Gebetshaus befunden haben. Fünf große Höfe und insgesamt

40 Hallen finden in dieser sakralen Anlage Platz, ein prachtvolles Beispiel für die starke Vereinnahmungskraft der chinesischen Kultur. Selbst das Minarett gleicht einer chinesischen Pagode. Noch gelangen Reisegruppen sehr selten hierher, und man sollte sich genügend Zeit nehmen, um in dieser harmonischen, ruhige Friedfertigkeit ausstrahlenden Anlage länger zu verweilen. Inmitten der engen, geschäftigen Marktgäßchen und dem lebhaften, geschwätzigen Treiben dringt dennoch kein Laut über die hohen Mauern in das Innere der wunderbaren Anlage.

Niujie Si, die Moschee in der »Rinderstraße«, in Beijing

Dort, »wo man nur Rinderfleisch ißt«, im traditionellen muslimischen Stadtviertel von Beijing, in der »Rinderstraße« (Niujie), befindet sich die älteste Moschee der Stadt, Niujie Si. Sie geht auf eine Gründung der Song-Zeit zurück, erhielt ihre heutige Gestalt jedoch in der Regierungszeit des Kaisers Kangxi.

Moschee in Lhasa/Xizang

Eine Moschee in Lhasa versetzt den Reisenden vielleicht in Erstaunen; und doch ist der östlich vom Jokhang, im Moslemviertel gelegene islamische Sakralbau sehr leicht zu erklären. Dem gläubigen Buddhisten ist es ja verboten, Leben – menschliches und tierisches – zu vernichten, also bot sich den sogenannten »Muslim-Kashmiris«, die im 16. Jahrhundert aus Ladakh und Kashmir nach Lhasa kamen, ein einträgliches Betätigungsfeld: Sie arbeiteten vornehmlich als Fleischhauer. Überdies genossen die Moslems auch hier völlige religiöse Freiheit, denn der tibetische Buddhismus kannte keinen missionarischen Eifer. Die im chinesisch-tibetischen Stil gehaltene Moschee wurde in der Kulturrevolution zerstört, ist jetzt jedoch wieder restauriert und für den Besucher zugänglich.

Islamische Gräber in Quanzhou/Fujian

Einige Gräber islamischer Missionare sind erhalten geblieben, so die Heiligen Islamischen Gräber am östlichen Stadttor in Quanzhou aus der Tang-Zeit.

Islamische Gräber in Yangzhou/Jiangsu – das Grabmal des Bulhading

Von den song-zeitlichen islamischen Gräbern findet man in Yangzhou an den Ufern des Kaiserkanals auf dem Areal der qing-zeitlichen Moschee mit dem Grabmal des Bulhading ein besonders charakteristisches Exemplar. Bulhading, nach den historischen Aufzeichnungen ein Nachkomme des Propheten Mohammed, kam zur Zeit der Südlichen Song nach Yangzhou. Sein Grabmal zeigt in wunderbarer Weise die Verschmelzung von arabischem und chinesischem Architektur- und Dekorstil. Das in seinem Grundriß quadratische Ziegelsteingrab kann an jeder Seite durch ein Rundbogentor betreten werden. Das Grabmal des Bulhading ist das herausragendste aus einer Anzahl islamischer Gräber der Südlichen Song- und der Ming-Zeit. Acht im Jahr 1927 außerhalb des südlichen Stadttores ausgegrabene Grabstelen, die von yuan-zeitlichen islamischen Gräbern stammen, sind ebenfalls hierher gebracht worden.

Faszinierendes Kulturenamalgam der Tang-Zeit

Betrachtet man das Kulturen- und Völkergemisch jener Zeit, so verwundert es nicht weiter, daß alle Bereiche der Kunst und Kultur in der Tang-Zeit von einer einzigartigen, exotischen Mischung charakterisiert sind und durch die Vermi-

Abb. 50 Barbar mit muschelförmigem Gefäß, farbige Keramik, Tang-Zeit (8. Jh.)

Abb. 51 Bodhisattva-Torso aus weißem Marmor, Tang-Zeit (um 750)

schung indischer Elemente mit Stilformen aus dem sassanidischen Persien, ja mit türkisch anmutenden Details dem China der Tang-Zeit eine Eigenart verleihen, die es zur kulturellen »Großmacht« und zum Vorbild für ganz Ostasien erheben. Auf der rege in Anspruch genommenen Seidenstraße drangen nicht nur ausländische Kaufleute in das Reich der Mitte, sondern mit ihnen fremde Bräuche, Kleidung, Musik, Künste und Religionen nach China. In einer vorurteilsfreien Atmosphäre und in einer nahezu atemberaubenden Verschmelzung von Fremdem mit Eigenständigem entstand jene einmalige Kunst- und Lebensform der Tang-Zeit, die in der chinesischen Geschichte noch nie dagewesen war und in späteren Zeiten ihresgleichen sucht. Bestand das gedankliche Fundament unmittelbar vor der Tang-Dynastie eher in einer Hinwendung zu philosophisch-religiöser Spekulation, konzentrierte sich die nachfolgende Dynastie der Song auf eine pragmatisch-realistische Geisteskultur, so vermochte die Kunst der Tang-Zeit eine unkonventionelle Mischung aus beidem zu schaffen: Die freimütige Bejahung der irdischen Welt, verbunden mit trotzig-sehnsüchtigem Streben nach hohen Idealen, kennzeichnet zugleich einen romantischen Höhepunkt in der chinesischen Literaturgeschichte.

Blüte der chinesischen Dichtkunst

Besonders auf dem Gebiet der Poesie brach in der Tang-Zeit ein Goldenes Zeitalter an. Die frühen Tang-Kaiser betätigten sich allesamt als große Förderer von Dichtern und Literaten, waren zum Teil selbst schriftstellerisch tätig und

Abb. 52 Tanzendes Pferd, weiße Irdenware, Tang-Zeit (657)

Abb. 53 Kamel mit fremdem Reiter, Dreifarbenglasur-Keramik, Tang-Zeit

umgaben sich gerne mit den fähigsten Künstlern. Die Komposition eines Gedichtes war sogar verpflichtender Bestandteil der Beamtenprüfungen, und so kam es, daß nicht wenige Gebildete und hochrangige Beamte zugleich hervorragende Dichter waren. Mit Geschick und malerischer Beredsamkeit verstanden es einige der bedeutendsten Dichter, die strenge Metrik und das enge formalistische Korsett des chinesischen Gedichtes mit erquickender und ansprechender Lebendigkeit zu erfüllen.

Li Bo, der Bohemien (701?–762)

Unter den Tang-Literaten ist vor allen Li Bo (auch Li Taibo) zu nennen, der – vermutlich in Westturkestan geboren – im Jahre 742 an den kaiserlichen Hof nach Chang'an berufen wurde. Er war im Grunde genommen ein Bohemien, ein Gewohnheitstrinker, der für einen höfischen Beamten denkbar ungünstige Eigenschaften besaß. Tatsächlich strapazierte er die Gunst des Kaisers und wurde in den Süden des Landes verbannt. »*Bo war dem Wein sehr zugetan und berauschte sich Tag um Tag mit seinen Zechkumpanen in der Schenke. Einmal nun war Kaiser Hüandsong* (Xuanzong) *damit beschäftigt, ein Hofkonzert zu arrangieren und wollte für die Musikamt-Lieder neue Texte haben. Er ließ Bo zu sich rufen, doch der lag bereits trunken in der Schenke. Trotzdem hieß der Kaiser, ihn in den Palast zu bringen. Man besprengte sein Gesicht mit Wasser, der Kaiser ließ ihn den Pinsel nehmen, und er schuf unverzüglich ein Dutzend Strophen und mehr. Seine Majestät war hochentzückt. Ein andermal saß er im tiefsten Rausch in der Halle und streckte die Beine weit von sich. Er befahl dem Eunuchen Gau Li-sche, ihm die Schuhe auszuziehen. Dies führte dazu, daß er entlassen wurde und gehen mußte«* (Jiu Tangshu, zit. nach Debon 2, S. 6). Im Rahmen einer Generalamnestie war es ihm jedoch wenige Jahre später gestattet, wieder in die Hauptstadt zu ziehen; auf dem Weg dorthin fand er allerdings den Tod in den Fluten des Langen Flusses: Er habe, so lautet die Legende zu seinem Tod, das Spiegelbild des Mondes im Wasser zu umarmen versucht. In gleichem Maße exzessiv und genial, wurde Li Bo dem literarischen Expressionismus Europas zum leuchtenden Vorbild. Sein volkstümlicher und individualistisch lebensfroher Charakter entspricht gewissermaßen der europäischen Vorstellung eines Dichters. In seinem »Lied von der Erde« vertonte Gustav Mahler sechs Gedichte von Li Bo in einer Übersetzung von Hans Bethge. In der chinesischen Literaturkritik wird Li Bo jedoch als »reckenhaft-unbändig und wirbelnd-weltenthoben« gebrandmarkt. Sein wohl berühmtestes und meistzitiertes Trinklied soll hier von dem ungestümen Temperament des Dichters Zeugnis geben:

»O siehst du nicht
die Wasser des gelben Stromes:
Vom hohen Himmel gekommen,
jagen sie meerwärts
und kehren nie mehr zurück!
O siehst du nicht
droben im Saal den Spiegel
betrauern dein weißes Haar?
Morgens noch war es wie dunkle Seide;
abends schon ward es zu Schnee.

So lebe, Mensch, nach Herzenslust
und koste bis zur Neige das Glück!
Laß nie den goldenen Pokal
leer unterm Monde stehn!
Der Himmel schuf in uns die Gaben –
so müssen wir sie nützen.
Wenn tausend Gulden verschleudert sind –
sie kehren wieder ein andermal.

Kocht einen Hammel! Schlachtet ein Rind!
Und laßt uns fröhlich sein!
Laßt uns auf einen Zug
dreihundert Becher leeren!
Du, Meister Tsen! Mein Freund Zinnoberbühl!
Hier kommt der Wein. Weis' keiner ihn zurück!
Ein Lied will ich den Herrn jetzt singen.
Neigt mir ein Ohr und hört mir zu!

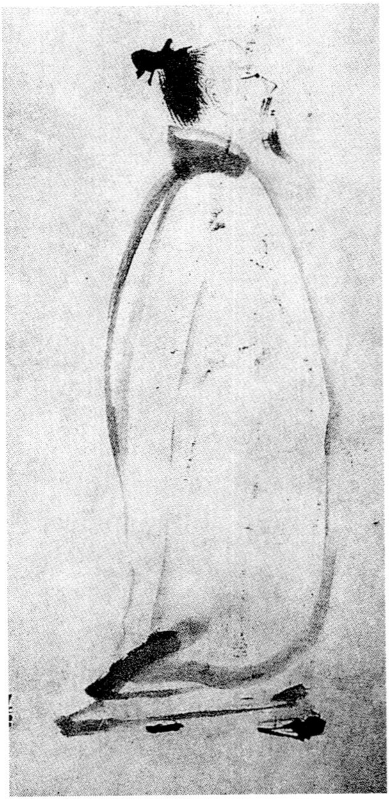

Abb. 54 Li Bo – ein Gedicht deklamierend, Tuschmalerei von Liang Kai (Mitte 13. Jh.)

Glocken und Pauken und Leckerbissen
sind alles wertlose Sachen.
Aber betrunken will ich sein
und will nie mehr erwachen.
Wie still sie sind, die Heiligen
und Weisen des Altertumes!
Nur was ein guter Trinker war,
der freut sich ewigen Ruhmes:
Als vorzeiten der Prinz von Tschen
zum Fest auf dem Söller des Glücks gerufen,
hallten die Wände von Lachen und Lust,
und der Wein floß aus zehntausend Kufen.

Was will der Wirt?
Er sagt, zu wenig Geld?
Kauf er nur unbesorgt,
was er den Herrn kredenze.
Mein schimmernder Scheck!
Mein Tausend-Gulden-Pelz!
Mach er zu Wein sie rasch,
ruf er den Schenken!
Ich will mit euch
den Gram von tausend Äonen ertränken.«
(zit. nach Debon 2, S. 41–42)

Du Fu, der Weise der Dichtkunst (712–770)

In Europa eher unbekannt geblieben, gilt Du Fu, Zeitgenosse und Freund, hingegen seit der nachfolgenden Song-Dynastie als der »Weise der Dichtkunst«. Du Fu selbst schreibt von seinem älteren, dem Trunke ergebenen Dichterkollegen:

»Li Bo mit einer Kufe Wein,
das gibt dreihundert Gedichte.
In Tschang-an auf dem Marktplatz liegt
er schlafend in den Schenken.
Als ihn der Himmelssohn einst rief,
erklomm das Boot er nicht.
Dein Untertan, so sprach er, ist
ein Genius, tief im Wein!
(zit. nach Debon 2, S. 6)

Im Gegensatz zu dem kühnen und unbefangenen Li Bo ist Du Fu ein Kritiker der gesellschaftlichen Mißstände seiner Zeit. Er, der auch ein bitteres Schicksal am eigenen Leib erfahren mußte, engagierte sich mitfühlend für das leidgeprüfte Volk.

Anders als der überschwengliche Li Bo, nahm Du Fu in klaren Worten und natürlicher Einfachheit Anteil am Geschick seines Landes und den bitteren

Erfahrungen seines Volkes in den flammenden Wirren der An Lushan-Rebellion und bekannte an einer Stelle: »*Ich ruhte nicht, bis ich mit meinen Worten die Menschen aufgeschreckt...*« Du Fu gilt auch heute noch als der klassische Dichter Chinas.

> »*Ich will mein bittres Lied zu Ende spielen,*
> *Doch wird das Kleid von Tränen blutig sein.*
> *Und einmal auch wird es mein Herz verwunden,*
> *Wenn heim ihr Krieger kommt als bleich Gebein.*
>
> *Daß keiner, der mich hört, von Gram und Zorn*
> *bezwungen wird, spiel ich das Lied nur leise.*
> *Des Herbstes Wolken aber fliehn dahin,*
> *Ein Sturm zog auf, bewegt von meiner Weise.*
> (zit. nach Debon 1, S. 33)

Keine andere Epoche der chinesischen Literaturgeschichte hat jemals eine ähnliche Blüte der Poesie hervorgebracht. Die im Jahre 1703 kompilierte Anthologie der erhaltenen Tang-Poesie enthält ungefähr 48900 Gedichte von 2200 Dichtern.

Gartengestaltung und Landschaftsmalerei – angeregt durch die daoistische Naturbetrachtung

Neben der Poesie gelangte in der Tang-Zeit noch eine andere Kunstgattung zur vollen Entfaltung: die Gartengestaltung und die Landschaftsmalerei, die in der Song-Dynastie ihre höchste und für die nachfolgenden Dynastien vorbildhafte Ausformung erreichte. Diese Kunstgattungen sind im Daoismus verwurzelt, beruhen auf der intensiven Betrachtung und dem Sich-Versenken in die Natur, erfuhren indessen auch vom Buddhismus, der die meditative Haltung zusätzlich verstärkte, entscheidende Anregungen. Von der tang-zeitlichen Architektur ist nichts erhalten geblieben; lediglich Fresken und Rollbilder übermitteln in ihrer Darstellung einige Anhaltspunkte. Hier sind es vor allen Dingen wieder Gräberfunde, die mit Wandmalereien, Wandreliefs, Skulpturen und allerlei anderen handwerklichen Grabbeigaben Leben und Kultur jener Zeit veranschaulichen und so ein kulturgeschichtliches Portrait dieser Epoche liefern.

Nicht nur die Kunst profitierte von dem Amalgam chinesischer und westlicher Kultur: Auch fremdartige Gewürze und Aromatika gelangten aus Indien, Malaysien, Persien und Arabien in das China der Tang-Zeit. Nicht zuletzt durch die zumeist von Fremden geführten Weinschenken entdeckten die Chinesen ihre Vorliebe für Wein, dem sie – wie viele Gedichte überliefern – recht gerne zusprachen.

Lebenskultur

In den Weinschenken wurden die Gäste mit fremdartiger Musik und – für damalige Verhältnisse – exotischen Tänzen unterhalten, die sich ebenfalls bald großer Beliebtheit erfreuten. Unter den Instrumenten, die zu dieser Zeit nach China kamen, ist die Laute, Pipa, wohl am bekanntesten. Die um vielerlei ausländische Instrumente bereicherte kaiserliche Hofkapelle eignete sich bald die faszinierenden und mitreißenden Weisen der westlich von China gelegenen Länder an, und bei keinem Bankett durften die virtuosen Darbietungen der Hofmusikanten und die geschmeidigen und erotischen Tänze fehlen. Die figurbetonten Frauentrachten aus Zentralasien und Persien wurden bald große Mode, und die Schmink- und Frisierkunst orientierte sich nach dem Stil des »Westens«.

»Lotosfüße« – der Brauch des Fußeinbindens

Bis in die Zeit der Tang-Dynastie reichen die Wurzeln jenes ungewöhnlichen Phänomens, welches die Chinesen in dem Brauch des Fußeinbindens bei Frauen entwickelten: Dieser Brauch, der sich angeblich die wiegenden Schritte der Tänzerinnen zum Vorbild genommen hatte, breitete sich zunächst nur in den oberen Schichten aus. In der Ming- und nachfolgenden Qing-Dynastie durchdrang er jedoch die unteren Bevölkerungsschichten und kam sogar bei der bäuerlichen Bevölkerung zur Anwendung, was besonders verblüfft, wenn man sich die pragmatische und im allgemeinen mit einem hohen Maß an Vernunft ausgestattete Denkweise der Chinesen vor Augen führt. Denn eine Frau mit gebundenen Füßen kann nur unter großen Schwierigkeiten gehen, kaum stehen und ist in allen ihren Tätigkeiten eingeschränkt. Der Brauch des verstümmelten Fußes bei Frauen spiegelt ganz sicher patriarchale Gewaltverhältnisse wider. Unter dem Vorwand, einem erotischen Zwecke zu dienen – der unsichere, wiegende Gang einer Frau mit gebundenen Füßen soll Schwäche und Schutzbedürftigkeit vermitteln und wird als besonders anziehend und erotisierend empfunden (chinesische Liebeshandbücher beschäftigen sich eingehend mit den sogenannten »Lotosfüßen« als erogene Zonen) –, sichert er die Vorherrschaft der Männer. Schon Gonzalez de Mendoza äußerte sich in seiner ›Geschichte der höchst bemerkenswerten Dinge und Sitten im chinesischen Königreich‹ über die diskriminierende Wirkung dieses Brauchs: *»Sie halten für schön, kleine Füße zu haben, welche sie von Kindheit an mit Binden fest zusammenschnüren. Die Mädchen ertragen geduldig den Schmerz aus Verlangen nach Schönheit. Einige halten das für Absicht der Männer, wodurch sie durch den willkommenen Vorwand der Schönheit den Frauen Tugenden lehren, die den Frauen geziemen, nämlich selten von der Arbeit aufzustehen und noch seltener das Haus zu verlassen. Denn ihr Gang ist nicht nur beschwerlich, sondern auch häßlich geworden«* (zit. nach Gonzalez, S. 43).

In ›Wilde Schwäne – Geschichte einer Familie‹ erzählt Jung Chang von ihrer Großmutter und der Prozedur des Füßeeinbindens, wie sie noch bis in die ersten Jahrzehnte dieses Jahrhunderts in China üblich war: *»Die Füße meiner Großmutter wurden gebunden, als sie gerade drei Jahre alt war. Ihre Mutter hatte zuerst ein Stoffband von sechs Metern Länge so um ihre Füße gewickelt, daß alle vier kleinen Zehen in Richtung Ballen zeigten. Dann legte sie einen großen Stein auf ihre Füße und zerschmetterte den Fußrücken. Meine Großmutter schrie vor Schmerzen laut auf und flehte ihre Mutter an, aufzuhören. Ihre Mutter stopfte ihr ein Tuch in den Mund, um sie zum Schweigen zu bringen. Meine Großmutter verlor während der Prozedur mehrmals das Bewußtsein. Es dauerte*

Jahre, bis das Schönheitsideal erreicht war. Nachdem die Knochen gebrochen waren, mußten die Füße Tag und Nacht fest mit Tüchern gebunden werden, bis sichergestellt war, daß sie nicht mehr zusammenwachsen würden. Hätte man die Tücher gelöst, wären die Füße sofort weiter gewachsen. Über Jahre hinweg litt meine Großmutter ständig furchtbarste Schmerzen. Aber wenn sie ihre Mutter bat, sie möge doch die Tücher von den Füßen nehmen, fing ihre Mutter an zu weinen. Sie sagte ihrer Tochter, daß ohne gebundene Füße ihr Leben ruiniert sei und daß dies alles ja nur zu ihrem Besten geschehe. In der damaligen Zeit inspizierte die Familie des Bräutigams als erstes die Füße der Braut. Große, das heißt normale Füße brachten Schande über die Familie des Ehemannes. Die Schwiegermutter hob den Saum des langen Rocks der Braut hoch und sah sich die Füße der Schwiegertochter genau an. Wenn die Füße länger als ungefähr zehn Zentimeter waren, ließ sie den Rocksaum in einer demonstrativen Geste der Verachtung fallen und schnaubte wütend davon. Die Braut blieb allein den kritischen Blicken der Hochzeitsgesellschaft ausgesetzt. Alle starrten ihre Füße an und taten ihre Verachtung lautstark und in betont verletzender und abschätziger Weise kund. Manchmal entfernte eine Mutter aus Mitleid mit ihrer Tochter den Stein oder die Tücher, nachdem die Fußknochen gebrochen waren. Später machten die Töchter ihren Müttern bittere Vorwürfe, daß sie nicht hart geblieben waren, weil sie das ständige Nörgeln und die Verachtung der Familie ihres Mannes und der Gesellschaft kaum aushielten« (zit. aus Chang Jung, S. 17f.).

Die mandschurischen Kaiser gingen heftig gegen diesen merkwürdigen Brauch – wenngleich ohne Erfolg – vor und verboten den mandschurischen Frauen, ihre Füße zu verkrüppeln. Erst im Zuge der Reformen und Neuerungen in den späten neunziger Jahren des vergangenen Jahrhunderts und während der ersten beiden Jahrzehnte dieses Jahrhunderts führte die chinesische Regierung großangelegte Kampagnen gegen das Füßebinden durch; Fußinspektoren zogen durch das ganze Land, um die Bevölkerung aufzuklären. Heute noch kann man vereinzelt ältere Frauen sehen, denen in ihrer Jugend die Füße gebunden wurden; in wenigen Jahren wird man von diesem Brauch nur mehr in Büchern nachlesen können …

Musikkultur unter den Tang-Kaisern

Der großartigen Förderung der Tang-Kaiser verdankt auch die chinesische Musikkultur die Entstehung und Festigung ihrer klassisch gewordenen Formen. Schon in der Zhou-Dynastie stand die Musik – neben Philosophie und Literatur – in hohem Ansehen. Als der Erste Kaiser, Qin Shihuang, zum ersten Mal in der chinesischen Geschichte alle Gebiete Chinas unter einer Hand vereint hatte, nahm – wie auch an früheren Höfen – die Musik einen wichtigen Platz im Hofzeremoniell und bei den religiösen Riten ein. Aus jener Zeit ist die älteste, ausführliche Niederschrift einer Musiktheorie erhalten. In der darauffolgenden Han-Dynastie war man bestrebt, die alten Überlieferungen zur chinesischen Musik zu sammeln und zu pflegen. Zu diesem Zwecke wurde unter Kaiser Wu das kaiserliche Musikbüro gegründet. Mit der Förderung der Musik gingen der

Abb. 55 Musikantin mit Hüfttrommel, unglasierte Keramik, Tang-Zeit

Abb. 56 Musizierendes Damenorchester, Wandmalerei im Grabmal des Li Shou, Tang-Zeit

Fortschritt der Musiktheorie und der Gebrauch neuer Instrumente einher; die Musik war nun ebenfalls verpflichtender Bestandteil der Beamtenprüfungen. Das in vier Sektionen eingeteilte kaiserliche Orchester – Kultorchester, ziviles Orchester, Militärorchester und Orchester für die Frauengemächer – wuchs mit der Zeit auf rund 800 Musiker an. Neben der offiziellen Tempel- und Palastmusik blühte das intime lyrische Lied, das nach der Tradition des chinesischen Volksliedes von gelehrten Dichtern nachgeahmt wurde. In den kriegerischen Wirren der auf die Han-Dynastie folgenden Zeit kam auch die höfische Zeremonialmusik immer mehr in Bedrängnis, die Volksmusik integrierte Elemente fremdländischer Musik. Auf diese Weise erlangten Einflüsse aus Turkestan, Indien, Persien, Korea und auch Japan zunehmend Geltung. Die Versuche der Sui-Kaiser, nach der Wiederherstellung eines einheitlichen Reiches auch die musikalische Entwicklung in geordnete Bahnen zu geleiten, wurden in der wohl glanzvollsten Epoche in der Geschichte des chinesischen Mittelalters, der Tang-Zeit, fortgesetzt und zur Hochblüte der klassischen Musikkultur geführt: Zehn neue Hoforchester wurden gegründet, welche sich den landschaftlich so verschiedenen Formen und Stilen des Musikschaffens widmeten.

Wu Zetian, einzige legitime Kaiserin und Begründerin einer eigenen Dynastie in der chinesischen Geschichte

Durch ein einmaliges Phänomen in der chinesischen Geschichte ragt die Tang-Zeit neben allem anderen aus der Dynastieabfolge hervor: Nach dem Tode des dritten Tang-Kaisers vereinigte seine Witwe, die Kaiserin Wu Zetian, vorübergehend alle Macht in ihren Händen und – begründete eine eigene Dynastie! Schon unter Kaiser Taizong kam Wu Zhao, die Tochter eines reichen Kaufmanns, im Alter von zwölf Jahren als Konkubine an den Kaiserhof. Nach dem Tod des Kaisers wurde sie von dessen Sohn, Daozong, in die Reihe der Konkubinen übernommen und im Jahr 655 sogar zur kaiserlichen Gemahlin erhoben; so entging sie dem bis dahin üblichen Schicksal der Konkubine, nach dem Ableben »ihres« Kaisers den Rest ihres Lebens in einem Kloster zu beschließen. In ihrer Jugend buddhistisch erzogen, blieb Wu Zetian auch als Kaiserin eine glühende Anhängerin des Buddhismus und förderte in großem Maße die buddhistische Kultur, unterstützte zugleich und nicht minder aber auch den Daoismus und Konfuzianismus. Ihre – wenn auch vortreffliche – Amtsführung als legitime Kaiserin und Begründerin einer eigenen Dynastie stellt in der Betrachtungsweise der chinesischen Historiographie eine ungeheuerliche Verletzung des konfuzianischen Staatsideals dar. Die Historiographen waren der Dame höchst abhold und stempelten sie zu einem weiblichen Wüstling. Allerdings mochte Kaiserin Wu eine Frau von eigentümlichem Charme gewesen sein: Sie ließ ihre eigene Enkelin und siebte Tochter des Kaisers Chongzong mitsamt deren Gatten und Bruder ermorden. Als Kaiser Chongzong im Jahr 705 wieder auf den Thron gelangte, errichtete er seiner unglücklichen Tochter eine tiefe, unterirdische Grabstätte mit den schönsten weltlichen Wandmalereien, die aus dieser Zeit erhalten geblieben sind: Das Grabmal der Prinzessin Yongtai befindet sich in Qianxian, unweit von Xi'an.

Kaisergräber der Tang, bei Xi'an/Shaanxi

Wohl am eindrucksvollsten und schönsten ist die hochentwickelte, aber auch kostspielige Kunst und Kultur der Tang-Zeit in den kaiserlichen Gräbern bei Chang'an bezeugt. Insgesamt acht Kaisergräber sind aus dieser Epoche erhalten geblieben, doch man darf sie sich nicht als einziges Grabmal vorstellen. Vielmehr ist jedes dieser Kaisergräber eine Nekropole für sich.

Zhao Ling, Grabmal des Kaisers Taizong (Li Shimin), bei Liquan/Shaanxi

Die beiden berühmtesten Anlagen sind Zhao Ling, das Grabmal des Kaisers Taizong, und Qian Ling, jenes Mausoleum, in dem Kaiser Gaozong gemeinsam mit Wu Zetian bestattet wurde. Allein das riesige Areal, in dem das Grabmal von Li Shimin (Kaiser Taizong) untergebracht ist, bedeckt eine Fläche von 20000 Hektar und hat einen Umfang von etwa 60 km. Insgesamt befinden sich noch 167 Gräber von Angehörigen der kaiserlichen Familie und hohen Beamten in dieser Nekropole. In der Nähe der heutigen Kreisstadt Liquan gelegen, wurde einst dreizehn Jahre an dieser Grabanlage gebaut. Besondere Berühmtheit erlangten die beinahe lebensgroßen Steinreliefs der sechs Pferde des Kaisers, von denen die Legende erzählt, daß sie in den Kriegen vor der Gründung der Dynastie getötet worden seien. Vier dieser Pferde, die zu den eigenwilligsten und besten Schöpfungen der chinesischen Plastik zählen, befinden sich heute in Xi'an, die anderen

Abb. 57 Steinrelief am Grab des Kaisers Taizong: Dem verletzten Pferd wird ein Pfeil aus der Brust entfernt, Tang-Zeit (7. Jh.), heute im Universitätsmuseum, Philadelphia

beiden wurden im Jahr 1914 nach Amerika verbracht und sind heute in Philadelphia. Im Unterschied zu anderen Plastiken ist der Schöpfer dieser Kunstwerke namentlich bekannt: Der Maler Yan Liben, der am Hof von Li Shimin ein hohes Amt bekleidete, stellte diese berühmten Skulpturen im Auftrag des Kaisers her. Im Jahre 1964 setzten die ersten archäologischen Arbeiten an dieser schon allein durch ihre Ausmaße beeindruckenden Nekropole der Tang-Zeit ein; 1979 wurde hier ein Museum errichtet, in dem die kostbaren Gräberfunde zu besichtigen sind.

Qian Ling, Grabmal des Kaisers Gaozong und seiner Gemahlin, Kaiserin Wu Zetian, bei Qianxian/Shaanxi

In der Nähe der Kreisstadt Qianxian, ebenfalls in der Provinz Shaanxi, liegt auf etwa 1047 m Seehöhe gewissermaßen das Modell der tang-zeitlichen Kaisergräber: Qian Ling, das Grabmal, in dem Kaiser Gaozong mit seiner Gemahlin und nachmaligen einzigen Kaiserin Chinas, Wu Zetian, bestattet ist. Einst umschloß eine Mauer die monumentale Anlage; die Zugangswege zu den vier großen Toren waren alle von verschiedenartigen, aus Stein gemeißelten Skulpturen gesäumt. Der südliche Zugang zu der Anlage ist heute noch relativ vollständig erhalten: Zwei geflügelte Pferde, zwei straußenartige Vögel, zehn Pferde und zwanzig grimmige Wächter in kriegerischer Ausstattung säumen diese heilige

Abb. 58 Spiel mit einer Ente, Wandmalerei im Grabmal des Li Zhen, Tang-Zeit (665)

Straße; außerdem eine Gruppe von etwa 60 Abgesandten der verschiedenen Nationalitäten des tang-zeitlichen China und der fremden Völker am Rande des Reiches, die zum Begräbnis des Kaisers gekommen waren – steinern und stumm stehen sie in der Gruppe beisammen. Die später mutwillig enthaupteten Steinfiguren hinterlassen einen höchst merkwürdigen Eindruck. (Vielleicht war dieser Zerstörungsakt einst ein Aufschrei der Empörung gegen die berüchtigte Kaiserin Wu Zetian, die gegen das traditionell patriarchalische Kaisertum verstieß.) Hier, im Qian Ling, wurde im Jahr 684 Kaiser Gaozong bestattet, im Jahre 706 die Kaiserin Wu Zetian. Im Areal der ausgedehnten Anlage liegen außerdem noch siebzehn Nebengräber, darunter die berühmten Grabmäler der Prinzen Yide und Zhanghui und das Grabmal der Prinzessin Yongtai, alle drei Opfer der Kaiserin Wu.

Grab der Prinzessin Yongtai – berühmt für seine Wandmalereien

Prinzessin Yongtai zählte erst 17 Jahre, als sie auf Geheiß ihrer Großmutter umgebracht wurde. Als ihr Vater nach dem Tod der Kaiserin Wu wieder an die Macht kam, ließ er ihr ein Mausoleum im Areal des Qian Ling errichten. Das in den Jahren 1960 bis 1962 freigelegte Grabmal ist vor allem ob seiner schönen Wandmalereien, den wohl feinsten weltlichen Darstellungen der Tang-Zeit, berühmt. Der weiße Tiger, Herrscher über den Westen und den Tod, und der blaugrüne Drache, Herrscher über den Osten und das Leben, stehen einander an den Wänden entlang der Eingangsrampe gegenüber. Im Innern der Grabkammer sind die

Abb. 59 Gruppe von Steinfiguren vor dem Grabmal des Kaisers Gaozong, Tang-Zeit

Wände mit eleganten Figuren von Hofdamen und Dienerinnen geschmückt. Die über 1000 Grabbeigaben, die aus dem knapp 90 m langen Grabmal zutage gefördert wurden, sind heute in einem angeschlossenen Museum ausgestellt.

Gräber der Kronprinzen Yide und Zhanghui

In den Jahren 1970 bis 1971 wurden die Grabmäler der beiden Kronprinzen, Sohn und Enkel der Kaiserin Wu, freigelegt. Auch diese beiden Gräber bestechen durch ihre Wandgemälde, die vornehmlich weltliche Szenen, Bilder aus dem höfischen Leben und dem militärischen Alltag wiedergeben, aber auch zeitvertreibende Unterhaltungen, wie zum Beispiel das aus Persien an den Kaiserhof gelangte Polo-Spiel. Unter den Grabbeigaben, die aus den bereits gründlich geplünderten Gräbern geborgen wurden, befindet sich auch eine stattliche Anzahl von Exemplaren der berühmten tang-zeitlichen Drei-Farben-Keramik.

Xian Ling, Grabmal des Kaisers Gaozu, bei Sanyuan/Shaanxi, mit dem Grab des Prinzen von Huaian

Anders als die Gräber der Han-Kaiser liegen die Mausoleen beziehungsweise Nekropolen der Tang-Kaiser über die Provinz Shaanxi verstreut. So befindet sich das Grabmal des ersten Tang-Kaisers, Xian Ling, etwa 25 km östlich der Kreisstadt Sanyuan. Auf dem Areal des Xian Ling liegt auch das Grabmal des Prinzen von Huaian, Li Shou (577–631). Li Shou, Cousin und treuer Mitstreiter des ersten Tang-Kaisers, erhielt zum Zeichen der kaiserlichen Anerkennung ein

Abb. 60 Jagdszene, Wandmalerei im Grabmal des Li Shou, Tang-Zeit

Abb. 61 Pflügeszene, Wandmalerei im Grabmal des Li Shou, Tang-Zeit

Grabmal auf dem Gelände des Mausoleums seines Kaisers. Die unterirdische Grabanlage, die wie alle typischen tang-zeitlichen Gräber durch eine Zugangsrampe erschlossen wird, fällt besonders durch die Themenwahl ihrer Wandmalerei auf: In keinem anderen Grab werden, wie hier, Szenen aus dem Leben auf dem Lande dargestellt. Anders jedoch und nicht weniger exklusiv die Innenseite des Steinsarkophages, deren Szenen dem häuslichen Leben und den privaten Vergnügungen gewidmet sind: Konkubinen, Palastdamen und Dienerinnen, Tänzerinnen und Musikantinnen versinnbildlichen die Zerstreuungen eines angenehmen Lebens. Die Innenseite des Sarkophagdaches zeigt das Relief des Sternenhimmels mit den Darstellungen des Sonnenraben, des weißen Mondhasen und der dreibeinigen Mondkröte. Der Mythos handelt vom dreibeinigen Raben, der als glückverheißendes Tier in der Sonne wohnt; sein Pendant ist der im Mond lebende Mond- oder Jadehase, ein Symbol des Langen Lebens und der Unsterblichkeit, ebenso wie die dreibeinige Mondkröte. Einen ähnlich gestalteten Sternenhimmel findet man im Grabmal des Kronprinzen Zhanghuai und in der Grabkuppel des Mausoleums von Prinz Yide.

Jian Ling, bei Liquan/Shaanxi

Eines der schönsten und am vollständigsten erhaltenen Gräber ist wohl das Grabmal des Kaisers Suzong (756–763), Jian Ling, etwa 15 km nordöstlich der Kreisstadt Liquan, in der Nähe des Zhao Ling. Die Verkehrsverbindung hierher ist denkbar ungünstig, Reisende sind daher sehr selten.

Ding Ling, bei Fuping/Shaanxi

Nördlich der Kreisstadt Fuping liegt Ding Ling, das schwer beschädigte Grabmal des Kaisers Zhongzong (705–710).

Qiao Ling, bei Pucheng

Des weiteren ist noch Qiao Ling zu nennen, das Grabmal des Kaisers Renzong (710–713), etwa 15 km nordwestlich der Stadt Pucheng.

Tai Ling, bei Pucheng/Shaanxi

Nordöstlich davon liegt Tai Ling, das Grabmal des Kaisers Xuanzong (713–756), des »Strahlenden Kaisers«.

Chong Ling, bei Jinyang/Shaanxi

Im Kreis Jinyang befindet sich das Mausoleum des Kaisers Dezong (780–805), Chong Ling.

Mit dem Jahre 705 ist die Herrschaft der Tang-Kaiser aus der Familie Li wieder eingeführt und damit das dem bis dahin unangefochtenen konfuzianischen und patriarchalischen Grundprinzip zuwiderlaufende Kapitel einer legitim regierenden Kaiserin abgeschlossen. Noch etwa ein halbes Jahrhundert dauerte die glorreiche, kulturell wie zivilisatorisch auf ihrem Höhepunkt angelangte Herrschaft der Tang-Kaiser an, bis schließlich die Rebellion des An Lushan im Jahre 755 dem Tang-Reich einen entscheidenden Stoß versetzte, von dem es sich nicht wieder erholen sollte.

Kaiser Xuanzong, der »Strahlende Kaiser«, Yang Guifei und die Rebellion des An Lushan

Zwar ist die Regierungszeit des Kaiser Xuanzong, der auch Ming Huang, der »Strahlende Kaiser« genannt wird, mit Sicherheit eine der glorreichsten in der chinesischen Geschichte, doch liegt mit der Rebellion des An Lushan ein dunkler Schatten auf dieser Epoche. Der Kaiser, der in unzähligen Gedichten und Theaterstücken fortlebt, war weniger wegen seiner 44 Jahre währenden Herrschaft zu einer tragenden und weithin bekannten Figur geworden, sondern viel eher ob seiner schönen und berühmten Konkubine, Yang Guifei. Ihr war der alternde Kaiser in großer Liebe zugetan. Yang Guifei, eigentlich die Frau seines eigenen Sohnes, verstand es, den Kaiser zu umgarnen. Die Geschichte weiß zu berichten, daß sie An Lushan, einen Emporkömmling aus dem türkischen Stamm der Qidan, zu ihrem Günstling und sogar zu ihrem Adoptivsohn machte. Der Aufstand des An Lushan traf den Kaiser völlig unvorbereitet, entsprechend groß war der Erfolg der Rebellion. Ohne auf Widerstand zu stoßen, bemächtigte sich An Lushan der Hauptstadt Chang'an, und der Kaiser, der sich nicht in der Lage sah, seine Residenzstadt zu verteidigen, floh mit seinem Hofstaat nach Sichuan. Die Soldaten der kaiserlichen Schutztruppen zwangen daraufhin den Kaiser, Yang Guifei auszuliefern, und erdrosselten die schöne Konkubine, die sie für das Unglück verantwortlich machten. Noch heute ist das Schicksal der Yang Guifei jedem Chinesen ein Begriff. Die tragische Geschichte des großen Tang-Kaisers und seiner schönen Konkubine diente als Vorlage für das berühmte epische Gedicht ›Das ewige Unrecht‹ von Bo Juyi.

So mancher Angehörige des Kaiserhauses war wohl sorgfältig darauf bedacht, seine Kostbarkeiten zu erhalten, und suchte, bevor er die Flucht antrat, seine Schätze zu verbergen. So mag es auch dem Sohn des Prinzen Pin ergangen sein, der in aller Eile kostbare Gegenstände aus dem Familienbesitz vergrub und alsbald dem Kaiser auf seiner überstürzten Flucht vor den Truppen des An Lushan folgte. Niemals wieder kehrte der umsichtige Sohn nach Chang'an zurück: 1970 wurden zwei große irdene Gefäße entdeckt, die über 2000 Gegenstände enthielten: Gold- und Silberschmiedearbeiten, medizinische Instrumente sowie sassanidische, byzantinische und japanische Münzen. Erst nach zehn Jahren gelang es dem neuen Tang-Kaiser, mit einem Heer, in dem auch Türken und Araber, Tibeter und Uiguren (!) dienten, der noch immer schwelenden Revolte Herr zu werden und den innenpolitischen Frieden endgültig wieder herzustellen. Doch das Reich war in seinen Grundfesten erschüttert; die Bevölkerung von 53 auf 17 Millionen gesunken.

Niedergang der Dynastie

Die zunächst durchaus nutzbringende und wichtige Einrichtung der Militärgouverneure in den Grenzbezirken des weitläufigen Reiches sollte sich gegen Ende der Dynastie als Falle erweisen: Diese Militärgouverneure hatten als unmittelbare Repräsentanten der kaiserlichen Gewalt zumeist den Befehl über ein Milizheer inne, das nicht selten aus sehr vielen Nicht-Chinesen bestand; die Loyalität dieser Soldaten zum Kaiserhaus war kaum ausgeprägt. Die erstarkenden Militärgouverneure, die ihre Macht ausbauten, sie einander streitig machten und diese Macht schließlich zur erblichen Herrschaft erhoben, beschleunigten den Zusammenbruch des Reiches. Hinzu kam die Expansion des tibetischen Königreiches, das mittlerweile dem Tang-Hof schwer zusetzte. Nicht zuletzt durch die ständigen militärischen Auseinandersetzungen wurde die wirtschaftliche Lage des Tang-Reiches nachhaltig in Mitleidenschaft gezogen. Abermals rottete sich das leidende und hungernde Volk zusammen: Die großen Volkserhebungen in der zweiten Hälfte des 9. Jahrhunderts brachten das geschwächte Tang-Reich schließlich zu Fall.

Auch wenn gerade das 9. Jahrhundert eher geringschätzig als die Zeit des Niedergangs der Tang-Dynastie angesehen wird, so war diese Zeit dennoch nicht so sehr vom Verfall geprägt wie beispielsweise das Ende der Han-Dynastie. Im Gegenteil: Die Tang-Dynastie hatte gerade auf dem Gebiet der Verwaltung eine so große Leistungsfähigkeit entwickelt, daß auch die nachfolgenden fünf Jahrzehnte der politischen Uneinigkeit den dynastischen Zyklus – wie es die Chinesen nennen – nicht völlig unterbinden konnten. Die kulturelle Schaffenskraft und die wirtschaftliche Eigenständigkeit des chinesischen Reiches blieben ebenfalls ungetrübt. Und schließlich ist bemerkenswert, daß das halbe Jahrhundert nach dem Niedergang der Tang-Dynastie die letzte längere Periode politischer Spaltungen im dynastischen China darstellt. Als das Reich im Jahr 960 durch die Song-Dynastie wieder politisch geeint wurde, war jene Form des stabilen China geschaffen, die – trotz der Beherrschung durch zwei Fremddynastien – über ein Jahrtausend hinweg bis auf unsere Tage erhalten geblieben ist.

Song-Dynastie (960–1280)

»Die Hügel und Täler des Tieflands
Habt ihr zum Schlachtfeld gemacht.
Wie durftet ihr hoffen, daß seine Bewohner
Euch ›Brennholz und Heu‹ überreichen?
Laßt mich nur ja euer Schwätzen nicht hören
über Titel und Rangabzeichen –
Denn eines einzigen Generals Ruf
Gründet auf zehntausend Leichen.« (zit. nach Waley, S. 208)

So erhob der Dichter Cao Song im Jahre 879 seine Stimme gegen die erstarkenden und miteinander rivalisierenden militärischen Machthaber. Doch zu diesem Zeitpunkt war die Restauration der zentralen Macht im Tang-Reich bereits nicht mehr wiederherzustellen. Das Land zerfiel, und die glorreiche Dynastie der Tang endete mit einer Farce: Der unmündige letzte Kaiser sah sich gezwungen, abzudanken und das Mandat des Himmels formell an einen Militärgouverneur weiterzureichen.

Zeit der Fünf Dynastien und Zehn Reiche (906–960)

Nicht lange sollte die auf die Tang-Dynastie folgende neuerliche Teilung und Auflösung des chinesischen Reiches dauern: Die Zeit der Fünf Dynastien und der Zehn Reiche auf dem Gebiet des ehemaligen Tang-Reiches währte nur ein knappes halbes Jahrhundert. Die kurzlebigen, rasch aufeinander folgenden fünf Dynastien beherrschten alle nur das Gebiet nördlich des Huai-Flusses. Sämtliche fünf Gründungskaiser, die jeweils durch einen Militärputsch an die Macht gekommen waren, wählten indessen eine neue Hauptstadt: Kaifeng, etwa 230 km östlich von Luoyang. Die zeitgleich in Südchina etablierten zehn Reiche bewahrten gewissermaßen die Kultur der Tang-Dynastie, so daß die kulturhistorische Kontinuität des chinesischen Reiches bewahrt blieb.

General Wang Jian, Kaiser von Shu

Als die Rebellenheere unter dem in Not geratenen Salzhändler Huang Chao bereits Luoyang, die östliche Hauptstadt des Tang-Reiches, erobert hatten und energisch gegen Chang'an vorstießen, floh der Tang-Kaiser im Jahre 880 aus seiner Hauptstadt nach Sichuan. In seinem Gefolge befand sich auch General Wang Jian, ein ehemaliger Räuber, Schmuggler und Adoptivsohn eines Eunu-

chen. Ihm gelang es in der Folge, sich einen Großteil von Sichuan untertan zu machen, und er proklamierte sich im Jahr 907, nach dem endgültigen Sturz der Tang, zum Kaiser des Reiches Shu. Das durch Gebirgszüge und Wasserwege geschützte und gleichzeitig schwer zugängliche kleine Reich vermochte Wang Jian kurzfristig in ein wirtschaftlich gefestigtes Land zu verwandeln. Selbst ohne jegliche Bildung, verstand er es jedoch, sich der Beamten und der Gelehrten zu bedienen, die ebenfalls aus dem unstabilen Norden des niedergehenden Tang-Reiches nach Sichuan geflohen waren. Seine Hauptstadt errichtete Wang Jian in Chengdu. Als er im Jahr 918 starb, wurde er außerhalb des alten westlichen Stadttores von Chengdu, im Yong Ling, bestattet. Das kaiserliche Mausoleum von Wang Jian wurde im Jahr 1942 entdeckt und ausgegraben.

Yong Ling, Grabmal des Wang Jian, in Chengdu/Sichuan

Verglichen mit den tang-zeitlichen Prinzengräbern nimmt sich das Grabmal des Shu-Kaisers beinahe bescheiden aus. Mit einem Durchmesser von etwa 80 m erhebt sich der Grabhügel mit einer Höhe von 15 m über der einstigen Grabkammer. Das Grabgewölbe selbst, das aus drei durch Holztore voneinander getrennten Kammern besteht, ist ebenerdig auf einer Länge von 23,4 m angelegt und wird im wesentlichen von 14 Steinbögen getragen. Auf einem steinernen Podest mit einer Länge von 7,54 m und einer Breite von 3,35 m befindet sich im mittleren Raum, der eigentlichen Grabkammer, der Sarkophag des Shu-Kaisers. An der Ost- und Westseite des Podestes halten insgesamt zwölf Kriegerfiguren Wache; sie ragen nur mit dem Oberkörper, etwa 65 cm hoch, aus dem Boden auf und scheinen die Steinbasis mit beiden Armen zu stützen. Die kriegerischen, von ihrer Hüfte an sichtbaren Wächter sind mit einer schweren Rüstung versehen; sie haben ihr Vorbild wohl in den buddhistischen Wächtergottheiten. Ihre prägnanten und fast grimmigen Gesichtszüge tragen den Ausdruck energischer Entschlossenheit. An der Ost-, West- und Südseite des Podestes sind Halbreliefs von 22 sitzenden Musikantinnen und zwei Tänzerinnen angebracht. Die 20 verschiedenen Musikinstrumente der vollständigen höfischen Orchestergruppe bieten ein hochinteressantes Spektrum der Musikkultur am Kaiserhof. Gerade diese kraftvolle plastische Gestaltung des Grabmals von Wang Jian verleiht ihm Einmaligkeit. Sein Bau- und Dekorstil sind nur mehr zum Teil der tang-zeitlichen Strenge verpflichtet. In seinen Grundzügen vermittelt das Grabmal einen vom dynamischen Stil Südchinas, speziell Sichuans, geprägten Typus.

He Ling, Grabmal des Meng Zhixiang, bei Chengdu/Sichuan

Ebenfalls in der Nähe von Chengdu, etwa 7 km nördlich der Stadt, liegt das Grabmal des Kaisers der Späteren Shu-Dynastie, Meng Zhixiang (874–934). Sein Mausoleum trägt den Namen He Ling und unterscheidet sich in ganz besonderer Weise sowohl von den tang-zeitlichen Kaisergräbern als auch von dem soeben beschriebenen Grabmal des Wang Jian. Denn das Gewölbe der zentralen Grabkammer von Meng Zhixiang liegt hier im Grabhügel selbst. Eine 12,5 m lange, aus 22 Stufen bestehende Treppe führt zum Tor der unter dem Grabhügel befindlichen Anlage. Die eigentliche Grabkammer ist – ganz unüblich – in ihrem Grundriß rund, besitzt einen Durchmesser von 6,7 m und eine Höhe von 8,16 m. Rechts und links schließen zwei, ebenfalls in ihrem Grundriß runde, kleinere Nebenkammern an. Auf einem 5,1 m langen, 2,7 m breiten und etwa 2,1 m hohen Podest, das – besonders auffällig – quer zur Längsachse der Anlage steht, ruhte einst der Sarkophag von Meng Zhixiang. Die Grabanlage, die 1970 entdeckt, 1971 ausgegraben wurde und seit 1980 unter Denkmalschutz steht, ist in kulturhistorischer Hinsicht für die Entwicklungsgeschichte des Grabbaus in China von besonderer Bedeutung. – Ebenfalls aus der Zeit der Fünf Dynastien stammen zwei andere, für die Geschichte der chinesischen Grabkultur bedeutsame Kaisergräber.

Kaisergräber der Südlichen Tang, bei Jiangning/Jiangsu: Qin Ling, Grabmal des Li Bian; und Shun Ling, Grabmal des Li Jing

In der Nähe von Nanjing, im Kreis Jiangning, am Fuße des Niushou Shan, liegen die Gräber der zwei Kaiser der Südlichen Tang-Dynastie. Li Bian, der Gründer der Südlichen Tang, deren Hauptstadt Nanjing war, starb im Jahr 943 und wurde hier mit allen kaiserlichen Ehren bestattet. Sein Sohn und Nachfolger Li Jing verschied 961; er wurde in einer Entfernung von etwa 50 m beigesetzt. Beide Grabmäler wurden im Jahr 1950 entdeckt und ausgegraben. Mit einem Durchmesser von etwa 30 m und einer Höhe von 12 m erhebt sich ein runder Erdhügel über dem Grabmal des Li Bian. Die Grabanlage mit dem Namen Qin Ling besteht insgesamt aus 13 Räumen auf einer Länge von 21,48 m und einer Breite von 10,45 m. Etwa 50 m nordwestlich des Qin Ling liegt das Grabmal von Li Jing, Shun Ling, das – in seiner Anlage um eine Spur kleiner – sich nur unwesentlich von dem seines Vaters unterscheidet. Mit insgesamt elf Räumen erstreckt sich diese Grabanlage auf einer Länge von 21,90 m und einer Breite von 10,12 m. Anders als bei den frühen kaiserlichen Gräbern ist der hinterste Raum die eigentliche Grabkammer.

Kontinuität der konfuzianischen Tradition

Wiederum ist es faszinierend, daß gerade in der Zeit der Reichsspaltung die geistesgeschichtliche Tradition Chinas keineswegs stagnierte, ja vielmehr noch an bildungspolitischer Bedeutung gewann. So kam es nicht zuletzt durch die Entwicklung des Buchdrucks in China im Jahr 932 zur ersten Drucklegung der konfuzianischen, kanonischen Schriften. Auf der Vorlage der in Stein gravierten Ausgabe des Jahres 837, die heute im Stelenwald von Xi'an aufbewahrt ist, wurden die insgesamt neun Werke mit Kommentaren in 130 Bänden im Jahre 952 fertiggestellt. Zum erstenmal in China konnten auch Privatpersonen die grundlegenden Schriften in einer größeren Menge erstehen. Dadurch war nicht nur ein wesentlicher Teil der kulturgeschichtlichen Tradition Chinas gesichert, sondern mit der Verbreitung dieser erstmals gedruckten Werke der Grundstock für das Wiedererstarken des Konfuzianismus gelegt.

Neokonfuzianismus

Die Zeit der Song-Dynastie war eine Epoche vielfältiger intellektueller Aktivitäten, die jedoch alle vor dem Hintergrund jener konfuzianischen Geistesströmung entstanden, die im Westen unter der Bezeichnung Neokonfuzianismus bekannt wurde. Mit einer Neuinterpretation der klassischen Bücher, welche nicht an den Grundzügen des traditionellen Konzeptes rührte, strebte diese Geisteshaltung dem Höhepunkt der humanistischen Bewegung in China zu. Für die nachfolgenden sieben Jahrhunderte dynastischer Herrschaft in China sollte dieser orthodoxe Konfuzianismus der Song-Zeit verbindliche Kraft erlangen.

Gedanke der Einheit

Die chinesische Denktradition ist von der Vorstellung des Kosmos als ein einheitliches Ganzes geprägt. Der Gedanke der Einheit, die es anzustreben, zu wahren und wiederherzustellen gilt, ist für eine diesseitig pragmatische Sozialethik grundlegend: Der Konfuzianismus propagiert die Aufrechterhaltung der Einheit von Makro- und Mikrokosmos, von himmlischer und irdischer, universaler und staatlicher Ordnung; zugleich ist er Grundlage für eine nicht minder diesseitig ausgerichtete Naturphilosophie, wie sie das Postulat des Daoismus zum Eins-Werden mit der Natur formuliert, die selbst das rechte Verhalten lehrt. Das Ideal der Harmonie und der Einheit ist für die chinesische Denktradition stets höchstes Ziel. Dies gilt für die beiden unterschiedlichen Ansätze des Konfuzianismus und des Daoismus, die doch im Grunde das nämliche Ziel anstreben – die Einheit. Dies gilt aber auch für das politische Ziel, China von alters her als idealisierten Einheitsstaat zu gestalten. Dieses Vorhaben konnte China freilich nur zu zwei Dritteln seiner geschichtlichen Zeit – und auch dies oft nur formal – in die Realität umsetzen. Die politische Einheit aber mußte (und muß) für China durch die ideologische Einheit gewährleistet sein, durch eine einheitliche Gedankenausrichtung, die als Orthodoxie – als rechtes Denken – auch Orthopraxie – rechtes Handeln – vermittelt. Im sogenannten Neokonfuzianismus kommt dieses verbindliche Einheitsstreben seit der Song-Zeit besonders zum Tragen. Das Streben nach einem einheitlichen geistigen Konzept begünstigte die Übernahme buddhistischer und natürlich auch daoistischer Elemente in den »neuen« Konfuzianismus, aber freilich nur solcher, die der charakteristischen Diesseitigkeit und Gesellschaftsbezogenheit nicht zuwiderliefen.

Vereinheitlichung des Gedankenguts unter der Domäne des Konfuzianismus

Noch während jenes politischen, kulturellen und geistigen »Pluralismus«, der in der Tang-Zeit zu einer Hochkonjunktur der Literatur und der bildenden Künste führte und auch das Aufblühen des Buddhismus, des Daoismus sowie des Manichäismus und Nestorianismus begünstigte, setzte eine Tendenz geistiger Vereinheitlichung ein, die in dieser Vielfalt eine Bedrohung des traditionellen Staatssystems, der sozialen Ordnung und des nationalen Selbstbewußtseins erblickte. Die gezielte Abkehr von jeglicher geistiger Freizügigkeit und die scharfe Akzentuierung der konfuzianischen Lehre sind charakteristische Merkmale der reaktionären Geistesrichtung, die in den folgenden 800 Jahren das dominierende Gedankensystem in Staat und Gesellschaft, Erziehung und Literatur, Ethik und nicht-institutionalisierter Religion bildet.

Der Buddhismus als Mitverursacher jener geistigen Vielfalt geriet unter vehemente Kritik, und nicht nur das: Die groß angelegten Buddhistenverfolgungen Mitte des 9. Jahrhunderts wiesen auch alle anderen nicht-konfuzianischen Lehren und Religionen in ihre Schranken. Politische Unterdrückung und Kontrolle religiöser Organisationen, um mögliche Gefahren für die etablierte politische Macht und soziale Ordnung fernzuhalten, gewährleisteten die Dominanz des Konfuzianismus durch die Jahrhunderte. In einer gegenläufigen Bewegung zu den daoistischen und buddhistischen Individualisierungsbestrebungen, die sich an der Oberfläche in der Entfaltung von Klöstern äußerte, stellte man nun besonders die Eingebundenheit des Individuums in die Familie in den Vordergrund. Die Vervollkommnung des Einzelnen sei nur durch diese Integration zu erreichen, wobei das eigentliche Ziel in der Wiederherstellung der gesellschaftlichen beziehungsweise der staatlichen Ordnung bestand, welche wiederum nur auf der Vervollkommnung des Einzelnen beruhen konnte. Die Isolierung eines Teils aus dem Zusammenhang Individuum – Gesellschaft – Welt erschien verwerflich, verhängnisvoll, da das Universum als ein soziales System von Entsprechungen und Gegensätzen angesehen wurde, aus dem kein einzelner Bestandteil isoliert herausragen durfte.

Betonte Ritualisierung, verbindliche Vorschriften

Mit strenger ideologischer Ausrichtung trat man auch dem buddhistischen und daoistischen Brauchtum im Volke entgegen. Auf die korrekte Ausführung der Zeremonien legte man emphatisch Wert, denn in ihnen erblickte man eine wesentliche Komponente der chinesischen Identität, die es im Lauf der Geschichte zu wahren galt. Mit einem expliziten Verbot buddhistischer und daoistischer Bräuche ging eine offizielle Reform der Sitten und Gebräuche einher. Zeremonielle Richtlinien, die bislang auf die herrschende Klasse beschränkt waren, sollten nun für alle gelten; sie wurden kompiliert und ediert und sollten die soziale Ordnung des Staates gewährleisten. Die Entwicklung des Buchdrucks war hier, wie erwähnt, von großer Bedeutung: Das neue Druckverfahren mit beweglichen Lettern ermöglichte eine Standardisierung der konfuzianischen Texte und die Edition verbindlicher zeremonieller Vorschriften, wie sie zum Beispiel in dem Werk ›Sitte im Familienleben‹, *Jiali*, des großen neokonfuzianischen Denkers Zhu Xi vorliegen. Die Orthopraxie sollte also der Orthodoxie zum Durchbruch verhelfen, die Vorgabe rechter Zeremonien sollte das Fundament für eine rechte Geisteshaltung bilden.

Ähnlich wie zur Zeit der großen klassischen Denker des 5. und 4. vorchristlichen Jahrhunderts stand auch der kulturelle und geistige Aufschwung des 12. Jahrhunderts, im Westen unter dem Namen Neokonfuzianismus bekannt, im Zeichen des politischen Zerfalls: Die Song-Kaiser mußten den Norden des Reiches an die Dschurdschen abtreten und verlegten im Jahre 1127 ihre Hauptstadt in den Süden nach Hangzhou; der Niedergang der Dynastie hielt indessen noch 150 Jahre an. Abermals galt es also, die gefährdete politische Ordnung wiederherzustellen. Die neue Orthodoxie propagierte auf politischer Ebene einen streng zentralistischen Staat, der gleichwohl auch eine pazifistische Komponente aufwies. Die militärische und außenpolitische Schwäche der Song- und später der Ming-Dynastie war nicht zu übersehen. Man hatte es weniger auf kriegerische Auseinandersetzungen abgesehen, sondern strebte vielmehr nach Möglichkeiten friedlicher Koexistenz auf der Basis eines ausgeklügelten Tributsystems. Erst die Eroberungen der letzten fremden Dynastie der Mandschuren dehnten das Reich auf die heute noch von China beanspruchten Grenzen aus.

Der geistige Hintergrund des Neokonfuzianismus war gleichsam eine Renaissance der vor-buddhistischen Philosophie, eine Rückbesinnung auf die Quellen der eigenen Tradition, ein systematisierender Prozeß, der wohl einige Elemente aus dem Buddhismus und Daoismus übernahm, diese gleichzeitig aber einer rigiden Kontrolle und Einschränkung unterwarf. Das Verlangen nach

Vereinheitlichung auf allen Gebieten – nicht etwa im Sinne einer Gleichmacherei – strebte nach Einheit von Staat und Gesellschaft, Regierung und Erziehung, und forderte eine einheitliche gedankliche Ausrichtung. Erneut standen die Integration des Menschen in den Kosmos und die Identifikation der menschlichen Natur mit der kosmischen Ordnung im Vordergrund. Nicht nur der harmonische Einklang mit der Gesellschaft, sondern – wie schon erwähnt – ein ebensolcher Bezug zum Universum wurde als Richtlinie propagiert. Dies zeugt von der daoistischen Beeinflussung des Neokonfuzianismus. Ihren Niederschlag fand diese Synthese in einem der berühmtesten Texte des Neokonfuzianismus, in der ›Westinschrift‹ des Zhang Zai (1021–1077), die ob ihrer pointierten Aussage hier zitiert werden soll: *»Der Himmel ist mein Vater, die Erde meine Mutter, und selbst ein winziges Wesen wie ich findet einen traulichen Platz in ihrer Mitte. So sehe ich in allem, was das Universum durchzieht, meinen eigenen Körper, und in allem, was das Universum regiert, meine eigene Seele. Alle Menschen sind meine Geschwister, und alle Dinge sind meine Gefährten ...«* (zit. nach Bauer 1, S. 293).

Der zentralisierte Staat der Song-Dynastie

Es ist müßig, das politische Geschehen jenes halben Jahrhunderts nach dem Niedergang der Tang im Detail zu schildern. Unter der Dynastie der Song wurde China im Jahr 960 abermals geeint: Keineswegs so dauerhaft wie die Han-Dynastie und auch nicht annähernd so mächtig wie die Tang-Dynastie, errichtete jedoch die Song-Dynastie eine viel stärker zentralisierte Staatsgewalt – auf der Basis des konfuzianischen Beamtenprüfungssystems. Dynastiegründer war Zhao Guangyin; er entstammte einer Beamtenfamilie unweit von Beijing und gelangte ebenfalls durch einen Militärputsch an die Macht. Durch politisches Geschick und kluge militärische Strategie gelang es ihm, das Reich zu einen und zu konsolidieren; dieses Bestreben kennzeichnete seine gesamte Regierungszeit. Die ständige Bedrohung im Norden des Reiches durch nomadische Steppenvölker konnte durch Tributleistungen vorerst eingedämmt werden.

Liao-Dynastie der Kitan (Qidan)

Angeregt von dem Vorbild des chinesischen Tang-Reiches, entfalteten sich im Norden des Song-Reiches vornehmlich drei größere Reiche, in dem sich Stammesführer zum Kaiser erklärten. Zu diesen gehörte zunächst das Reitervolk der Kitan (Qidan) in der Mandschurei. Ihr Herrschaftsgebiet erstreckte sich von der Mongolei im Westen bis nach Korea im Osten; sie übten einen so nachhaltigen Einfluß aus, daß die alte Bezeichnung Chinas als Kitai oder auch Cathay – wie sie einst Marco Polo gebrauchte und heute noch die slawischen Sprachen verwenden – auf jenes Volk der Kitan zurückgeht. Mit der Liao-Dynastie der Kitan und der im Nordwesten angrenzenden tangutischen Dynastie der Xixia unterhielt der song-zeitliche Kaiserhof die üblichen Tributbeziehungen, um sich die potentiellen Angreifer vom Leib zu halten.

Jin-Dynastie der Dschurdschen

An die Stelle der Kitan rückte wenig später das tungusische Volk der Dschurdschen.

Xixia-Dynastie der Tanguten

Die Tanguten waren eines jener Völker, die südlich der Mongolei auf dem Gebiet der heutigen Provinzen Gansu und Ningxia ein Königreich etablierten, das etwa vom 11. bis zum beginnenden 13. Jahrhundert zur Großmacht emporstieg. Die Tanguten, ein tibetisch-türkisches Mischvolk, führten ihre Abstammung auf den Stamm der Toba zurück, welche im 5. und 6. Jahrhundert die Wei-Dynastie in China gegründet hatten. Sie sprachen tibetobirmanisch und benützten eine eigene Schrift, die noch bis zum 15. Jahrhundert in Gebrauch war. Bis zu ihrer völligen Vernichtung durch Dschingis Khan hielt das kriegerische, halbnomadische Volk der Tanguten den Nordwesten Chinas unter seiner Kontrolle. Das Zentrum des tangutischen Reiches war die Stadt Yinchuan im heutigen Ningxia. Im Jahr 1227 zerschlug Dschingis Khan das Tangutenreich. Er selbst starb jedoch, geschwächt durch eine schwere Verletzung, die er sich während der Feldzüge gegen das tangutische Königreich zugezogen hatte, bei der Belagerung von Yinchuan am 18. August 1227. Die unbeschlagenen wendigen Pferde der Mongolen gaben letztendlich den Ausschlag, daß eine der entscheidenden Schlachten zu ihren Gunsten endete: Auf dem zugefrorenen Gelben Fluß fanden die mit Eisen beschlagenen Streitpferde der Tanguten keinen Halt.

Abb. 62 Königsgräber der Xixia bei Yinchuan, Provinz Ningxia

Königsgräber der Xixia, bei Yinchuan/Ningxia

Ungefähr 30 km westlich der Stadt Yinchuan liegt die Nekropole der tangutischen Könige. Die Grabanlage, die eine Fläche von etwa 40 km^2 einnimmt, umfaßt acht Königsgräber und etwa 70 Begleitgräber. Jedes dieser Mausoleen ist eine in sich geschlossene Einheit und erstreckt sich auf einer Fläche von mindestens 100000 m². Von den einstigen Hallen und Pavillons ist heute nichts mehr erhalten, die Gräber wurden noch vor Beginn der Ming-Dynastie ausgeraubt und gebrandschatzt. Doch haben die unterirdischen Grabkammern die Zeitläufte gut überstanden. In den Jahren 1972 bis 1974 öffnete man eines dieser Gräber. An den Grabbeigaben und steinernen Skulpturen, den Grabstelen, die auch die eigenständige Schrift der Tanguten überliefern, ist zu ersehen, daß die tangutischen Könige nur teilweise von der chinesischen Kultur beeinflußt waren und sich ihre eigene Kulturtradition bewahrt hatten. Die Gräber sind heute eines der wichtigsten historischen Relikte zur Erforschung des tangutisch-chinesischen Kulturkonglomerats.

Huayan Si, Oberer und Unterer Huayan-Tempel, Datong/Shanxi

Den ebenso eigentümlichen und bemerkenswerten Baustil der nördlichen Fremddynastien der Liao und Jin findet man in den großen buddhistischen Anlagen der beiden Huayan-Tempel in der Stadt Datong. Huayan, die chinesische Bezeichnung für das Avatamsa-Sutra, ist der Name einer buddhistischen Sekte, die ungefähr im 11. Jahrhundert ihre Blütezeit erlebte. Unter den Kaisern der Liao-Dynastie, des Stammes der Qidan, wurde die Anlage des Huayan-Klosters etwa Mitte des 11. Jahrhunderts errichtet. Doch noch in den letzten Jahren der Liao-Dynastie wurde ein Teil der Gebäude zerstört. Nach Rekonstruktion und Wiederaufbau teilte sich die Anlage in der Ming-Zeit in zwei Komplexe: in das Obere und das Untere Huayan-Kloster; sie erlangte freilich nicht mehr die Ausmaße der Liao-Zeit.

Ost-West-Ausrichtung der Anlage

Am auffallendsten ist die Ausrichtung dieser beiden Tempelkomplexe, die nicht – wie ein chinesischer Tempel – nord-südlich orientiert sind, sondern vielmehr dem schamanistischen Glauben der Qidan folgend, von Osten nach Westen; demnach blicken sämtliche Hallen mit ihrem Eingangstor gegen Osten. Die Haupthallen der beiden Klosterkomplexe sind überaus sehenswert.

Die kostbaren Skulpturen in der Haupthalle des Oberen Huayan-Tempels

Die Haupthalle des Oberen Huayan-Klosters, die Halle des Großen Helden, Daxiong Baodian, stammte ursprünglich aus der Liao-Dynastie, brannte jedoch zur Gänze nieder und wurde im Jahr 1140 auf den ehemaligen Grundfesten wieder errichtet. Sie gilt als eine der größten buddhistischen Tempelhallen aus der Liao- und Jin-Zeit und erhebt sich auf einer Fläche von 1559 m². Außer der merkwürdigen Anordnung der inneren Pfeiler, die eigens so plaziert wurden, um für die Statue der zentralen Buddhafigur genügend Platz zu schaffen, erregen vor allem die Figuren von zwanzig Gottheiten zu beiden Seiten der Halle besonderes Aufsehen: Ihre Gestalten neigen sich alle etwa in einem Winkel von 15° zur Mitte der Halle, wo sich fünf vergoldete Buddha-Statuen erheben. Die leicht vorgeneigten Skulpturen, allesamt zu Anfang des 15. Jahrhunderts entstanden, gelten als besonders kostbare Seltenheit. Wertvoll sind auch die wunderbaren Wandmalereien sowie die prächtige Holzkassettendecke, die allein 973 Motivteile aufweist.

Abb. 63 Bodhisattva-Figuren in der Haupthalle des Oberen Huayan-Tempels, Liao, bei Datong, Provinz Shanxi

Die Wandmalereien bedecken eine Fläche von 887,25 m^2 und erstrecken sich über eine Höhe von 6,5 m. Sie erzählen Geschichten aus dem Leben des historischen Buddha und erläutern Themen der buddhistischen Lehre. Eigenwillig ist schließlich das Dach der großen Tempelhalle, wohl ein Walmdach, das jedoch keinen Giebel besitzt.

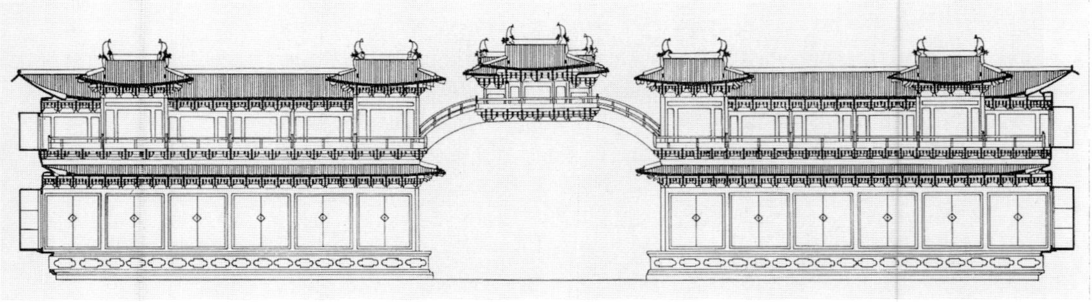

Abb. 64 Bibliothek des Unteren Huayan-Tempels, Liao, bei Datong, Provinz Shanxi

Abb. 65 Kopf eines Lohan, glasierte Keramik, Liao, heute im Universitäts-Museum, Philadelphia

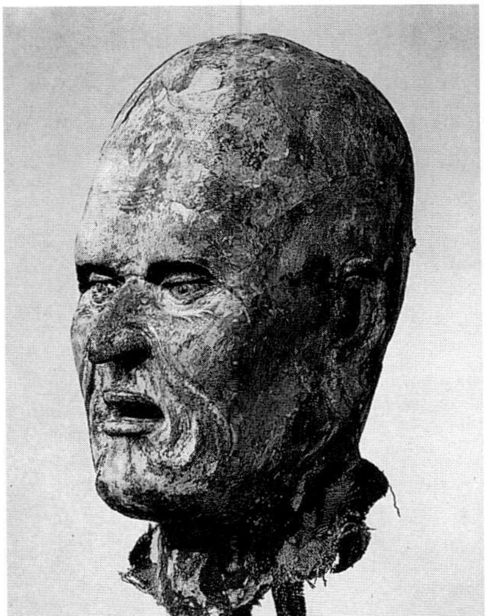

Abb. 66 Kopf eines Lohan, Trockenlack, Liao, heute in Kansas City

Die einzigartige Bibliothek in der Haupthalle des Unteren Huayan-Tempels

Die Haupthalle des Unteren Huayan-Klosters trägt den Namen Bojiajiao Zangdian, Halle zur Aufbewahrung der Heiligen Schriften; es ist eine riesige Bibliothek. Das Bauwerk geht auf die Liao-Dynastie zurück; auf einem der Bretter überliefert eine Inschrift die Jahreszahl 1038 als Zeitpunkt seiner Fertigstellung. Die Halle ist ebenfalls gen Osten ausgerichtet und soll zur Zeit der Liao-Kaiser 579 Bände heiliger Schriften enthalten haben. Besonders berühmt sind hier vor allem die wertvollen Einbauschränke: 38 Holzschränke sind an den Innenseiten des Gebäudes angebracht, sie ähneln in ihrer Anordnung jeweils zwei doppelstöckigen Pavillons, die im oberen Stockwerk durch eine Bogenbrücke verbunden sind, welche ihrerseits wieder einen kleinen Pavillon trägt. Hinter den Flügeltüren der unteren Etage sind die heiligen Schriften aufbewahrt, die obere Etage weist Nischen mit Buddhafiguren auf. Die Wandschränke aus der Liao-Zeit sind die einzigen ihrer Art in ganz China und daher besonders wertvoll.

Das song-zeitliche China: zentralistisch und friedfertig

Das Song-Reich ist das geradezu klassische Beispiel für den zivilen chinesischen Staat. Seine Außenpolitik war von ausgeprägtem Pazifismus gekennzeichnet – ganz nach der durchaus sympathischen Maxime des ersten Song-Kaisers, »besonderes Gewicht auf das Zivile legen und das Militärische gering veranschlagen«, *»chongwen qingwu«*. Zhao Guangyin war selbst ein guter Reiter und Bogenschütze und in den vielen Kriegen gegen die Kleinstaaten im Norden militärisch erprobt und erfahren. Ihm war die Gefahr, die von den nahezu eigenständigen Militärgouverneuren ausging, sehr wohl bewußt. Bezeichnend für ihn war jenes berühmte Bankett, in dem er nach seiner Thronbesteigung die Generäle allesamt mit zivilen Rängen an Stelle der militärischen bedachte. So räumte er auch zum Beispiel den Zivilbeamten eine besondere Vorrangstellung gegenüber den Militärs ein und besetzte nicht selten militärische Führungspositionen mit zivilen Beamten. Dieses Vorgehen war freilich zweischneidig: Einerseits war dadurch gewiß die Gefahr eines Militärputsches unterbunden, der die zentrale Staatsgewalt hätte bedrohen und das Aufkommen separatistischer Mächte hätte begünstigen können, andererseits aber wurde dadurch die Verteidigungsfähigkeit des Reiches gegen einen eventuellen Angreifer von außen geschwächt. Die Friedensschlüsse mit den aggressiven Steppenvölkern, die einzig und allein durch hohe Tributzahlungen erkauft werden konnten, kamen dem song-zeitlichen Herrscherhaus teuer zu stehen. Angesichts dessen ist die prosperierende wirtschaftliche Entwicklung der Song-Zeit geradezu erstaunlich.

Kaifeng/Henan, blühende Metropole der Song-Kaiser

Inmitten fruchtbaren Ackerlandes, am Bian-Kanal in der Ebene des Gelben Flusses gelegen, durch den Großen Kaiserkanal mit dem Norden und Süden des Reiches verbunden, entwickelte sich die Hauptstadt des Song-Reiches, Kaifeng, bald zu einem regen kulturellen und wirtschaftlichen Zentrum. Hier entfaltete sich ein reges Handelsleben mit dem entsprechend bunten Straßenbild und einer Unzahl von Märkten, Gasthäusern und Imbißstätten, Bordellen und Theatern. Ein lebhaftes Portrait der damaligen Metropole ist uns mit der Querrolle »Am Frühlingsfest den Fluß hinauffahren« von Zhang Zeduan aus dem 12. Jahrhun-

Abb. 67 »Frühlingsfest am Fluß«, Kopie der berühmten Rolle von Zhang Zeduan, Tusche und Farbe auf Papier, Qing-Zeit (Ausschnitt)

dert erhalten. Die Querrolle befindet sich heute im Palastmuseum in Beijing. Etwas mehr als hundert Jahre konnte sich Kaifeng als Metropole und Millionenstadt behaupten. Doch mit der Invasion der Jin-Kaiser verlor die Stadt abrupt an Bedeutung. Der einst so lebenswichtige Bian-Kanal wurde zugeschüttet und mit Häusern bebaut. Als gegen Ende der Ming-Dynastie die Rebellen des Li Zicheng im Jahre 1642 die Stadt bedrohten, öffnete man die Deiche des Gelben Flusses. Die Stadt wurde zur Gänze überschwemmt und unter einer hohen Schlammschicht begraben. Von den etwa 180000 Einwohnern der Stadt entgingen nur knapp 20000 dem Tod in den Fluten des Gelben Flusses. Erst zwanzig Jahre später ließ Kaiser Kangxi die Stadt wieder aufbauen und bewohnbar machen, doch erreichte Kaifeng seine song- und auch ming-zeitliche Bedeutung nicht mehr. In der Regierungszeit des Kaisers Daoguang in der ersten Hälfte des 19. Jahrhunderts wurde Kaifeng noch einmal von einer schweren, acht Monate währenden Flutkatastrophe heimgesucht. Die Stadtmauern mußten vollständig wieder aufgebaut werden. Heute zählt Kaifeng zu den großen historischen Städten Nordchinas, die aus der Song-, Yuan- und Ming-Zeit viel Wissenswertes und Wertvolles bewahrt haben, und bietet mit seinen Holzfassaden und schmalen Gassen ein schönes Bild der traditionellen chinesischen Stadt.

Kaifeng, auch die Östliche Hauptstadt genannt, entwickelte sich also in der Song-Zeit zu einer blühenden Handelsstadt. Es heißt, daß die Bevölkerung jene des tang-zeitlichen Chang'an um das Zehnfache überstiegen habe. Auch hatte das tang-zeitliche Chang'an in städteplanerischer Hinsicht noch genau eingeteilte Stadtviertel, in denen das Handelsleben auf das östliche und westliche Stadtviertel beschränkt und auch der Nachtmarkt verboten war. Die song-zeitliche Metropole präsentierte sich freilich schon ganz anders: Die Geschäftszeiten unterlagen keiner Beschränkung mehr, Kaiser Taizu erlaubte den Nachtmarkt. So herrschte ein buntes und lebhaftes Treiben in Kaifeng, denn das Angebot der Geschäftsläden wurde durch bestimmte Markttage im Monat ergänzt; so öffnete zum Beispiel das berühmte, bereits seit dem Jahre 555 bestehende Xiangguo-Kloster fünfmal – manche behaupten achtmal – seine Tore, um große Markttage abzuhalten. Vom ganzen Land eilten die Kaufleute und Händler hierher, um Gebrauchs- und Konsumgüter zu handeln und weiter zu veräußern. Die heutige Anlage des Klosters geht auf das 31. Regierungsjahr des Qing-Kaisers Qianlong zurück (1767) und reichte bei weitem nicht an ihre Ausdehnung in der Tang- und Song-Zeit heran. Von besonders großem Wert ist die 7 m hohe, vergoldete Gingkoholzfigur der tausendarmigen, tausendäugigen und viergesichtigen Guanyin, der Göttin der Barmherzigkeit, im achteckigen Porzellanpavillon. Im Glockenturm der Anlage befindet sich außerdem eine über 5 t schwere, etwa 2 m große Glocke, die zu den acht Sehenswürdigkeiten des song-zeitlichen Kaifeng gehört.

Xiangguo-Si, der Tempel des Staatskanzlers, in Kaifeng/Henan

Auf dem Tempelbezirk des Xiangguo Si erhebt sich außerdem die heute dreistöckige Fan-Pagode, Fan Ta, die ursprünglich neun Stockwerke aufwies und gegen Ende der Yuan-Dynastie im Jahre 1368 schwer beschädigt wurde. Die knapp 40 m hohe, sechseckige Pagode mutet mit ihrer konischen Spitze über dem nahezu flachen Dach des dritten Stockwerks etwas eigentümlich an; ihre gesamte Mauerfläche ist mit quadratischen Ziegeln verkleidet, die alle mit einem Bildnis eines Buddha oder Bodhisattva versehen sind. Die wehrhafte Pagode ist das zweite große Bauwerk dieser Art, das im song-zeitlichen Kaifeng mit kaiserlicher Förderung erstellt wurde.

Fan Ta, die Fan-Pagode in Kaifeng/Henan

Wenige Jahre zuvor hatte man die berühmte Eiserne Pagode, Tie Ta, auf dem Gelände eines Tempels errichtet, von dem heute nichts mehr erhalten ist. Die Eiserne Pagode, heute das Wahrzeichen der Stadt Kaifeng, verdankt ihren Namen den rostbraunen Glasurziegeln, mit denen sie vollständig verkleidet ist; die Farbe rührt von dem in der Glasur verwendeten Eisenoxyd her. Die 13stöckige Pagode auf achteckigem Grundriß erhebt sich zu einer Gesamthöhe von über 50 m. Auch ihre Keramikziegel, die trotz der verwitterten Glasur dem Bauwerk noch immer seine goldbraune Farbe verleihen, sind mit zierlichen Bodhisattva-Gruppen und dem für die Song-Zeit typischen floralen Schnörkelmotiv dekoriert. Die Eiserne Pagode gilt heute als eines der bedeutendsten Denkmäler des frühen Song-Stils.

Tie Ta, die Eiserne Pagode, in Kaifeng/Henan

Zhao Guangyin förderte die konfuzianische Lehre und ließ die kaiserliche Akademie weiter ausbauen. Konfuzius wurde wieder zum Vorbild und zur Leitfigur allen politischen und moralischen Handelns erhoben; es war die Zeit, in welcher der Grundstein zum späteren, elaborierten Konfuziuskult gelegt wurde. Während der zweite Kaiser der Song-Dynastie noch das Werk seines älteren Bruders Zhao Guangyin fortzusetzen sich bemühte, gelangten die nachfolgenden Kaiser kaum mehr an den Dynastiegründer heran. Sie zeichneten sich bestenfalls in der Förderung von Kunst und Kultur aus, wie etwa der achte Song-Kaiser, Huizong, der so künstlerisch begabt wie politisch desinteressiert war. Er erwarb sich besonders in der Vogel- und Blumenmalerei, aber auch als Dichter einen herausragenden Ruf, glänzte als großzügiger Mäzen und höchst verschwenderischer Kaiser und sammelte alle Arten von Kunstwerken und Antiquitäten.

Eroberung von Kaifeng durch die Dschurdschen im Jahr 1127

Die Schwäche des Song-Reiches machte sich schließlich ein Volk aus dem nördlichen Grenzgebiet zunutze: Als im Jahr 1127 die Dschurdschen nahezu kampflos bis in das Gebiet des Huai-Flusses vordrangen und auch die songzeitliche Hauptstadt Kaifeng eroberten, wurden Huizong, der gerade ein Jahr zuvor abgedankt hatte, und sein Sohn als Gefangene in die Mandschurei gebracht. Der Norden Chinas geriet nun unter die Herrschaft der mächtigen Jin-Dynastie der Dschurdschen.

Hangzhou/Zhejiang als neue Hauptstadt des reduzierten Song-Reiches

Eilig setzte sich der Hofstaat der Song nach Süden ab. In Hangzhou, der neuen Hauptstadt des reduzierten Reiches, existierte die Dynastie als Südliche Song-Dynastie recht unscheinbar weiter, bis ihr die Mongolen ein gewaltsames Ende setzten. Um die Dschurdschen an einer weiteren Expansion zu hindern, gelang es nach langen und zähen Verhandlungen, einen Friedensschluß im herkömmlichen Sinne zu vereinbaren: Die Südliche Song anerkannte die Oberherrschaft der Jin-Dynastie und bekundete durch jährliche Tributleistungen von 250000 Unzen Silber und 250000 Ballen Seide ihre Unterwerfung. Die Reichsgrenzen wurden festgelegt, und im Gegenzug lieferte der Jin-Kaiser die Särge des mittlerweile verstorbenen Kaisers Huizong und seiner Mutter an das Song-Kaiserhaus aus. Östlich von Luoyang, in der Provinz Henan, liegen heute im Kreis Gong die Gräber von sieben Kaisern der Nördlichen Song-Dynastie und ihrer Gemahlinnen.

Hangzhou/Zhejiang, Hauptstadt der Südlichen Song

Die neue Hauptstadt der in den Süden abgedrängten Song-Herrscher war Hangzhou, das sich wie Kaifeng zu einem bedeutenden gesellschaftlichen und wirtschaftlichen Zentrum emporgeschwungen hatte. Auch andere Städte, wie etwa Ningbo, Nanjing und Suzhou, entwickelten sich in dieser Zeit ebenfalls zu wichtigen Handelsmetropolen, konnten sich aber nicht mit Kaifeng oder auch mit Hangzhou messen. Städtebaulich reichten jedoch weder Kaifeng noch Hangzhou an die tang-zeitlichen Hauptstädte Chang'an und Luoyang heran. Ganz im Gegenteil, die beiden song-zeitlichen Hauptstädte entsprachen überhaupt nicht den Regeln der klassischen Stadtplanung. Innerhalb und außerhalb siedelten sich Händler und Gewerbetreibende an beliebigen Plätzen an, die ihnen für ihr Geschäft günstig erschienen, und die unkontrollierte Gewerbetätigkeit führte in kurzer Zeit zu einer Zusammenballung von Menschen und einer sprunghaften Vergrößerung der Stadt. So entstanden in Hangzhou sogar – ganz untypisch – mehrstöckige Wohnhäuser, zumeist aus Holz und Bambus. Nicht selten richteten große Feuersbrünste auf dem dicht besiedelten Gebiet verheerenden Schaden an: So vernichtete im Jahr 1132 ein einziger Brand in der Stadt am Westsee nicht weniger als 13000 Gebäude; einem zweiten Großbrand fielen etwa 10000 Häuser zum Opfer. Im Jahr 1208 tobte vier Tage und Nächte lang eine Feuersbrunst, die 58000 Häuser in Schutt und Asche legte. Der Feuersgefahr suchte man durch ein Feuerfrühwarnsystem, das man auch schon in Kaifeng erprobt hatte, beizukommen. Speziell ausgerüstete Feuerwachstationen, die wie Zeughäuser ausgestattet waren, waren über die ganze Stadt verteilt. Die Wachttürme waren ständig mit speziell ausgebildeten Soldaten besetzt, die beim Ausbruch eines Feuers rasch Alarm schlugen. Löschwasser war in Hangzhou reichlich vorhanden: Die Stadt verfügte über ein verzweigtes Kanalsystem, das sowohl die Bewässerung von Gärten und Feldern als auch die Versorgung der Bevölkerung gewährleistete.

Hangzhou – im Abendland als Quinsay bekannt

Als Marco Polo in dieser Stadt weilte, war Hangzhou nicht mehr Reichshauptstadt. Denn Marco Polo bereiste bereits im Auftrag des mongolischen Herrschers Kublai Khan das große See- und Flußhandelszentrum am Ende des Kaiserkanals, um die Einziehung der Steuern zu kontrollieren. Er war von der Schönheit der Stadt begeistert: »*Quinsai hat hundert Meilen Umfang und zwölftausend Steinbrücken. Unter der Mehrzahl dieser Brücken kann ein großes Schiff hindurch, unter den übrigen ein mittleres. Das ist nicht weiter verwunderlich, denn die ganze Stadt ruht im Wasser, die Brücken aber ermöglichen den Verkehr. In der Stadt sind alle zwölf Handwerke vertreten. Ein jedes hat zwölftausend Werkstätten, das heißt einzelne Häuser. In jeder Werkstatt wirken etwa zehn Männer, manchmal fünfzehn, zwanzig, vierzig. Nicht alle sind Meister, sondern viele Lehrlinge. Von dieser Stadt werden viele Regionen beliefert. Manche Kaufleute aus der Stadt sind unglaublich reich. Ihre Zahl ist ebenfalls sehr hoch. Die höherstehenden Schichten arbeiten nicht, sondern leben wie Könige, die Frauen wie Engel. Jeder muß dem Vater im Handwerk nachfolgen. Auch wenn seine Werkstatt hunderttausend byzantinische Goldstücke wert ist, würde niemand wagen, ein anderes Handwerk zu ergreifen. Im Süden gibt es einen See von dreißig Meilen Umfang, an dessen Ufern schöne Paläste und wunderbare Häuser stehen, in denen die vornehmen Leute leben. Klöster und Abteien der Götzenanbeter gibt es auch in großer Zahl. In der Mitte des Sees gibt es zwei Inseln, auf denen jeweils ein schöner Palast steht, der eines Kaisers würdig wäre. Diese Gebäude stehen für Hochzeiten oder Gelage zur Verfügung. Geschirr und Bestecke und andere Gegenstände werden dabei gestellt* (sic!). *In der Stadt gibt es verschiedene Häuser und Türme aus Stein, wohin die Leute ihre Sachen bringen, wenn es brennt. Oft bricht nämlich ein Feuer aus, denn die Gebäude sind zumeist aus Holz. Sie essen dort alles Fleisch, sogar das vom Hund und anderem Getier, was für Christen unbegreiflich ist. Die Brücken werden*

Tag und Nacht von zehn Mann bewacht, damit kein Aufstand ausbricht. Im Stadtzentrum steht auf einem Berg ein Turm, auf dem ständig ein Mann wacht, der mit einem Stock auf eine Tafel schlagen kann, was weit zu hören ist. Das tut er, wenn Feuer ausbricht oder ein Streit oder Kampf im Gange ist ... Alle Straßen sind mit Steinen oder Ziegeln gepflastert, ebenso die Hauptstraßen der ganzen Provinz ...« (zit. aus Die Reisen des Marco Polo, S. 121–122). Die Residenz der Südlichen Song wurde beschönigend als »vorübergehender Reiseaufenthalt«, *xingzai,* bezeichnet. Dieser Terminus lebte noch einige Jahrhunderte als das »Quinsay« des Marco Polo fort.

General Yue Fei, aufrechter Kämpfer für den Bestand der Song

Zu Anfang gab es noch nationalistische Bestrebungen seitens des song-zeitlichen Kaiserhofes, Macht und Territorium in Nordchina wieder zu erlangen. Hierbei ist vor allem General Yue Fei zu nennen, ein ergebener und erfolgreicher Streiter für die Dynastie. Yue Fei fiel jedoch politischen Intrigen seines Gegenspielers am Hof zum Opfer. Unter dem Vorwand des geplanten Hochverrats wurde er verhaftet und ermordet. Als patriotischer Held lebt er bis zum heutigen Tag in Romanen und Theaterstücken fort.

Wachsende Bedrohung im Norden durch die Mongolen

Hoch im Norden erstarkte zunehmend ein Nomadenvolk, dem der Ruf der Wildheit und der Grausamkeit vorauseilte. Schon im Jahr 1210 bedrohten die Mongolen unter Dschingis Khan das Dschurdschen-Reich in Nordchina, nahmen ihre Hauptstadt, das heutige Beijing, ein, töteten alle Bewohner und brannten die Stadt bis auf die Grundmauern nieder. Die Jin-Herrscher flüchteten nach Kaifeng, doch es dauerte nicht lange, bis auch diese Stadt in die Hände der Mongolen fiel. Den Eroberungszug nach Süden fortsetzend, gelang es dem Mongolenfürst Kublai Khan, einem der unbestritten größten Herrscherpersönlichkeiten Chinas, das Reich zum ersten Mal in der chinesischen Geschichte in der Hand fremder Eroberer zu vereinen. Das Reich der Mitte erreichte – als Teil des mongolischen Weltreichs – seine größte territoriale Ausdehnung!

Aufschwung in Literatur und Philosophie – florierende Buchdruckerkunst

In der Zeit der Song-Dynastie, in der sich China abermals auf seine eigene Wesensart besann, erlangten Literatur, Philosophie und Kunst in sorgfältiger Pflege eine besondere Kultiviertheit. Gewiß mag der Buchdruck seinen Teil dazu beigetragen haben. Die Zahl der Publikationen stieg, und die Bücher gelangten nicht selten in einer Auflagenhöhe von bis zu 1500 Exemplaren in Umlauf. 70000 Bände besaß allein die kaiserliche Bibliothek in Kaifeng, zumeist fadengeheftete, im Quartformat edierte Werke. So mancher private Sammler in der Südlichen Song-Zeit nannte eine Bibliothek mit über 100000 Bänden sein eigen. In den Jahren 971 bis 983 wurden mehr als 130000 hölzerne Druckplatten hergestellt, um den buddhistischen Kanon in Druck zu geben. Wenig später wurde auch der daoistische Schriftenkanon zum ersten Mal als Druckwerk ediert, jedoch ging dieses Werk verloren. Der Neudruck in der Jin-Dynastie, zwischen 1186 und 1191, läßt mit 83198 geschnittenen Druckplatten den Umfang dieses Werkes erahnen. Ein florierendes Verlagswesen und die Herausgabe der ersten staatli-

Abb. 68 »Früher Frühling«, Tusche und Farbe auf Seide, von Guo Xi (ca. 1020–1090), Song-Zeit

Abb. 69 »Silberreiher am verschneiten Ufer«, Tusche und Farbe auf Seide, von Ma Yuan (ca. 1190–1230), Song-Zeit

Abb. 70 »Vögel, Gräser pickend«, Tusche und Farbe auf Seide, von Ruo Zhuo (ca. 1110), Song-Zeit

Abb. 71 »Spielende Kinder im herbstlichen Garten«, Farbe und Tusche auf Seide, von Su Hanchen (ca. 12. Jh.), Song-Zeit

chen und privaten Tageszeitungen gingen Hand in Hand mit der Entfaltung des praktischen Wissens auf dem Gebiet der Landwirtschaft, der Medizin und der Arzneikunde; umfangreiche Enzyklopädien und Sammelwerke wurden erstellt.

Von der bildenden Kunst der Song-Zeit sind einige unvergängliche Leistungen auf unsere Tage gekommen: Während in der Nördlichen Song-Periode besonders in der realistischen Malerei ein Höhepunkt erreicht wurde, machte sich bei den Künstlern der Südlichen Song ein feiner Romantizismus breit. Ein einzigartiges Landschafts- und Naturbewußtsein leuchtet aus den Werken der akademischen Hofmaler. Im Abendland sind seit der Renaissance in der Malerei zumindest die bedeutenden Künstler namentlich bekannt, doch wir wissen nicht, wer die feinen Seladone in den staatlichen Werkstätten Chinas geschaffen hat; unbekannt bleiben auch die Namen jener Meister, welche die hochinteressanten Skulpturen und Plastiken in jener Zeit hervorgebracht haben.

Zwei Tempelanlagen sollen in diesem Zusammenhang noch genannt werden, die zwar beide ursprünglich aus dem 4. Jahrhundert stammen, jedoch ob ihrer vielleicht schönsten song-zeitlichen Skulpturen berühmt sind: der Jin-Ahnentempel, Jin Ci, nahe Taiyuan und das Kloster der Seelenzuflucht, Lingyin Si, in Hangzhou.

Abb. 72 Jin Ci, der Jin-Ahnentempel bei Taiyuan, Provinz Shanxi: Shengmu Dian, die Halle der Heiligen Mutter

Jin Ci, der Jin-Ahnentempel, bei Taiyuan/Shanxi – und seine kostbaren song-zeitlichen Skulpturen

Etwa 25 km südwestlich der Stadt Taiyuan in der Provinz Shanxi, im Quellgebiet des Jin-Flusses, liegt die ausgedehnte Anlage des Jin-Ahnentempels, Jin Ci. Die Tempelanlage, die auf ihrem weitläufigen Areal etwa hundert Bauten zählt, soll der Legende nach dem jüngeren Bruder des Zhou-Königs Zheng gewidmet gewesen sein. Es heißt, König Zheng habe im Spiel seinem jüngeren Bruder Yu das Blatt eines Tongölbaumes scherzhaft überreicht, welches er zuvor in die Form eines Jadezepters geformt hatte. Das Jadezepter ist aber gleichsam das Zeichen der feudalen Macht, und die anwesenden Höflinge bestanden trotz der Beteuerung des Königs, es sei ja nur ein Scherz gewesen, darauf, seinen Bruder unverzüglich zu belehnen. Der junge Prinz bezeichnete sein neues Herrschaftsgebiet nach dem Namen des dortigen Flusses als Gebiet von Jin. Auch der Tempel, der an diese Begebenheit erinnern sollte, trug später diesen Namen. Die weitläufige Anlage des Jin-Ahnentempels, der bis auf die Nördliche Wei-Dynastie zurückgeht, ist hauptsächlich durch drei Besonderheiten berühmt: Zum einen sind es die jahrhundertealten Zypressen – sie sollen bereits in der Zhou-Zeit gepflanzt worden sein – und die Schnurbäume aus der Sui-Zeit; zum anderen jene 44 song-zeitlichen Terrakotta-Figuren von lebensgroßen Hofdamen, welche als schönste und vollkommenste song-zeitliche Skulpturen gelten. Die anmutigen, aus dem Leben gegriffenen Gestalten, die sich in der Halle der Heiligen Mutter, Shengmu Dian, befinden, scheinen inmitten eines anregenden Gesprächs oder auch in Gedanken versunken erstarrt zu sein. Zum dritten sind es schließlich die drei Quellen des Jin-Flusses: Mit einer sommers wie winters gleichbleibenden Temperatur von 17° und einer Schüttung von 1,8 Liter pro Sekunde ist die Jungbrunnen-Quelle, Nanlao Quan, am ergiebigsten. Über ihrem Quellort erhebt sich heute der Pavillon der Wassergottheit, Shuimu Lou. Jeden Tag – so erzählt die Legende – mußte Frau Liu, von ihrer Schwiegermutter geknechtet und drangsaliert, von weither für den gesamten Haushalt Wasser holen. Eines Tages traf sie einen weißgewandeten Reiter, der sie bat, seinem Pferd zu trinken zu geben. Bereitwillig überließ ihm Frau Liu das geschöpfte Wasser; der Fremde aber reichte ihr zum Dank eine Reitgerte, mit deren Hilfe Frau Liu ihre Eimer füllen könne, wann immer sie wolle. Als die Schwiegermutter die wundersame Gerte entdeckte und ebenfalls benützte, hörte das Wasser nicht mehr auf zu fließen. Der Eimer quoll über; entsetzt versuchte Frau Liu, den Wasserfluß zu stoppen, und setzte sich auf den Eimer. Doch ohne Unterlaß sprudelte das Wasser hervor – bis heute ... (dazu eine Interpretation aus der Psychoanalyse bei F. E. Hoevels). Einmalig ist auch die Fliegende Brücke, welche – von 34 achteckigen Steinpilastern getragen – sich kreuzförmig über eine andere Quelle des Jin-Flusses schwingt.

Lingyin Si, das Kloster der Seelenzuflucht, in Hangzhou/Zhejiang

Zu den berühmtesten buddhistischen Tempelanlagen Chinas gehört Lingyin Si, das Kloster der Seelenzuflucht, am Ufer des Westsees in Hangzhou. Schon im Jahr 326 soll der indische Mönch Huili am Fuße des 168 m hohen Felsens, »der durch die Luft dahergeflogen kam«, Feilai Feng, ein Kloster gegründet haben. Huili vermeinte in der Felswand einen Teil seiner indischen Heimat zu erkennen, und die volkstümliche Gründungslegende knüpfte an die indische Erzählung an, nach der Grdraputa – der Berg, auf dem Buddha die Predigt des Lotos-Sutra gehalten haben soll – durch die Luft geflogen kam. Etwa 328 Skulpturen in kleineren Nischen und natürlichen Höhlen schmücken die Felswand, die gleichsam den Zugang zum Tempel der Seelenzuflucht, Lingyin Si, bildet. Die meisten Skulpturen stammen aus der Song- und der Yuan-Dynastie und sind in ihrer ursprünglichen Pracht sehr gut erhalten.

Abb. 73 Maitreya – Buddha der Zukunft, Song-Zeit, Skulptur an der Felswand zum Lingyin-Kloster in Hangzhou, Provinz Zhejiang

Der lachende Buddha

Besonders eindrucksvoll ist eine song-zeitliche Maitreya-Figur: Der Buddha der Zukunft, der im chinesischen Buddhismus zum lachenden Buddha mit mächtiger Leibesfülle mutierte, strahlt lebendigen Frohsinn aus. Noch imponierender und von großem Interesse sind die Inschriften auf den steinernen Bildwerken: Sie berichten über die Ikonographie der Vajrayana-Lehre, die der mongolische Fürst Kublai Khan in China gefördert und verbreitet hatte. Genau gegenüber dem »Berggipfel, der durch die Luft geflogen kam«, betritt der Besucher die buddhistische Tempelanlage des Klosters der Seelenzuflucht. Die Anlage, die zu den zehn wichtigsten Stätten des Meditationsbuddhismus zählt, hat eine wechselhafte Geschichte hinter sich. Sie geht der Legende nach auf das 4. Jahrhundert zurück und wurde oftmals zerstört und niedergebrannt. Während des Taiping-Aufstandes wurde das Kloster nahezu vollständig dem Erdboden gleichgemacht. Noch im 19. Jahrhundert begannen die Aufbauarbeiten, 1956 und 1970 wurde das Kloster erneut renoviert. Im 10. Jahrhundert soll die Klosteranlage 3000 Mönche beherbergt haben. Der Besucher betritt zunächst die Halle der Himmelskönige, Tianwang Dian, in deren Mitte die mächtige Figur eines lachenden Buddha von den Statuen der vier grimmigen Wächterkönige flankiert ist. In dem vor der Haupthalle, Daxiong Baodian, gelegenen Tempelhof ragen auf der sogenannten Mondplattform zwei achteckige und etwa 20 m hohe Pagoden aus Kalkstein empor. Sie sind neun Stockwerke hoch und veranschaulichen den Übergang vom tang-zeitlichen zum song-zeitlichen Pagodentypus. In der 33,6 m hohen Haupthalle schließlich erhebt sich eine über 9 m hohe vergoldete Figur des Buddha Sakyamuni auf einem Lotosthron.

Yuan-Dynastie (1280–1368)

»Wir wollen dich zum Khan machen.
Wenn du, Temujin, Khan bist,
Wollen wir gegen die vielen Feinde vorne reiten,
Wollen ihre Palastjurte und der Feinde schön-
Wangige Frauen und Mädchen und die
Feinschenkeligen Wallache
Im Trab anbringen und dir geben!
Wenn du das schlaue Wild jagst,
Wollen wir es dir im Kreis zutreiben und dir geben.
Werden das Wild der Steppe dicht herantreiben
bis seine Bäuche sich vereinen.
Werden das Klippenwild dicht herantreiben,
Bis seine Hinterschenkel sich vereinen.
Wenn wir am Tag des Kampfes nicht
Folge leisten deinem Befehl, reiß uns
Von unseren Leben,
Von Gattin und Weibern und
Wirf unsere schwarzen Köpfe
Auf den Erdboden.
Wenn wir an Tagen des Friedens
Verletzen deinen Bund, trenn uns
Von unseren Mannen und
Von unseren Frauen und Kindern und
Verbanne uns
Fort in herrenloses Land! –

Mit solchen Gelübden und solchen Eiden erhoben sie Temujin zum Khan mit dem Titel Dschingis Khan« (zit. nach Heissig, S. 46 f.).

Dschingis Khan, Oberhaupt der mongolischen Stammesföderation

Temujin, der spätere Dschingis Khan, kam etwa um 1155 als Sohn einer vornehmen Familie mongolischen Adels zur Welt. Nach und nach gelang es ihm bis zum Ende des 12. Jahrhunderts, die mongolischen und türkischen Steppenvölker zu einer großen Stammesföderation zusammenzuschließen. In der Nähe der Onon-Quelle wählten ihn die Stammesfürsten im Jahre 1206 zu ihrem

Oberhaupt, zum Khan. Für seine zukünftigen Eroberungen und Feldzüge gab Dschingis Khan seinen Heerführern gleich eine Weisung mit auf den Weg: *»Den Gewalttätigen sollt ihr die Hälse durchbrechen. Den Anmaßenden sollt ihr den Brustkorb zerquetschen!«* (zit. nach Heissig, S. 48). Mit großem strategischen Geschick und eiserner Disziplin und Grausamkeit kontrollierte Dschingis Khan bald die Stämme im Nordwesten der Mongolei. Seine kampferprobten Truppen waren straff organisiert, durch eine wirkungsvolle direkte Befehlsübermittlung miteinander verbunden und zu absolutem Gehorsam verpflichtet. Dies und nicht zuletzt die Behendigkeit und Beweglichkeit der nomadischen Kämpfer legten das Fundament zum mongolischen Weltreich. Dschingis Khan wandte sich auch den Reichen südlich der Mongolei zu, wobei die Einverleibung Chinas, gewiß sein höchstes Ziel, erst während der Regierungszeit seines Enkels

Kublai vollendet war. Zunächst eroberte Dschingis Khan die Hauptstadt der Jin-Dynastie und vertrieb die Dschurdschen nach Süden.

Es war für China zunächst ein großer Glücksfall, daß die Kriegserfahrung des Mongolenkhans ihn davon abhielt, weiter nach China einzudringen und sich mit einer relativ großen und vor allem gebildeten Bevölkerung auseinandersetzen zu müssen. Es dauerte noch ein gutes halbes Jahrhundert, bis die Mongolen schließlich von ganz China Besitz ergriffen. Auch wenn die Eroberung des gesamten chinesischen Reiches durch die Mongolen einer Katastrophe gleichkam, so hatten die fremden Eindringlinge gerade in dieser Zeitspanne doch einiges von dem chinesischen Gesellschafts- und Verwaltungsaufbau übernommen und Kenntnisse über die Chinesen und ihre Kultur erworben.

Yelü Chucai, Berater des Dschingis Khan

Dies ist vor allem das Verdienst eines Abkömmlings der Kitan, der am Hof der Dschurdschen-Kaiser in Beijing tätig war, bis er bei der Einnahme Beijings in mongolische Gefangenschaft geriet: Yelü Chucai, Gelehrter und Beamter, verstand es, Dschingis Khan mit seiner Gelehrsamkeit und seinem Wissen zu beeindrucken und ihn davon zu überzeugen, daß den bisherigen Herrschaftsmethoden der Mongolen auf Dauer kein Erfolg beschieden sein könne. Denn mit ihrem Vorhaben, alle eroberten Gebiete in eine riesige Pferdeweide zu verwandeln, hatten die Mongolen ganz Nordchina in einen chaotischen Zustand gestürzt. In den Annalen der Yuan-Dynastie heißt es dazu: »*Als Dschingis Khan die Länder des Westens angriff, verfügte er weder über Wagen zum Transport von Gepäck und Versorgungsgütern noch über Nachschubbasen. Nach Überschreitung der Grenzen Chinas sagten ihm seine mongolischen Berater: ›Dieses Land ist für uns nutzlos. Rotte lieber alle Chinesen aus und mache das Land zu einer Weide. Dann können wir unser Vieh darauf grasen lassen.‹ Der Mongolenführer war geneigt, diesen Vorschlägen zu folgen, als sich Yeh-lü Ch'u-ts'ai einschaltete. Er sprach zu Dschingis Khan: ›Jetzt, da du überall unter dem Himmel gesiegt hast und alle Schätze innerhalb der vier Meere dein sind, steht dir alles frei, wonach du verlangst. Du solltest das Land und seinen Handel besteuern und deinen Nutzen ziehen aus dem Wein, Salz, Eisen sowie den Erzeugnissen des Gebirges und der Niederungen. Auf diese Weise werden dir in einem einzigen Jahr eine halbe Million Unzen Silber, 80000 Rollen Seide und 400000 picul Getreide zukommen ...‹ Dschingis Khan gab ihm recht und befahl die Durchführung einer solchen Politik*« (zit. nach Cotterell, S. 264).

Legende vom Tod des Dschingis Khan

Dschingis Khan starb im Jahr 1227, und in der ›Geheimen Geschichte der Mongolen‹, die sein Sohn Ogodai aufzeichnen ließ, fehlt jeder Hinweis auf den Tod, die Beisetzung und die Grabstelle des Mongolenkhans. Hartnäckig hat sich jedoch die Legende von dem nicht sonderlich ruhmvollen Ende des großen Eroberers gehalten: Während manche Historiker Dschingis Khan an den inneren Verletzungen sterben lassen, die er sich während eines Feldzuges gegen die Tanguten bei einem Sturz vom Pferde zugezogen haben soll, lautet eine andere

Überlieferung, daß der gefürchtete Herrscher einer außergewöhnlich schönen Tanguten-Prinzessin in heftiger Liebe zugetan gewesen sei. Als er sich jedoch der schönen Prinzessin nähern wollte, habe diese ein scharfes Jagdmesser aus ihrem Gewand hervorgezogen und den Mongolenherrscher entmannt. Sie sei daraufhin aus dem Lager bei Yinchuan geflohen und habe sich in die Fluten des Gelben Flusses gestürzt.

Ogodai, Nachfolger von Dschingis Khan

Der Tod des gefürchteten Mongolenherrschers blieb jedoch ohne Einfluß auf die weitere Expansion des mongolischen Reiches. Schon vor seinem Tod teilte Dschingis Khan die eroberten Gebiete unter seinen vier Söhnen auf. Zu seinem offiziellen Nachfolger ernannte er seinen dritten Sohn, Ogodai, dem die östliche Dsungarei, die Mongolei und die bereits annektierten chinesischen Provinzen zugesprochen wurden. Diese Phase der Reichsteilung trug indes bereits den Keim des Zerfalls in sich.

Tod Ogodais – Glück für Europa

Dem Tode Ogodais im Jahre 1241 ist es gewissermaßen zu verdanken, daß die Geschichte Europas keinen anderen Verlauf genommen hat. Denn die mongolischen Streitkräfte, die bereits Sandomir, Krakau, Budapest und Zagreb eingenommen hatten und kurz vor Wien standen, wurden eiligst in die mongolische Residenz Karakorum zurückgerufen, wo sich die Oberbefehlshaber der mongolischen Truppen zur Wahl eines neuen Großkhans einfinden mußten.

Kublai Khan, Nachfolger von Ogodai

Vorübergehend konzentrierte sich die Macht in den Händen des Großkhans Kublai, der die Nachfolge von Ogodai angetreten hatte und die restlichen, noch verbliebenen Zweige der mongolischen Herrscherfamilie auszuschalten wußte.

Beijing – erstmals Hauptstadt des chinesischen Reiches: Khanbaliq

Kublai, dessen lange Regierungszeit von 1269 bis 1294 währte, verlegte schon im Jahr 1264 seine Hauptstadt – und somit auch das Zentrum des gesamten mongolischen Weltreichs – von Karakorum in das chinesische Khanbaliq, nach Beijing. Zum ersten Mal in der Geschichte wurde Beijing die Hauptstadt von ganz China. Noch vor der Eroberung der Südlichen Song-Dynastie gab Kublai seiner Dynastie im Jahr 1271 den chinesischen Namen Yuan, Uranfang.

China als Teil des mongolischen Weltreiches

Acht Jahre später, im Jahre 1279, war dann die Südliche Song-Dynastie endgültig vernichtet, und Kublai Khan herrschte über ein Weltreich, das sich von Budapest bis Beijing, von Bagdad bis Guangzhou erstreckte. *»Der Herr aller Herren, wie Kublai-Khan genannt wird, ist von schöner Gestalt, weder klein noch groß, sondern von mittlerem Ebenmaß. Sein Körper ist muskulös, und seine Glieder sind wohlgestaltet. Er hat ein rosiges, helles Gesicht, schöne dunkle Augen, eine gut geformte Nase, und das steht ihm gut«*, schwärmte Marco Polo von dem Mongolenherrscher, um sich gleich darauf mit noch größerer Akribie dem Bericht über die vier Frauen und die *»vielen Beischläferinnen«* des Großkhans zu widmen (zit. aus Die Reisen des Marco Polo, S. 73).

Kublai Khan als Begründer der Yuan-Dynastie

Kublai Khan entsprach eigentlich so gar nicht den Vorstellungen von einem mongolischen Herrscher: Innen- wie außenpolitisch bediente er sich viel eher der chinesischen als der mongolischen Traditionen. Die schon von Dschingis Khan eingeführte Aufteilung bestand indessen noch weiter. Kublai selbst sprach nur mangelhaft Chinesisch, doch war er geschickt genug, die chinesische Verwaltungsstruktur uneingeschränkt zu übernehmen, um die reibungslose Integration Südchinas in das mongolische Weltreich zu gewährleisten. In den Reihen seiner engsten Berater nahm er gerne Ausländer aus Zentral- und Vorderasien auf, die nach den Mongolen die zweite privilegierte Klasse in der Bevölkerung stellten. Die dritte Gruppe bestand aus den Bewohnern Nordchinas, zu denen auch die Nachfahren der sinisierten Kitan und der Dschurdschen gehörten; an unterster Stelle standen die völlig diskriminierten Bewohner Südchinas, also die Bevölkerung der Südlichen Song-Dynastie. Die fremden Eroberer sprachen allesamt nur wenig Chinesisch; der chinesischen Bevölkerung trauten sie nicht recht über den Weg und beschäftigten daher hauptsächlich Nicht-Chinesen an einflußreichen Stellen zu Hofe. Das Urteil in den Historischen Annalen über die Yuan-Dynastie, die ja nach dem Niedergang der mongolischen Fremdherrschaft von Chinesen aufgezeichnet wurde, fällt dementsprechend schlecht aus.

Die Residenz des Mongolenherrschers

Auch Kublai Khan war ein großer Bauherr: Auf dem Boden des heutigen Beijing gründete er im Jahr 1267 seine neue Hauptstadt und ließ mächtige Paläste und riesige, glanzvolle Bauten errichten. Chinesische Zwangsarbeiter aus den unterschiedlichsten Regionen des ganzen Landes wurden nach Beijing gebracht, um die Residenz des Mongolenherrschers aufzubauen. Tatsächlich muß der yuanzeitliche Kaiserpalast eine mächtige Anlage von gewaltigen Ausmaßen gewesen sein: »*Er* [der Kaiserpalast] *ist viereckig, und seine Mauern sind auf jeder Seite eine Meile lang. An jeder Ecke des großen Palastes steht ein sehr schönes Gebäude, in dem die gesamte Ausrüstung für die Heere und Kriege aufbewahrt wird, also Bögen, Köcher, Zaumzeug, Seile und Zelte. Zwischen den vier Gebäuden stehen nochmals vier, die ebenfalls mit solchem Rüstwerk gefüllt sind, so daß es insgesamt acht solcher Waffenkammern gibt, deren jede aber nur eine Art von Waffen beherbergt. Nach Süden liegen fünf Tore, in der Mitte ein großes, das nur geöffnet wird, wenn der Großkhan hinaus- oder hineinreitet. Neben diesem Tor steht auf jeder Seite ein kleines Tor für die anderen Leute. Neben diesen Toren steht wiederum jeweils ein großes Tor, das gewöhnlich von jedermann benutzt wird. Innerhalb des großen Außenrings befindet sich ein kleinerer, in den wie bei dem ersten acht Gebäude zur Aufbewahrung der Waffen eingebaut sind. Auch in dieser Mauer weist die Südseite fünf Tore auf, die entgegengesetzte nur eines. Im Zentrum des ganzen liegt dann der Palast, den ich euch jetzt beschreiben will. Es ist der größte, den man je gesehen hat. Es gibt kein eigentliches Fundament, sondern der Fußboden ist zehn Spannen über die Erde erhoben. Das Dach ist sehr hoch, und die Mauern der Zimmer und Säle sind vergoldet und versilbert. Darauf finden sich schöne Darstellungen von Frauen und Männern, Vögeln, wilden Tieren und vielen anderen Dingen. Auch am Dach kann man nur Gold und Silber feststellen. Der Saal ist so lang und so breit, daß bis zu sechstausend Personen darin speisen können. Die Zahl der außerdem vorhandenen Zimmer ist kaum zu glauben. Außen ist das Dach rot, blau, grün und zeigt auch alle anderen Farben; es ist so gelackt, daß es wie Gold und Kristall glitzert und der Palast schon von weitem leuchtet. Das Dach ist sehr fest. Zwischen den beiden Umfassungsmauern, von denen ich euch schon erzählt habe, befinden sich schöne Wiesen und Bäume und allerlei wilde Tiere, darunter weiße Hirsche, Rehe, Damwild, die Tiere, die Moschus liefern, Eichhörnchen, Hermeline und andere schöne Tiere. Das ganze Innere des Gartens wimmelt von solchen Tieren, ausgenommen der Weg, auf dem die Menschen den Garten betreten. In einem großen Teich im Nordwesten werden die verschiedensten Fischsorten gezüchtet. Der Teich wird von einem Fluß gespeist, der auf der anderen Seite wieder abfließt, ohne daß ein Fisch mit hinausgelangt. Durch Eisengitter vor dem Zu- und Abfluß wird verhindert, daß Fische entschlüpfen. Nach Norden zu, einen Bogenschuß vom Palast entfernt, befindet sich ein künstlicher Hügel aus Erde, dessen Höhe hundert Schritt und dessen Umfang an der Basis etwa eine Meile betragen. Dieser ist vollständig mit Bäumen bewachsen, die niemals ihre Blätter verlieren, sondern immer grün sind«* (zit. aus Die Reisen des Marco Polo, S. 75 f.). Nur wenige Spuren dieser mächtigen Stadt, die Marco Polo gesehen hat, sind heute noch erhalten. Einige Überreste, wie Wälle, Tore und Straßen, sind in ihrem Fundament wieder zutage gefördert worden, denn die aufständischen Rebellen, welche den letzten Mongolenkaiser vertrieben, zerstörten seine verlassene Residenz mit außerordentlicher Gründlichkeit.

Renovierung und Ausbau des Kaiserkanals

Um Nord- und Südchina enger miteinander zu verbinden, ließ Kublai den Kaiserkanal wieder herstellen und den Huitong-Kanal im Gebiet der heutigen Provinz Shandong bauen. Später errichtete Guo Shoujing (1231–1316) zwischen Tongzhou und Beijing den sogenannten Tonghui-Kanal und verband damit die Hauptstadt mit der reichsten Stadt des Südens, mit Hangzhou. Ein leistungsfähiges Postsystem auf der Grundlage eines engmaschigen Netzes von Kurierdiensten wurde eingerichtet, und zum ersten Mal war das Papiergeld ausschließliche Währung in China.

Den hochgebildeten Beamtengelehrten blieb in der Mongolenzeit der Zugang zum Hof verwehrt, also zogen sie sich vom staatlichen Leben völlig zurück und widmeten sich der Literatur und der Malerei.

Entstehung umgangssprachlicher Literatur

Gleichzeitig entwickelten sich die in Umgangssprache gehaltenen Literaturformen wie Roman und Novellendichtung, besonders auch die Theaterliteratur. Literatur war nicht länger mehr ausschließlich den Gelehrten vorbehalten; die lebendigen und volkstümlichen Roman- und Theaterwerke sprachen vor allem Kaufleute und Bürger an. Während die Literatur im allgemeinen von der Mongolenherrschaft unbeeinflußt blieb – abgesehen davon, daß durch die Diskriminierung der chinesischen Gelehrten die umgangssprachliche Literatur an Bedeutung gewann –, machte sich der mongolische Einfluß auf dem Gebiet der bildenden Kunst durchaus bemerkbar.

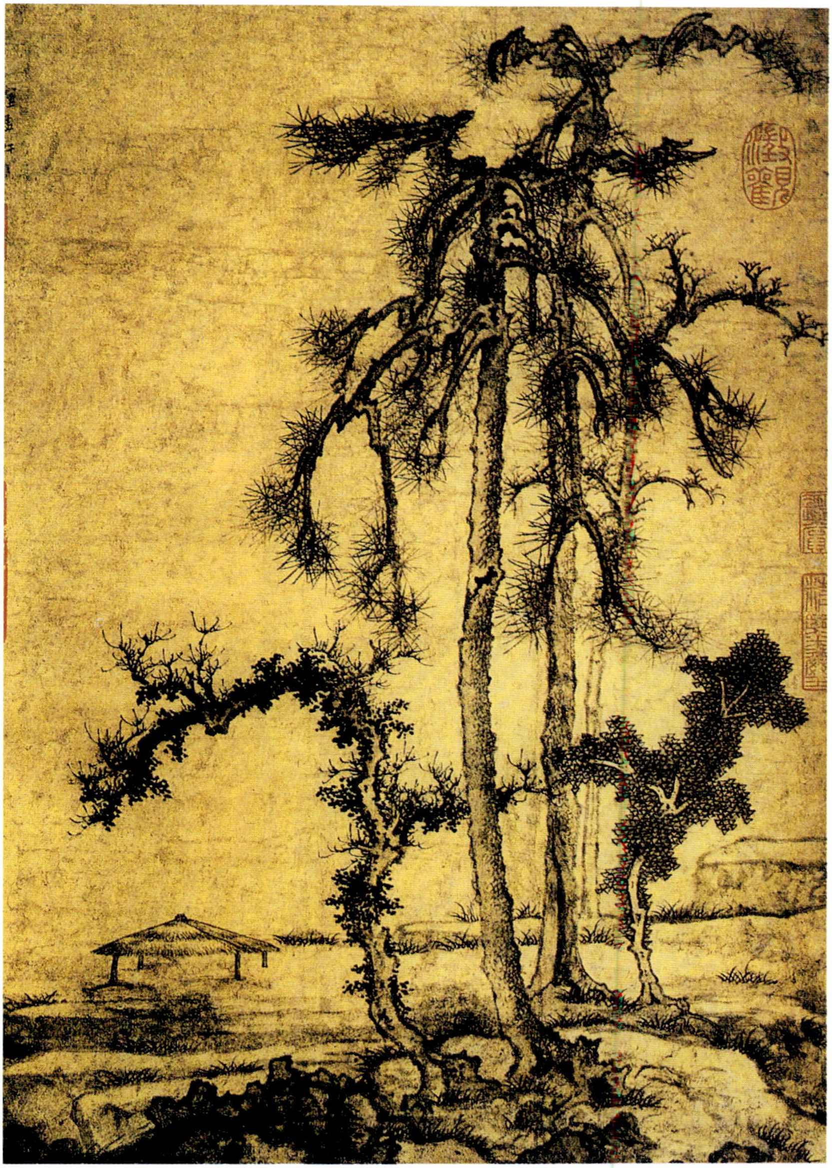

Abb. 74 »Pavillon in der Nähe alter Kiefern«, Tuschlavierung, von Cao Zhibo (1272–1355), Song-Zeit

Abb. 75 Wandmalereien im Yongle Gong, Yuan-Zeit, bei Ruicheng, Provinz Shanxi

Yongle Gong, der Palast der Ewigen Freude, bei Ruicheng/Shanxi – Juwel der Yuan-Zeit und berühmt für seine Wandmalereien

Zu den aus der Yuan-Zeit bis heute erhalten gebliebenen Kostbarkeiten gehören die Wandmalereien des daoistischen Klosters Yongle Gong, der Palast der Ewigen Freude. Ursprünglich stand die Anlage bei Yonglezhen in der Provinz Shanxi, wo nach der Überlieferung der daoistische Meister Lü Dongbin, einer der acht Unsterblichen des Daoismus, gelebt hat. Die Wohnstätte des daoistischen Heiligen, der ein Verwandter der tang-zeitlichen Kaiserfamilie gewesen sein soll, wurde nach seinem Tod zu einem Tempel ausgebaut. Im Jahr 1231 brannte die Anlage nieder und wurde wenig später in 15jähriger angestrengter Arbeit im Jahr 1261 wieder zur Gänze hergestellt. Die Arbeiten an den wunderbaren Wandmalereien, welche die Anlage weithin bekannt machten, währten jedoch über 110 Jahre und wurden erst im Jahr 1358 abgeschlossen. Freilich wurde die Anlage in den nachfolgenden Dynastien noch oftmals zerstört und wieder aufgebaut, doch blieb der yuan-zeitliche Charakter der Hallen weitgehend erhalten. Als im Jahr 1959 die Arbeiten am großen Wasserspeicher bei Sanmenxia am Gelben Fluß einsetzten, verlegte man den Yongle Gong in siebenjähriger Arbeit 20 km weiter nach Osten an seinen heutigen Standort, etwa 3 km nördlich der Kreisstadt Ruicheng. Der Yongle Gong besteht im wesentlichen aus fünf großen Hallen, die alle, mit Ausnahme der Eingangshalle, aus der

Yuan-Zeit stammen. Sämtliche kostbaren Bauwerke sind mit Wandmalereien ausgestattet, die insgesamt eine Fläche von 960 m^2 einnehmen. Im großen Hauptgebäude, der Halle der Drei Reinen, Sanqing Dian, welche den drei höchsten Gottheiten des Daoismus gewidmet ist, verläuft eine etwa 95 m lange und 4,26 m hohe zusammenhängende Wandmalerei wie ein farbiges Band entlang der vier fensterlosen Hallenwände. Etwa 290 Figuren aus dem daoistischen Pantheon finden sich hier ein, um dem höchsten der Drei Reinen zu huldigen. Die steife und zeremonielle Atmosphäre, die von diesem höfisch anmutenden Wandgemälde ausgeht, bildet einen sehr dramatischen Gegensatz zu den 52 Szenen, die in der anschließenden Halle, der Chunyang Dian, den Lebensweg von Lü Dongbin nachzeichnen. Lü Dongbin – sein Symbol ist ein dämonentötendes Schwert – ist der wichtigste der acht daoistischen Unsterblichen. Unzählige Legenden und Geschichten ranken sich um seine Gestalt. So soll er einmal – selbst dem Wein sehr zugetan – in einer Schenke getrunken haben; statt seine Zeche zu bezahlen, malte er an die Lokalwand zwei tanzende Kraniche und ging seines Weges. Immer mehr Leute kamen, um diese Kraniche zu bewundern, und der zufriedene Schankwirt verzeichnete ob dieses Gemäldes einen Anstieg seines Geschäftsgangs. Als die Schuld jedoch abbezahlt war, lösten sich die beiden Kraniche von der Wand und flogen davon. Höchst lebendig und realistisch schildern die Szenen in dieser Halle das alltägliche Leben. Sie überliefern Details aus dem gesellschaftlichen Alltag der Yuan-Zeit, zeigen Gebäude, Weinschenken, Teehäuser und Gärten; Beamte, Kaufleute, Bauern, Gelehrte und gewöhnliche Bürger vermitteln ein anschauliches Bild dieser Zeit. Die 49 Szenen an den Wänden der Chongyang Dian berichten die Lebensgeschichte des daoistischen Weisen Wang Chongyang und seiner sechs Schüler; sie repräsentieren nach der Überlieferung die sieben daoistischen Schulen. Die Farben dieser Wandmalereien sind zumeist in kräftigen Grün-, Rot-, Blau- und Brauntönen gehalten, liebevolles Augenmerk ist auf die Form und den Faltenwurf der Kleidung gelegt, selbst die Gesichter und die Körperhaltung der einzelnen Figuren sind individuell gestaltet und variieren je nach der Situation, in welcher die Figuren dargestellt sind. Die Landschafts- und Figurendarstellungen sind lebhaft und volkstümlich, wie es später auch besonders bei der Illustration von Romanen und dramatischen Szenen üblich wurde.

Qinglong Si, der Tempel des Grünen Drachen, bei Jishan/Shanxi

Nicht selten findet man auch in den anderen Tempelanlagen der Provinz Shanxi gut erhaltene Wandmalereien, die bis auf die Zeit der Fünf Dynastien zurückgehen. Vergleichbar mit dem Yongle Gong ist etwa der Tempel des Grünen Drachen, Qinglong Si, etwa 4 km westlich der Kreisstadt Jishan. Der Tempel ist eine Gründung des Jahres 662, die heutigen Gebäude aber datieren allesamt aus der Yuan- und Ming-Zeit. Bemerkenswert sind hier die in zwei Hallen, der Yao Dian und der Hou Dadian, enthaltenen etwa 185 m^2 Wandmalereien, die vornehmlich aus der Yuan-Zeit stammen. Ihr reichhaltiger Motivschatz erzählt von Bodhisattvas und ihren Schülern, den Lohan, von Legenden und Figuren aus dem Daoismus und zeigt bildhafte Gleichnisse aus dem Konfuzianismus; die

Gemälde sind so ein wundervolles Beispiel für den Synkretismus dieser drei großen Lehren Chinas. Gemeinsam mit den Wandmalereien des Yongle Gong zählen sie zu den besonders kostbaren Ausformungen der chinesischen Wandgemälde.

Jiyi Miao (auch Yangwang Miao), bei Xinluo/Shanxi

Als Geheimtip gilt der Jiyi Miao, auch Yangwang Miao genannt, etwa 20 km südwestlich der Kreisstadt Xinluo. Hier überliefern die Wandmalereien Themen aus den Mythen und Legenden Chinas, erzählen vom Großen Yü, dem Flutenbändiger, und von Shennong, der den Menschen die Kunst des Ackerbaus lehrte. Auf über 130 m^2 sind diese reichhaltigen Gemälde aus der Ming-Zeit erhalten, nach schriftlichen Aufzeichnungen sind sie im Jahr 1507 entstanden. Auch wenn diese Anlage fernab der allgemeinen Touristenwege liegt, so lohnen die besonders sehenswerten Szenen die Reise hierher unbedingt.

Noch einige andere Tempelanlagen gilt es zu nennen, die – wenn auch nicht in solcher Pracht und Fülle wie der Yongle Gong – ebenfalls yuan-zeitliche Wandmalereien bergen und kaum von Touristen überlaufen sind: Hieher gehört der *Dayun Yuan*, der Tempel der Großen Wolke, etwa 23 km nordwestlich der Kreisstadt Pingshun; weiters der *Yanshan Si*, der Yanshan-Tempel, 40 km südöstlich der Stadt Fanzhi, dessen wertvolle Malereien über Religion, Alltagsleben, Architektur und Kunst der Song- und Jin-Dynastie Aufschluß geben. Zu nennen ist auch der *Shenggu Miao*, der Tempel der Heiligen Frau, oder auch *Wanshou Gong*, 20 km nordwestlich der Kreisstadt Gaoping, dessen Wandbilder in Ausdruck und Stil den Szenerien im Yongle Gong ähneln. 17 km nordöstlich der Stadt Hongdong ist in diesem Zusammenhang noch der *Guangsheng (xia)Si*, der Untere Tempel des Großen Sieges, zu erwähnen, der ebenfalls beeindrukkende und wertvolle yuan-zeitliche Wandmalereien – zumeist buddhistischen Inhalts – beherbergt, wenngleich ein Großteil von ihnen heute in der »William Rockhill Nelson Gallery of Art« in Kansas City zu besichtigen ist, die sie im Jahr 1928 erwarb.

Der Lamaismus erfuhr von den Mongolenherrschern eine großzügige Förderung. Denn etwa hundert Jahre nach dem Zerfall des tibetischen Königreichs kam es in Tibet zu einer Renaissance des Buddhismus, als um die Jahrtausendwende berühmte Gelehrte und missionierende Mönche aus Indien ihren Einfluß dort geltend machten. Als im 13. Jahrhundert auch China und Tibet zum mongolischen Machtbereich der nachmaligen Yuan-Dynastie gehörten, interessierten sich die Nachfolger des großen Dschingis Khan für die Lehre der Tibeter.

Lamaismus als Glaubenslehre der Mongolen

Vor wenigen Jahrzehnten erst selbst von Mönchen aus Indien bekehrt, gaben nunmehr die Tibeter den Buddhismus an das kriegserprobte Volk der Mongolen weiter. Tibet anerkannte die Oberherrschaft der Mongolen und vermittelte als Gegenleistung seine religiöse Lehre, Kultur und Wissen. Die zahlreichen Kleinstaaten des einstigen Königreiches Tibet wurden in dreizehn Verwaltungseinheiten reorganisiert. In Tibet selbst war mittlerweile das Kloster Sakya zum mächtigen religiösen und politischen Zentrum emporgestiegen. Der Abt dieses

Klosters, zugleich auch geistlicher Führer Tibets und der Mongolei, erhielt im Jahr 1254 von Kublai Khan die drei Provinzen Tibets als Lehen und hatte somit auch offiziell die höchste politische Macht inne.

Sakya/Xizang, Zentrum der geistigen und weltlichen Macht im Tibet des 13. Jahrhunderts

Das Kloster Sakya, das auf eine Gründung des Jahres 1073 zurückgeht, ist gewiß einen Besuch wert: Hier entstanden als zweiter Reformorden des tibetischen Buddhismus die sogenannte Sakyapa-Schule und, als Folge der guten Beziehungen zu den Yuan-Kaisern in Beijing, auch ein Zentrum der weltlichen Macht in Tibet. Im Jahr 1244 erhielt der Abt des Klosters, Sakya Pandita, von dem mongolischen Prinzen Göden, einem Enkel des Dschingis Khan, die Weisung, die Mongolen im Lamaismus zu unterrichten.

Phagpa – Schöpfer der mongolischen Schrift

Auf seiner Missionsreise wurde Sakya Pandita, der die mongolische Hegemonie akzeptierte und im Gegenzug dafür zum Vizekönig von Tibet ernannt wurde, von seinem jungen Neffen, namens Phagpa, begleitet. Phagpa schuf – basierend auf dem uigurischen Alphabet – eine mongolische Schrift und übersetzte die heiligen Bücher des Lamaismus. Er übernahm denn auch nach Sakya Pandita die weltliche und geistliche Macht in Tibet. Er war es schließlich auch, der in dem schmalen Tal jene mongolisch anmutende Anlage gleich einer quadratischen Festung errichten ließ, heute als das Südkloster von Sakya bekannt. Das ältere, auf Sakya Pandita zurückgehende Nordkloster jenseits des kleinen Flusses wurde während der Kulturrevolution völlig zerstört. Etwa mehr als hundert Jahre lang kontrollierten die Äbte von Sakya ein Gebiet von 3500 km^2 mit 16000 Einwohnern; 22 Klöster mit 1000 Mönchen gehörten zu diesem Areal, außerhalb davon befanden sich noch etwa 56 Klöster der Sakyapa-Schule.

Äbte von Sakya – Vorläufer der Dalai Lamas

Die Äbte von Sakya, die erstmals in der Geschichte Tibets die geistige und weltliche Macht in einer Person vereinten, sind gleichsam Vorläufer der Theokratie des Dalai Lama. Sie unterhielten stabile Beziehungen zu den mächtigen benachbarten Reichen und wußten ihre gute politische Verbindung zum mongolischen Kaiserhaus in Beijing ebenso zu nützen wie ihre günstige Lage an der Handelsstraße zwischen Kathmandu und Tibet. Nach tibetischer Auffassung verkörperte der Abt von Sakya die Inkarnation des Bodhisattva Manjushri, des Schutzpatrons der Weisheit und Gelehrsamkeit, der nach dem Bodhisattva Avalokitesvara als wichtigster Bodhisattva Tibets gilt. Die eindrucksvolle Versammlungshalle des Südklosters gehört wohl zu den prächtigsten Sakralbauten Tibets. Die riesigen Bronzebuddhas mit ihren auffallenden Aureolen beeindrucken ebensosehr wie die an der Rückwand ausgestellten unzähligen Geschenke vor allem chinesischer Herkunft. Der größte Schatz des Südklosters ist freilich jener Brief, in dem Kublai Khan mit seinem Goldsiegel das Oberhaupt von Sakya mit den tibetischen Provinzen belehnte. Das Kloster Sakya ist in einem Tagesausflug von Shigatse aus zu besuchen.

Doch mit dem Ende der Mongolendynastie in China zerfiel auch die zentrale Macht der Äbte des Sakya-Klosters, die als Vizekönige Tibet regiert hatten.

Kublai Khan selbst war gläubiger Buddhist, und der tibetische Buddhismus am Hofe der Yuan-Dynastie die dominierende Religion. Neben die klassische, mehrgeschossige chinesische Pagode als heiliger Reliquienschrein trat nunmehr auch die flaschenförmige tibetische Pagode, die keine Aufteilung in Stockwerke aufweist. – Schließlich entwickelte sich unter den Mongolenkaisern auch die Teppichknüpferei.

Erste Kontakte mit dem Abendland: die Missionsreisen der Franziskaner und Dominikaner

In die Zeit des mongolischen Weltreiches – die Heere der Steppenvölker waren bereits bis an den Dnestr und Dnepr vorgedrungen – fallen die ersten nennenswerten Kontakte zwischen dem Abendland und China. Im Gefolge der mongolischen Einfälle entdeckte man im Abendland die neuen, außereuropäischen Missionsgebiete. Die Franziskaner- und Dominikanermönche reisten zu diesem Zweck zu den Mongolen, doch ihre Expeditionen waren vorwiegend von politischen Beweggründen getragen, und ihre Bekehrungsversuche waren kaum von Erfolg gekrönt. Indessen lieferten die Mönche die ersten detaillierten Berichte, die Kunde über die Völker Innerasiens nach Europa brachten. Diese Verdienste erwarben sich unter anderen die beiden Franziskaner Johannes Piano de Carpine und Wilhelm von Rubruk (van Ruysbroeck), die beide bis nach Karakorum, der damaligen Hauptstadt des Mongolenreiches, vordrangen.

Marco Polo und seine Erlebnisse am mongolischen Kaiserhof

Alle diese Reisenden und Berichterstatter des Mittelalters, von denen das Abendland etwas über das östliche Asien erfuhr, wurden von dem Venezianer Marco Polo weit in den Schatten gestellt, wenngleich sein Reisebericht noch genügend Ungereimtheiten und große Lücken aufweist und zudem nicht einmal in der Originalfassung erhalten geblieben ist. Siebzehn Jahre hatte sich Marco Polo am Hof und im Dienst des mongolischen Großkhans und Kaisers von China, Kublai, aufgehalten und ausgedehnte Reisen sowie eingehende Erkundigungen unternommen. Wieder in seine Heimat zurückgekehrt, wurde er von den Genuesen gefangengenommen; er diktierte seinem Mithäftling (Rustico) Rustician von Pisa im Gefängnis seine Erlebnisse und Beobachtungen im östlichen Asien. Rustico war ein fahrender Sänger, und er mag den streckenweise sehr trockenen Bericht des Venezianers mit einigen Ausschmückungen versehen haben. Bis heute noch oftmals angezweifelt, war die Erzählung Marco Polos für das mittelalterliche Abendland nichts weniger als eine Sensation: Sie enthält eine genaue Beschreibung der Route, die Marco Polo gemeinsam mit seinem Vater und dessen Bruder durch den Vorderen und Mittleren Orient nach Pakistan führte, von dort weiter über das Pamirgebirge und entlang der Wüstengebiete Taklamakan und Gobi nach Kambaluk (Khanbaliq), dem heutigen Beijing. Marco Polo berichtet von seinem Aufenthalt am Kaiserhof, von den dortigen Sitten und Gebräuchen sowie von den Reisen, die er in das Landesinnere unternommen hatte. Vergeblich sucht der Leser eine Bemerkung über die Große Mauer, er findet auch keinen Hinweis auf den so seltsamen, auf der Welt gewiß einmaligen Brauch des Füßeeinbindens bei Frauen. Die Vorliebe der Chinesen für Tee, das bemerkenswerte Kormoranfischen und der Buchdruck, ja selbst die charakteristische Schrift der Chinesen, die bereits Wilhelm von Rubruk ausführlich beschreibt, wird mit keiner Zeile erwähnt. Was ist von diesem Marco Polo zu halten?

Die venezianischen Kaufleute sind – wie viele andere auch – auf dem Landweg, entlang den verschiedenen Routen der Seidenstraße, nach China gereist. Mit dem Niedergang der Tang-Dynastie war wegen der unberechenbaren Nomadenvölker im Norden und Westen Chinas der Verkehr auf der Seidenstraße zum Erliegen gekommen. Als die Mongolen ihr Weltreich errichteten und auch diese Handelsstraße in ihrer ganzen Länge beherrschten, wurde der Reiseweg zu Lande wieder stark in Anspruch genommen und galt als verhältnismäßig sicher. Wenn auch zu Beginn des 14. Jahrhunderts eine etwas bequemere Verbindung nach Indien und von dort über das Meer den umständlichen Weg nach China zu Lande ersetzte und den Reisenden in das fernöstliche Reich ihr Vorhaben wesentlich erleichterte, so blieb die Landstrecke doch weiterhin für den Handel von Bedeutung.

Francesco Balducci Pegolotti und sein kommerzieller Reiseführer

Der Italiener Francesco Balducci Pegolotti verfaßte zwischen den Jahren 1330 und 1340 einen Reiseführer für Kaufleute: In seinem kommerziellen Handbuch beschreibt er detailliert und mit praktischen Angaben versehen die Landreiseroute nach »Catai« und erörtert eingehend das Handelsgeschehen in Asien.

Johannes von Montecorvino – Erzbischof von Khanbaliq

Wenige Jahre nach Marco Polo gelangte der erste Missionar Roms, der Franziskaner Johannes von Montecorvino, in die Hauptstadt des Mongolenreiches. In zwei Briefen aus den Jahren 1305 und 1306 berichtete er von seinen missionarischen Erfolgen und dem Bau einer Kirche in Khanbaliq. Montecorvino wurde daraufhin zum Erzbischof (!) von Khanbaliq ernannt.

Oderich von Pordenone – erster Europäer in Tibet

Der Minorit Oderich von Pordenone, der sich zwischen 1317 und 1330 auf Reisen befand, verbrachte drei Jahre im Dienst des greisen Bischofs Montecorvino in Khanbaliq. Sein Rückweg führte ihn durch die Provinzen Shanxi, Shaanxi, Sichuan und Tibet, und damit war er der erste Europäer, der Tibet und seine Hauptstadt Lhasa erreichte. Sein umfangreicher Bericht überlieferte erstmals einige Eigentümlichkeiten, die Land und Volk in China auszeichnen. Um die Mitte des 14. Jahrhunderts war der mittelalterlichen China-Mission mit dem Sturz der Mongolendynastie jedoch ein Ende gesetzt.

Ming-Dynastie (1368–1644)

Ming-Kaiser

Hongwu	1368–1399	Jingtai	1450–1457	Longqing	1567–1573
Jianwen	1399–1403	Tianshun	1457–1465	Wanli	1573–1620
Yongle	1403–1425	Chenghua	1465–1488	Taichang	1620–1621
Hongxi	1425–1426	Hongzhi	1488–1506	Tianqi	1621–1628
Xuande	1426–1436	Zhengde	1506–1522	Chongzhen	1628–1644
Zhengtong	1436–1450	Jiaqing	1522–1567		

Ende der Fremddynastie der Mongolen

Das mongolische Joch, das auf den Chinesen lastete, war schließlich nicht mehr länger zu ertragen. Es ist in gewissem Maße verwunderlich, daß die chinesische Bevölkerung so lange zögernd, ja tolerant dem mongolischen, an eine Militärdiktatur gemahnenden Regime gegenübergestanden war. Die kleinen lokalen Aufstände wurden allesamt von mongolischen Truppen in Schach gehalten. Dafür mußte die Regierung jedoch von den Reichen des Landes Geld leihen, um Freiwillige als Söldner anzuwerben. Als durch die Einführung von durchwegs ungedecktem Papiergeld der Handel vollends zusammenbrach – das rasch gedruckte Papiergeld sollte die laufend anwachsenden Kosten bestreiten, beschleunigte indessen nur die bislang schleichende Inflation – und die mongolischen Adelsfamilien durch Cliquenkämpfe und Intrigen zerrüttet waren, ließ das Ende der Mongolendynastie nicht mehr lange auf sich warten. Mit dem Dammbruch des Gelben Flusses im Jahr 1351 brach auch das Rückgrat der mongolischen Herrschaft. Das riesige Dammbauunternehmen, das in der Provinz Zhejiang begann, beschäftigte 170 000 Zwangsarbeiter. Revolutionäre Gruppen, die den schon klassisch gewordenen Geheimgesellschaften ähnelten, erhoben sich gegen diese Fronarbeit. Bald griffen die Aufstände auf ganz Mittelchina über und behinderten beziehungsweise verhinderten auch den Getreidetransport auf dem Kaiserkanal. Der Unmut der Bevölkerung wuchs.

Zhu Yuanzhang, Rebellenführer im Aufstand gegen die Mongolen

Dem Sproß einer verarmten Bauernfamilie, Zhu Yuanzhang, gelang es schließlich, mit Unterstützung der Bauern und der traditionellen Bildungselite den Aufstand zum Erfolg zu führen. Hier findet man einmal mehr das in China für Aufstände und Erhebungen so charakteristische Element des Geheimbundes oder Sektenwesens vor: Zhu Yuanzhang stand der buddhistischen Sekte »Weißer Lotos« nahe, die mit messianischen Visionen lokale Erhebungen vorantrieb. Der

ursprünglich gegen die gesellschaftlichen Missstände gerichtete Aufstand schwoll rasch zu einer nationalen Bewegung an, die sich die Vertreibung der mongolischen Fremdherrscher zum Ziel gesetzt hatte. Im Jahre 1356 eroberte Zhu Yuanzhang die Stadt Nanjing. Er rückte zunächst den rivalisierenden Rebellenführern und Banditenchefs auf den Leib, bevor er mit gewaltiger Truppenstärke nach Beijing marschierte. Der letzte Mongolenkaiser verließ heimlich die Stadt; 1368 fiel Dadu, das heutige Beijing, die Hauptstadt des Mongolenreiches. Die Mongolen wurden weit in den Norden zurückgedrängt und in der Folge auch aus Yunnan vertrieben, wo sie sich nach dem Sturz ihrer Dynastie isoliert noch gehalten hatten. Die Heere der neuen Machthaber drangen indes bis nach Zentralasien vor und verschafften damit dem Ming-Reich eine Ausdehnung, die alle bisherigen chinesischen Reiche bei weitem übertraf.

Zhu Yuanzhang – erster Kaiser der Ming-Dynastie – mit Nanjing als seiner Residenzstadt

Zhu Yuanzhang zog in Nanjing als Kaiser der neuen chinesischen Dynastie ein. Die Haupt- und Residenzstadt Nanjing erwies sich als keine schlechte Wahl. Denn mit dem Einfall der Mongolen im Norden waren dereinst viele einflußreiche und gebildete Bewohner der nördlichen Provinzen in die Gebiete südlich des Langen Flusses geflohen. Nanjing entwickelte sich in jener Zeit rasch zu einem kulturellen und wohl auch politischen Zentrum; seine strategisch günstige Lage am Langen Fluß förderte den Handelsverkehr und schützte zugleich vor plötzlichen Überfällen aus dem Norden. All diese Faktoren veranlaßten rund 500 Jahre später die Begründer der Republik China, ihre Hauptstadt wieder nach Nanjing zu verlegen. Denn an grundlegenden Voraussetzungen gemessen, war die Stadt Beijing kein geeigneter Standort für die Metropole eines Riesenreiches. Nur 60 km von den Pässen der Großen Mauer entfernt, liegt Beijing in einer sandigen, nicht übermäßig fruchtbaren Ebene, der es zudem an guten Wasserstraßen in die fruchtbaren Teile des Landes mangelt. Doch der dritte Ming-Kaiser Yongle, dem als Fürst von Yan der Schutz der Nordgrenzen oblag und der deshalb in Beijing residierte, erhob mit seiner Machtübernahme die Stadt, die seine eigene Hausmacht darstellte, zur Residenzstadt.

Kong Miao, der Konfuziustempel, in Beijing (Dongcheng-Bezirk) – heute auch Museum der Stadt Beijing

Um eine gute Übersicht zur Geschichte von Beijing zu erlangen, empfiehlt es sich, dem Konfuziustempel in Beijing einen Besuch abzustatten. Schon allein die Tempelanlage, die auf das Jahr 1302 zurückgeht und eine über 600jährige Geschichte besitzt, ist eine Besichtigung wert. Der Qing-Kaiser Qianlong ließ im Jahr 1737 die ehemals grünen Glasurdachziegel durch gelbe ersetzen, zum Zeichen der höchsten Verehrung und Ehrerbietung dem großen Heiligen und Meister gegenüber. Die Anlage wurde im Jahr 1906 einer großangelegten Renovierung unterzogen, die erst 1916 zum Abschluß kam. Der in der Kulturrevolution zugemauerte, lange Zeit für alle Besucher unzugängliche und daher wenig bekannte Tempel ist der ehemaligen Kaiserlichen Akademie, dem Guozi Jian, unmittelbar angeschlossen. Darum findet man in einem der Höfe des Konfuziustempels 198 Steinstelen aus der Yuan-, Ming- und Qing-Zeit mit den Namen jener Gelehrten, welche die höchsten kaiserlichen Beamtenprüfungen in der Hauptstadt erfolgreich abgeschlossen hatten. In der schmalen Gasse zwischen dem Konfuziustempel und der Kaiserlichen Akademie sind heute jene 189 Steinstelen aufbewahrt, auf denen Kaiser Qianlong dreizehn konfuzianische Klassiker zu einer neuen Standardversion aufzeichnen ließ. Die erste »Ausgabe« dieser Werke stammt aus dem Jahr 837 und ist im Stelenwald von Xi'an aufbewahrt. Der Konfuziustempel ist heute das Museum der Stadt Beijing. Es beherbergt eine sehr aufschlußreiche Ausstellung zur Geschichte der Stadt, die einen guten Überblick von der Zeit des Peking-Menschen bis zur letzten Herrscherdynastie der Qing bietet.

Die mächtigen Stadtmauern der Ming

Betrachtet man die Wehrhaftigkeit und Mächtigkeit der Stadtmauern, die Zhu Yuanzhang in Nanjing errichten ließ, so war die Stadt wohl für ewige Zeiten als Hauptstadt ausersehen. Doch sie war nicht länger als 53 Jahre die Haupt- und

Abb. 76 Reismarkt außerhalb der Stadtmauern von Beijing (ca. 1920)

Residenzstadt des chinesischen Kaiserreiches. »*Die Städte sind zumeist an den Ufern sehr tiefer Flüsse angelegt, von sehr breiten Gräben umgeben und gut befestigt, besonders durch einen anschließenden Wall dicker Mauern. Die meisten Mauern sind mannshoch aus Stein erbaut, das übrige wird aus weißem Ziegelstein fertiggestellt, welcher selbst mit Eisen kaum durchbrochen werden kann. In manchen Städten haben diese Mauern eine solche Breite, daß vier oder sechs Mann gleichzeitig darauf gehen können. Die Türmchen auf den Mauern befestigen nicht nur, sondern zieren auch. Auf den sich emporwindenden überdachten Gängen kommen nicht selten die königlichen Statthalter und Vorsteher zusammen, um sich am Anblick von Äckern und Flüssen zu ergötzen. Außerhalb zwischen Mauern und Gräben, innerhalb zwischen Mauern und Häusern ist so viel Platz, daß er für sechs nebeneinander hergehende Pferde ausreicht, und kein Hindernis hält die um die Stadt Gehenden auf ... Die mit drei oder vier festen, eisenbewehrten Toren geschützten Eingänge der Städte dienen nicht nur der Befestigung, sondern bieten auch einen majestätischen Anblick«* (zit. aus Gonzalez, S. 39).

Stadtmauer von Nanjing/Jiangsu – längste Stadtmauer der Welt

Heute noch zeugt die einem Bollwerk ähnelnde Stadtmauer von der Wehrhaftigkeit der einstigen Residenzstadt Nanjing. Die Mauer ist 14–21 m hoch; an ihrer Basis etwa 14 m breit, verjüngt sie sich nach oben zu 7 m Breite. Mit 33,65 km Länge ist die Stadtmauer von Nanjing nicht nur die längste Stadtmauer Chinas und steht somit an erster Stelle vor Beijing, sie ist auch die längste Stadtmauer der Welt (die Pariser Mauern rangieren an zweiter Stelle). Über 20 Jahre, von 1366 bis 1386, wurde an der Stadtmauer in Nanjing gebaut. Sie besteht aus 10–20 kg schweren Ziegeln aus gebranntem Lehm und Porzellanerde; diese Ziegel sind alle etwa 40 x 20 x 10 cm groß und weisen allesamt Zeit und Ort der Herstellung sowie den Namen des Herstellers auf. Die beeindruckende Befestigungsanlage ist heute noch mit zehn Stadttoren auf einer Länge von 20 km erhalten; ein imposantes Beispiel für die ming-zeitliche Befestigungskunst. Die gesamte Mauer hatte einst dreizehn große Tore, über 13600 Zinnen und mehr als 200 Festungsbauten.

Abb. 77 Stadtmauern von Xi'an (Aufnahme von ca. 1920)

Zhonghua Men, das Südliche Stadttor

Von diesen Stadttoren ist das bis in heutige Zeit erhaltene Südliche Stadttor, Zhonghua Men, das gewaltigste und mächtigste. Mit seinen drei hintereinander plazierten Torgebäuden und der vorgelagerten kleinen Schutzmauer nimmt es eine Fläche von insgesamt 11 720 m^2 ein. In den mächtigen Gewölben der massiven Torgebäude sind 27 große Depoträume untergebracht, die zur Stationierung von Soldaten und als Waffenlager dienten.

Reste des Kaiserpalastes in Nanjing

Von der prachtvollen Residenz des ersten Ming-Kaisers ist freilich nur mehr wenig erhalten geblieben. Dort, wo sich heute der Mittagstor-Park, Wumen Gongyuan, befindet, im Osten der Stadt, breitete sich einst auf einer Fläche von insgesamt 5 km^2 der Kaiserpalast von Zhu Yuanzhang aus. Nach seinem Vorbild wurde ein halbes Jahrhundert später die glanzvolle Kaiserpalastanlage in Beijing errichtet, die bis auf den heutigen Tag die Zeitläufte überdauerte. Mit dem Ende der Ming-Dynastie verfiel indessen auch die Palastanlage in Nanjing. Während der Taiping-Rebellion erlitt sie großen Schaden; heute ist neben wenigen Ruinen nur noch das Mittagstor, Wu Men, das Eingangstor zur Palaststadt, unversehrt geblieben.

Gezielte Sinisierung der Minderheitsvölker

Wie vor gut 1500 Jahren der Begründer der Han-Dynastie, mutierte auch der erste Kaiser der Ming-Dynastie verblüffend rasch vom aufständischen Banditen zum konservativen Herrscher. Unter seiner rigoros und in absolutistischer Manier ordnenden Hand gewann das Land in kürzester Zeit wieder seinen inneren Frieden. Durch einen bevölkerungspolitisch strategischen Schachzug schwächte er den Einfluß der verbliebenen Mongolen und anderen nationalen Minderheiten durch das für alle Ausländer geltende Gebot, einen chinesischen Namen anzunehmen, sowie durch das Verbot der Endogamie. Was blieb da den Ausländern, besonders den Mongolen, anderes übrig, als im Chinesentum aufzugehen?

Lokales Selbstverwaltungssystem – Unterpfand für die Stabilität der Gesellschaft

Die Konsolidierung der Gesellschaft – gleichbedeutend mit der inneren Ruhe und Harmonie des Reiches – lag dem ersten Ming-Kaiser sehr am Herzen: Im Jahr 1381 rief er eine in der Folge äußerst wichtige lokale Selbstverwaltungsorganisation ins Leben, das *Lijia*-System, das auch die nachfolgende Dynastie der Mandschuren übernahm. 110 Haushalte wurden dabei zu einer Gemeinde, *li,* zusammengeschlossen; den zehn wohlhabendsten Haushalten beziehungsweise Familien war für zehn Jahre abwechselnd die Leitung der Gemeinde anvertraut; die restlichen hundert Haushalte teilte man in Zehnerschaften, *jia,* ein, wobei diesen wiederum ein Haushalt als Oberhaupt voranstand. Auf der Basis der Kollektivverantwortung war dieses System nicht nur ein Selbstverwaltungsapparat, sondern es ermöglichte auch eine strenge Kontrolle, die der Verwaltung und Befriedung des riesigen Reiches zu unschätzbarem Vorteil gereichte. *»Dieses heidnische Volk ist gewiß sehr tugendhaft, was nachgeahmt zu werden verdient«*, begeistert sich Gonzalez de Mendoza in seiner Geschichte vom »chinesischen Königreich« über das *Lijia*-System. *»Die Richter berechnen in den Städten, Orten und Dörfern, welche ihrer Rechtsprechung unterstellt sind, die Anzahl der*

Häuser und teilen diese zu je zehn ein. Die Häuser und deren Einwohner werden auf einer Tafel aufgeschrieben, die an jedem zehnten Haus angebracht wird. Auf derselben Tafel ist folgende Vorschrift hinzugefügt: Wenn jemand weiß, daß einer aus seiner Zehnerschaft gegen sich selbst, die Familie, gegen die Nachbarschaft oder gegen den Staat gefehlt hat, so hat er dies dem Richter anzuzeigen. Demjenigen, der es ablehnt oder verabsäumt, Meldung zu erstatten, droht dieselbe Strafe wie dem Delinquenten. Beabsichtigt einer von der Zehnerschaft, seinen Wohnsitz in einen anderen Teil derselben Stadt oder desselben Ortes oder überhaupt in eine andere Stadt, einen anderen Ort oder in ein anderes Dorf zu verlegen, oder gedenkt er eine lange Reise zu machen, so muß er zehn Tage vor seiner Abreise durch den Klang einer Glocke in der Nachbarschaft sein Vorhaben ankündigen, damit alle Zeit haben, die Schulden einzutreiben und Geliehenes zurückzuverlangen. Wenn er nun, ohne dieses Anzeichen vorausgeschickt zu haben, fortgegangen ist, werden die übrigen, die auf derselben Tafel aufgeschrieben sind, gezwungen, sämtliche seiner Schulden zu bezahlen. Dies zur Strafe, weil den Gläubigern und den Richtern die Veränderung nicht gemeldet worden ist« (zit. aus Gonzalez, S. 91–92).

Bedeutung der Landwirtschaft

Wie kein anderer Herrscher vor ihm erkannte der erste Ming-Kaiser die Bedeutung der Landwirtschaft: Mit der Verteilung von enteignetem Ackerboden und der systematischen Erschließung von Brachland löste er eine landwirtschaftliche Revolution aus. Der aus Hinterindien in die Provinz Fujian gelangte Champa-Reis wurde zu einer schnell wachsenden Sorte gezüchtet, die eine zweimalige Ernte pro Jahr erlaubte. Mais, Erdnüsse und Süßkartoffeln erfuhren ebenso eine weite Verbreitung. Die althergebrachte Brachfeldwirtschaft wich der Fruchtwechselwirtschaft. Der Erfolg in der landwirtschaftlichen Nutzung führte jedoch zu einer wahren Bevölkerungsexplosion.

Eunuchen – geächtet, doch ob ihres Einflusses gefürchtet

Eine nicht zu unterschätzende Kontrollfunktion übte in der Ming-Zeit eine Gesellschaftsschicht aus, die nach und nach – nicht zuletzt auch aufgrund der unmittelbaren Nähe zum Kaiser – am Hof gewaltige Macht und Einfluß erlangte und den beratenden Spitzenbeamten als gefährlichster Konkurrent erstand: die Eunuchen. Der erste Ming-Kaiser noch hatte ihnen streng jegliche politische Einmischung und Betätigung untersagt; ja er hatte ihnen sogar verboten, lesen und schreiben zu lernen. Sein Nachfolger, Kaiser Yongle, ließ jedoch eigens eine Eunuchenschule errichten. Während der erste Ming-Kaiser noch eine Höchstzahl von maximal hundert Eunuchen am Kaiserhof festgesetzt hatte, ignorierten seine Nachfolger diese Anordnung: Gegen Ende der Dynastie gehörten bis zu 70000 Eunuchen zum kaiserlichen Haushalt. Als intimste Berater und Diener des Kaisers, als wichtige Informanten und – nicht selten – Intriganten verkörperten die Eunuchen eine gefürchtete Autorität am Kaiserhof und ließen sich ihre Einflußnahme von der Bevölkerung und der Beamtenschaft nicht knapp vergelten. Anfällig für Korruption und ein Höchstmaß an Habgier, waren es nicht zuletzt die Eunuchen, die das Ming-Reich schließlich zu Grabe trugen.

Seit jeher gab es am chinesischen Kaiserhof Eunuchen; ihre Anstellung im kaiserlichen Palast hatte den Vorteil, lästige Vaterschaftsfragen zu vermeiden. Das alte China kannte mehrere Methoden, Männer zu Eunuchen zu machen: Zum einen versuchte man durch intensive Massage, durch Akupunktur und durch Abbinden mit einem Faden die Funktionstüchtigkeit der Hoden zu zerstören. Gleichwohl verlangte eine Vorschrift bei Hofe, daß Männer, die als Eunuchen am Hofe tätig sein wollten, all ihrer maskulinen Geschlechtsmerkmale beraubt sein müßten. Also entfernte man dem zukünftigen Eunuchen mit den Hoden auch gleichzeitig das Glied mit einem scharfen Messer. Ce Shaozhen weiß bei seinem Spaziergang durch das alte Beijing auch hiervon eine Geschichte zu erzählen: *»Wie man Eunuch wurde, hat mir einmal ein Chinese geschildert, dem dieser Beruf ursprünglich bestimmt war. Man wurde schon als Kind dafür ausgewählt. Die meisten dieser zukünftigen Eunuchen stammten aus Hejianfu in der Provinz Hebei.* [Tatsächlich kamen die meisten Eunuchen aus den ärmlichen Regionen Nordchinas.] *Diese Kinder wurden im Alter von acht bis zehn Jahren – später würde die Operation zu riskant sein – zu einem alten Eunuchen gebracht, der als Lehrmeister fungierte. Bis zu seiner Operation mußte der Junge als Diener bei ihm arbeiten, der Meister brachte ihm die Sitten und Gebräuche der adeligen Familien bei. Nachts kam er regelmäßig an sein Bett und massierte ihm die Geschlechtsteile, manchmal eine halbe Stunde lang oder noch länger. Ob man etwas dabei gespürt habe? Es tat natürlich weh, wenn der Alte am Glied zog, und das tat er oft. Und wann war das Kind reif für die Operation? Die Massagezeit dauerte mindestens ein Jahr ... Nach der Entkleidung zog der Meister dann das Glied mitsamt dem Hodensack kräftig in die Länge, mit der anderen Hand nahm er ein scharfes Messer und schnitt mit einem raschen Zug die Genitalien ab. Ob es sehr schmerzte, stark blutete? Selbstverständlich tat es höllisch weh. Aber es war nicht so schlimm, denn das Messer war scharf und der Meister geschickt. Die Blutung wurde mit Medikamenten gestoppt, die Wunde verbunden, und der frischgebackene Eunuch durfte bis zu seiner Heilung ruhen«* (zit. aus Ce Shaozhen, S. 27).

In der späten Qing-Zeit existierten zwei berühmte, »konzessionierte« Familienbetriebe, die solche Kastrationen vornahmen: in der Huijisi-Gasse nahe der Nanchang-Straße, also noch innerhalb der Kaiserstadt, und in der Fangchuan-Gasse innerhalb des Di'an-Tores in der Tartarenstadt. Je nach Bedarf des Palastes verstümmelten diese beiden Unternehmen jährlich mindestens 40 Knaben. »Den Körper säubern« lautet die chinesische Metapher für Kastrieren. Bei einer einmal jährlich stattfindenden Inspektion mußte der Eunuch seine abgetrennten Geschlechtsteile vorweisen, die bei seinem Ableben zusammen mit dem Leichnam bestattet wurden (auch den zum Tod durch Köpfen Verurteilten wurde nach Vollstreckung des Urteils der Kopf wieder angenäht, damit sie im Besitz eines vollständigen Körpers in das »Leben danach« eintreten könnten). Die frische Wunde wurde mit einem mit Sesamöl getränkten Wattepfropfen verstopft; etwa fünf, sechs Tage lang durfte das Opfer weder essen noch trinken, ungefähr einen halben Monat nicht aus dem Haus gehen – diese Vorschrift war freilich überflüssig, denn an Ausgehen war zu diesem Zeitpunkt wohl nicht einmal zu denken! Konnte das Opfer nach der Entfernung des Pfropfens Harn lassen, so stand die Chance zu überleben gut; wenn nicht, so starb es bald. Nicht jede Familie konnte es sich indessen leisten, den Sohn von einem dieser »Meisterbetriebe« kastrieren zu lassen. Besonders tragisch war die Geschichte des letzten Eunuchen: Mit acht Jahren wurde er von seinem eigenen Vater mit einem scharfen Messer entmannt; als er sich nach über zwei Monaten vom Bett erheben konnte, erfuhr die Familie, daß die Dynastie nicht mehr existierte. Und doch trat er im Alter von 15 Jahren für einige Zeit noch in den Dienst des entmachteten Kaisers der Qing-Dynastie in Beijing. Ihre späten Jahre verbrachten die Eunuchen zumeist in einem buddhistischen Tempel im Nordwesten der Stadt, im Kreis Fangshan, dem Xinglong Si. Nach Hinterlegung von 100 Silbertaels und einer Probezeit von vier Jahren wurden sie dort im Tempel aufgenommen.

Xiao Ling, Mausoleum des ersten Ming-Kaisers, in Nanjing/Jiangsu

Als erster und einziger Ming-Kaiser wurde Zhu Yuanzhang in Nanjing bestattet. Sein Mausoleum, Xiao Ling, liegt im Osten der Stadt, am Fuß der Purpurberge. Im Jahre 1381 begannen bereits die Bauarbeiten an diesem Mausoleum, nachdem man in geomantischen Untersuchungen diese Stelle für besonders günstig befunden hatte. Das große Areal der Grabanlage mißt einen Umfang von 22,5 km und wurde nach der Fertigstellung mit hunderttausend Kiefern und Föhren bepflanzt. Die Arbeiten an der Grabanlage, in welcher der erste Ming-Kaiser gemeinsam mit seiner kaiserlichen Gemahlin bestattet ist, dauerten etliche Jahre. Bei seinem Begängnis wurden übrigens zehn Personen aus dem kaiserlichen Haushalt geopfert und außerhalb der Anlage 5000–10000 Mann der Mausoleumswache stationiert. (Während des Taiping-Aufstandes errichteten hier die Truppen des mandschurischen Kaiserhauses ihr Feldlager, und die Stätte war Schauplatz der entscheidenden Schlachten.) Eine etwa 1,5 km lange Heilige Straße führt zum Mausoleum des ersten Ming-Kaisers. Zwölf Paare von überlebensgroßen steinernen Tierfiguren, Kriegern und Würdenträgern säumen den Weg. Die nur mehr bruchstückhaft erhaltenen Mausoleumsbauten sind in Dimension und Ausstattung einst ebenso prachtvoll und mächtig gewesen wie die Gräber der nachfolgenden Ming-Kaiser bei Beijing. Allein die Schatzstadt, der Tumulus, der sich über der Grabkammer des ersten Ming-Kaisers erhebt, mißt einen Umfang von 400 m.

Linggu Si, der Tempel des Geistertales, in Nanjing/Jiangsu

Östlich des Mausoleums liegt der Tempel des Geistertales, Linggu Si. Etwa fünf oder sechs Tempelanlagen wurden im Laufe der Bauarbeiten an dem kaiserlichen Mausoleum hierher verlegt und zu einem Komplex zusammengeschlossen. Einst lebten hier über tausend Mönche. Doch auch der Tempel wurde während der Auseinandersetzungen der Taiping-Rebellen mit den Qing-Truppen bis auf eine einzige Halle aus dem Jahre 1381 zerstört. Sie ist mit einer Fläche von 50 x 3 m heute Chinas größtes und ältestes Gebäude aus Ziegelmauern ohne Balken. Die gesamte Anlage – so wie sie sich dem Besucher heute zeigt – ist eine Rekonstruktion aus der Zeit des Kaisers Tongzhi (1862–1875) und reicht bei weitem nicht an die ehemaligen Ausmaße heran.

Verlegung der Hauptstadt nach Beijing

Nur für wenige Jahre war, wie erwähnt, Nanjing Hauptstadt der neuen chinesischen Dynastie. Kaiser Yongle, der dritte Ming-Kaiser, verlegte die Residenzstadt des Reiches nach Beijing, in die einstige Mongolenhauptstadt, und verwandelte die Stadt mit seinem Regierungsantritt in eine einzige Baustelle: 768 neue Paläste, Tempel und Brücken, Verwaltungsgebäude, Pavillons und Opferaltäre ließ er errichten und schuf so das Stadtbild Beijings, wie es sich im wesentlichen noch heute präsentiert. Die ehemalige Mongolenstadt veränderte sich so gründlich, daß nur noch ein kleiner Teil der früheren Stadtmauern und der Glockenturm an sie erinnern. Etwa 270000 Handwerker zog Yongle in der Hauptstadt zusammen und verpflichtete sie zur Arbeit an der neuerstandenen Residenz. Zugute kam ihm dabei eine Anordnung des ersten Ming-Kaisers: Dieser dekretierte nämlich die Erblichkeit der Berufe innerhalb einer Familie und erklärte somit auch das Handwerk zum erblichen Berufsstand, was die Zwangsrekrutierung zu staatlichen Arbeiten wesentlich erleichterte. Alle Handwerker wurden registriert und dazu verpflichtet, durchschnittlich einen Monat im Jahr in der Hauptstadt dem Hof zur Verfügung zu stehen. Erst im Jahr 1505 wurde diese Fron durch eine Steuer ersetzt, und so blieb es manch einem Handwerker aus abgelegenem Gebiet erspart, die mühsame und lange Reise in die ferne Hauptstadt anzutreten.

Instandsetzung der Großen Mauer

Die unermüdliche Bautätigkeit erstreckte sich auch auf die Restaurierung der Großen Mauer, die während der langen Jahrhunderte mongolischer Herrschaft ihre ursprüngliche Bedeutung als Verteidigungslinie verloren hatte und dem Verfall preisgegeben war.

Beijing: Verbotene Stadt – Kaiserstadt – Tartarenstadt – Chinesenstadt

»Das Peking, wie wir es heute kennen, ist in der Ming-Dynastie entstanden. Damals verlegte der dritte Kaiser der Ming-Dynastie, Yongle, die Hauptstadt von Nanjing nach Peking und unterteilte die Stadt durch den Bau von Stadtmauern auf folgende Weise: Im Zentrum befand sich, von einer dunkelroten Mauer eingeschlossen, die Verbotene Stadt, zu der außer der kaiserlichen Familie und den hohen Beamten niemand Zutritt hatte. Um sie herum erstreckte sich die Kaiserstadt, in der hohe mandschurische und chinesische Beamte wohnten. Die Kaiserstadt wurde von der Tartarenstadt umgeben. Dort wohnten die kaiserliche Garde und die Mitarbeiter der Mandschurischen Banner. Für die Chinesen gab es im Süden die Chinesenstadt, wo sich der Großteil der Geschäfte, Restaurants und Vergnügungsstätten befand. All diese verschiedenen Stadtteile waren, bis auf die ochsenblutrote Mauer um die Verbotene Stadt, durch hohe Mauern aus grauen Ziegelsteinen voneinander getrennt« (zit. aus Ce Shaozhen, S. 36). Die alten Stadtmauern und mächtigen Tore der einstigen Mongolenstadt Dadu wurden in der Zeit der Ming-Dynastie wieder aufgebaut und vergrößert.

Verbotene Stadt

Die Verbotene Stadt, deren Bau im Jahre 1406 begann, ist in einem Umfang von 3,5 km von etwa 9,9 m hohen Mauern umschlossen, die im Norden, Süden, Westen und Osten je ein großes Tor besitzen.

Kaiserstadt

An die Verbotene Stadt schließt sich die Kaiserstadt an; sie wiederum ist seit 1417 in einem Umfang von 11 km mit einer roten, an ihrem Grat mit gelben Glasurziegeln gedeckten Ziegelmauer umgeben. Abermals vier Haupttore, von denen das Tor des Himmlischen Friedens sich im Süden der Kaiserstadt befindet, gewähren Zugang.

Tartarenstadt

Auf die Kaiserstadt folgte der Ring der Inneren Stadt, auch Tartarenstadt genannt. Dort, wo heute die 2. Ringstraße verläuft, erhob sich vor nicht allzu langer Zeit in einem Umfang von 20 km die Mauer der Tartarenstadt mit 13,2 m Höhe.

Abb. 78 Zhengyang Men, das alte Vordere Tor, in Beijing (um 1900)

Qian Men, das Vordere Tor, wichtigste Verbindung zwischen Tartaren- und Chinesenstadt

Hier befanden sich einst neun Tore, von denen das einzige vollständig erhaltene zugleich das imposanteste ist: das Vordere Tor, Qian Men, ehemals Zhengyang Men. Es besteht aus dem eigentlichen Toraufbau an der Mauer sowie einem vorgelagerten Beobachtungsturm. Das mächtige Gebäude mit den pavillonähnlichen Holzaufbauten ist 40,36 m hoch, 42 m breit und 21 m tief. Der Beobachtungsturm davor ist etwas niedriger, nur 38 m hoch, aber 62 m breit und 32 m tief und mit insgesamt 82 Schießscharten an seiner Ost-, Süd- und Westseite versehen. Die beiden Bauten waren ehemals durch Mauern verbunden und bildeten in ihrem Inneren einen Hof. Heute führt hier eine der am stärksten befahrenen Straßen hindurch. Das Vordere Tor war die wichtigste Verbindung zwischen Tartaren- und Chinesenstadt; es wurde während des Boxeraufstandes von den alliierten Truppen schwer beschädigt, jedoch wieder aufgebaut und zuletzt im Jahr 1977 restauriert. Mitte des 16. Jahrhunderts erst schloß sich der Mauerring um die Äußere Stadt oder auch Chinesenstadt – das Geld in der kaiserlichen Staatskasse war mittlerweile knapp geworden, der Maueraufbau ging nur schleppend voran, die Mauern waren längst nicht mehr so hoch wie ursprünglich geplant und konnten auch nicht mehr als große Umfassung der Tartarenstadt angelegt werden. 14 km lang und 7,7 m hoch sind die Mauern der

Äußeren Stadt, in die einst sieben Tore führten. All diese mächtigen Stadtmauern und nahezu alle Tore wurden jedoch in den fünfziger Jahren dieses Jahrhunderts, den ersten Jahren der Volksrepublik, dem Erdboden gleichgemacht, dem gesellschaftlichen Wandel und den stadtplanerischen Aktivitäten geopfert. Heute haben Ringstraßen und Untergrundbahnen ihren Platz eingenommen. Nur das mächtige Vordere Tor ist erhalten geblieben und in die Gestaltung des Platzes des Himmlischen Friedens mit einbezogen worden.

Desheng Men, das Tor des Tugendhaften Sieges, in Beijing

Von der nördlichen Mauer der Tartarenstadt hat heute noch an ihrer Westseite der Wachtturm des Tores des Tugendhaften Sieges, Desheng Men, die Zeiten überdauert. Das Haupttor war 1969 den Bauarbeiten für die Untergrundbahn zum Opfer gefallen. Der vorgelagerte Wachtturm stammt aus dem Jahre 1439, ist 19,3 m hoch und weist an seiner Ost-, West- und Nordseite ebenfalls 82 Schießscharten auf. In seiner langen Geschichte mehrmals beschädigt und wieder aufgebaut, erlitt er zuletzt im Jahr 1976 durch das Erdbeben von Tangshan schweren Schaden, wurde jedoch 1978 in seiner ursprünglichen Form wieder restauriert.

Der Südöstliche Stadtturm, in Beijing

Ein letzter Eckturm der Stadtmauer steht heute südöstlich des Bahnhofs, der Südöstliche Stadtturm. Im Jahr 1417 begannen die Bauarbeiten, 1439 war das vierstöckige Gebäude mit einer Höhe von 29 m und insgesamt 144 Schießscharten fertiggestellt.

Das alte Beijing ist im Grunde an einer zentralen Achse angelegt, die sich über 7,5 km von Norden nach Süden erstreckt. Alle kaiserlichen Palasthallen, Altäre, Tempel, Regierungsgebäude und andere wichtige Bauten wurden entlang dieser Achse errichtet, so auch *Zhong Lou*, der Glockenturm, und *Gu Lou*, der Trommelturm nördlich der Verbotenen Stadt. Im Jahr 1420 in ihrer heutigen Form errichtet, verkündete man von diesen beiden Türmen bis zum Jahr 1924 – weit über die ganze Stadt hin hörbar – Tag und Nacht die Zeit mit Trommel und Glocke. Die beiden Türme bezeichneten einst das Zentrum der yuan-zeitlichen Mongolenhauptstadt Dadu.

Guanxiang Tai, die Sternwarte, in Beijing (an der Chang'an-Straße)

Ein weiterer Bau, den Kaiser Yongle errichten ließ, ruht zumindest auf mongolischen Fundamenten: Auf der Basis des südöstlichen Wachtturms der ehemaligen Mongolenstadt erhebt sich noch heute an der nach Osten verlängerten Chang'an-Straße die Sternwarte aus dem Jahr 1439. Schon in der Jin-Dynastie besaß Beijing ein eigenes Observatorium mit etlichen astronomischen Instrumenten. Bis 1929 war das Observatorium in Betrieb, es führte in dieser Zeit über 500 Projekte auf dem Gebiet der Astronomie durch. Im Jahre 1900, während des Boxeraufstands, raubten französische Truppen den Äquator-Theodoliten und andere Instrumente, erstatteten sie aber 1902 an China zurück. Die Armillarsphäre fand sich nach dem Boxeraufstand im Palais Potsdam in Berlin wieder und wurde erst nach dem Ersten Weltkrieg im Gefolge des Friedens von Versailles an China zurückgegeben. Die kupfernen Geräte, die heute noch in

Abb. 79 Altes Observatorium in Beijing

der als Museum eingerichteten Sternwarte zu sehen sind, gehen auf Entwürfe des belgischen Jesuitenmissionars Ferdinand Verbiest zurück, der lange Jahre am kaiserlichen Astronomieamt tätig war; einen Teil der älteren chinesischen originalen Instrumente hatte man im Jahr 1933 nach Nanjing in das dortige Observatorium und Museum verbracht.

Abb. 80 Blick über den Kaiserpalast in Beijing

Kaiserpalast in Beijing

Zweifellos die größte Aufmerksamkeit widmete Kaiser Yongle dem Bauunternehmen seiner eigenen Residenz: Der Komplex des Kaiserpalastes, der aus vielen einzelnen Hofanlagen besteht, bedeckt eine Fläche von 720 000 m^2; bebaut sind davon etwa 150 000 m^2. Unter dem Einsatz von mehr als 200 000 Arbeitskräften entstanden in dreizehnjähriger Arbeitszeit (1407–1420) jene Gebäude und Räumlichkeiten, die zwar während des 18. Jahrhunderts grundlegend restauriert oder an alter Stelle neu aufgebaut worden, jedoch heute noch in ihrer ursprünglichen Form erhalten sind.

Zum Ritual einer Dynastiegründung gehörte, daß der Herrscher eine neue Hauptstadt als Sitz seiner Regierung auswählte, nach seinen Vorstellungen anlegen ließ oder zumindest eine bereits vorhandene Stadtanlage nach seinen Vorstellungen umgestaltete. So hielt es auch der dritte Ming-Kaiser Yongle, der die am Rande der Steppe gelegene Stadt Beijing zu seiner Hauptstadt erkor und etwa 140 m östlich der älteren Mongolenresidenz den Kaiserpalast neu erstellen ließ. Die Baumaterialien für dieses Mammutprojekt kamen aus den unterschiedlichsten Gegenden Chinas: Nan-Holz, eine chinesische Edelholzart, bezog man aus den südchinesischen Provinzen Sichuan und Guizhou; über den langen Fluß und den Kaiserkanal wurden etwa 300 000 m^3 nach Beijing transportiert. Marmor und Granit lieferten die 50 km entfernten Steinbrüche bei Beijing, sie konnten aber nur im Winter auf vereisten Wasserstraßen befördert werden.

Liuli Chang, die kaiserlichen Glasurziegeleien, in Beijing (Xuanwu-Bezirk)

Die Tonziegel stammten aus den umliegenden Provinzen, die Glasurziegel für die Dächer und die Bodenfließen aus Suzhou und den kaiserlichen Glasurziegeleien, Liuli Chang, im Süden von Beijing, dem heutigen Xuanwu-Bezirk: Dort stellte man etwa seit der Mongolenzeit Glasurziegel her; seit dem Beginn der Qing-Dynastie entwickelte sich der Liuli Chang zu einer Ladenstraße, in der Kunstgegenstände und Antiquitäten feilgeboten wurden. Die 1982 im alten Stil wieder renovierte Straße ist heute eine beliebte Attraktion.

Tian'an Men, das Tor des Himmlischen Friedens, Haupttor des Kaiserpalastes und Motiv im Staatswappen der Volksrepublik

»*Wer Chartres oder andere Kathedralen von Frankreich schon kennt, dem kann die Wucht der Baumassen der Kathedrale von Bourgos oder aber die Gewalt der gotischen Säulen von Sevilla trotzdem noch immer den Atem nehmen. Im Falle Pekings formt sich der erste Eindruck von der Pracht der Paläste zunächst bei der halbmeilenlangen Auffahrt vom Qianmen-Tor zum Tian'anmen-Tor*« (zit. aus Lin Yutang 2, S. 87). Und tatsächlich: Das Tor des Himmlischen Friedens am südlichen Ende des Areals der Verbotenen Stadt bildete ehedem den Haupteingang zu der riesigen Palastanlage und überblickt heute den südlich von ihm anschließenden größten Platz der Welt, den Platz des Himmlischen Friedens, Tian'anmen Guangchang. Das Tor wurde während der Bauarbeiten an der gesamten Palastanlage im Jahr 1417 unter dem dritten Ming-Kaiser Yongle erbaut und wie so viele andere Gebäude am Ende der Ming-Dynastie von den Rebellenhorden des Li Zicheng niedergebrannt. Unter den Qing-Kaisern wieder errichtet, erhebt es sich mit seinem zweigeschossigen Holzaufbau und einem Dach aus kaisergelben Glasurziegeln zu einer Gesamthöhe von 33,7 m. Die zentrale und bedeutsame Stellung hat das Tor in seiner über fünfhundertjährigen Geschichte nie eingebüßt. Hier wurden einst die Edikte und Proklamationen des Kaisers verlesen, hier brachte der Kaiser jedesmal Opfer dar, wenn er seinen Palast verließ. Allein während des höfischen Trauerzeremoniells war es dem Trauerzug nicht gestattet, den Kaiserpalast auf dem Weg zum Mausoleum durch dieses Tor zu verlassen. Ja, selbst der leere Sarkophag mußte durch ein anderes Tor in den Palast gebracht werden. An die große dynastische Vergangenheit anknüpfend, verkündete Mao Zedong hier am 1. Oktober 1949 die Gründung der Volksrepublik China. Heute prangt über dem Hauptportal ein riesiges Portrait des Großen Vorsitzenden und unmittelbar unter den kaisergelben Glasurziegeln des ausschwingenden Daches das Staatswappen der Volksrepublik. Das Tor des Himmlischen Friedens hat als jener historische Ort, von dem aus der Sieg der Revolution proklamiert worden ist, Aufnahme in das Staatswappen gefunden.

Marmorstelen vor dem Tian'an Men

Um die beiden 20 Tonnen schweren, marmornen Stelen vor dem Tor, die zur gleichen Zeit wie der Torbau errichtet wurden, ranken sich zahlreiche Legenden. In grauer Vorzeit markierten solche zumeist aus Holz gefertigte Säulen nach der Überlieferung einen Ort, wo das Volk offen seinem Fürsten Lob und Tadel aussprechen und Kritik anbringen konnte. Später dienten solche Säulen als Wegzeichen auf freiem Feld. Von diesen beiden Stelen erzählt man sich, daß das an ihrer Spitze auf einer tellerförmigen Platte sitzende Fabeltier den Kaiser beim Verlassen der Verbotenen Stadt mahnte, nicht zu lange auszubleiben und alsbald zurückzukehren, um sich weiter den Regierungsgeschäften zu widmen. Hat man den mindestens 25 m langen Torweg überwunden, so stößt man auf der nördlichen Seite des Tores wiederum auf zwei ähnliche Stelen, deren Fabeltiere den Kaiser und die Prinzen angeblich aufforderten, sich nicht gänzlich von den Freuden des höfischen Lebens vereinnahmen zu lassen, sondern auch vor das Tor zu schreiten, um sich der Nöte und des Elends der Bevölkerung anzunehmen.

Wu Men, das Mittagstor, Südtor der Verbotenen Stadt

Der eigentliche Eingang zur Purpurnen Verbotenen Stadt ist das Mittagstor, Wu Men, das zu Zeiten der Ming- und Qing-Dynastie nur nach einer strengen Kontrolle passiert werden konnte. Das Tor selbst war nur bei großen offiziellen Anlässen geöffnet; für Höflinge und Beamte waren gewöhnlich der östliche und westliche Seiteneingang des Palastes vorgesehen, Donghua Men und Xihua Men. Der mittlere Torweg des Mittagstors war allein dem Kaiser vorbehalten; nur anläßlich der Vermählungsfeier war es auch der neuen Kaiserin erlaubt, diesen Torweg einmal zu beschreiten. Alle anderen militärischen wie zivilen Beamten mußten den westlichen beziehungsweise östlichen Torweg benützen.

»tingzhang«, das Verprügeln der Hofbeamten

Etwas östlich vor dem Mittagstor fand hier während der Ming-Zeit das Verprügeln der hohen Beamten bei Hofe statt, *tingzhang*, eine gerade bei den Ming häufig vorkommende Form der Bestrafung. Wegen Nichtigkeiten wie Schreibfehlern oder anderen Fehltritten, die den Zorn des Kaisers entfacht hatten, wurde hier bisweilen an Hunderten von Staatsdienern diese Züchtigung vollzogen.

1 Wu Men, Mittagstor, südl. Eingangstor des Kaiserpalastes
2 Jinshui Qiao, Goldwasser-Brücke
3 Taihe Men, Tor der Höchsten Harmonie
4 Zhendu Men, westl. Seitentor des Taihe Men
5 Zhaode Men, östl. Seitentor des Taihe Men
6 Taihe Dian, Halle der Höchsten Harmonie
7 Zhonghe Dian, Halle der Vollkommenen Harmonie
8 Baohe Dian, Halle der Erhaltung der Harmonie
9 Xihua Men, westl. Eingangstor des Kaiserpalastes
10 Donghua Men, östl. Eingangstor des Kaiserpalastes
11 Qianqing Men, Tor der Himmlischen Reinheit
12 Qianqing Gong, Palast der Himmlischen Reinheit
13 Jiaotai Dian, Halle der Berührung von Himmel und Erde
14 Kunning Gong, Palast der Irdischen Ruhe
15 Kunning Men, Tor der Irdischen Ruhe
16 Shenwu Men, nördl. Eingangstor des Kaiserpalastes
17 Yangxin Dian, Palast der Herzensbildung
18 Chuxiu Gong, Palast der Konzentrierten Eleganz
19 Changchun Gong, Palast des Immerwährenden Frühlings
20 Cining Gong, Palast der Barmherzigen Ruhe
21 Fengxian Dian, Halle der Ahnenverehrung
22 Ningshou Men, Tor der Ruhe und Langlebigkeit
23 Huangji Dian, Thronhalle des Ningshou Gong
24 Ningshou Gong, Palast der Ruhe und Langlebigkeit

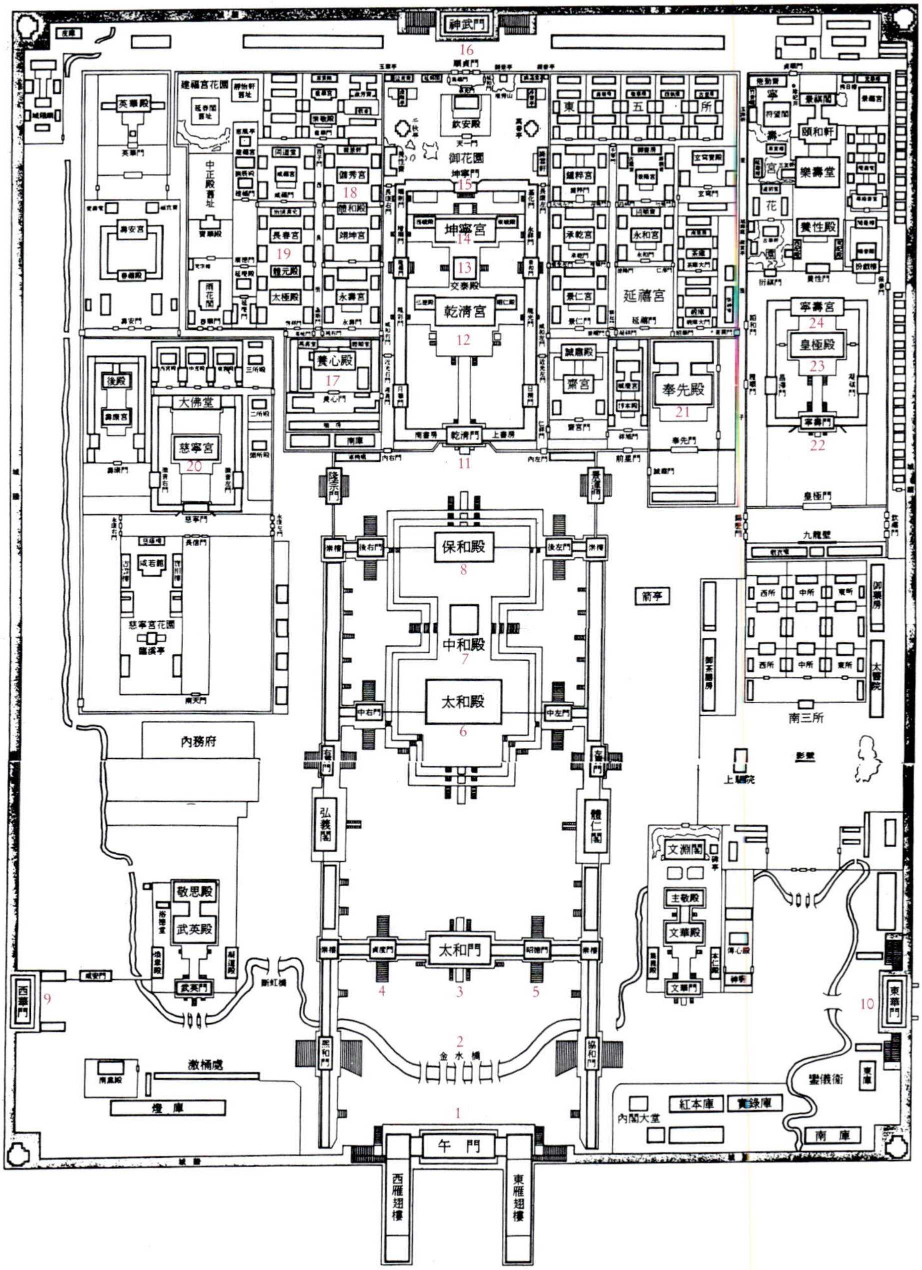

Abb. 81 Plan des Kaiserpalastes in Beijing

Nicht selten endet diese Art der Körperstrafe für den einen oder anderen Delinquenten mit dem Tode. Als zum Beispiel im Jahre 1519 Kaiser Zhengde eine Vergnügungsreise nach Südchina unternehmen wollte und ihn eine Reihe von hohen Beamten davon abzuhalten suchte, ließ er kurzerhand über 140 von ihnen verprügeln; elf kamen dabei zu Tode. *»Der Delinquent begab sich willig zum Wumen ... Bis zum Prügelplatz standen hundert in Reihen angetretene Unteroffiziere ..., die Holzprügel fest in der Hand ... In dem Augenblick, da der gefesselte Gefangene kam, schrien die Profosse mit durchdringender Stimme: ›Knüppel bereithalten.‹ Dann trat ein bestimmter Mann vor und setzte seinen Knüppel auf die Oberschenkel des Delinquenten. Der Befehl ›schlagen‹ wurde gebrüllt, und nach drei Hieben wurde das Kommando ›gewissenhaft schlagen‹* geschrien ... Delinquenten zeigten dann kein Lebenszeichen mehr« (zit. aus dem Bericht über Stockprügel für Hofbeamte in der Ming-Zeit im *Ming xingfa zhi*; zit. nach Goepper, S. 103).

Wai Chao, der Äußere Hof, südlicher und offizieller Teil der Verbotenen Stadt

Wie ein Kaiser – nämlich auf dem mittleren Torweg – durchschreitet der Besucher heute das 38 m hohe Mittagstor, von dem niederländische Gesandtschaften des 17. Jahrhunderts noch annahmen, daß es der eigentliche Kaiserpalast sei, und gelangt zunächst in den Äußeren Hof, Wai Chao, den südlichen Teil des Palastes, dessen Gebäude ausschließlich öffentlichen Zwecken dienten. Im Zentrum des Äußeren Hofes erheben sich auf einer marmornen Terrasse, die im Winter wie ein chinesischer Kang geheizt werden kann, die drei großen zentralen Audienz- und Zeremonienhallen, in denen der Kaiser – seinen Blick nach Süden gewandt – seinen Amtsgeschäften nachging.

Taihe Men, das Tor der Höchsten Harmonie

Hat der Besucher das Mittagstor passiert, so erreicht er über eine der fünf Goldwasserbrücken zunächst das Tor der Höchsten Harmonie, Taihe Men, welches erst Weg und Blick auf die drei großen Zeremonienhallen eröffnet.

Hier brach im Dezember 1888 eine jener Feuersbrünste aus, die in der völlig aus Holz errichteten Verbotenen Stadt stets gefürchtet waren. Der Brand, der zunächst am Zhendu Men, am westlichen Seitentor des Tores der Höchsten Harmonie, Taihe Men, seinen Anfang nahm, legte nach zweitägigem Wüten nicht nur das Zhendu Men, sondern auch das Taihe Men und das angrenzende Östliche Seitentor, Zhaode Men, in Schutt und Asche – und das, obwohl in aller Eile etwa 7000 Wachen, Soldaten und Beamte herbeigeeilt waren, um das Feuer zu löschen. Der Gebäudekomplex um das Tor der Höchsten Harmonie gehörte zu den strategisch wichtigen Punkten der Verbotenen Stadt, es bildete den Zugang zum großen Zeremonienhof und den angrenzenden Audienzhallen. In den angeschlossenen Hallen waren auch die großen Vorratslager des Kaiserhofes untergebracht, notwendige Vorräte und für den täglichen Gebrauch bestimmte Gegenstände waren hier aufbewahrt: Baldachine und Zelte für den Kaiser, Waffen, Stoffe und Seiden, Leder und Daunen, Silber, Gold und Perlen, die Kleider der Wachen und der Palastdamen sowie ihre Zeremoniengewänder, schließlich Ginseng und Tee. Um diese Lager und den Zugang zu den drei großen Hallen zu schützen, zog man hier des Nachts eine große Zahl Palastwachen zusammen. Doch sie alle waren nicht in der Lage, dem Feuer Einhalt zu gebieten, das wohl durch eine unachtsam bediente Öllampe entfacht worden war. Das Wasser im Goldwasserfluß war mit einer 30 cm dicken Eisschicht bedeckt; die Bronzebehälter waren – wie es später heißt: »aus Nachlässigkeit im zu Ende gehenden Jahr« – nicht gefüllt. Der Schaden der Feuersbrunst war unermeßlich groß. Überdies sollte in einem Monat die Hochzeit des Kaisers gefeiert werden. Da bis dahin der Wiederaufbau des Tores unmöglich war, errichtete man an seiner Stelle ein riesiges, kostbar geschmücktes Mattenzelt. Sechs Jahre dauerte es allein, bis die kostbaren Hölzer aus den südchinesischen Provinzen herangeschafft, die unzähligen Glasurziegeln und Lackzierate gefertigt und der gewaltige Gebäudekomplex des Tores in seiner ursprünglichen Form wiederhergestellt waren.

Bevor man zu der ersten der drei Audienzhallen gelangt, der Halle der Höchsten Harmonie, Taihe Dian, muß man zunächst den majestätischen Vorplatz überschreiten, der mit ungefähr zweihundert Metern Länge und Breite dem Besucher ein Gefühl von majestätischer Pracht und Großartigkeit vermittelt. Kaiser Yongle hatte mit den Architekten der Verbotenen Stadt zweifelsohne hervorragende Fachleute zur Hand, denn solch imposante und mächtige Gebäude wie die zentralen Hallen im Äußeren Hof können nur aus der Entfernung richtig gewürdigt werden; überdies gab man dadurch der nahezu unendlichen Distanz zwischen dem gewöhnlichen Volk und dem Sohn des Himmels architektonischen Ausdruck.

Taihe Dian, die Halle der Höchsten Harmonie, Thronhalle der Ming- und Qing-Kaiser

Die Halle der Höchsten Harmonie, Taihe Dian, diente mit ihren rund 2000 m^2 den Kaisern der Ming- und Qing-Dynastie als Thronhalle. Diese wohl eindrucksvollste Halle der Verbotenen Stadt ist heute zugleich das größte erhaltene, aus Holz konstruierte Bauwerk. 24 Kaiser der Ming- und Qing-Dynastie hielten hier auf dem Drachenthron Hof. Zu allen Zeremonien, Festlichkeiten und sonstigen großen Anlässen stand der Kaiser hier dem Ritual vor.

Zhonghe Dian, die Halle der Vollkommenen Harmonie

Die Halle der Vollkommenen Harmonie, Zhonghe Dian, ist die mittlere der drei Hallen. Hier legte der Kaiser auf seinem Weg in die Halle der Höchsten Harmonie eine kurze Rast ein. Hier prüfte er einmal im Jahr auch das Saatgetreide und die landwirtschaftlichen Geräte und studierte das Opfergebet, das er kurz darauf für eine reiche Ernte am Opferaltar sprechen sollte.

Baohe Dian, die Halle der Erhaltung der Harmonie

Die Halle der Erhaltung der Harmonie, Baohe Dian, ist die dritte der Zeremonienhallen, die auf der traditionellen Nord-Süd-Achse angelegt sind. Zur Zeit des Kaisers Qianlong wurden die kaiserlichen Beamtenprüfungen von der Taihe Dian in diese Halle verlegt.

Während die Höflinge von einst und der Besucher von heute auf marmornen Treppen zu den Hallen hinaufsteigen, wurde die Sänfte des Kaisers stets so getragen, daß sie über einer zwischen den Treppen gelegenen marmornen, mit

Abb. 82 Schildkröte – Symbol der Beständigkeit und des langen Lebens, Bronze, im Kaiserpalast in Beijing

einem Hochrelief geschmückte Rampe schwebte. Das größte dieser marmornen Reliefs führt, von Norden kommend, in die Halle der Erhaltung der Harmonie, ist 16,5 m lang und 2 m breit, etwa 1,7 m stark und 250 Tonnen schwer. Neun Drachen schlängeln sich über glückverheißenden Wolken, vor Bergen, die langes Leben bedeuten, und glückbringenden Meeren.

Nei Ting, die Inneren Gemächer, privater Teil der Verbotenen Stadt

Verläßt man den öffentlichen, zeremoniellen Bereich des Äußeren Hofes, so kommt man über einen großen Platz zu jener purpurnen Wand, welche die Inneren Gemächer, die Privatsphäre des Himmelssohnes, umschließt. Im Unterschied zur eindrucksvollen und erhabenen Ausstrahlung der großen Zeremonienhallen vermitteln die Höfe, Gärten und herrschaftlichen Wohnungen der Inneren Gemächer Intimität und heiteren Liebreiz. Hier lebten die Kaiser der Ming- und Qing-Dynastie, ihre Kaiserinnen, die vielen kaiserlichen Konkubinen und der nicht minder zahlreiche kaiserliche Nachwuchs. Nur bevorzugte Palastdamen und hochrangige Eunuchen hatten zu diesem verbotenen Teil Zutritt.

Qianqing Gong, der Palast der Himmlischen Reinheit, Aufenthaltsort der Ming-Kaiser

Der Palast der Himmlischen Reinheit, Qianqing Gong, diente den Ming-Kaisern als Schlaf- und Arbeitsstätte. Neun zweistöckige Wohnpavillons, alle durch einen überdachten Gang miteinander verbunden, sind allesamt mit je drei Betten ausgestattet, so daß der Kaiser nach Lust und Laune unter den 27 Betten wählen und so gleichzeitig einem eventuellen Mordanschlag vorbeugen konnte. Nicht wenige dunkle Machenschaften am Hof der Ming-Kaiser sind gerade im Qianqing Gong über die Bühne gegangen; so zum Beispiel im Jahre 1542, als Kaiser Jiaqing nur mit knapper Not einem Erdrosselungsattentat einiger Palastdamen entkommen konnte. Er verlegte daraufhin seine Wohnstätte eiligst in den Seenpalast, Xiyuan, dem heutigen Zhongnan Hai, und kehrte erst nach über zwanzig Jahren in den Qianqing Gong zurück. Von diesem Palast der Verbotenen Stadt begab sich auch der letzte Ming-Kaiser im Jahre 1644 durch das nördliche Tor des Kaiserpalastes auf den Kohlenhügel, um sich dort an einem Pagodenbaum zu erhängen. Die ersten Qing-Kaiser bezogen den Qianqing Gong ebenfalls als ihr ständiges Wohnquartier. Über dem Drachenthron in der Haupthalle befindet sich eine hölzerne Schrifttafel mit den Zeichen ›zhengda guangming‹, dem Motto des chinesischen Herrschers, was soviel bedeutet wie: der Herrscher möge offen, gerecht und von strahlendem Ruhm sein. Hinter dieser Tafel wurde – auf eine Initiative des Qing-Kaisers Yongzheng zurückgehend – jeweils eine Kopie des kaiserlichen Testaments mit dem Namen des designierten Thronfolgers aufbewahrt. Nach dem Tod des Kaisers wurde das Testament eröffnet und der Name des Thronfolgers bekannt gemacht; so meinte man möglichen Nachfolgestreitigkeiten entgegenzuwirken. Der Qianqong Gong diente seit Kaiser Yongzheng, der den Palast der Herzensbildung, Yangxin Dian, als sein Privatquartier bevorzugte, der Abhaltung von Zeremonien innerhalb der Inneren Gemächer und gelegentlich auch dem Empfang von in- und ausländischen Würdenträgern.

Yangxin Dian, der Palast der Herzensbildung, Aufenthaltsort der Qing-Kaiser, westlich der Hauptachse

Der Palast der Herzensbildung, Yangxin Dian, liegt im westlichen Teil der Inneren Gemächer. Hier lebten und wohnten seit Kaiser Yongzheng alle Qing-Kaiser und empfingen in der Haupthalle hochrangige Beamte. Hier auch überwachte die Kaiserinwitwe Cixi während der Regierungsperiode der Kaiser Tongzhi und Guangxu – durch einen Vorhang den Blicken der Beamten verborgen – die Regierungsgeschäfte. Der Palast der Herzensbildung sowie die nördlich anschließenden Sechs Westlichen Paläste waren Schauplatz der kaiserlichen Macht und Ohnmacht in den letzten hundert Jahren der Dynastie. Im Palast der Konzentrierten Eleganz, Chuxiu Gong, lebte die Kaiserinwitwe Cixi, bevor sie sich von 1889 an in den Palast der Ruhe und Langlebigkeit, Ningshou Gong, zurückzog.

Ningshou Gong, der Palast der Ruhe und Langlebigkeit, östlich der Hauptachse

Der Palast der Ruhe und Langlebigkeit, Ningshou Gong, liegt an einer zweiten, parallel zur Zentralachse verlaufenden Ostachse der Verbotenen Stadt. Diese östliche Palastanlage gleicht mit ihren 46000 m^2 einer Stadt innerhalb der Verbotenen Stadt; sie geht auf den Qing-Kaiser Qianlong zurück. Um die 61jährige Regierungszeit seines Großvaters, des Kaisers Kangxi, aus Respekt und Ehrfurcht nicht zu überschreiten, ließ Kaiser Qianlong diesen Teil des Palastes für den Zeitpunkt vorbereiten, da er sich nach 60 Regierungsjahren offiziell aus den Regierungsgeschäften zurückziehen wollte. Wohl deshalb enthalten alle Namen der Hallen und Gebäude in diesem Teil der Verbotenen Stadt die

Hoffnung auf ein langes Leben. Auch die Kaiserinwitwe Cixi schätzte diesen Abschnitt des Palastes sehr. Nach ihrem Tod blieb ihr Sarkophag bis zu dem vom kaiserlichen Astronomieamt für die Beerdigung als günstig festgesetzten Zeitpunkt in der Thronhalle dieses Palastes aufgebahrt: vom 15. November des Jahres 1908 bis zum 9. November 1909, als schließlich im Morgengrauen, bei starkem Wind und nebeligem Wetter der feierliche Trauerzug mit dem Sarg der Kaiserinwitwe von hier aufbrach und die Verbotene Stadt durch das Donghua Men verließ.

Schatzkammer, Uhrenmuseum und kaiserliche Spielzeugsammlung im Ningshou Gong

Heute sind dort die kaiserliche Schatzkammer und eine Sammlung kostbarer Uhren untergebracht. (Uhren wurden vornehmlich im 17. und 18. Jahrhundert als bevorzugte Geschenke an den chinesischen Kaiserhof überbracht.) Ein besonderes Kuriosum ist die Spielzeugsammlung der chinesischen Kaiser in einer der hinteren Hallen dieses Palastkomplexes, unmittelbar vor dem kaiserlichen Garten, in der eine Menge kostbaren mechanischen Kinderspielzeugs aus dem Europa des 18. und 19. Jahrhunderts zu sehen ist, die der Kaiser von Repräsentanten der fremden Mächte erhielt. Ein Großteil davon stammt aus Frankreich, zwei besonders bezeichnende Exponate aus Deutschland: die Miniatur einer Krupp-Kanone aus Essen an der Ruhr und die etwa ein Meter lange Nachbildung eines Schiffes der deutschen Kriegsmarine namens Kaiser Wilhelm II.

Gugong Bowuyuan, das Kaiserpalast-museum in Beijing

Nach der erfolgreichen Revolution des Jahres 1911 gingen Teile der imposanten Palastanlage sowie die wertvollen Kunstwerke des kaiserlichen Haushaltes nach und nach in den Besitz des Staates über. Die drei offiziellen, großen Zeremonienhallen im Äußeren Hof wurden der republikanischen Regierung zur Benutzung überlassen und eine ständige Ausstellung alter Kunstobjekte des Palastes eingerichtet; im Jahre 1925 folgte, nachdem der letzte mandschurische Kaiser Puyi die Verbotene Stadt verlassen hatte, die Gründung des Palastmuseums. Im Jahre 1947 wurden die Ausstellungshallen und das gesamte Palastmuseum zu einem einzigen Museumskomplex zusammengeschlossen. Freilich sind viele der wertvollen Kunstgegenstände seit Anfang dieses Jahrhunderts verlorengegangen. Schon während der Zeit des letzten Kaisers der Mandschu-Dynastie, in den Jahren 1909 bis 1911, wurden viele kostbare Werke aus dem Palast geschmuggelt, nicht wenige tauchten in Europa, Japan und den USA wieder auf. Da nach der Errichtung der Republik die Mitglieder der kaiserlichen Familie die Kunstschätze des Palastes als ihren Privatbesitz betrachteten, wurde die wertvolle Kunstsammlung noch um etliche weitere Stücke reduziert.

Palastmuseum in Taibei/Taiwan

Als sich die Japaner in den frühen dreißiger Jahren bedrohlich der Stadt Beijing näherten, wurden im Jahr 1933 über 2000 Kisten mit Kunstschätzen aus dem Kaiserpalast zunächst nach Shanghai »in Sicherheit« gebracht. Der nun folgende Weg der unermeßlichen Schätze gleicht einer Odyssee: Drei Jahre später, also 1936, transportierte man die Kostbarkeiten nach Nanjing, wo indessen ein geeignetes Zwischenlager fertiggestellt worden war. Doch als die Japaner mit

Abb. 83 Ju-Keramik: Schale in Form einer Lotosblüte, Song-Zeit

dem Zwischenfall an der Marco-Polo-Brücke im Juli des Jahres 1937 den Beginn des chinesisch-japanischen Krieges provozierten, war die Gefahr für Zentralchina nur mehr eine Frage der Zeit. Die Kunstschätze wurden rasch weiter ins Landesinnere gebracht, ein Großteil davon nach Sichuan, der Rest nach Guizhou verlagert. Nach dem Ende des Zweiten Weltkrieges wurden die Kunstobjekte wieder zurück nach Nanjing transportiert. Von dort nahm sie dann Jiang Kaishek bei seiner Flucht vor der Roten Armee im Jahr 1949 als »Handgepäck« auf die Insel Taiwan mit. Das durch die Arbeit mit oftmaliger Verpackung und häufigem Transport geübte und versierte Museumspersonal wählte auftragsgemäß die kostbarsten und herausragendsten Objekte der Kunstsammlung, um sie nach Taiwan zu verschiffen. Wenn man in Taiwan auch einräumt, die Menge der Kunstschätze, die nach Taiwan gebracht wurden, sei kleiner als jene, die einst von Beijing in den Süden ausgelagert wurde, so weist man im selben Atemzug stolz darauf hin, daß man die ausgesucht besten und seltensten Stücke für sich beansprucht hat. Die wertvollen Objekte sind heute im dortigen – ebenfalls »Palastmuseum« betitelten – Museum in Taibei ausgestellt. Dieser als Regierungsschatz beanspruchte Teil der kaiserlichen Sammlung wird immer noch als Unterpfand und Legitimation für die Herrschaft über das gesamte China betrachtet. Tatsächlich sollte man sich dieses Museum nicht entgehen lassen: Über 600000 erlesenste Objekte, darunter 21 Stücke der äußerst seltenen und

Abb. 84 »Alte Fischersleute«, Tusche auf Seide, von Wu Zhen (1280–1354), Yuan-Zeit

Abb. 85 »Alte Bäume an kühler Quelle«, Farbe und Tusche auf Seide, von Wen Zhengming (1470–1559), Ming-Zeit

Abb. 86 »Späte Rückkehr von einem Frühlingsausflug«, Tusche und Farbe auf Seide, von Qiu Ying (ca. 1490–1552), Ming-Zeit

kostbaren Keramikarbeiten aus den kaiserlichen Werkstätten der Song-Zeit, die besten und wertvollsten Rollen aus Malerei und Kalligraphie und eine Vielzahl von seltenen Büchern und historischen Dokumenten, überbieten in ihrer Qualität bei weitem die verbliebene Sammlung im Palastmuseum von Beijing.

Jing Shan, der Kohlen- oder Aussichtshügel

Im Norden erhebt sich unmittelbar im Anschluß an die purpurnen Mauern der Verbotenen Stadt der Kohlen- oder Aussichtshügel, Jing Shan, von dem man einen eindrucksvollen und phantastischen Rundblick über das Zentrum Beijings sowie über die axial angelegte Verbotene Stadt gewinnen kann, in deren südlicher Fortsetzung der Platz des Himmlischen Friedens, das Vordere Tor und der Himmelstempel zu finden sind. Der Hügel ist ein Nebenprodukt der Bauarbeiten an dem neu entstehenden Kaiserpalast zu Beginn der Ming-Dynastie. Er besteht im wesentlichen aus abgetragenem Bauschutt der yuan-zeitlichen

Abb. 87 »General Ma Chang jagt den Feind«, Farbe auf Papier, von Guiseppe Castiglione (1688–1766), Qing-Zeit

Residenz sowie aus dem Erdreich, das vom Aushub des Wassergrabens um die Verbotene Stadt hierher geschafft wurde. Zudem soll am Fuße des Hügels die Kohle für die Beheizung der Hallen und für die kaiserliche Küche gelagert worden sein. Steigt man den Berg von Süden kommend hinauf, so erreicht man jenen Baum, an dem sich einst der letzte Ming-Kaiser erhängt haben soll und zuvor noch – sorgenvoll auf die Stadt blickend – auf seinem Ärmelaufschlag sein Abschiedsdekret schrieb: *»Ich, schwach und wenig tugendhaft, habe gegen den Himmel gesündigt. Die Rebellen haben meine Hauptstadt in Besitz genommen, weil meine Minister mich getäuscht haben. Ich schäme mich, vor meine Ahnen zu treten. Ich sterbe. Ich lege meine kaiserliche Kappe ab und lasse mein Haar wirr über mein Gesicht fallen; den Rebellen überlasse ich es, meinen Körper abzuschneiden«* (zit. aus Lin Yutang 2, S. 111). Auch die Hallen am Kohlenhügel stammen allesamt aus der Zeit des Kaisers Qianlong. In der Halle der Kaiserlichen Langlebigkeit, Shouhuang Dian, und in der Halle der Tugend, Guande Dian, im nordwestlichen Teil des Kohlenhügels, wurden in der Qing-Zeit die kaiserlichen Särge aufgebahrt, um die Zeit nach der entsprechenden Aufbahrung innerhalb der Verbotenen Stadt bis zur endgültigen Überführung in die letzte Ruhestätte zu überbrücken.

Die Seenpaläste – Zhongnan Hai, die Paläste am Mittleren und Südlichen See, und Beihai Gongyuan, der Nordsee-Park

Im Norden und Westen wird der Kaiserpalast, auch Winterpalast genannt, von den Seenpalästen, den Parkanlagen am Mittleren und Südlichen See, Zhongnan Hai, und dem Nordsee-Park, Beihai Gongyuan, umschlossen. Die Anlage dieser Gärten geht bereits auf die Liao- und Jin-Dynastie zurück. Auf dem Gelände des heutigen Nordsee-Parks und der Gartenanlagen des Mittleren Sees befand sich einst das Zentrum der yuan-zeitlichen Hauptstadt Dadu, der Kaiserpalast von Kublai Khan, den Marco Polo in wunderbaren Farben schilderte. Die beiden Seen waren damals schon künstlich ausgehoben. Als Kaiser Yongle etwas östlich davon seine Residenz errichten ließ, gab er gleichzeitig den Auftrag, den künstlichen See nach Süden zu vergrößern und vom Nordsee abzutrennen. Die Anlage, die in ihren heutigen Ausmaßen auf die Ming-Dynastie zurückgeht, erhoben die Qing-Kaiser Kangxi, Yongzheng und Qianlong zu einem zweiten Regierungszentrum. Gerne entflohen sie an den heißen Tagen den aufgeheizten, gleißenden Mauern der Verbotenen Stadt, um hier an den Ufern der kühlen Seen unter schattenspendenden Bäumen einen angenehmeren Arbeitstag zu verbringen, um zu fischen und ein wenig Boot zu fahren. Auch die Kaiserinwitwe Cixi hielt sich vorzugsweise im Gebiet des Zhongnan Hai auf. Zu dieser Zeit richtete man eine Eisenbahnverbindung von Zhongnan Hai zum Beihai-Park ein. Jeden Tag pflegte Cixi nach Verrichtung der Regierungsgeschäfte in Begleitung von Prinzen und hohen Beamten, Prinzessinnen, Konkubinen und Hofdamen mit der kleinen Eisenbahn in den Nordsee-Park zu reisen, um sich dort der Muße zu widmen. Sie fürchtete jedoch, daß die dampfbetriebene Eisenbahn die kosmische Ordnung der Natur beleidigen könnte; also wurden die Waggons von nebenherschreitenden Eunuchen gezogen.

Zhongnan Hai – heute Regierungssitz

Der Garten des Mittleren und Südlichen Sees, Zhongnan Hai, ist bis heute nicht öffentlich zugänglich: Dort leben seit der Gründung der Volksrepublik die Führer der Kommunistischen Partei Chinas. Hier wohnten Mao Zedong, Zhou Enlai und gegenwärtig Deng Xiaoping. Mittlerweile sind hier auch der Sitz des Zentralkomitees der KP Chinas sowie das Amt des Staatsrats untergebracht.

Beihai Gongyuan, der Nordsee-Park

Der Nordsee-Park, Beihai Gongyuan, mit 68 Hektar Chinas größte kaiserliche Gartenanlage (39 Hektar davon sind Wasserfläche), ist heute ein beliebtes Ausflugsziel nordwestlich des Kaiserpalastes. Viele der kunstvollen Pavillons und Hallen stammen aus der Zeit des Qing-Kaisers Qianlong. Die gesamte Anlage wird von einer tibetischen weißen Pagode, der Weißen Dagoba, Bai Ta, überragt. Der erste Qing-Kaiser, Kaiser Shunzhi, ließ sie zum Zeichen seiner Konversion zum Buddhismus im Jahre 1651 zu Ehren des 5. Dalai Lama errichten. Die Pagode, von den Franzosen einst »Pfefferminzlikörflasche« genannt, ist etwa 36 m hoch und besitzt einen Durchmesser von 14 m, sie fiel in den Jahren 1679 und 1731 großen Erdbeben zum Opfer und wurde jedesmal wieder neu errichtet. Zuletzt wurde sie 1977 nach dem großen Erdbeben von Tangshan in ihrer ursprünglichen Form wieder aufgebaut.

Abb. 88 Himmelstempel in Beijing: die Halle der Jahreszeitengebete

Tian Tan, der Himmelstempel, mit der berühmten Qinian Dian, Halle der Jahreszeitengebete

Schon seit der legendären Gründung des chinesischen Kaiserreiches war es die oberste Pflicht des Herrschers, die Opferriten einzuhalten. Zu den wichtigsten Opferritualen gehörte die Opferzeremonie am Altar des Himmels, der in grauer Vorzeit auch der Altar der Erde gewesen war. Am wohl berühmtesten mingzeitlichen Gebäude in Beijing, dem sogenannten Himmelstempel, ist bis heute abzulesen, daß die Riten für die Erde und für den Himmel ursprünglich an ein und demselben heiligen Ort vollzogen worden sind. Der ca. 2,7 km^2 große Tempelpark ist von zwei Mauern umgeben und damit Beijings größte Parkanlage. Sie ist im Süden von den Mauern rechtwinklig umschlossen – die Erde symbolisierend – und besitzt im Norden eine Rundung, die den Himmel versinnbildlicht. Diese beiden Symbole – der Kreis für den Himmel, das Quadrat für die Erde – sind die Grundkonzepte, auf denen der Himmelstempel beruht. So steht auch die dreigeschossige Halle der Jahreszeitengebete, Qinian Dian, die als eigentlicher Himmelstempel bekannt ist, auf einer runden dreistufigen Terrasse aus weißem Marmor, die wiederum inmitten einer quadratischen Grundfläche ruht. Zur Zeit der Ming- und Qing-Dynastie war diese faszinierende Halle das höchste Gebäude Beijings. Auch sie blickt auf eine wechselhafte Geschichte zurück: Im Jahre 1420 erbaut, wurde sie 1751 restauriert, 1898 durch Blitzschlag völlig zerstört und ein Jahr später wieder aufgebaut. Ursprünglich waren die Dächer der drei Geschosse verschiedenfarbig gedeckt: das oberste mit blauen Glasurziegeln für den Himmel, das mittlere mit gelben Glasurziegeln für den Kaiser und das unterste mit grünen Glasurziegeln, das Volk repräsentierend. Kaiser Qianlong ließ jedoch bei der Restaurierung im Jahr 1751 das gesamte Dach mit strahlend azurblauen Glasurziegeln eindecken. Die Halle ist 38 m hoch; für ihren Bau wurde kein einziger Nagel verwendet. Die gesamte Konstruktion ruht auf insgesamt 28 Säulen; die vier mittleren, die Drachenbrunnensäulen, sind etwa 20 m hoch und verkörpern die vier Jahreszeiten. Ein weiterer Ring von zwölf vergoldeten Säulen symbolisiert die zwölf Monate des Jahres; der äußere Ring von zwölf Säulen steht für die zwölf (zweistündigen) Zeitabschnitte des Tages. Das kunstvolle Kraggebälk im Innern der Halle ist mit leuchtenden Farben bemalt. Eine marmorne, etwa 360 m lange und 30 m breite Straße führt zum eigentlichen Himmelsaltar, den der Kaiser nur zur Wintersonnenwende betrat. Zuvor wechselte er in der Halle der Enthaltung, Zhai Gong, die Gewänder und begab sich für kurze Zeit in die nördlich des Himmelsaltares gelegene Halle des Himmelsgewölbes, Huangqiong Yu, um dort zu meditieren. In dem von einer Mauer umschlossenen Gebäudekomplex dieser Halle wurden die alljährlich benutzten Opfergeräte aufbewahrt. Der Himmelsaltar selbst, ein marmorner terrassenförmiger Sakralbau aus dem Jahr 1530, ist kreisförmig mit Steinquadern bedeckt, wobei der innerste Ring mit neun Steinen beginnt und alle weiteren Ringe stets aus einem Vielfachen der Zahl Neun bestehen. Insgesamt enthalten die 27 Ringe auf den drei Etagen 3402 marmorne Steinquader.

Tai Miao, der Ahnentempel – heute Laodong Renmin Wenhua Gong, Kulturpark der Werktätigen

An erster Stelle bei den Opferhandlungen des Kaisers stand freilich die Verehrung der Ahnen, denen man die wesentlichsten Kulturleistungen wie Ackerbau, Kalender, Schrift und letztlich auch die Reichsgründung verdankte, und die Huldigung an die kaiserlichen Vorfahren. An der östlichen Flanke des Kaiserpalastes, unmittelbar im Anschluß an das Tor des Himmlischen Friedens, ließ Kaiser Yongle im Jahr 1420 den Ahnentempel, Tai Miao, für die kaiserlichen Vorfahren errichten. Hier wurde zum Zeichen für die Aufnahme eines verstorbenen Kaisers in die Reihe der kaiserlichen Vorfahren – nach Abschluß der Begängnisfeierlichkeiten zu einem vom kaiserlichen Astronomieamt festgesetzten günstigen Zeitpunkt – die Ahnentafel aufgestellt. Eine ähnliche Tafel steht übrigens in der Halle der Ahnenverehrung, Fengxian Dian, im östlichen Trakt des Kaiserpalastes. Die Anlage des Ahnentempels besteht im wesentlichen aus drei großen Hallen, von denen die Vordere Halle mit 2240 m^2 die größte und eigentliche Andachtshalle ist. Die Anlage ist heute zur Gänze der Kultur und

Freizeitgestaltung vorbehalten und trägt seit 1950 einen Namen, der nicht unbedingt auf die Vergangenheit der Anlage schließen läßt: Kulturpark der Werktätigen, Laodong Renmin Wenhua Gong.

Sheji Tan, der Altar der Erdgötter und der Fruchtbarkeit – heute Zhongshan Gongyuan, Sun Yatsen-Park

Der Ackerbaukult stand dem Ahnenkult an Bedeutung kaum nach. Zweimal im Jahr opferten die Kaiser der Ming- und Qing-Dynastie am Altar der Erdgötter und der Fruchtbarkeit, Sheji Tan, der sich im heutigen Sun Yatsen-Park, Zhongshan Gongyuan, westlich im Anschluß an das Tor des Himmlischen Friedens erhebt. Im Jahr 1421 ließ Kaiser Yongle an dieser Stelle den quadratischen dreistufigen Altar anlegen. Fünf verschiedenfarbige Erdschichten symbolisieren die fünf Elemente. Nördlich vom Altar erhebt sich die Halle des Gebets, dort weilte der Kaiser während des Opfers zur Rast oder brachte an Regentagen das Opfer dar. Die Halle ist wohl das älteste ming-zeitliche Gebäude Beijings mit einer Geschichte von über 500 Jahren. Hier wurde im Jahre 1925 der erste Präsident der Republik, Dr. Sun Yatsen, aufgebahrt, weshalb Halle und Park auch seinen Namen tragen. In der Parkanlage steht heute der geschichtsträchtige Schmuckbogen, der ursprünglich zum Andenken an den zu Beginn des Boxeraufstandes ermordeten deutschen Gesandten, Baron von Ketteler, in der Altstadt Beijings errichtet wurde. Der Schriftzug des Bogens ist mittlerweile zweimal abgeändert worden: Heute trägt er eine Kalligraphie des Gelehrten und Schriftstellers Guo Moruo mit dem Inhalt »Verteidigt den Frieden«.

»Kalligraphie vom Orchideenpavillon«

Ein wenig bekanntes, durchaus sehenswertes Detail soll hier noch Erwähnung finden: die Acht Stelen der Kalligraphie vom Orchideenpavillon. In der südwestlichen Ecke des Parks befindet sich heute ein Stelenpavillon aus der Zeit des Kaisers Qianlong, der einst im Yuanming Yuan gestanden war, im Jahr 1917 aus den zerstörten Gartenanlagen aber hierher gebracht und neu aufgerichtet wurde. Die große marmorne Stele in seiner Mitte zeigt den berühmten Schriftzug des großen Kalligraphen Wang Xizhi, die »Kalligraphie vom Orchideenpavillon«. Die schwierige Kunst des Schreibens, die Kalligraphie, ist in der chinesischen Tradition stets die höchste Kunst, selbst die Malkunst ist ihr untergeordnet. Nach klassischer Einteilung unterscheidet man drei Schriftformen: *kaishu*, die vorbildliche Schrift; *xingshu*, die laufende Schrift; und *caoshu*, die Grasschrift. Wang Xizhi (307–365), der Patriarch der Kalligraphie, soll für diese drei Schriftarten grundlegende und unerreichte Modelle geschaffen haben; sein charakteristischer Schriftzug wurde in den folgenden Jahrhunderten oftmals kopiert. Besonderen Ruhm erlangten seine Anmerkungen, die er im Jahre 355 anläßlich eines literarischen Gastmahls zu den Gedichten seiner Freunde niederschrieb: insgesamt 324 Zeichen in 28 Zeilen. Das Festmahl fand damals im Orchideenpavillon, Lan Ting, in Shaoxing in der Provinz Zhejiang statt. Für die sieben steinernen Säulen, die den Stelenpavillon stützen, wählte Kaiser Qianlong persönlich die Abschriften der »Kalligraphie vom Orchideenpavillon« von verschiedenen namhaften Kalligraphen und ließ sie an den Säulen anbringen.

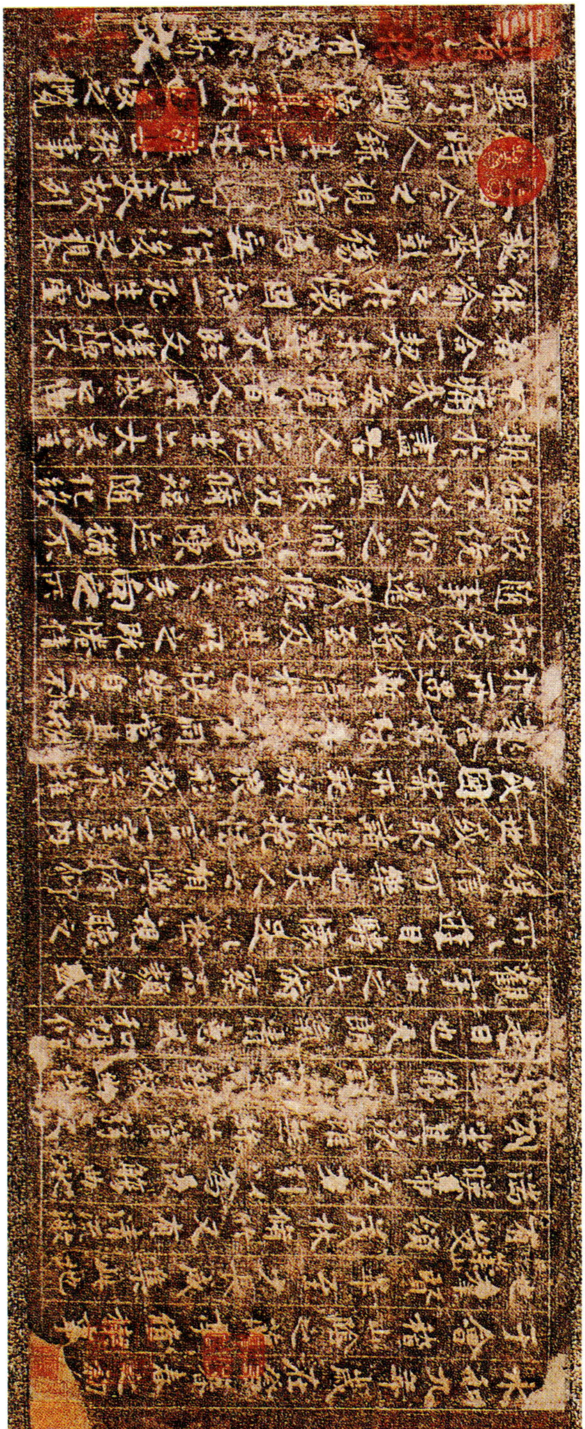

Abb. 89 Kalligraphie vom Orchideenpavillon, von Wang Xizhi (307–365), songzeitliche Steinabreibung

Abb. 90 Heilige Straße – Zugang zu den dreizehn Ming-Gräbern (Aufnahme von ca. 1938)

Ming Shisan Ling, die Dreizehn Kaisergräber der Ming, bei Changping/Hebei

Noch ein anderes Bauprojekt hatte Kaiser Yongle in Auftrag gegeben: Im Jahre 1409 begannen die Bauarbeiten an seinem Mausoleum, dem ersten von insgesamt dreizehn kaiserlichen Mausoleen, die nach und nach während einer Zeit von über 230 Jahren im Tal von Changping, etwa 45 km nordwestlich von Beijing, errichtet wurden. *»Die Minggräber liegen einer Gebirgskette in kleinem Bogen vorgelagert, und noch bevor man etwas sieht, beginnt der geweihte Weg. Durch ein dreifach gegliedertes Tor geht es mitten hindurch. Der Weg ist holperig und zerfallen, aber es stehen noch oder knien zu beiden Seiten die mächtigen steinernen Fabeltiere, die Pferde, die Elephanten, und dann kamen die steinernen Krieger und Priester, ehrfurchtsvoll stehend seit vielen Jahrhunderten. Alles ist großzügig und ergreifend, und schön sind die Plastiken; obwohl manche voller Zeichen und Namen vollgekritzelt sind und die Menschen leichtfertig an ihnen umherklettern, – die Weihe ist dennoch nicht verflogen. Die Gräber selbst sind aufgeworfene große Hügel mit Türen, Gemäuer und dergleichen, doch ohne plastischen Schmuck, und künstlerisch nicht sonderlich interessant. Aber ihre Lage ist wunderschön. In ferner feierlicher Stille ruhen hier, mit Erde überdeckt, die mächtigen Mingkaiser, die Söhne des Himmels«*, so beschrieb Emil Nolde im Jahr 1913 seinen Eindruck von den imposanten Ming-Gräbern (zit. nach Reiseschmöker, S. 13).

Shen Dao, die Heilige Straße

Eine einzige, mächtige Heilige Straße führt in das 40 km² große Areal, in dem die einzelnen Mausoleen jeweils am Fuße eines Hügels der den Talkessel abschließenden Hügelkette angelegt sind. Wohl unterscheiden sich die Grabstätten in Größe und Ausstattung, jedoch nicht in ihrer Grundkonzeption: Opferhalle und Stelenpavillon bilden die Rechteckige Stadt, der schlichte Tumulus dahinter birgt die unterirdische Grabkammer. Heute betritt man den einst verbotenen Bezirk durch ein marmornes, etwa 29 m breites und 14 m hohes Ehrentor, das älteste und größte seiner Art in China. Dann schreitet man durch das Große Rote Tor, den eigentlichen Zugang zum Mausoleumsareal. Nachdem man den Stelenpavillon mit einer von einer Schildkröte getragenen Marmorstele passiert hat, betritt man jenen Teil der nach Norden führenden Heiligen Straße, der durch seine überlebensgroßen, steinernen Figuren berühmt geworden ist. Insgesamt 18 Figurenpaare, 24 Tier- und 12 Menschenskulpturen, aus dem Jahre 1435 säumen den Weg, der am Grabmal des Kaisers Yongle, dem Chang Ling, endet.

Chang Ling, Mausoleum des Kaisers Yongle

Das Chang Ling ist das bedeutendste und wohl auch größte Mausoleum der gesamten Anlage. Allein die Opferhalle, die der Halle der Höchsten Harmonie im Kaiserpalast zu Beijing ähnelt, umfaßt eine Fläche von 2000 m^2. Eine Besonderheit sind die 60 gigantischen Holzsäulen, welche die Halle stützen; 32 davon bestehen aus dem berühmten Jinsi Nanmu, dem Goldfadensandel. Die vier Säulen in der Mitte der Halle sind 14,3 m hoch und messen gut einen Meter im Durchmesser. Die mächtigen Sandelholzstämme stammen allesamt aus den südchinesischen Provinzen Sichuan und Jiangxi; für die Bewältigung der mehrere tausend Kilometer langen Wegstrecke benötigte man etwa zwei bis drei Jahre. Die eigentliche Grabkammer unter dem Tumulus ist bislang noch nicht freigelegt. Chroniken berichten, daß anläßlich des Begängnisses von Kaiser Yongle 16 Konkubinen in zwei schachtartigen Gruben zu beiden Seiten des Mausoleums lebendig begraben wurden. Seit der frühen Geschichte Chinas gab es bei kaiserlichen Beerdigungen Menschenopfer, gelegentlich wird auch der Freitod von Dienstpersonal oder Hofdamen erwähnt. Noch unter dem ersten Qing-Kaiser Shunzhi sollen solche Menschenopfer üblich gewesen sein. Doch Kaiser Kangxi setzte anläßlich der Beisetzung seiner Mutter diesem Brauch ein Ende.

Ding Ling, Mausoleum des Kaisers Wanli

Ding Ling, das Grab des 13. Ming-Kaisers Wanli, ist heute zur Gänze zu besichtigen. Die Bauarbeiten an diesem mächtigen Mausoleum, in dem Kaiser Wanli mit seinen beiden kaiserlichen Gemahlinnen bestattet ist, begannen im Jahr 1584. 30 000 Arbeiter sollen in sechsjähriger Bauzeit diese imposante Grabstätte errichtet haben. Die oberirdischen Hallen wurden beim Ansturm der Rebellentruppen von Li Zicheng im Jahre 1644 zerstört. Kaiser Qianlong ließ sie wieder aufbauen; doch sie wurden im Jahr 1914 abermals in Brand gesteckt und zerstört. Im Mai des Jahres 1956 entdeckte man den Zugang zur Grabkammer. Von seiner ursprünglichen Konzeption her war der Zugang zur Grabkammer stets gut verborgen; alle Dokumente wurden nach dem Bau des Mausoleums vernichtet, allfällige Mitwisser wie Arbeiter und Architekten nach der Erfüllung ihrer Aufgaben getötet. Ein auffällig gegen die dort üblicherweise herrschende Windrichtung aufstrebender Baum wies den Archäologen den Weg. Der darunterliegende Schacht, der tief in den Grabhügel hineinreichte, endete an einer Wand, an der einige Schriftzeichen die Entfernung von der Grabkammer angaben. Das unterirdische Mausoleum war ja lange vor dem Tod des Kaisers bereits fertiggestellt, mußte jedoch von den Bauherren versiegelt und mit Erde bedeckt werden, um Unbefugten den Zutritt zu verwehren. Man vermutet, daß der verantwortliche Beamte hier einen Markstein vergrub, um die Auffindung der Grabkammer sicherzustellen.

Die unterirdische Grabkammer mit ihren insgesamt fünf großen Hallen erstreckt sich in einer Tiefe von 27 m auf einer Fläche von 1195 m², sie ist im Grunde ein Gewölbebau aus Stein ohne eine einzige Balkenverstrebung. Sie wurde völlig unbeschädigt vorgefunden. In der vorderen Kammer stehen die drei marmornen Thronstühle des Kaisers und der beiden Kaiserinnen, davor die ewigen Lampen, große Porzellangefäße gefüllt mit Öl, die wohl aus Mangel an Sauerstoff nach dem Schließen der dicken Marmortore verloschen. Die beiden Seitenhallen, die für die Särge der Kaiserinnen vorgesehen waren, sind leer: Beide kaiserlichen Gemahlinnen starben bereits vor Kaiser Wanli und wurden in die große Hauptkammer verbracht. Sie ist etwa 9 m hoch, 9 m breit und 30 m lang. Dort fanden die Archäologen die drei schlichten Holzsärge, umgeben von 26 Truhen, die Kunstgegenstände von unschätzbarem Wert bargen. Einige dieser Kostbarkeiten sind in den als Museen genützten Seitenhallen der oberirdischen Anlage ausgestellt, darunter die vier Phönixkronen der Kaiserinnen und die goldene Filigrankrone des Kaisers, die mit zwei nach einer Perle haschenden Drachen geschmückt ist.

Zhao Ling, das Mausoleum des Kaisers Longqing

Im September des Jahres 1990 wurde ein drittes Mausoleum der Öffentlichkeit zugänglich gemacht: Zhao Ling, das Grabmal des zwölften Ming-Kaisers Longqing. Die dreizehn Ming-Gräber von Changping wurden auch von der darauffolgenden Dynastie der Mandschuren gepflegt und erhalten; das fremde Kaiserhaus bestattete sogar den letzten Ming-Kaiser mit allen Ehren, nachdem er sich am Kohlenhügel erhängt hatte.

See-Expeditionen im Auftrag von Kaiser Yongle

Bis heute besteht keine Einhelligkeit darüber, warum Kaiser Yongle sieben groß angelegte See-Expeditionen ausschickte. Nach der Wiederherstellung des inneren Friedens war das chinesische Reich gewiß nicht militärisch ambitioniert, im Gegenteil: Mit der Dynastie der Ming ist wieder jene charakteristische Phase erreicht, in der sich China auf sich selbst besann, auf seine inneren Verhältnisse konzentrierte und sich ihrer Stabilisierung widmete. Doch auch Kaiser Yongle war unter nicht ganz einwandfreien Umständen auf den Thron gelangt, und so waren diese sensationellen Expeditionen – neben der Manifestation des mingzeitlichen China – vor allem auch durch die Legitimation des Kaisers motiviert. Die bereisten Länder wurden sogleich in das chinesische Tributsystem einbezogen, das ja nichts anderes als ein geschickt gestaltetes Unterordnungssystem war, freilich nicht immer als solches empfunden wurde. Die See-Expeditionen gestalteten sich in vielerlei Hinsicht als einmaliges Ereignis, das in der chinesischen Geschichte ohne Parallele bleibt: Die Leitung dieser Unternehmen übertrug Kaiser Yongle einem seiner engsten Vertrauten, dem mohammedanischen Eunuchen Zheng He, der zwischen 1405 und 1433 auf insgesamt sieben Fahrten zunächst auf Java und Sumatra, später auf Ceylon landete, bis zum Persischen Golf vordrang und schließlich mit der Hafenstadt Djiddha am Roten Meer das westlichste Endziel seiner Reisen erreichte. Wie alles in China, so muß man sich auch diese Expeditionen in gewaltigen Dimensionen vorstellen: Über 300 Schiffe liefen bei der ersten und aufwendigsten Unternehmung aus; davon dienten allein 62 Schiffe dazu, den in den fremden Ländern eingenommenen Tribut nach Hause zu befördern. Etwa 30000 Seeleute und Soldaten versahen auf den Schiffen Dienst, zudem Verwaltungspersonal, Dolmetscher und medizinische Betreuer.

Kontakte zu Tibet

Auch mit dem »Schneeland« im Westen unterhielt die Ming-Dynastie Beziehungen, allerdings wurden die Besuche der hohen tibetischen Würdenträger bei Hof in den chinesischen Chroniken als Tributgesandtschaften geführt. Und während mit den ersten Ming-Kaisern Kunst und Architektur im chinesischen Kaiserreich eine neue Blüte erfuhren, begann schon gegen Ende des 14. Jahrhunderts die reiche tibetische Klosterkultur in einer Periode der Reformation einem neuen Höhepunkt entgegenzustreben. Die Reformation des tibetischen Buddhismus, der in rivalisierende Sekten zerfallen war und durch Sittenverfall und Zügellosigkeit darniederlag, ist mit dem Namen von Tsongkapa verbunden.

Tsongkapa, der Gründer der Gelbmützen-Sekte

Tsongkapa (1357–1419) kam im heutigen Kumbum-Kloster als Sohn von Nomaden zur Welt. Er widmete sich dem Studium des Buddhismus und gründete eine Ordensgemeinschaft, der man den Namen »die Tugendhaften«, Gelugpa, gab. Die Gelugpa-Sekte wurde wegen der Farbe ihrer Mützen auch Gelbmützen-Sekte beziehungsweise Gelbe Kirche genannt. Gelb bedeutet in Tibet Reinheit und Wachstum. Mit Tsongkapa waren ferner die drei großen Klostergründungen von Ganden, Sera und Drepung verbunden, Klöster, die man als die »drei Säulen der Gelben Kirche« bezeichnet.

»Drei Säulen der Gelben Kirche«: Kloster Ganden, das »Freuderfüllte«, nordöstlich von Lhasa/Xizang

Das Gründungskloster der Gelugpa-Sekte ist eine der »drei Säulen« der Gelben Kirche. Etwa 60 km nordöstlich von Lhasa liegt in etwa 4200 m Höhe das Kloster Ganden, das »Freuderfüllte«. Hier lebte und wirkte Tsongkapa, nachdem er das Kloster im Jahr 1409 gegründet hatte und von hier aus seine Reformideen und die Lehre der Tugendhaften verwirklichte und verbreitete. Sein Grab ist in einem hohen, roten Bau untergebracht, es ist der heiligste Platz des Klosters Ganden. An diesem einst einflußreichsten Kloster des tibetischen Buddhismus, in dem 1959 noch etwa 4000 Mönche lebten, studierten und lehrten, haben die Roten Garden in der Kulturrevolution ein Exempel statuiert: Das Kloster wurde im Jahr 1966 zur Gänze zerstört. Erst 1980 begannen die Aufbauarbeiten in der Ruinenlandschaft, sie gelangten 1984 weitgehend zum Abschluß.

Kloster Drepung, der »Reishaufen«, bei Lhasa/Xizang

Das einst größte, reichste und mächtigste Kloster der Gelben Sekte von Tibet war Drepung, der »Reishaufen«, etwa 8 km westlich von Lhasa entfernt in einem felsigen Tal gelegen. Ein Schüler Tsongkapas gründete im Jahr 1416 diese zweite vor allem politisch einflußreichste Klosterstadt der Gelben Sekte. Ihre vielen weißgekalkten Gebäude erheben sich auf einer Fläche von 25 ha am Hange eines steil abfallenden Berges. Der Fünfte Dalai Lama begrenzte die Zahl der Mönche auf 7700; noch vor 1949 sollen hier etwa 10000 Mönche gewirkt haben. Heute befinden sich etwa 400 Mönche in Drepung. Der Zweite Dalai Lama ließ im Südwesten der Anlage im Jahr 1531 einen Palast erbauen, der ihm und seinen Nachfolgern bis zum Großen Fünften als Wohnsitz diente. Erst nach der Fertigstellung des Potala übersiedelte der Große Fünfte nach Lhasa. Der schlichte Bau des sogenannten Ganden-Palastes birgt in seinem Innenhof eine prächtige, dreistöckige Fassade; hier wohnten auch die späteren Dalai Lamas, wenn sie nach Drepung zu Besuch kamen. Hinter einem mit einem Tuch verhängten Balkon liegen die Privaträume des heutigen Dalai Lama. Im Kloster Drepung übergab im Jahre 1642 der Mongolenfürst Gusri Khan dem Fünften Dalai Lama die politische Macht über Tibet; nicht zuletzt dadurch stieg Drepung zum politischen Zentrum auf. Neben der 1850 m^2 großen Hauptversammlungshalle, vor der ein etwa 2000 m^2 großer freier Platz liegt, enthielt Drepung auch die vier großen Tempelbauten der Lehrfakultäten, die jeweils ihre eigene Versammlungshalle, eine eigene Küche und Wohn- sowie Verwaltungsbereiche besaßen. Auf dem Weg nach Drepung passiert man die Klosteranlage von Nechung, seit dem 17. Jahrhundert Sitz des tibetischen Staatsorakels.

Kloster Sera, der »Wildrosenhof«, bei Lhasa/Xizang

Im Jahre 1419, dem Todesjahr von Tsongkapa, wurde etwa 5 km nördlich von Lhasa von einem seiner Schüler das Kloster Sera gegründet, der »Wildrosenhof«. Als Gesandter von Tsongkapa reiste Jamchen Chöje in den Jahren 1417 und 1434 an den ming-zeitlichen Kaiserhof. Seine beiden Besuche bei Kaiser Yongle und bei Kaiser Xuande trugen wohl nicht unerheblich zur Verbreitung des Lamaismus in China bei. Berühmt für die Gelehrsamkeit seiner Mönche, aber auch für die Rauflust der Laienbrüder, die hier im Kloster schwere körperliche Arbeit verrichteten und bald zu einer Art Mönchspolizei und Leibwache avancierten, liegt Sera am Fuße der Berge unterhalb jener Einsiedelei, in der Tsongkapa einige Jahre zugebracht haben soll. Die Klosterstadt ähnelt der von Drepung: sie besteht im wesentlichen aus der 1092 m^2 großen vierstöckigen Versammlungshalle, drei großen Lehrfakultäten, dem Wohnquartier und dem sogenannten Debattierhof, in dem die Mönche sich in der Kunst der Rhetorik und des richtigen Argumentierens üben und ihre Prüfungen ablegen. Der nachmittägliche Besucher kann – wenn er Glück hat – die heute etwa 300 Mönche in diesem Hof bei ihren Disputen beobachten.

»Dalai Lama – Ozean der Weisheit«

Die Ordensgemeinschaft der Gelugpa fand rasche Verbreitung; ihre Disziplin und Gelehrsamkeit machten sie bald zu einem wichtigen politischen Faktor. Die frühere enge Verbindung mit den Mongolen wurde erneuert, als der große Mongolenführer Altan Khan dem dritten Abt von Drepung, der gleichzeitig das Oberhaupt der Gelugpa-Sekte war, in Anerkennung von dessen Weisheit im Jahr 1578 den Titel »Dalai Lama«, »Ozean der Weisheit«, verlieh. Die Mongolen

Abb. 91 Großer Buddha von Tashilunpo: Maitreya-Statue aus dem 15. Jh.

selbst nahmen die Gelbmützen-Lehre an. – Neben den »drei Säulen« zählen drei weitere Klosterstädte zu den Zentren der Gelbmützensekte; zwei von ihnen, Kumbum und Labrang, liegen heute außerhalb der autonomen Region Tibet.

Kloster Tashilunpo, der »Segensberg«, Stammkloster der Panchen Lamas (Tashi Lamas), in Shigatse/Xizang

Etwa 365 km von Lhasa entfernt liegt auf 3900 m Höhe die Stadt Shigatse, einst Verwaltungszentrum der südtibetischen Provinz Tsang. Im Westen der Stadt, am Südabhang des Tara-Berges, befindet sich das Kloster Tashilunpo, der »Segensberg«. Tashilunpo wurde im Jahr 1447 von einem Neffen und Schüler Tsongkapas, Gedundup, dem späteren ersten Dalai Lama, gegründet. Das Kloster, das zu den sechs wichtigsten Zentren der Gelbmützensekte gehörte, war freilich seinerzeit in einer Provinz gelegen, die von den nicht-reformierten Mönchen, den »Rotmützen«, beherrscht wurde. Mehrmals mußten die Äbte dieses Klosters nach Lhasa fliehen; erst in der Zeit des Großen Fünften wurde auch in Tsang die Dominanz der Rotmützen gebrochen. Als der Große Fünfte seinem Lehrer und damaligen Abt von Tashilunpo den Ehrentitel Panchen Lama verlieh, stieg das

Kloster zu einem zweiten großen Zentrum der religiösen und politischen Macht empor. Als Stammkloster der Panchen Lamas, auch Tashi Lamas genannt, beherbergte die Klosterstadt sechs an ihren goldenen Dächern erkennbare Grabschreine der Panchen Lamas. Nur das Grabmal des vierten Panchen Lama ist nach der Zerstörung durch die Chinesen erhalten geblieben. Berühmtheit erlangte die Klosterstadt, die wohl schönste Klosteranlage Tibets, durch den erst in diesem Jahrhundert errichteten Maitreya-Tempel, der sich im Westen der Anlage erhebt. Er wurde für eine 27 m hohe, etwa 110 Tonnen schwere Maitreya-Statue erbaut und ist das größte Gebäude der Anlage. Tashilunpo birgt neben der Hauptgebetshalle und den Grabstätten der Panchen Lamas sowie der Residenz des Panchen Lama auch vier Lehrfakultäten. Als Sven Hedin sich im Jahre 1897 die Erlaubnis erwirkte, am Neujahrsfest in Tashilunpo teilzunehmen, beschrieb er die weithin bekannte Sakralanlage: *»Das berühmte Kloster war bereits von unserem Garten aus sichtbar, und die goldenen Dächer über den Mausoleen leuchteten in der Entfernung wie Feuer. Wir kamen näher und waren geradezu fasziniert von diesem Labyrinth weißer und roter Häuser, von denen die meisten in tibetanischem Stil, einige aber auch in chinesischer Bauweise mit geschmackvoll geschwungenen, goldbelegten Kupferdächern errichtet waren. Die ganze Klosterstadt liegt am Südfuße eines kahlen und wilden Felsenvorsprungs, so daß die Vorderseiten der Tempel und Gräber nach Süden zeigen. In kurzem Abstande hinter der Reihe der Mausoleen und eine Stufe höher am Abhang erhebt der Labrang oder Vatikan seine stattliche und vornehme weiße Fassade mit schwarz umrahmten Fenstern und gelben oder hellroten Markisen aus flatterndem Stoff. Ganz oben, unter dem Rande des flachen Daches, sind die Mauern dieser heiligen Burg rot bemalt. Am meisten fesselt den Fremden der Blick auf die fünf Mausoleen, die in einer geraden, von Osten nach Westen verlaufenden Linie erbaut sind und in denen fünf verstorbene Taschi Lamas den letzten Schlaf schlafen. Am höchsten Dachfirst stehen die symbolischen Figuren, das Rad der Lehre und des Gesetzes mit einem Hirsch zu beiden Seiten und der Dreispitz. Auch die Aufsätze des Daches sind mit verschiedenen Figuren verziert. Von ihren äußersten Spitzen hängen Bronzeglocken herab, an deren Klöppel Falkenfedern gebunden sind, und es genügt bereits ein schwacher Wind, um die Glocken zum Ertönen zu bringen«* (zit. aus Hedin, S. 40).

Kloster Kumbum (chinesisch Taer Si), bei Xining/Qinghai

In der Provinz Qinghai, 26 km nördlich von Xining, liegt auf 2800 m Höhe eines der sechs großen Gelugpa-Klöster, das Kloster Kumbum, »Kloster der Unendlich Vielen Bilder Buddhas«. Die Anlage ist eine Gründung aus dem Jahre 1560. Ihr Name ist mit einer wohlbekannten Legende verbunden, die sich um Tsongkapa, den Gründer der Gelbmützensekte, rankt, der hier zur Welt gekommen sein soll. Seine Mutter soll einst die Nachgeburt genau an der Stelle vergraben haben, wo sich heute die große Golddachhalle erhebt. Der Legende zufolge wuchs genau hier ein Boddhibaum, der auf seinen unzähligen Blättern Buddha-Bildnisse trug. Alsbald ließ sie eine kleine Stupa an dieser Stelle errichten. Später wurde um diesen Baum ein 11 m hoher silberner Chorten gebaut, über dem sich

Abb. 92 Kloster Kumbum, Taer Si, bei Xining, Provinz Qinghai

dann die große Golddachhalle erhob. Der chinesische Name des Klosters spielt ebenfalls auf diese Legende an: Taer Si bedeutet »Stupa und Kloster«. Die Große Golddachhalle, Dajinwa Dian, ist das zentrale Gebäude der Klosterstadt. Etwa 450 m^2 groß, enthält ihr Baustil Anklänge an einen chinesischen Palast. Der dreistöckige Bau fällt durch seine mit vergoldeten Bronzeziegeln gedeckte oberste Dachfläche auf, während die beiden unteren Dächer mit grünen und gelben Glasurziegeln versehen sind. Der Eingang zur Klosterstadt liegt im Norden bei acht kleinen Chorten, welche die acht Etappen in Buddhas Leben symbolisieren. Sie stammen allesamt aus dem Jahr 1776 und ähneln der Weißen Dagoba im Nordsee-Park Beijings. Die für die innerhalb des Klosters bestehende religiöse Ausrichtung bedeutsamste und wichtigste Halle ist die große Hauptversammlungshalle, Dajing Tang. Sie ist im tibetischen Flachdachstil aus Holz und Lehm gestaltet und erhebt sich über eine Fläche von 1981 m^2. Sie wird von insgesamt 168 Säulen getragen, von denen 60 in den Wänden verborgen sind. Im Jahre 1606 in kleinerem Ausmaß auf nur 36 Säulen errichtet, wurde sie später auf einen Bau mit 80 Säulen und zuletzt auf ihre heutigen Ausmaße mit 168 Säulen erweitert. Im Jahr 1913 brannte diese große Halle vollständig nieder, im Jahr 1917 wurde sie in ihrer ursprünglich letzten Form wieder aufgebaut. Die langen Sitzreihen zwischen den Säulen boten zeitweise über 2000 Mönchen Platz. In der Mitte der Halle befinden sich zwei gelbe Thronsitze für den Dalai Lama und den Panchen Lama. Vier große Lehrinstitute sind der Hauptversammlungshalle angeschlossen: das Institut für buddhistische Religion, das Institut für Esoterik, das Institut für Naturwissenschaft und Künste und das Institut für Medizin. Die Mönche des Klosters Kumbum waren über Jahrhunderte für ihre Gelehrsamkeit berühmt.

Abb. 93 Butter-Figuren im Kloster Kumbum

Butterskulpturen von Kumbum

Das Kloster Kumbum ist für drei Eigenarten bekannt: die Butterskulpturen, die Wandmalereien und die mit Baumwoll- und Schafwollapplikationen versehenen vielfarbigen Seidenstickereien. Die Skulpturen aus gefärbter Yak-Butter, welche Buddhas, Dämonen, alle Arten von Lebewesen, Blumen und Bäume sowie Szenen aus Legenden darstellen, sind Produkte einer höchst verfeinerten Kunstfertigkeit. Zum buddhistischen Neujahr wird am Umwandlungsweg, der um den ganzen Klosterbezirk führt, auf großen Holzgerüsten eine Ausstellung dieser kunstvollen Butterskulpturen eingerichtet. Oft arbeiten die Künstler, zumeist Mönche, wochenlang an diesen Figuren, die dann nur jeweils für eine Nacht an eben diesem Neujahrsfest zu sehen sind. Eine Halle des Klosters Kumbum an der östlichen Seite des Baches, der sich durch die Klosterstadt zieht, zeigt das ganze Jahr über einige dieser Butterskulpturen. Nachdem das Kloster die heftigen Bombenangriffe der Japaner wie durch ein Wunder unbeschädigt überstanden hatte – zum Dank wurde im Jahr 1950 eine weiße Friedensstupa in der Nähe des Eingangs errichtet –, blieb es auch während der Kulturrevolution unbeschadet. Von 1967 bis 1979 war es geschlossen, doch es feierte als erstes lamaistisches Kloster schon im Jahre 1980 wieder das bedeutende Fest des buddhistischen Neujahrs, das »Butterfest«. Das Kloster Kumbum erlangte aber noch durch einen weiteren Umstand Berühmtheit: In Taktser, nicht weit von der Klosterstadt entfernt, auf dem Karawanenweg nach Labrang, wurde im Jahr 1935 der heutige 14. Dalai Lama geboren.

Kloster Labrang, Gansu

Nur noch das sechste der großen tibetischen Klöster der Gelugpa-Sekte bleibt zu nennen: In der heutigen Provinz Gansu, etwa 260 km von der Provinzhauptstadt Lanzhou entfernt, in einem Gebiet, das ehemals zu Nordost-Tibet gehörte, liegt das Kloster Labrang. Der Klosterbezirk ist eine relativ späte Gründung: Die Bauarbeiten auf einem Areal von über 80 Hektar begannen erst im Jahr 1709.

Porzellanerzeugung unter den Ming

Daß die Ming-Dynastie die Zeit der großen Manufakturen ist, ist hinlänglich bekannt: Porzellan- und Töpfereiwerkstätten in der Provinz Jiangxi, Textilbetriebe und Baumwollspinnereien in Shanghai und Nanjing, Seidenwebereien in Suzhou nahmen in dieser Zeit einen rasanten Aufschwung. Gerade die Porzellanindustrie war in der Ming-Zeit auf ihrem Höhepunkt angelangt. Mit der Entdeckung von Kobalt im eigenen Land, das man an Stelle des aus Persien importierten »Mohammedanerblau« verwenden konnte, erhielt das beliebte Blauweiß-Porzellan sein charakteristisches, leicht »verwaschenes« Blau, das etwas weniger rein in der Farbe erscheint, denn das chinesische Kobalt enthält Mangan und nicht Arsenik. Während es Johann Friedrich Böttger erst im Jahre 1709 gelang, das berühmte weiße Meißener Porzellan herzustellen, waren die Chinesen mittlerweile gut tausend Jahre bereits an dessen Produktion. Viele verschiedene keramische Waren befanden sich im frühen China im Umlauf; das echte Porzellan, ausgezeichnet durch größere Härte, Weiße und Lichtdurchlässigkeit, wurde bereits im späten 8. beziehungsweise frühen 9. Jahrhundert hergestellt. Erst durch eine neue Dekortechnik, das Unterglasurblau, wurde das Porzellan zu Beginn des 14. Jahrhunderts in China zum herausragenden keramischen Produkt, das Tonware und Steinzeug verdrängte.

Jingdezhen/Jiangxi, die Stadt des Porzellans

Das Städtchen Jingdezhen war die Porzellanmetropole – aus gutem Grund: Die Stadt liegt nicht nur verkehrstechnisch ausgesprochen günstig, sondern in ihrer unmittelbaren Nähe sind die für die Porzellanherstellung erforderlichen Rohstoffe – Kaolin und Feldspat – in reichhaltigen Mengen vorhanden. Von den

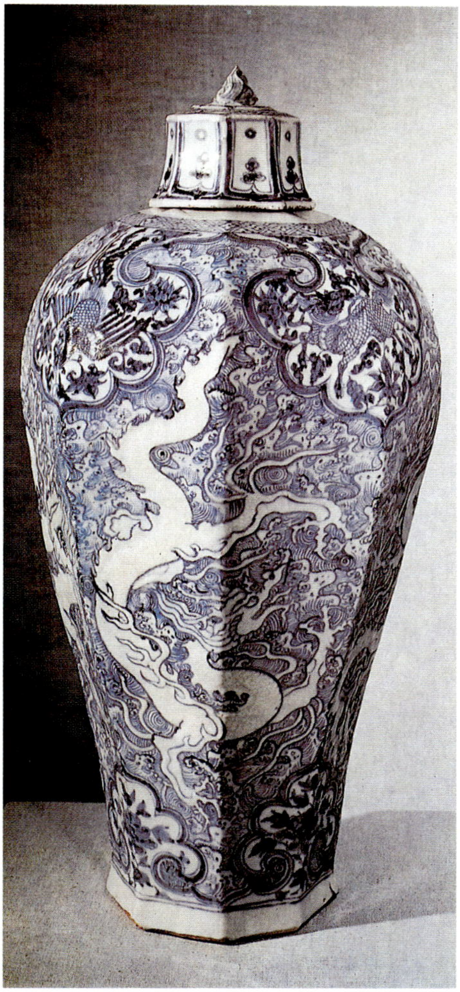

Abb. 94 Balusterförmige Vase, Blau-Weiß-Porzellan, Yuan-Zeit (14. Jh.)

Ming-Kaisern Yongle und Xuande besonders gefördert, erlebte Jingdezhen im 15. Jahrhundert einen ungeahnten Aufschwung: Allein ein Auftrag des Kaiserhofes für das Jahr 1433 von 433 500 Porzellanwaren mit Drachen- und Phönixdekor dokumentiert die Kapazität der Porzellanmanufaktur.

In Europa wurden schon während des ausgehenden Mittelalters Porzellan und Keramik aus dem Fernen Osten als besondere Kostbarkeiten und Raritäten geschätzt. Tatsächlich war das blau-weiß dekorierte Porzellan ein Luxusgegenstand: In Europa selbst war die Herstellung des »Weißen Goldes« bislang noch nicht gelungen, und der langwierige und verlustreiche Seeweg trieb den Preis der Importware in die Höhe; jedes zehnte Handelsschiff versank mit Mannschaft und Ladung auf seinem Weg nach Europa.

Abb. 95 Porzellan-Teller mit Wappen der holländischen Provinz Friesland, Periode Kangxi (nach 1700), Bemalung in Kobaltblau unter der Glasur und in Emailfarben auf der Glasur

Abb. 96 Porzellan-Teller mit Darstellung der Geburt Christi nach europäischer Stichvorlage, Periode Qianlong (um 1750), Dekor in Schwarzlot und Gold auf der Glasur

In den bürgerkriegsähnlichen Unruhen zum Ende der Ming-Dynastie waren das Städtchen Jingdezhen – und auch seine Manufaktur – zu einem großen Teil zerstört worden. Die neue Blütezeit der Porzellanmanufaktur begann erst wieder unter Kaiser Kangxi, der die kaiserlichen Werkstätten im Jahr 1683 wieder aufbauen ließ. Die Manufaktur wurde sorgfältig organisiert, die Produktion vervielfacht. Jingdezhen entwickelte sich zur Industriestadt, die Anfang des 18. Jahrhunderts eine Million Einwohner zählte und in der 3000 Öfen in Betrieb waren. Während Motive aus dem Fernen Osten, sogenannte »Chinoiserien«, zum Vorbild für die ersten Dekore der europäischen Manufakturen wurden (die Porzellanproduktion in Europa begann 1708 in Meißen und 1718 in Wien), produzierten und dekorierten die chinesischen Porzellanhersteller nach europäischem Geschmack und ebensolchen Auftragsvorlagen. Im Wege der Ostindischen Handelskompagnie gelangten die Porzellane dann nach Europa. Besondere Berühmtheit erlangten die mit Wappen geschmückten Service, die man in den vorhergehenden Jahrhunderten kaum kannte. Auch verschiedenartigste Motive nach europäischen Stichvorlagen tauchten auf: religiöse Darstellungen, Städteansichten, Porträts, ländliche und galante Szenen etc. Vor diesem Hintergrund sind auch chinesische Porzellane mit der für China völlig untypischen Schwarzlot-Malerei zu erklären, und auch so manches überladene Dekor, welches den Geschmack des europäischen Rokoko und Klassizismus nachempfindet.

Historische Romanliteratur

Auch der Buchdruck erlebte eine neue Blütezeit – und mit ihm eine Literaturgattung, die sich fernab von der verbindlichen klassisch-konfuzianischen Bildung bald großer Beliebtheit erfreute: die in Volkssprache gehaltene erzählende Literatur. Und es wäre nicht China, dessen nationales Bewußtsein fest in der Geschichte des Landes verankert ist, hätte es nicht auch bei der Prosa den historischen Roman allen anderen Genres vorgezogen. Große Berühmtheit auch im Westen erlangte die »Geschichte von den Drei Reichen«, *Sanguo zhi yanyi,* die romanhafte Version der Geschichte jener drei Dynastien, die sich nach dem Niedergang der Han-Dynastie gebildet hatten; die »Geschichte vom Flußufer« oder »Die Räuber vom Liangshan Moor«, *Shuihu zhuan,* erzählt von einer Rebellenschar, die im 12. Jahrhundert in Shandong ihre Umtriebe tätigte. Daß ihre Organisation geradezu verblüffend einem Staatsapparat ähnelt, ist mehr als ein amüsanter Zufall. Bleibt noch die »Reise nach dem Westen«, *Xiyou ji,* zu nennen, das auf dem Reisebericht des buddhistischen Mönchs Xuanzang aus dem 7. Jahrhundert aufbaut und eine phantastische Welt aus Allegorie und Legende zaubert. Mit einem Hauch von Pikanterie ist der berühmte erotische Roman »Pflaumenblüte in der Goldvase«, *Jinping mei,* versehen, ein Sittengemälde, das im Gewand des 12./13. Jahrhunderts die sozialen Verhältnisse der ausgehenden Ming-Dynastie schildert (Erstdruck 1610). Ebenso in die Regierungszeit des Kaisers Yongle fällt die Kompilation einer der größten Universalenzyklopädien, *Yongle dadian,* von dessen über 1100 Bänden leider nur mehr etwa 400 erhalten sind.

Dazhong Si, der Tempel der Großen Glocke, in Beijing (im Haidian-Bezirk)

Seit dem Jahre 1986 wird das chinesische Neujahr von einem Glockenprunkstück aus der Ära Yongle eingeläutet. Der »König der Glocken« befindet sich heute im einzigen Glockenmuseum Chinas, welches wenig bekannt, aber durchaus sehenswert ist; es befindet sich auf dem Gelände eines ehemaligen buddhistischen Tempels in Beijing. Der Tempel der Großen Glocke, Dazhong Si, stammt aus dem Jahr 1733, als der Qing-Kaiser Yongzheng beschloß, den »König aller Glocken«, der bislang noch im Tempel der Langlebigkeit, Wanshou Si, außerhalb der Stadtmauern aufbewahrt wurde, in die Stadt zu transferieren. Die riesige, aus Bronze gegossene Glocke stammt aus der Regierungszeit des Ming-Kaisers Yongle und heißt deshalb auch »Yongle-Glocke«. Sie ist 6,75 m hoch, hat einen durchschnittlichen Durchmesser von 3,5 m und wiegt 46,5 t. Auf ihrem 18,5 cm dicken Glockenmantel sind an der Außen- und Innenseite 17 buddhistische Sutren eingraviert. Insgesamt 227000 Schriftzeichen überliefern die ming-zeitliche Kalligraphiekunst. Die Glocke, deren Schläge man in einem Umkreis von 40 bis 50 km vernehmen kann, ist an einem immensen Holzgerüst befestigt, das bereits über 250 Jahre und die Erschütterungen etlicher Erdbeben unbeschadet überstanden hat. Heute führen Treppen in das obere Stockwerk der Glockenhalle, und man kann von dort in Ruhe die faszinierende Ausdehnung der Glocke und das technisch perfekte Holzgerüst betrachten. Es gehört zu einem liebgewonnenen Brauch, Münzen in das kleine Loch an der oberen Rundung der Glocke zu werfen, was – falls dies gelingt – als besonders glückverheißend gilt. Heute findet die gigantische Glocke wieder Verwendung: An den ersten drei Tagen des chinesischen Neujahrsfestes schlägt sie zu drei Tageszeiten je dreimal. Außer dem »Glockenkönig« sind heute auf dem Tempelgelände noch über 160 alte Glocken ausgestellt, von denen einige sogar aus der Westlichen Zhou-Zeit stammen.

Kontakte mit dem Abendland – Handel und Mission

Auch die ersten offiziellen Kontakte mit dem Westen, die sich zunächst als Handelsbeziehungen anbahnen, fallen in die Zeit der Ming-Dynastie. Im Jahr 1567 erst nahm die chinesische Regierung das strikte Verbot des privaten Überseehandels zurück, das als Reaktion auf die Expansionspolitik des Kaisers Yongle auch das Übertreten der Landesgrenzen unter Todesstrafe stellte. Doch der Handel florierte ohnedies, wenn auch illegal. Gleichwohl standen die Kontakte zum Westen unter keinem guten Stern. Denn die selbstbewußten und arroganten Abendländer ließen sich nicht in das Tributverhältnis einordnen, zu dem nach chinesischem Verständnis der Handel gehörte. Fortwährend verstießen sie in anmaßender Ignoranz und Kolonialherrenattitüde gegen Zeremoniell und Etikette und zogen sich so die Mißgunst und Verachtung der Chinesen zu.

Matteo Ricci und seine Idee der »akkomodativen Missionierung«

Anders gestaltete sich zunächst der Kontakt mit dem Westen im Sog des christlichen Missionierungsauftrages. Hier hatte sich der italienische Jesuit Matteo Ricci große Verdienste erworben, denn er erkannte, daß erst mit der Kenntnis und folglich der Anpassung an die ethischen Grundwerte der chinesischen Gelehrtenschicht auch der Zugang zum chinesischen Gesellschaftsgefüge möglich war. Sein Versuch, die chinesische Sprache zu erlernen, weiter zu vertiefen und sich mit der Pragmatik der (neo-)konfuzianischen Ethik vertraut zu machen, verschaffte ihm die Anerkennung der Gelehrten und den Respekt des Kaisers; freilich erst nachdem er versichert hatte, daß ihn mit den von Kanonenlärm begleiteten, räuberischen portugiesischen Kaufleuten nichts verbinde. 1601 gelangte Matteo Ricci an den Kaiserhof in Beijing. In weiser Beschränkung auf die wesentlichen ethischen Momente vertrat er – wie auch seine Ordensbrüder nach ihm – das Christentum als Weltanschauung des Abendlandes. Freilich aber gab es da noch etwas, das die Jesuiten für die Chinesen weit interessanter machte als ihr Glaube: ihre herausragenden Kenntnisse auf dem Gebiet der Astronomie, der Geographie und Mathematik, der Technik im allgemeinen und der Waffentechnik im besonderen. Ihre intensive Beschäftigung mit den Naturwissenschaften hinterließ einen aufgeklärten, realistischen – um nicht zu sagen – brauchbaren Eindruck.

»... ich weiß noch immer nicht, wozu er gekommen ist ...«

Denn daß sich die Chinesen trotz allen Respekts die Anwesenheit der Missionare in China nicht erklären konnten, geht aus einem Brief des großen Philosophen und Gelehrten Li Zhi hervor, der sich in Bewunderung für Matteo Ricci und dessen umfassendes Wissen erging und dennoch Zweifel über den Grund seiner Anwesenheit hegte: *»... Ricci kommt aus dem großen Abendland und hat mehr als 100000 Li zurückgelegt, um nach China zu kommen. Er ist zunächst in Südindien angelangt, wo er erfahren hat, daß es den Buddhismus gibt – das nach* *einer Reise von mehr als 40000 Li. Erst als er im Südmeer, in Canton, angekommen war, erfuhr er, daß es in unserem Reich der großen Ming zuerst Yao und Shun, dann den Herzog von Zhou und Konfuzius gegeben hat. Er hat ungefähr zwanzig Jahre in Zhaoqing gelebt, und es gibt kein einziges unter unseren Büchern, das er nicht gelesen hat. Er bat einen älteren Mann, für ihn Klang und Bedeutung (der Schriftzeichen) festzulegen; er bat jemanden, der in der Philosophie der Vier Bücher bewandert war, ihm deren allgemeinen Sinn zu erklären; er bat jemanden, der die Kommentare zu den sechs Klassikern studiert hatte, ihm die notwendigen Erklärungen zu geben. Nun ist er vollkommen fähig, unsere Sprache zu sprechen, unsere Schriftzeichen zu schreiben und sich an unsere Anstandsregeln zu halten. Er ist ein höchst beachtenswerter Mensch. An sich ist er äußerst verfeinert, nach außen aber gibt er sich sehr einfach. Im lärmigen Durcheinander einer Versammlung, wo mehrere Dutzend Leute gleichzeitig ihre Meinung äußern, läßt er sich von all den Diskussionen nicht verwirren. Von allen, die ich gesehen habe, gleicht ihm keiner. (In der Tat) sind die Leute entweder übertrieben steif oder übertrieben freundlich, entweder geben sie mit ihrer Intelligenz an, oder sie sind geistig beschränkt. Allen ist er überlegen. Aber ich sehe nicht genau, wozu er gekommen ist. Ich bin ihm schon dreimal begegnet, und ich weiß noch immer nicht, wozu er gekommen ist. Wenn es ihm darum ginge, die Lehren des Herzogs von Zhou und des Konfuzius durch seine eigenen zu ersetzen, wäre das, so scheint mir, doch allzu dumm. Das kann es also nicht sein«* (zit. aus Gernet, S. 25).

Neben ihren Kenntnissen in Wissenschaft und Technik verfehlten außerdem die moralische Strenge der Missionare, die Beherrschung der Leidenschaften, die Güte und Wohltätigkeit, die Ehrfurcht vor dem Höchsten – nach chinesischer Vorstellung vor der Ordnung, die allen Dingen innewohnt – nicht ihre Wirkung. Je mehr jedoch die Missionare vermeinten, die Chinesen seien für die fremde Lehre empfänglich, um so mehr waren die Chinesen überzeugt, mit der Zeit aus den Missionaren ganz gute Konfuzianer machen zu können.

Die problematische Übertragung der christlichen Glaubenslehre in die chinesische Sprache

Die Tücke der chinesischen Schrift zeigte sich nicht zuletzt bei der Übertragung von Texten der christlichen Glaubenslehre: Was zunächst als guter Schachzug erschien, erwies sich wenig später als verheerender Fehlschlag. Denn beim Übersetzen und Abfassen von Abhandlungen zum Christentum griff man auf das geschichtsbeladene Vokabular der chinesischen Klassiker zurück, um neue, fremdartige Ausdrücke zu vermeiden. Das hatte den Vorteil, die Werke für die chinesischen Gelehrten zugänglich zu machen und sie überdies in den ihnen geläufigen, gehobenen klassischen Formulierungen anzusprechen. Verglichen mit dem daraus erwachsenden Nachteil war der Vorzug jedoch bescheiden. Das klassische Vokabular entstammte zur Gänze der chinesischen Tradition und barg eine zumindest jahrtausendealte Vorstellung von der eigenen Kulturwelt. Nicht nur wurden die christlichen Glaubensinhalte dadurch stark verzerrt und sogar entfremdet, sondern es legten auch nicht wenige Chinesen die – ursprünglich gewiß gut gemeinte – Vorgangsweise als Manipulation und intrigantes Doppelspiel aus.

Scheitern der Missionierung

Was anfangs als eine nützliche und geschickte Verquickung gedacht war, nämlich die Untermauerung der Religion durch die Wissenschaft, verkehrte sich alsbald zu einer fein säuberlichen Trennung all dessen, was die Abendländer an Wissen und Lehre den Chinesen vermitteln wollen. Kaum drei Jahrzehnte nach dem Wirken der ersten Missionare begannen die Chinesen, die fremden Lehren zu separieren: Vom wissenschaftlichen und technischen Teil konnte man ohne Zweifel lernen und daraus Nutzen ziehen; die Religion dagegen war weiter nicht von Belang und daher zu verwerfen. Damit war der erste große Missionierungsversuch zum Scheitern verurteilt. Interne Auseinandersetzungen und Meinungsdivergenzen zwischen den verschiedenen Orden besiegelten das wenig rühmliche Unterfangen der seelsorgerischen Tätigkeit abendländischer Missionare im China des 18. Jahrhunderts.

Ritenstreit – Ende des Missionsauftrags in China

Denn die Akkomodationsweise der Jesuiten bei den zentralen Glaubensbegriffen wie Ahnenkult und Konfuziuskult stieß – zumal sie wesentlich erfolgversprechender war und darüber hinaus den Missionaren auch Zugang zum Hofe verschaffte – in den Reihen der eigenen Glaubensbrüder auf wenig Verständnis und viel Mißgunst. Eine beispiellose Kampagne gegen die Missionsmethode der Jesuiten kam in Gang; Papst und Kurie waren darin involviert. Die daraus entstandene, als Ritenstreit bekannte heftige und endlose Kontroverse im »Sanctum Officium Sanctissimae Inquisitionis« war nicht nur philosophisch-theologischer Natur. Vor allem die Jansenisten in Frankreich, erbitterte Gegner der Jesuiten, machten daraus ein Politikum.

Demütigung der chinesischen Kultur

Während der in Europa von Leibniz zum Herrscherideal verklärte Mandschu-Kaiser Kangxi im Jahr 1692 noch in einem Toleranzedikt die weitere ungehinderte Tätigkeit der Missionare in ganz China garantierte, mußte er überdies in einem offiziellen Schreiben an den Papst die in Frage stehenden Begriffe klarstellen: daß Konfuzius nämlich nicht als Gott, sondern als Lehrer verehrt werde; daß der Ahnenkult verehrendes Gedenken und kein Gottesdienst sei und daß die chinesische Bezeichnung für das Höchste, den Himmel etc., nicht den physikalischen Himmel, sondern eben die höchste Ordnung aller Dinge bedeute.

Das päpstliche Urteil von 1704 – erst im Jahr 1939 revidiert

Gleichwohl war der Papst von diesen Ausführungen wenig beeindruckt. Im Jahre 1704 verbot er den chinesischen Christen unter Androhung der Exkommunikation ihre Ritenpraxis, Ahnenverehrung und Konfuziuskult. Diese päpstliche Entscheidung hatte für das Christentum in China katastrophale Folgen: die Ausweisung der Missionare als Antwort auf die Provokation Roms. Als dieses Verbot 1710 erneut bekräftigt wurde, war die Grenze des Erträglichen überschritten: Kaiser Kangxi verwies mit einem Edikt des Jahres 1717 die Missionare außer Landes und verbot das Christentum; Kirchen wurden zerstört; Konvertiten mußten dem neu gewonnenen Glauben abschwören. Es ist daher keineswegs verwunderlich, daß nach diesem »Fehlstart« des Christentums auch zu einem späteren Zeitpunkt einer Erneuerung Chinas unter christlichem Vorzeichen keine große Zukunft beschieden war; zumal im 19. Jahrhundert das Christentum mit der industriellen und militärischen Macht des modernen Europa, mit der Kanonenbootpolitik der aggressiven Westmächte und der Unterdrückung Chinas untrennbar einherging.

»Drei-Selbst-Bewegung« der chinesischen Kirche und neuerlicher Bann Roms

Erst 1939 (!) – rund 350 Jahre nach Riccis Tod – revidierte Papst Pius XI. die Entscheidung des Jahres 1704, doch in China hatte man mittlerweile andere Sorgen: Bürgerkrieg im Inneren, japanische Aggression an den Küsten. Ein späterer Versuch, eine selbständige chinesische Kirchenhierarchie einzurichten, kam im Jahr 1946 zu spät. Drei Jahre danach wurde die Chinesische Volksrepublik proklamiert und alle ausländischen Missionare kurzerhand des Landes verwiesen. Was danach folgte, mutet wie eine Ironie der Geschichte an: China propagierte die »Drei-Selbst-Bewegung« der Kirchen. Das Bekenntnis zu den drei Autonomien – Selbstunterhaltung, Selbstverwaltung, Selbstverbreitung – brachte die staatliche Anerkennung, aber zugleich einen neuen Bann Roms! Während die protestantischen Christen – immerhin gab es zur Zeit der kommunistischen Machtübernahme 1,3 Millionen – mit dieser Art von Autonomie sich durchwegs arrangierten, verurteilte derselbe Papst, der die Ritenentscheidung des Jahres 1704 rückgängig gemacht hatte, die »Drei-Selbst-Bewegung« aufs schärfste, erklärte sie für nicht rechtmäßig und untersagte den chinesischen Katholiken jegliche Zusammenarbeit mit der Regierung ihres Landes. Die von der sogenannten Nationalpatriotischen katholischen Vereinigung Chinas daraufhin selbst gewählten und gleichwohl gültig ordinierten Bischöfe wurden von Rom mit der Exkommunikation belegt. Seitdem ist die katholische Kirche in China gespalten – in eine offizielle, nationale und eine von Rom anerkannte, aber nicht mehr mit Bischöfen beschickte Untergrundkirche. Das Christentum in China existiert heute noch und ist trotz erheblicher Rückschläge nicht ganz verschwunden. Artikel 36 der Verfassung von 1982 garantiert die Religionsfreiheit, doch *»dürfen religiöse Angelegenheiten nicht von einem fremden Land dominiert werden«*. Das Urteil des Papstes jedoch ist noch nicht revidiert – nach über vier Jahrzehnten …

Noch ein interessantes Detail soll im Zusammenhang mit den Jesuiten in China erwähnt werden: Auch der Dynastiewechsel im Jahre 1644 – ein Ereignis von gewiß nicht unbedeutendem Ausmaß – konnte der Stellung der Jesuiten am Kaiserhof nichts anhaben. Da sie zuvor taugliche Geschütze für die Armee der Ming gegen die bedrohlich heranstürmenden mandschurischen Krieger konstruierten, taten sie dies nicht minder, nachdem diese Krieger die Herrschaft übernommen hatten, im Dienste des neuen Kaiserhauses. Ein wahrlich klassischer Fall von Anpassung! Auch auf dem Gebiet der Astronomie boten sie ihre Kenntnisse den neuen Kaisern an: So blieb Adam Schall von Bell auch unter den Qing Leiter des kaiserlichen Astronomieamtes, das bis zum Jahre 1827 unter europäischer Leitung stand.

Während vor allem durch die Jesuiten das chinesische Gedankengut und die kulturelle Wesensart dieses fremden Landes im Europa des Rokoko Verbreitung fanden, blieb eine spürbare europäische Beeinflussung und Modifizierung in China aus. Von den wenigen Einzelheiten, die im 16. und 17. Jahrhundert rezipiert worden sein mögen, hat die nachfolgende Zeit nichts übriggelassen.

Stammesverband der Mandschuren im Norden des Reiches

Während die Mandschuren am Nordrand des großen Reiches der Ming-Kaiser schrittweise erfolgreiche Methoden der Kriegführung und Politik entwickelten – sie stellten dafür auch chinesische Verwaltungsfachleute in ihre Dienste – und ihr Führer Nurhaci im Jahr 1616 den Kaisertitel annahm, zeichnete sich der unaufhaltbare Verfall der Ming-Dynastie bereits ab. Die ungehinderte Macht und erpresserischen Machenschaften der Eunuchen, die drückenden Steuerlasten und die Ausbeutung der Bevölkerung, Seeräuberei an den Küsten und Volkserhebungen in weiten Teilen des Landes, Feindseligkeiten mit Japan, das den chinesischen Vasallenstaat Korea überrannt hatte, die steten Übergriffe der Mandschuren, welche die Ming-Regierung zusätzlich von der inneren Bedrohung ablenkten, schließlich schwere Dürren und Hungerkatastrophen in Nordchina besiegelten den Niedergang der Dynastie.

Rebellenführer Li Zicheng, Ming-General Wu Sangui und die Gründung einer neuen Fremddynastie

Wieder gelang es einem Rebellenführer, Li Zicheng, nach wechselndem Kriegsglück mit seinem Heer bis in die Hauptstadt Beijing vorzustoßen: Im April 1644 fiel Beijing in die Hände der Rebellen, der letzte Ming-Kaiser erhängte sich in einem Pavillon auf dem Kohlenhügel. Doch der Triumph des Sieges war Li Zicheng nicht lange vergönnt: General Wu Sangui, dem die Grenzbefestigungen unterstellt waren, suchte die Unterstützung der Mandschuren, um den lästigen Rebellen aus der Stadt zu vertreiben und ihm nach Möglichkeit die Macht streitig zu machen. Am östlichsten Ende der Großen Mauer, in Shanhaiguan, ließ General Wu die mandschurischen Truppen ungehindert ins Land. Noch im Juni desselben Jahres ergriffen die fremden Soldaten von der Stadt Besitz. Und während General Wu den glücklosen Rebellenkönig auf seiner Flucht verfolgte, wurde in Beijing eine neue Dynastie begründet: die Qing-Dynastie.

Qing-Dynastie (1644–1911)

Qing-Kaiser

Shunzhi	1644–1662	Jiaqing	1796–1821	Tongzhi	1862–1875
Kangxi	1662–1723	Daoguang	1821–1851	Guangxu	1875–1908
Yongzheng	1723–1736	Xianfeng	1851–1862	Xuantong	1908–1911
Qianlong	1736–1796				

Mandschu heißt der Verband tungusischer Stämme, die schon in der Ming-Zeit das Gebiet nordöstlich der Großen Mauer bevölkerten und hauptsächlich von Jagd und Fischfang lebten. In dem Gebiet, das wir heute als Südmandschurei bezeichnen, sicherten sie sich langsam, aber stetig die Vorherrschaft.

Nurhaci, Oberhaupt der mandschurischen Stammesföderation und Gründer der Späten Jin-Dynastie

An den Ufern des Flusses Sungari in der Mandschurei, in der heutigen Provinz Jilin, gründete der Stammesfürst Nurhaci im Jahre 1616 eine Dynastie, der er, in bewußter Anlehnung an den alten Dynastienamen der Dschurdschen, den Namen Hou Jin, Späte Jin-Dynastie, gab. Sein Aufstieg zum Begründer der mandschurischen Nation ähnelt in so manchem dem Werdegang von Dschingis Khan.

Hauptstadt der jungen Mandschu-Dynastie: Shenyang (Mukden)/ Liaoning

In einer zielgerichteten Expansionspolitik drang Nurhaci von Jilin nach Süden vor und verlegte 1625 seine Hauptstadt nach Mukden, dem heutigen Shenyang, der Hauptstadt der Provinz Liaoning. Er verlagerte also sein Machtzentrum von den angestammten Gebieten der eigenen Nation in ein vorwiegend von Chinesen besiedeltes und vor allen Dingen landwirtschaftlich kultiviertes Land. Die neu unterworfene Bevölkerung wurde von den fremden Herren möglichst gleichberechtigt behandelt, was nicht zuletzt auch eine größere Gebietserweiterung in Richtung Mongolei und Korea zur Folge hatte.

Mandschuren – legitime Nachfolger der Mongolen

Nachdem ihnen im Jahr 1635 nach der Niederwerfung eines mongolischen Khans das Reichssiegel dieser Dynastie in die Hände gefallen war, sahen sich die Mandschuren letztlich als Nachfolger der Mongolendynastie. Die dynamische Kriegführung, die sie auch unter dem Sohn und Nachfolger von Nurhaci fortführten, setzte dem Ming-Hof bedrohlich zu, der gleichwohl die Gefahr aus dem Norden unterschätzte. Im Jahre 1636 verlieh der in europäischen Quellen immer als Abahai bezeichnete Nachfolger Nurhacis seiner Dynastie den Namen Daicing, chinesisch Da Qing, »die Große, Klare«.

In Shenyang ist heute noch der erste mandschurische Kaiserpalast zu sehen, der in den Jahren 1625 bis 1636 im Auftrag von Nurhaci erbaut wurde. Hier kam im Jahre 1644 der minderjährige mandschurische Thronfolger und nachmalige erste Kaiser der Qing-Dynastie, Shunzhi, auf den Thron. Die Palastanlage wurde später unter den Kaisern Qianlong und Jiaqing weiter ausgebaut, sie bedeckt heute ein Areal von über 6 Hektar. Obwohl in seinen Ausmaßen um einiges kleiner als der ming-zeitliche Kaiserpalast in Beijing, ist es doch beeindruckend, wie sehr die Mandschuren auch in der Architektur dem chinesischen Vorbild nacheiferten. Der Kaiserpalast in Shenyang ist mit seinen über 300 Räumlichkeiten, die mehr als zehn Höfe bilden, ebenfalls nach Süden ausgerichtet und gliedert sich in drei nordsüdlich verlaufende Bereiche: Wieder liegt an der zentralen Nordsüd-Achse das Audienzgebäude mit dem Kaiserthron, die Halle der Erhabenen Regierung, Chongzheng Dian. Hier fanden im Jahre 1636 die

Kaiserpalast von Nurhaci in Shenyang/Liaoning – Abbild des ming-zeitlichen Kaiserpalastes in Beijing

Feierlichkeiten zum neuen Dynastienamen statt, hier auch widmeten sich die mandschurischen Kaiser den Regierungsgeschäften, wenn sie auf der Jagd im hohen Norden in Shenyang Rast machten. Ganz nach dem Vorbild des Kaiserpalastes in Beijing folgen auf die große Halle die inneren Gemächer, wobei man zunächst den dreigeschossigen Phönixturm, Fenghuang Lou, passieren muß, der als großes Bankettgebäude diente. Daneben und dahinter schließen die kaiserlichen Privatgemächer sowie eine schamanistische Opferstätte den mittleren Palastbereich im Norden ab. Der erst im Jahr 1782 fertiggestellte westliche Palastteil wurde von den späteren Kaisern der Qing-Dynastie vornehmlich als sogenannter Reisepalast genutzt. Hier wohnten sie und vergnügten sich, wenn sie der Hauptstadt ihrer Vorväter einen ihrer regelmäßigen Besuche, die zumeist auch mit einem Gräberbesuch verbunden waren, abstatteten.

Abb. 97 Kaiserpalast in Shenyang, Provinz Liaoning

Neben einem Theater ist hier auch die nach dem Vorbild der berühmten, mingzeitlichen Privatbibliothek, Tianyi Ge, in Ningbo errichtete kaiserliche Bibliothek, Wensu Ge, untergebracht. Sie entstand in zehnjähriger Bauzeit im Jahre 1782 und enthält einen Teil der originalen, großen Literatursammlung, *Siku quanshu*. Die anderen Bestände sind auf die sechs Bibliotheken im Kaiserpalast in Beijing, im Yuanming Yuan, in Chengde, in Yangzhou, Zhenjiang und Hangzhou verteilt.

Wensu Ge, die kaiserliche Bibliothek, nach dem Vorbild der berühmten Privatbibliothek Tianyi Ge

Diese Bibliotheken sind alle der Tianyi Ge in Ningbo nachempfunden: In die Jahre 1561–1566 datiert die Privatbibliothek des ming-zeitlichen Beamten Fan Qin, eines großen Gelehrten seiner Zeit. Er nannte die Bibliothek – eine der ältesten Privatbibliotheken Chinas – »des Himmels Einzige«, Tianyi Ge, in der Hoffnung, ihr Name werde sie vor einer Feuerkatastrophe bewahren. Zu diesem Zwecke ließ er südlich der Bibliothek einen großen Löschteich anlegen. Über 70000 Bände soll seine Schriftensammlung enthalten haben. Das gesamte Gebäude vereint in Aufbau und Dekor die Eigenheiten des südchinesischen Architekturstils. Kaiser Qianlong entsandte eigens eine Delegation von Fachleuten nach Ningbo, um Gestaltung, Konstruktion und sogar die Ausmaße der Bücherregale der Privatbibliothek des Fan Qin zu untersuchen und nach ihrem Muster die sieben großen kaiserlichen Bibliotheken anzulegen.

Tianyi Ge, »des Himmels Einzige«, in Ningbo/Zhejiang

Von den ursprünglich in Nord- und Mittelchina bestehenden kaiserlichen Bibliotheken ist die Wensu Ge im Kaiserpalast von Shenyang am vollständigsten erhalten. Der merkwürdigste Teil, der am wenigsten dem Vorbild in Beijing ähnelt, ist freilich der östliche Trakt, dessen Hauptgebäude, die Halle der Großen Regierung, Dazheng Dian, ein achteckiger Holzpavillon aus dem Jahre 1636 darstellt. Vor dem Pavillon liegt ein 195 m langer und 80 m breiter, leerer Platz, an dessen östlicher und westlicher Seite je fünf Pavillons aufgereiht sind. Hier trafen sich die obersten Befehlshaber der acht mandschurischen Banner sowie die ältesten Prinzen zur militärischen Beratung. Der Kaiserpalast von Shenyang ist heute nach demjenigen in Beijing die vollendetste kaiserliche Palastanlage; sie vereint zudem in beeindruckender Weise die Besonderheiten der mandschurischen und chinesischen Kultur.

In der Nähe von Shenyang liegen auch zwei der drei außerhalb der Mauer gelegenen Kaisergräber der Mandschuren. Etwa 11 km nordöstlich von der Stadt befindet sich das Östliche Mausoleum, Dong Ling, auch Fu Ling genannt. Hier ist der Begründer des mandschurischen Stammesgeschlechtes Nurhaci mit seinen Gemahlinnen begraben. Die Anlage wurde im Jahr 1629 bereits in Auftrag gegeben, aber erst 1651 unter dem ersten Qing-Kaiser fertiggestellt. In der Folge baute man diese Anlage noch weiter aus; sie bedeckt heute eine Fläche von über 19 Hektar. Ganz im traditionellen Stil der chinesischen Ming-Gräber angelegt, folgen diese frühen mandschurischen Kaisergräber der klassischen Zweiteilung in den Bereich der Opferhallen und des Tumulus, unter dem die eigentliche Grabkammer liegt.

Dong Ling (auch Fu Ling), das Mausoleum des Nurhaci, bei Shenyang/Liaoning

Bei Ling (auch Zhao Ling), das Mausoleum von Nurhacis Sohn, bei Shenyang/Liaoning

Im Norden der Stadt Shenyang befindet sich das Nördliche Kaisergrab, Bei Ling, eigentlich Zhao Ling genannt. Die Ruhestätte für den Sohn und Nachfolger von Nurhaci sowie seine Kaiserin und einige Nebenfrauen entstand in den Jahren 1643 bis 1651. Das Mausoleum ähnelt im wesentlichen dem Östlichen Kaisergrab außerhalb von Shenyang.

Yong Ling, das Ewige Grabmal, bei Xinbin/Liaoning

Im Kreis Xinbin, nordwestlich der kleinen Ortschaft Yonglingzhen, liegt in malerischer Umgebung die etwa 11 Hektar große Anlage des Ewigen Grabmals, Yong Ling. Vier Generationen von Vorfahren des Stammesgründers Nurhaci sind in diesem 1598 errichteten Mausoleum bestattet.

Reste der mandschurischen Stadt Yenden (chinesisch Xinjing), bei Xinbin/Liaoning

In der Umgebung von Xinbin, das ehemals zum Stammland der Mandschuren gehörte, sind heute noch die Reste der Stadt Xinjing, mandschurisch Yenden, zu sehen, die vor Shenyang Hauptstadt der mandschurischen Dynastie gewesen ist. Die Kaiser der Qing-Dynastie, die fortan über ganz China herrschten, wurden jedoch in den beiden Nekropolen innerhalb der Mauer bestattet.

Übernahme und Pflege der chinesischen Tradition

Die Machtübernahme der Mandschuren in Beijing glich einer friedlichen Besetzung. So fremd die neuen Herrscher des chinesischen Reiches auch waren, sie standen in der Pflege und Respektierung der chinesischen Tradition ihren Vorgängerdynastien um nichts nach. Mit großem Geschick vereinten sie die militärische Tradition ihrer mongolischen Vorväter mit der erprobten Verwaltungsorganisation des chinesischen Reichs. Die Mongolen trauten einst den Chinesen nicht so recht über den Weg und bedienten sich lieber Beratern nichtchinesischer Abstammung, so zum Beispiel Marco Polo, der sich etwa zwanzig Jahre lang im mongolisch-chinesischen Reich des Kublai Khan aufhielt. Die Mandschuren wußten jedoch die jahrhundertealte Erfahrung der Chinesen sehr wohl zu schätzen. Sie schufen eine mandschurisch-chinesische Regierung, peinlich darauf bedacht, die Macht ihrer eigenen nationalen Minderheit nicht zu beschneiden. Die Spitzenfunktionen in den Provinzen nahmen deshalb nur Mandschuren ein, während in der Hauptstadt die Ämter allesamt doppelt, mit einem Chinesen und einem Mandschuren, besetzt waren.

Der »chinesische« Zopf

Um ihren Machtanspruch auch äußerlich zu demonstrieren, zwangen sie den Chinesen die mandschurische Kleidung und Stammeshaartracht auf: Nach mandschurischer Art mußten sich demnach die Chinesen den Vorderschädel glatt rasieren und einen langen Zopf tragen. Der »chinesische Zopf« ist also eine mandschurische Erfindung, mittels derer das chinesische Nationalbewußtsein gedemütigt werden sollte.

Maßnahmen zur Bewahrung der mandschurischen Identität

Hatte die Vorgängerdynastie der Ming die Assimilation der Ausländer noch gesetzlich verordnet, so suchten die Mandschuren nicht nur durch Heiratsrestriktionen ihre ethnische Identität zu wahren – Ehen zwischen Chinesen und Mandschuren waren verboten –, sondern versperrten den Chinesen überdies den

Zugang zu ihren mandschurischen Stammlanden. Diese Vorkehrungen sind wohl mit ein Grund für das Phänomen, daß es einer kleinen Schicht fremder Eroberer, die nur zwei Prozent der gesamten Bevölkerung ausmachten, gelingen konnte, 268 Jahre lang das »Mandat des Himmels« auszuüben. Das ausgeklügelte Überwachungs- und Bespitzelungssystem der Mandschu hatte dazu einen nicht unwesentlichen Beitrag geleistet.

Blütezeit der Qing

Seit der zweiten Hälfte des 17. Jahrhunderts und im 18. Jahrhundert schwang sich das Qing-Reich zu einer politischen und wirtschaftlichen Blüte auf. Drei Kaiser – Kangxi, Yongzheng und Qianlong – waren mit dieser Entwicklung verbunden; ihre Namen waren weit über die Grenzen des chinesischen Reiches hinaus ein Begriff, allen voran Kaiser Kangxi (1662–1723), ein Herrscher von geradezu »europäischem Idealmaß«.

Abb. 98 »Kaiser Kangxi beim Lesen«, unbekannter Hofmaler, Qing-Zeit

Kaiser Kangxi – die ideale Herrscherfigur, Förderer der Wissenschaft und großer Bauherr

»Zur Erhellung der Geschichte unserer Zeit« bescheinigte Gottfried Wilhelm Leibniz diesem Kaiser, daß er ein *»nahezu beispiellos hervorragender Fürst«* sei: *»Ich erinnere mich, daß Pater Claudio Filippo Grimaldi, ein ausgezeichneter Vertreter desselben Ordens, mir gegenüber in Rom nicht ohne Bewunderung die Tugend und Weisheit dieses Fürsten pries, denn um nichts über seine Gerechtigkeitsliebe, die liebende Fürsorge für seine Völker, seine gemäßigte Lebensweise und die übrigen Lobpreisungen zu sagen – Grimaldi hob hervor, daß des Kaisers*

erstaunlicher Wissensdurst nahezu unglaublich sei.« (zit. nach Hsia, S. 15). Und tatsächlich interessierte sich Kaiser Kangxi, der ein hohes Maß an Energie und Tatkraft sowie Toleranz und Weitsicht in seiner Person vereinte, für vielerlei wissenschaftliche Studien auf dem Gebiet der Geometrie, Mechanik, Astronomie, Kartographie, Optik, Medizin, Musik und Algebra. So wie er mit bedächtiger Umsicht die Regulierungsarbeiten am Gelben Fluß und dem so wichtigen Kaiserkanal vorantrieb, förderte er auch die Niederschrift und Verbreitung zahlreicher wissenschaftlicher und enzyklopädischer Werke und betätigte sich wie seine beiden Nachfolger als großer Bauherr: Paläste, Gärten, Tempel und nicht zuletzt Mausoleen mußten errichtet und instandgehalten werden.

Dong Ling, die Östliche Nekropole der Qing, bei Zunhua/Hebei

Die Kaiser der Qing-Dynastie sind in zwei großen Grabanlagen in der Provinz Hebei bestattet. In der Östlichen Nekropole, Dong Ling, im Kreis Zunhua, etwa 125 km östlich von Beijing, wurde im Jahr 1663 Kaiser Shunzhi in dem für ihn erbauten Mausoleum beigesetzt, gemeinsam mit zwei seiner vormaligen Konkubinen, deren eine als Mutter des nachmaligen Kaisers Kangxi anläßlich der Thronbesteigung ihres Sohnes in den Rang einer Kaiserin erhoben worden war. Kangxi erinnerte sich: *»Mein Vater, den ich fast nie gesehen habe, war 23 Jahre alt, als er starb, und ich war acht, als sie mir die Haare abschnitten und die ganz weiße Trauerkleidung anzogen und den Leichnam meines Vaters im Qianqing-Palast hinter mit neun Drachen bestickten Vorhängen aus gelber Seide legten, während die Glocken weit über die winterliche Stadt hallten. Meine Mutter, Kaiserin Xiaokang, die mich geboren hatte, als sie 15 Jahre alt war, starb bald nach meinem Vater. Im Sommer 1663 wurde sie in der Grabanlage Xiaoling beigesetzt, zusammen mit der Asche meines Vaters und dessen Konkubine Donggo, die er voll Schmerz über ihren Tod zur Kaiserin Xiaoxian ernannt hatte. Damals hatte es mir meine Großmutter nicht erlaubt, zu den Grabstätten zu gehen. Heute liegen dort in der Nähe viele meiner Söhne und meine Großmutter selbst, und in einem anderen Grabbau liegen meine drei verstorbenen Kaiserinnen und warten auf mich. Die Geomanten Yang Hongliang und Du Ruyu haben die Stelle bestimmt, wie sie es bereits für die Gräber meiner Vorfahren getan hatten. Hügelketten schützen diese Stelle von allen Seiten, und vom Taihang-Gebirge im Westen fließen die Adern des Lebens in diesen Bezirk. In der Formation der Hügel dort verbindet sich der aufschwingende Phönix mit dem sich windenden Drachen, und zwei Flüsse, die an der fernen Wasserscheide entspringen, fließen auf beiden Seiten, um sich schließlich im ›Drachen- und Tigertal‹ zu vereinen«* (zit. nach Spence, S. 167 f.). Die rechtmäßige Gemahlin des ersten Qing-Kaisers, Kaiserin Xiaohui, überlebte den Kaiser um 15 Jahre. Als sie im Jahre 1717 beigesetzt werden sollte, hielt man es für ungehörig, die Ruhe des Kaisers durch eine abermalige Öffnung der Krypta zu stören. Während in der Ming-Zeit noch die Beisetzung der Kaiserin in derselben Grabkammer mit dem verstorbenen Kaiser vorgesehen war, schuf man im Jahre 1717 einen Präzedenzfall, in dessen Folge Kaiserinwitwen im Rang einer Kaiserin in separierten Mausoleen zumeist östlich des Hauptmausoleums beigesetzt wurden.

Insgesamt fünf Kaiser der Qing-Dynastie – Shunzhi, Kangxi, Qianlong, Xianfeng, Tongzhi – sind in den Ostgräbern am Fuße des Changrui Shan bestattet, einem herrlichen, gen Norden von Hügelketten abgeschlossenen Tal, auf das Kaiser Shunzhi einst beim Jagen sein Augenmerk gerichtet hatte und nach genauen geomantischen Untersuchungen dort sein Grabmal in Auftrag gab.

Xiao Ling, Mausoleum des Kaisers Shunzhi

Dieses Areal, in dem neben den kaiserlichen Mausoleen sich die Grabstätten von insgesamt 15 Kaiserinnen und 136 Konkubinen befinden, betritt man durch einen Ehrenbogen und das Große Rote Tor, das eigentliche Eingangstor, und gelangt über die von steinernen Wächtern gesäumte Via Sacra zum Grabmal des Kaisers Shunzhi, Xiao Ling, das als erstes der Mausoleen das Zentrum der Anlage bildet.

Yu Ling, Mausoleum des Kaisers Qianlong

Zu besichtigen sind heute das Mausoleum des Kaisers Qianlong, in dem vor allem die feinen Steinschnitzereien in der 327 m^2 großen unterirdischen Grabkammer die Aufmerksamkeit auf sich ziehen, und die Mausoleen der beiden Kaiserinnen des Kaisers Xianfang, Dingdong Ling.

Abb. 99 Dingdong Ling, die beiden Mausoleen der Kaiserinwitwen Cian und Cixi, im Areal der Ostgräber der Qing-Kaiser, bei Zunhua, Provinz Hebei

Dingdong Ling, die Mausoleen der beiden Kaiserinnen des Kaisers Xianfeng, und der über den Drachen triumphierende Phönix

Das Zentrum des qing-zeitlichen Mausoleums ist der Schatzbrunnen, *jinjing*, ein nach unten erweiterter trichterförmiger Schacht inmitten der Grabkammer, über dem der kaiserliche Sarkophag steht. Dieser Schatzbrunnen, der schon zu Lebzeiten des Kaisers besonderes Aufsehen erregte, barg in seinem Inneren Kostbarkeiten aller Art: Perlen, Edelsteine und ähnliches. Bei der Beisetzung füllte man dann – bevor der Sarkophag dorthin plaziert wurde – den Schatzbrunnen mit der Glücklichen Erde, dem ehemaligen Aushub dieses Schachtes, auf. Auch die Kaiserinwitwe Cixi kümmerte sich um den Schatzbrunnen in ihrer letzten Ruhestätte: Zwischen den Jahren 1879 und 1908 führte man auf ihre Anordnung hin sechsmal eine große Anzahl von Kostbarkeiten dem Schatzbrunnen zu. Nur wenige dieser Schätze sind heute in den Seitenhallen des Mausoleums ausgestellt, denn im Jahre 1928 wurde das Mausoleum aufgebrochen und ausgeraubt. Ganze vier Tage benötigte der kaiserliche Trauerzug, der beim Begängnis der Kaiserinwitwe Cixi über 5 km lang gewesen sein soll, um von der Verbotenen Stadt zur Östlichen Nekropole zu gelangen. Das Mausoleum der

Abb. 100 »Der Phönix triumphiert über den Drachen«, Halbrelief aus Marmor, im Mausoleum der Kaiserinwitwe Cixi

Kaiserinwitwe Cixi stellt noch aus einem anderen Grund etwas ganz Besonderes dar: Einmalig ist das Halbrelief der marmornen Rampe, die zur großen Opferhalle hinaufführt: es zeigt den Phönix über dem Drachen. Zum ersten Mal in der Geschichte Chinas triumphiert der Phönix, Symbol der Kaiserin, über den

Drachen, Wappenfigur des Kaisers. Sogar in den Anordnungen und Zeremonien zum Begräbnis der Kaiserinwitwe Cixi kam die noch im Tode fortwirkende Dominanz der Kaiserinwitwe zum Tragen, indem sie sie auf die Stufe eines Kaisers stellten!

Xi Ling, die Westliche Nekropole der Qing, bei Yixian/Hebei

Kaiser Yongzheng ließ im Jahre 1730, etwa 15 km von Yixian entfernt, ebenfalls in der Provinz Hebei, eine neue Nekropole anlegen, die sogenannten Westgräber, Xi Ling.

Hier sind vier Kaiser der Qing-Dynastie – Yongzheng, Jiaqing, Daoguang, Guangxu –, neun Kaiserinnen und 27 Konkubinen bestattet. Die Anlage selbst, um eine Spur kleiner als die Ostgräber, ist von einer 21 km langen Mauer umgeben und erst seit kurzem der Öffentlichkeit zugänglich. Alle qing-zeitlichen Gräber weisen im wesentlichen dieselbe Gestaltung auf. Eine Via sacra, die mit wachenden Steinfiguren gesäumt ist, führt durch mehrere Tore in den Hof vor der Opferhalle; dahinter erhebt sich auf der gleichen zentralen Achse der Pavillon für den Grabstein; der Tumulus mit der unterirdischen Grabkammer bildet das nördliche abgerundete Ende des Mausoleums; das Mausoleum selbst ist zusätzlich noch von einer Mauer umgeben. Die oftmals ausgeraubten und zum Teil schwer beschädigten Anlagen wurden 1961 unter Denkmalschutz gestellt und schrittweise restauriert.

Chong Ling, Grabmal des Kaisers Guangxu

Hier liegt auch Kaiser Guangxu begraben, der sich zu Lebzeiten geweigert hatte, einen Platz für sein Mausoleum auszuwählen. Unmittelbar nach seinem Tod am 14. November 1908 erging daher ein Edikt, man möge rasch mit einer Anzahl von Geomanten zu den West- und Ostgräbern aufbrechen, um einen geeigneten Ort für das kaiserliche Mausoleum ausfindig zu machen. Als der Ort im Areal der Westgräber gefunden war, setzte man ein Komitee zur Errichtung des kaiserlichen Mausoleums Chong Ling ein und plante die Fertigstellung des Mausoleums in einem Zeitraum von maximal fünf Jahren; es sollte nach dem Vorbild des Mausoleums für Kaiser Tongzhi, Hui Ling, errichtet werden. Als am 1. Mai des Jahres 1909 der Trauerzug mit dem Sarkophag des Kaisers Guangxu von seinem Aufbahrungsort am Kohlenhügel zu den Westgräbern aufbrach, waren jedoch die Bauarbeiten für das Mausoleum eben erst angelaufen. Der verstorbene Kaiser wurde daher vorübergehend bei Liangge Zhuang beigesetzt und erst am 13. Dezember 1913 in das fertiggestellte Mausoleum Chong Ling überführt.

Inspektionsreisen des Kaisers Kangxi

Kaiser Kangxi war ein kraftvoller, energischer Herrscher. Er unternahm zwischen 1684 und 1707 sechs große Inspektionsreisen in den Süden Chinas, um das Leben des Volkes kennenzulernen, die lokale Verwaltung zu studieren und dem Problem der Überschwemmungen am Gelben Fluß und am Huai-Fluß auf den Grund zu kommen. Zugleich sollten diese Reisen die Autorität und das Ansehen des mandschurischen Kaiserhauses festigen und heben. Während die erste Reise noch in vergleichsweise bescheidenem Ausmaß mit einer Begleitung von 300 Personen über die Bühne ging, glichen die nachfolgenden Südreisen einem ungewöhnlichen Schauspiel.

Abb. 101 Eingang zu den Westgräbern der Qing-Kaiser, bei Yixian, Provinz Hebei (Aufnahme von 1920)

Abb. 102 Mausoleum im Areal der Westgräber der Qing-Kaiser (Aufnahme von 1920)

Abb. 103 »Die Südreise des Kaisers Kangxi«, Tusche und Farbe auf Seide, unter der Leitung von Wang Hui (1632–1717), Querrolle Nr. 1, Ausschnitt

Abb. 104 »Die Südreise des Kaisers Kangxi«, Querrolle Nr. 1, Ausschnitt

Abb. 105 »Die Südreise des Kaisers Kangxi«, Querrolle Nr. 9, Ausschnitt: Theater in Keqiao

Zweite Südreise des Kaisers

In einem Set von insgesamt zwölf Querrollen ist eine wunderbare künstlerische Darstellung der zweiten Südreise des Kaisers Kangxi im Jahre 1689 erhalten. Die heute noch existierenden neun Rollen sind insgesamt 177,95 m lang, die ganze Serie muß daher an die 230 m lang gewesen sein und war damit das längste Seidenbild der Welt. In diesem Zusammenhang soll auch das vermutlich viel kleinere Seidenbild mit dem Titel »Empfang westmongolischer Fürsten« erwähnt werden, dessen Gesamtentwurf von dem französischen Jesuiten Jean Denis Attiret stammt, der seit dem Jahr 1738 am Kaiserhof in Beijing tätig war und den Kaiser Qianlong eigens nach Chengde in die Sommerresidenz entsandte mit dem Auftrag, die wichtigsten Teilnehmer an einem prunkvollen, elf Tage währenden Bankett und den Kaiser selbst zu portraitieren. In Zusammenarbeit mit den beiden Jesuiten Guiseppe Castiglione und Ignatius Sichelbart sowie einigen chinesischen Hofmalern wurde diese Querrolle von rund 220 x 420 cm fertiggestellt. Die kostbaren Seidenbilder befinden sich heute im Palastmuseum in Beijing. Erwartet man jedoch, ein europäisch anmutendes Bild vor Augen zu haben, so irrt man gewaltig. Denn die Chinesen hatten allein die Technik rezipiert. In einem Brief schrieb Jean Denis Attiret: *»Alles was wir malten, geschah im Auftrag seiner Majestät. Anfangs beachteten wir unsere korrekten heimischen Malmethoden, doch der Herrscher war nicht zufrieden. Er gab uns die Bilder mehrmals zurück und ordnete Änderungen an. Wir wagten es nicht, diesem Befehl zu widersprechen, und mußten uns dem Willen des Kaisers beugen«* (zit. aus Bauer 2, S. 178).

Ausdehnung des Reiches – Grundlage für die heutige Größe der Volksrepublik

Unter der Regierung Kangxis erfuhr das chinesische Reich eine gewaltige territoriale Ausdehnung. Seine Herrschaft war von Eroberungsfeldzügen und Operationen zur Verteidigung der für das Reich beanspruchten Gebiete geprägt. Daß die Volksrepublik China heute der drittgrößte Staat der Welt ist und gemeinsame Grenzen mit Indien und Rußland besitzt, ist das Ergebnis der unter den mandschurischen Kaisern erfolgten Ausdehnung des chinesischen Reiches.

Tibet wird chinesisches Protektorat

Als Kaiser Kangxi im Jahre 1722 starb, kämpften die mandschurischen Truppen gerade in Tibet gegen die westmongolischen Dsungaren, die sich durch ihre Plünderungen nach dem Tod des Fünften Dalai Lama und ihre Einmischung in die Nachfolgestreitigkeiten in Tibet besonders unbeliebt machten. Bald waren die Dsungaren von dem chinesischen Heer vertrieben. Seit der Mitte des 18. Jahrhunderts war Tibet unter der Belassung voller innerer Autonomie gleichsam ein chinesisches Protektorat und in administrativer Hinsicht ein Teil Chinas. Als das Qing-Reich jedoch seit der Mitte des 19. Jahrhunderts wegen England und den anderen europäischen Mächten in schwere Bedrängnis geriet, war es ihm nicht mehr möglich, Tibet zu Hilfe zu eilen, das mittlerweile zum Streitobjekt zwischen Großbritannien und Rußland geworden war. 1904 marschierte in Tibet ein Expeditionskorps unter Oberst Younghusband bis Lhasa vor, und die Briten diktierten in unbekümmerter Nonchalance den Vertrag von Lhasa, der die tibetische Grenze festlegte. Damit waren die Interventionen von seiten Chinas unterbunden. Kaiser Qianlong gebot jedenfalls mit der Annexion Tibets im 18. Jahrhundert über ein in der chinesischen Geschichte noch nie dagewesenes riesiges Reich.

Die großen Qing-Kaiser als Mäzene und Sammler

Die großen Qing-Kaiser Kangxi, Yongzheng und Qianlong waren jedoch nicht nur kluge Herrscher mit politischem Scharfsinn und weitsichtiger Toleranz, sie betätigten sich auch als große Sammler und Förderer von Kunst und Literatur. Neben den anstrengenden Regierungsgeschäften und der ausschließlich dem Vergnügen gewidmeten Zeit beschäftigten sie sich mit Musik, Kalligraphie, Malerei und Dichtung.

Abb. 106 »Kaiser Qianlong beim Betrachten von Bildern«, von Guiseppe Castiglione

Kaiser Qianlong, der größte Kunstsammler der Welt

Überdies sammelten sie wertvolle Kunstschätze, und so kommt es, daß der größte Kunstsammler der Weltgeschichte ein chinesischer Herrscher war: Kaiser Qianlong, der selbst Zehntausende von Gedichten verfaßte und einen monumentalen Katalog der Kalligraphien und Bilder im Palast zusammenstellen ließ, der allein über 21 000 Seiten umfaßt.

Siku quanshu, die große literarische Sammlung

Die große literarische Sammlung, »Vollständige Sammlung zu den vier Sachgebieten der traditionellen chinesischen klassischen bibliographischen Klassifikation«, *Siku quanshu,* ist in sieben Ausgaben über die kaiserlichen Bibliotheken Nordchinas verstreut; sie spielt eine maßgebliche Rolle für die Bewahrung des chinesischen kulturellen Erbes. Daß solche Förderungen freilich auch einer Art

Zensur gleichkamen, war wohl ein zusätzliches Motiv für die kulturellen Aktivitäten der Mandschu-Kaiser.

Das literarische Sammelwerk wurde in den Jahren 1774 bis 1783 kompiliert und besteht aus 3451 Einzeltiteln, die, nach vier Sachgebieten geordnet, in über 36000 Bänden überliefert sind. Von der Sammlung wurden sieben handschriftliche Kopien angefertigt, deren erste einst in der Bibliothek des Kaiserpalastes, Wenyuan Ge, in Beijing aufbewahrt wurde. Sie gehört zu jenen kostbaren Stücken, die vor der japanischen Invasion ausgelagert und später von Jiang Kaishek nach Taiwan gebracht wurden; heute befindet sich diese Sammlung, die für die wertvollste der sieben Kopien gehalten wird, im Palastmuseum in Taibei.

Förderung der lamaistischen Kunst

Die Förderung der lamaistischen Kunst sowie die Errichtung unzähliger Bauten im tibetischen Stil haben ebenfalls in der politischen Raison der Mandschu-Kaiser ihre Wurzeln.

Neue Blütezeit Tibets unter dem 5. Dalai Lama

Während die Mandschuren im Jahr 1644 die Herrschaft über China antraten und das Land bald zu Prosperität und neuer Blüte führten, erfuhr auch das »Schneeland« im Westen einen gewaltigen Aufschwung: Mit Hilfe der Mongolen gelang es dem 5. Dalai Lama im Jahre 1642, alle Feinde der Gelugpa-Sekte – auf nicht gerade sehr buddistische, friedliebende Art – zu besiegen und auszuschalten und die religiöse wie politische Macht über Tibet in seiner Hand zu vereinen. Während der Herrschaft des 5. Dalai Lama, auch der »Große Fünfte« genannt, strebte die Macht der Gelben Kirche auf den Höhepunkt zu: Etwa 1800 Klöster gab es zu dieser Zeit in Tibet, mit rund 100000 Mönchen. Im Jahre 1653 reiste der Dalai Lama an den Hof der Mandschu-Kaiser und wurde dort mit großem Respekt empfangen. Der Große Fünfte war es auch, der 1644 an der Stelle des alten Königspalastes von Songtsen Gampo mit dem Bau des Potala begann.

Potala, Residenz des Dalai Lama, auf dem Marpori, Lhasa/Xizang

»*Wir biegen um eine Ecke – und in der Ferne leuchten die goldenen Dächer des Potala! Der Wintersitz des Dalai Lama, das berühmte Wahrzeichen von Lhasa! Dieser Augenblick entschädigte uns für vieles. Am liebsten wären wir niedergekniet und hätten gleich den Pilgern mit der Stirn den Boden berührt*«, so beschreibt Heinrich Harrer den Moment, als er im Januar des Jahres 1946 nach siebzig Tagen anstrengenden Fußmarsches eine Strecke von knapp tausend Kilometern bewältigt hatte und endlich die Stadt Lhasa erreichte (zit. aus Harrer, S. 109). Im Jahre 1645 ordnete der Fünfte Dalai Lama an, auf dem Rücken des Roten Berges, dem Marpori, wo sich einst die Festung des tibetischen Königs Songtsen Gampo befunden hatte, mit dem Bau seiner Residenz zu beginnen. Der Potala-Palast, benannt nach einem heiligen Berg in Südindien, auf dem das Paradies des Avalokitesvara liegen soll, bedeckt eine Fläche von über 10 Hektar und ist der Welt größtes aus Lehm und Holz errichtetes Palastgebäude. Im Jahr 1653 war der elfstöckige Weiße Palastteil des Potala fertiggestellt, und der Große Fünfte übersiedelte von Drepung dorthin. Doch die Bauarbeiten dauerten an, und man erzählte sich, daß der Tod des Fünften Dalai Lama geheimgehalten wurde, um die Arbeiten

Abb. 107 Potala in Lhasa, Aut. Reg. Xizang

an dem Mammutprojekt nicht zu gefährden. Im Jahr 1694 war schließlich auch der 13stöckige Rote Palastteil fertig. Das mächtige Bauwerk, das unter übermenschlicher Anstrengung in etwa 50jähriger Bauzeit entstanden ist, manifestiert weithin die Macht der Gelben Kirche.

Potala – politisches Zentrum Tibets

Als Residenz des Dalai Lama, des tibetischen Gottkönigs, ist der Potala zugleich auch das politische Zentrum Tibets. Nur zwei der 999 Räume umfassenden Festung des Königs Songtsen Gampo sind in der heutigen Anlage des Potala noch erhalten: der Meditationsraum des Königs, auch die Brautkammer genannt, und eine Kapelle des Avalokitesvara. Das gesamte Areal auf dem Marpori-Berg gliedert sich in drei Teile: *Das Dorf Shö.* Auf der Sichtseite des Berges, am Fuße des Potala, erstreckt sich etwa 300 m lang ein rechteckiges Stadtviertel, das Dorf Shö. Hier waren die Verwaltungsgebäude, Druckerei, Haftanstalt und das Hauptquartier der Armee untergebracht. *Der Drachenkönig-See.* An der Nordseite des Marpori liegt der Drachenkönig-See, eine ehemalige Grube, die beim

Bau des Potala entstanden ist und sich später mit Wasser gefüllt hat. Hier pflegte der Dalai Lama auf seinen Spaziergängen die Natur zu genießen und sich zu vergnügen. *Die Palastanlage mit Rotem und Weißem Palast.* Der dritte Teil ist die Palastanlage selbst, mit dem Roten Palast in der Mitte und dem Weißen Palast, der nach Osten, Westen und Süden an den Roten Palast angrenzt. Bis zu 117 m hoch erhebt sich das Palastgebäude, dessen steil abfallende Mauern einmal im Jahr nach den Monsunregen im Frühherbst mit roter Erde und weißem Kalk gestrichen werden. Weithin sichtbar im zentralen Teil des Roten Palastes ragen die goldenen Dächer der Mausoleen der Dalai Lamas auf: Hier sind die mumifizierten Leichname des 5., 7., 8., 9. und 13. Dalai Lama bestattet. Das gewaltige Bauprojekt versetzt den Betrachter heute noch in Erstaunen: Die an ihrem Fuße bis zu 5 m starken Mauern, die leicht nach innen geneigt sind, verjüngen sich bis zu 2 m Stärke. Baumaterialien sind vornehmlich Steine, Holz und Lehm. In die Fundamente goß man flüssiges Kupfer, um die Erdbebensicherheit des gewaltigen Gebäudes zu vergrößern. Kaiser Kangxi entsandte 114 mandschurische und chinesische Fachleute, die am Bau des Potala mitwirkten.

Die einstige Medizinschule auf dem Chagpori

Vom Potala blickt man auf den Chagpori, den Eisenberg, auf dem einst die berühmte Medizinschule stand. Das Institut für Medizin und Astrologie wurde im späten 17. Jahrhundert, noch zur Zeit des Großen Fünften, gegründet. Nicht einmal die Ruinen dieser Anlage sind erhalten geblieben. 1959 wurden die Gebäude von chinesischer Artillerie beschossen, in der Kulturrevolution besorgten die Roten Garden den Rest. Heute ragt auf der Anhöhe des Eisenberges eine gewaltige Antenne in den Himmel.

Zhol rDoring, die steinerne Erinnerung an die Eroberung von Chang'an durch die Tibeter

Der Potala selbst überstand die Kulturrevolution nahezu unbeschadet, denn auf Anweisung von Zhou Enlai wurde der Bau von Truppen des Militärs vor den Roten Garden geschützt. Steigt man die Zickzack-Treppen vom Potala in das Dorf Shö hinunter, von dessen ursprünglicher Anlage heute leider nichts mehr erhalten ist, so stößt man an der Hauptstraße an den Zhol rDoring, jenen 8 m hohen Steinobelisken aus dem Jahr 763, dessen Inschrift von der Eroberung der chinesischen Hauptstadt Chang'an durch die Tibeter erzählt und auch vermerkt, daß sich der Tang-Kaiser zu einem jährlichen Tribut von 50000 Rollen Seide verpflichtet hatte, um die kriegerischen Tibeter wieder loszuwerden. Der Obelisk wurde freilich von den Chinesen mit einer Mauer umgeben, welche es unmöglich macht, die Inschrift zu lesen. So strahlend und mächtig der Potala-Palast sich von außen gibt, um so dunkler und düsterer ist er doch in seinem Inneren: »*Das Leben und Treiben in dieser geistlichen Festung erinnert an eine mittelalterliche Burg. Kaum ein Gegenstand gehört der Neuzeit an. Abends werden zu einer bestimmten Stunde unter Aufsicht des Obersten Schatzmeisters die vielen Tore geschlossen, die Wächter ziehen dann mit Öllämpchen durch den ganzen Palast, sehen nach, ob alles in Ordnung ist, und ihre Rufe hallen durch die Gänge – der einzige Laut in der bedrückenden Stille. Die Nächte sind lang und ruhig, denn man geht früh schlafen im Potala. Im Gegensatz zum geselligen Leben der Stadt gibt es hier keine Feste. Die Tschörten der verstorbenen Gottkönige verbreiten eine Todesatmosphäre, so düster und feierlich, daß der ganze Palast wie ein großes Grabmal wirkt«* (zit. aus Harrer, S. 197). Es verwundert daher kaum, daß sich auch die Gottkönige Tibets ähnlich den chinesischen Kaisern eine lieblichere Sommerresidenz schufen.

Norbulingka, der »Edelsteingarten«, Sommerresidenz des Dalai Lama, in Lhasa/Xizang

Knapp 3 km westlich des Potala liegt in einem großen Park Norbulingka, der »Edelsteingarten«. Der 7. Dalai Lama ließ hier in den vierziger Jahren des 18. Jahrhunderts eine Palastanlage errichten, die seit dem Jahre 1755 den Gottkönigen als Sommerresidenz diente. Die Übersiedlung in diesen Palast war für den Dalai Lama eine schon lange ersehnte und willkommene Abwechslung zu den düsteren und dunklen Tagen im Winter. Die gartenähnliche Anlage erstreckt sich über 36 Hektar und trägt heute den klingenden Namen »Volkspark«, Renmin Gongyuan. Hier, im Edelsteingarten, steht auch der in den Jahren 1954 bis 1956 entstandene, als Sommerpalast des 14. Dalai Lama bekannte Bau. Im Audienzzimmer in der ersten Etage des Gebäudes illustrieren Wandgemälde von kulturhistorischer Bedeutung die gesamte Geschichte Tibets – mit dem Zusammentreffen zwischen Mao Zedong und dem Dalai Lama als vorläufigem Ende.

Flucht des 14. Dalai Lama

Am Abend des 17. März 1959 verließ der Dalai Lama von hier aus die von Chinesen besetzte Stadt: *»Schließlich war es einer jener bekannten fürchterlichen Sandstürme, der es dem Dalai Lama, seiner Familie, seinen Lehrern, Ministern und einem Gefolge von achtzig Begleitern, Wachen und Dienern ermöglichte, unentdeckt aus dem Palast zu fliehen. Der Sandsturm, der sich am Spätnachmittag erhob und bis in die Abendstunden tobte, verdunkelte auch die Strahlen der Scheinwerfer, welche die Chinesen auf den Juwelengarten gerichtet hatten. Jeder einzelne der fünfzehntausend wachestehenden Tibeter mußte sich den Mantel über den Kopf ziehen und so eingemummt sich stundenlang mit dem Rücken gegen den wütenden Sturm anstemmen, bis alles vorüber war. Trotzdem ging keiner nach Hause ... Während die Naturgewalten tobten, war der geliebte Dalai Lama, als ein gewöhnlicher Leibeigener verkleidet, bereits mitten durch ihre Reihen hindurchgeschlüpft«* (zit. aus Harrer, S. 287).

Panchen Lama

Seinem Lehrer, dem Abt des Klosters Tashilunpo, verlieh der 5. Dalai Lama im Jahre 1650 den Titel Panchen Rinpoche, heute auch Panchen Lama. Der Panchen Lama wird als Inkarnation des Buddha Amitabha verehrt; sein Stammkloster ist traditionellerweise das Kloster Tashilunpo. Obwohl er als Wiedergeburt eines Buddha in der religiösen Hierarchie eigentlich den Dalai Lama überragt, steht der Panchen Lama dennoch in der tatsächlichen, politischen Rangordnung Tibets an zweiter Stelle. Die Chinesen benutzen diese scheinbare Rivalität gelegentlich zu ihren Gunsten; so begannen sie seit dem Jahr 1727, den Panchen Lama als politisches Gegengewicht zum Dalai Lama aufzubauen und zu beeinflussen.

Lamaismus – Glaubenslehre der Tibeter, Mongolen und Mandschuren

Um die in diesem Riesenreich lebenden Mongolen und Tibeter für den Kaiserhof einzunehmen – sie pflegten allesamt die tibetische Form des Buddhismus, den Lamaismus –, waren die Mandschu-Kaiser bemüht, den Lamaismus nach Kräften zu unterstützen. Dies ist die Zeit, da sich Beijing zu einem der bedeutendsten Zentren der buddhistischen Drucktätigkeit in Mongolisch und Tibetisch entwikkelte und unzählige Bauwerke tibetischen Stils in Auftrag gegeben wurden.

Abb. 108 Tausendarmiger Avalokitesvara, Stein, Qing-Zeit

Abb. 109 Avalokitesvara in Meditation, Tangka, Malerei auf Stoff, Qing-Zeit

Der Qing-Kaiser – Oberhaupt des Lamaismus

Der Kaiser der Qing-Dynastie war nicht nur höchster Repräsentant der staatlichen Macht, sondern er bezeichnete sich selbst auch als Inkarnation des Bodhisattva Manjusri, als Oberhaupt des Lamaismus. Die Qing-Kaiser bemühten sich ernsthaft um gute und enge Beziehungen zu den Tibetern und zum Dalai Lama; sie nahmen deshalb selbst die Lehre des Lamaismus an. Kaiser Qianlong ließ von sich sogar ein Portrait in lamaistischer Kleidung malen und es in allen namhaften tibetischen Tempeln und Klöstern in Tibet, der Mongolei und auch in Chengde aufstellen. Heute noch hängt in einem der Tempel des Potala-Palastes in Lhasa ein Portrait des Kaisers Qianlong in lamaistischer Gewandung. Mit Geschick übernahmen die Mandschuren die für Tibeter und Mongolen so typische Einheit von weltlicher und religiöser Macht.

Bishu Shanzhuang, die Sommerresidenz der Qing-Kaiser, in Chengde/Hebei

Inmitten der Hügellandschaft der südlichen Mandschurei, etwa 250 km von der Haupt- und Residenzstadt Beijing entfernt, liegt Chengde, das ehemalige Jehol, in dem Kaiser Kangxi eine reizvolle und erlesene Sommerresidenz errichten ließ: Das »Bergschloß, in dem man der Sommerhitze entflieht«, Bishu Shanzhuang, besteht aus zahlreichen, in einer weitläufigen Parkanlage verteilten Gebäuden und ist von Bergen und ausgedehnten Wäldern umgeben, in denen die Kaiser der Jagd frönten. Die mandschurischen Kaiser, aus dem hohen Norden kommend und an das kühle Klima gewohnt, waren leidenschaftliche Jäger. Jedes Jahr im Herbst wurden deshalb große Jagdexpeditionen in die nördlichen Gebiete veranstaltet, die gleichzeitig eine wichtige politische Repräsentation darstellten und für die begleitenden Soldaten der mongolischen Prinzen militärische Übung und Körpertraining bedeuteten. Zudem wurde jedes Jahr im riesigen Jagdpark des Sommerpalastes von Chengde für die mongolischen Fürsten ein Bankett zur Belohnung für ihre Dienste veranstaltet. Drei Monate im Sommer jedes Jahres verbrachten die Kaiser Kangxi, Yongzheng und Qianlong in ihrem Sommerpalast in Chengde. In zwei Tagen legten sie für gewöhnlich mit ihrem begleitenden Hofstaat die Strecke Beijing–Chengde, über 200 km, zurück und passierten die Große Mauer bei Gubeikou. In Chengde angelangt, widmeten sie sich vor allen Dingen dem Vergnügen und der Muße, jedoch nicht ohne sich weiterhin mit politischen Angelegenheiten zu befassen.

Die gesamte Anlage der Sommerresidenz ist von einer ca. 10 km langen Mauer umgeben und gliedert sich in drei große Bereiche: in den eigentlichen Palastbezirk im Süden, den Seengarten im Osten und das weite bewaldete Terrain im Norden und Westen, das der Jagd diente. Als größte kaiserliche Palastanlage Chinas erstreckt sich die Sommerresidenz über ein Areal von 564 Hektar. Je 36 von den Kaisern Kangxi und Qianlong selbst benannte Sehenswürdigkeiten und mehr als 110 Gebäude gehören zu der mit Vorliebe frequentierten Sommerresidenz außerhalb der großen Mauer.

Wenjin Ge, die Kaiserliche Bibliothek

Im Westen der Palastanlage steht auch die im Jahr 1744 unter Kaiser Qianlong wiederum nach dem Muster der Tianyi Ge in Ningbo in der Provinz Zhejiang erbaute kaiserliche Bibliothek, Wenjin Ge. Die Halle, die von außen betrachtet zwei Stockwerke zu haben scheint, birgt im Inneren tatsächlich drei Etagen. Hier waren ein Teil der großen literarischen Sammlung *Siku quanshu*, die aus insgesamt 36000 Bänden besteht, und die Enzyklopädie *Gujin tushu jicheng* aufbewahrt. Die erstgenannte prächtige Handschrift wurde nach der Revolution von 1911 in die Nationalbibliothek von Beijing gebracht; die Ausgabe des *Gujin tushu jicheng* ging zum Großteil durch Diebstahl und teilweisen Verkauf verloren.

Tempelanlagen in Chengde/Hebei

Nördlich und östlich der Sommerresidenz sind heute noch acht der ursprünglich elf großräumigen Tempelanlagen erhalten, die im Zeitraum zwischen 1713 und 1780 überwiegend im tibetischen Stil errichtet wurden. Zwei Tempelanlagen sind besonders bemerkenswert: Sie sind eine Nachahmung der großen tibetischen Paläste und spiegeln damit die auf ihrem Höhepunkt angelangte kluge Befriedungsstrategie der Mandschuren gegenüber Tibet wider.

Abb. 110 »Kaiser Qianlong zu Pferde«, Farbe auf Seide, von Guiseppe Castiglione, Qing-Zeit

Abb. 111 Bishu Shanzhuang, Sommerresidenz der Qing-Kaiser in Chengde, unbekannter Hofmaler, Qing-Zeit

Abb. 112 »Bärenjagd«, unbekannter Hofmaler, Qing-Zeit

Abb. 113 Putuo Zhongsheng Miao, der Kleine Potala in Chengde, Provinz Hebei

Putuo Zhongsheng Miao, der Tempel der Putuo-Lehre – nach dem Vorbild des Potala

Geradewegs im Norden des Sommerpalastes liegt der Tempel der Putuo-Lehre, Putuo Zhongsheng Miao: In vierjähriger Bauzeit wurde die Tempelanlage, auch Kleiner Potala genannt, nach dem Vorbild der Residenz des Dalai Lama in Lhasa erbaut als Aufenthaltsort für hohe tibetische und mongolische Würdenträger, die zur Feier des 60. Geburtstages von Kaiser Qianlong nach Chengde reisten.

Xumi Fushou Miao, der Tempel der Glückseligkeit des Sumeru-Berges – nach dem Vorbild von Tashilunpo

Östlich des kleinen Potala befindet sich der Tempel der Glückseligkeit des Sumeru-Berges, Xumi Fushou Miao: Diese Anlage entstand nach dem Muster der Klosteranlage Tashilunpo, der Residenz des Panchen Lama nahe der tibetischen Stadt Shigatse. Auf etwa 37000 m^2 Fläche zeigt diese Tempelanlage die klassische Verschmelzung chinesischer und tibetischer Kunst. Hier residierte zeitweilig der Panchen Lama, wenn er bei Kaiser Qianlong in seiner Sommerresidenz zu Besuch weilte. Die Anlage, bei der vor allem das vergoldete Dach der Haupthalle mit seinen acht ebenfalls vergoldeten, über eine Tonne schweren Kupferdrachen auffällt, wird im Norden von einer siebenstöckigen Pagode überragt, die, mit Porzellanziegeln verkleidet, der Porzellanpagode in den Duftenden Bergen bei Beijing nachempfunden ist.

Yonghe Gong, der Lama-Tempel in Beijing, mit seiner riesigen Sandelholzfigur des Buddha Maitreya

Der tibetische Einfluß hatte natürlich auch in der Haupt- und Residenzstadt seinen Niederschlag gefunden. Der größte lamaistische Tempel, der bis heute im Stadtgebiet von Beijing erhalten ist, trägt den Namen Palast der Harmonie und des Friedens, Yonghe Gong. In der Oststadt Beijings gelegen, diente er einst dem vierten Sohn des Kaisers Kangxi und designierten Thronfolger, Yongzheng, als Residenz. Die 1694 errichtete Anlage barg in ihren frühen Jahren jene Einrichtung, auf die sich die mandschurische Herrschaft nicht zuletzt mit großem Erfolg stützte: Hier liefen die Fäden des ausgeklügelten organisierten Spitzelsystems zusammen, hier wurden nicht wenige Attentäter und Meuchelmörder ausgebildet. Mit der Inthronisierung von Kaiser Yongzheng im Jahr 1722 diente die Anlage in der Folge zeitweise als Reisepalast. 1735 wurde hier der Sarg des verstorbenen Kaisers Yongzheng aufgebahrt und zum ehrenvollen Gedenken aus diesem Anlaß die Dachflächen der gesamten Anlage mit kaisergelben Glasurziegeln gedeckt. Kaiser Qianlong erklärte den gesamten Bezirk im Jahr 1744 zu einer Kloster- und Tempelanlage des tibetischen Buddhismus. Ihre Hauptgebäude liegen wie bei allen klassischen chinesischen Gebäuden auf einer zentralen Achse: In sieben aufeinander folgenden Höfen erheben sich insgesamt fünf große Hallen. Die Halle des Buddhistischen Rades, Falun Dian, deren architektonischer Grundriß einem Kreuz ähnelt, ist das wichtigste Sakralgebäude. In seiner Mitte dominiert eine Bronzestatue des Gründers der tibetischen Gelbmützen-Sekte, Tsongkapa. An der Ost- und Westseite werden die beiden kanonischen und halbkanonischen Schriftensammlungen des tibetischen Buddhismus, Kanjur und Tanjur, aufbewahrt. Während die 108 Bände des Kanjur die Lehre Buddhas enthalten, übermitteln die 225 Bände des Tanjur die Kommentare der indischen Gelehrten. Das letzte Gebäude, das im Norden an die Halle des Buddhistischen Rades anschließt, ist in seinen Ausmaßen am größten und war im ursprünglichen Komplex nicht enthalten gewesen. Mit seiner Errichtung verknüpft sich eine interessante historische Begebenheit: Nachdem Kaiser Qianlong die unruhestiftenden Westmongolen in Tibet durch Einsatz seiner Truppen besiegt und vertrieben hatte, zeigte sich der 7. Dalai Lama dem Qing-Kaiser mit einem außerordentlichen Geschenk erkenntlich: Über Nepal ließ er aus Indien den riesigen Stamm eines Sandelholzbaumes ankaufen – er hatte einen Durchmesser von 3 m – und über den Chang Jiang und den Kaiserkanal noch unbearbeitet nach Beijing transportieren. Dort schnitzten die Künstler des Kaiserpalastes und kundige lamaistische Mönche aus ihm eine 18 m hohe Statue des Maitreya-Buddha, die ihrerseits auf einem 8 m hohen Sockel steht. Sodann wurde die letzte Halle des Tempelkomplexes abgerissen und der Sockel der Buddha-Statue in der Erde

Abb. 114 Kaiser Yongzheng in Hoftracht, unbekannter Hofmaler, Qing-Zeit

Abb. 115 Konkubine des Kaisers Yongzheng, unbekannter Hofmaler, Qing-Zeit

verankert. Erst danach setzten die Arbeiten an der dreistöckigen Halle ein, die sich heute über der beeindruckenden Sandelholzfigur erhebt.

Yuanming Yuan, der Garten der Vollkommenheit und des Lichts, auch Alter Sommerpalast, in Beijing (Haidian-Bezirk)

Für seinen Vierten Sohn, den nachmaligen Kaiser Yongzheng, ließ Kangxi im Jahre 1609 die Arbeiten an einer Gartenanlage nördlich der heutigen Beijing-Universität, im Haidian-Bezirk, beginnen. Der Garten der Vollkommenheit und des Lichts, Yuanming Yuan, erstreckte sich zunächst nur über eine Fläche von 20 Hektar. Die Kaiser Yongzheng und Qianlong dehnten jedoch die Gartenanlagen auf etwa 340 Hektar aus und versahen sie mit Seen, Flußläufen, künstlichen

Hügeln, Hainen, über hundert kleinen Brücken sowie über hundert verschiedenen Landschaftsszenen. Die mit Pavillons, Hallen, Türmen und Pagoden verbaute Fläche mißt allein 160 000 m², ist also um einiges größer als das Areal des Kaiserpalastes. Der Garten der Vollkommenheit und des Lichts besteht eigentlich aus drei Gartenanlagen; er wird auch der Garten der Zehntausend Gärten, Wanyuan zhi Yuan, genannt. Viele Monate im Jahr verbrachten die Kaiser der Qing-Dynastie in diesem phantastischen Garten, von dessen Glanz und Pracht nur noch Skizzen, Pläne und Beschreibungen erzählen. Kaiser Yongzheng schilderte ihn so: *»Studierzimmer, Höfe, auf der Landseite und am Wasser gelegene Pavillons, Hügel und Seen, da und dort verstreut, sind auf einfache und rustikale Weise ausgeschmückt. Die Kaiser ließen Bäume und Blumen pflanzen. Um die harte Arbeit des Pflügers kennenzulernen, bestellten die Kaiser ihre Felder selbst, kümmerten sich um den Gemüsegarten, arbeiteten in den Scheunen und erfuhren so, wie wichtig der Regen ist und was die Aufgabe der Sonne … Hat er* [der Kaiser] *seinen Dienst beendet, so ruht er und erfreut sein Herz, indem er in seinen Garten schaut. Je nach Beschaffenheit des Ortes wird er seinen Geist erfrischen und seine Gefühle ordnen können. Er wird nicht in die dunkle Welt der Sinnesfreuden versinken und nicht für seine gute Regierung wichtige Energien vergeuden! … Als Erbe meines Vaters und Großvaters und ihres Prinzips der Einfachheit lebe ich gerne in dieser vom Himmel beschützten und von der Erde gesegneten Gegend. Solch ein Ort der Entspannung, der eines Herrschers würdig ist, findet nicht seinesgleichen. Gewiß werden auch folgende Generationen diesen Garten nicht verlassen, um sich anderswohin zu begeben, weil er zwei Vorzüge in sich vereint: Sowohl zur Hochachtung meiner Vorfahren als auch zum Glück meines Volkes trägt er bei …* (zit. nach Goepper, S. 136).

Zerstörung der Gartenanlage im Jahr 1860

Im Jahr 1860, während des dritten Opiumkriegs, besetzten alliierte Truppen die Stadt und den nahegelegenen Garten und steckten ihn, nachdem sie ihn ausgiebig geplündert und weitgehend zerstört hatten, in Brand. Innerhalb von zehn Tagen war der Garten der Zehntausend Gärten eine öde Trümmerlandschaft und das Gebiet zwischen dem Haidian-Bezirk der Stadt und den Duftenden Bergen westlich davon im Umkreis von 10 km eine einzige Brandruine. Etliche Kostbarkeiten, die seinerzeit aus dem Garten geraubt wurden, sind heute in Paris und London zu sehen.

Reste des Xiyang Lou, des Gebäudes im westlichen Stil (sehenswert!)

Allein die mächtigen Steinsäulen ausgerechnet jenes Gebäudekomplexes, der unter Mitarbeit des Jesuitenpaters Giuseppe Castiglione und französischer Architekten im europäischen Stil entstanden war, sind heute noch bescheidenes Relikt des vergangenen Reichtums und stumme Zeugen eines gezielten Vandalenakts. Nur wenige Touristen besichtigen den Garten der Vollkommenheit und des Lichts, doch es lohnt sich unbedingt, hierher einen Abstecher zu machen. Dem Kaiser, der sich beim Ansturm der alliierten Truppen auf Beijing mit seinem Kaiserhof in die Sommerresidenz nach Jehol zurückzog, blieb der Anblick des zerstörten und niedergebrannten Gartens erspart. Er starb 1861 in Jehol.

Abb. 116 Skizze des französischen Schlosses im Alten Sommerpalast, Yuanming Yuan, Beijing

Abb. 117 Ruinen des »Gebäudes im Westlichen Stil«, Xiyang Lou, im Yuanming Yuan, Beijing (Aufnahme um 1900?)

Während die Arbeiten am Garten der Vollkommenheit und des Lichts noch auf Hochtouren liefen, ließ Kaiser Qianlong im Jahr 1715 zum 60. Geburtstag seiner Mutter einen weiteren Park anlegen, den Garten des Reinen Wassers, Qingyi Yuan. Er entstand an jener Stelle, wo schon im Jahr 1153 die Kaiser der Jin-Dynastie ihre Sommerresidenz hatten errichten lassen und die den Kaisern der nachfolgenden Yuan- und Ming-Dynastie als Erholungsgebiet zur Verfügung stand. Doch auch der Garten des Reinen Wassers teilte das Schicksal

Abb. 118 Ruinen des »Gebäudes im Westlichen Stil«, im Yuanming Yuan, heute

des Gartens der Vollkommenheit und des Lichts und der anderen insgesamt 28 Gärten, die sich in der Hügellandschaft im Nordwesten Beijings erstreckten: Er wurde im Jahr 1860 zur Gänze zerstört.

Yihe Yuan, der Garten der Harmonischen Einheit, auch Neuer Sommerpalast

Mit den für die kaiserliche Marine vorgesehenen Steuergeldern ließ die Kaiserinwitwe Cixi im Jahre 1888 den ehemaligen Garten des Reinen Wassers rekonstruieren – für die anderen Anlagen reichte das Geld nicht mehr aus – und gab ihm den Namen Garten der Harmonischen Einheit, Yihe Yuan. Die etwa 290 Hektar große Anlage umsäumt den Kunming-See, der drei Viertel der Gesamtfläche einnimmt. Die rund dreitausend Räumlichkeiten, die sich im wesentlichen in einen Audienz-, einen Wohn- und einen Vergnügungsbereich gliederten, erlitten im Jahr 1900 beim Boxeraufstand erneut durch die alliierten Truppen schweren Schaden; im Jahre 1903 ordnete indes die Kaiserinwitwe Cixi den Wiederaufbau des Komplexes an.

Zwei Besonderheiten dieser kaiserlichen Gartenanlage sind hervorzuheben: zum einen der 726 m lange Wandelgang, der sich am Nordufer des Kunming-Sees hinzieht und den Wohnbezirk mit dem Vergnügungsbereich verbindet. 8000 historische und mythologische Szenen und Landschaftsmalereien zieren seine Dachbalken. Zum anderen ist das sogenannte Marmorschiff, Shi Fang, am Ende dieses Wandelsgangs zu erwähnen; es stammt aus dem Jahre 1755. Nur der Sockel dieses 36 m langen Schiffes ist aus Marmor, er hat deshalb die Zerstörungswut der alliierten Truppen unversehrt überstanden. Doch der aus Holz errichtete, im chinesischen Stil gehaltene Säulenaufbau fiel den Flammen zum Opfer. Im Jahr 1893 gab die Kaiserinwitwe Cixi den Auftrag, den Marmorsockel

Abb. 119 Yihe Yuan, der »Neue Sommerpalast«, Beijing

mit einem westlich anmutenden zweistöckigen Aufbau zu versehen. Die Lackbemalung des Holzaufbaus versetzt den Betrachter in die Illusion, das ganze Schiff bestehe aus Marmor. Ein besonders reizvoller Gartenteil liegt im Nordosten der Anlage, ein verstecktes Kleinod, das sich der Besucher nicht entgehen lassen sollte. Dieser »Garten im Garten«, der um einen malerischen Lotosteich angelegt ist, spiegelt den Liebreiz der südchinesischen Gartenarchitektur wider. Schaut man vom Berg der Langlebigkeit, Wanshou Shan, in dessen den Hang hinaufstrebenden Hallen man prunkvolle Feste feierte, in Richtung See, so fällt dem Betrachter abermals die strenge axiale Ausrichtung auf, welche die Chinesen bei ihrer Bautätigkeit genau beachteten – selbst dann, wenn die bergige Natur der geradlinigen Harmonie Hindernisse in den Weg legte.

Die amerikanische Malerin Catherine Carl

Hier und im Seenpalast westlich der Verbotenen Stadt verbrachte die amerikanische Malerin Catherine Carl im Jahre 1903 acht Monate, um drei Portraits von der Kaiserinwitwe Cixi anzufertigen. Cixi wählte ein Gemälde aus, das ihren Gefallen gefunden hatte. Das Bildnis wurde später nach Amerika verbracht und ist heute im Museum von Washington zu sehen.

Tätigkeit der Jesuiten am Qing-Kaiserhof

Der aufgeschlossene und wißbegierige Kaiser Kangxi zeigte sich auch den fremden Missionaren gegenüber gewogen; er bewunderte sie ob ihrer naturwissenschaftlichen und künstlerischen Fähigkeiten. Während seiner Herrschaft waren etliche Jesuiten in verantwortungsvollen Funktionen am Kaiserhof tätig und erhielten Pfründe, um die vier nach den Himmelsrichtungen benannten Kirchen in Beijing zu errichten.

Abb. 120 Nan Tang, die Südkirche, in Beijing (um 1910)

Nan Tang, die Südkirche, in Beijing (Xuanwu-Bezirk)

Die Südkirche, Nan Tang, ist die älteste katholische Kirche der Stadt, freilich nicht mehr in ihrer ursprünglichen Form erhalten. Johann Adam Schall von Bell, der lange Jahre am kaiserlichen Astronomieamt der Mandschu-Kaiser tätig war, erwirkte die Erlaubnis, an jener Stelle, wo einst Matteo Ricci gelebt und gearbeitet hatte, eine Kirche zu erbauen. Das Kaiserhaus unterstützte das Vorhaben mit einer Spende von 10000 Taels. Neben dem Gotteshaus wurden außerdem ein kleines Observatorium, eine eigene Sakristei und eine Bibliothek angelegt. Die Gebäude beherbergten in weiterer Folge das portugiesische Jesuitenkollegium, bis sie im Jahr 1775 einer Feuersbrunst zum Opfer fielen. Die im Gefolge der Opiumkriege aufgezwungenen Verträge garantierten den Missionaren die Rückgabe der ehemaligen Pfründe sowie die Erlaubnis, neue Gotteshäuser zu errichten. Die noch bestehenden Baureste der Südkirche samt dem dazu gehörenden Grund wurden 1861 den französischen Lazaristen übergeben, die im Jahr 1862 eine neue Kirche erstellten. Während des Boxeraufstandes im Jahre 1900 wurde die Kirche völlig zerstört und im Jahr 1904 abermals aufgebaut. Heute sind im Vorhof der Kirche noch zwei Stelen erhalten, die zum einen an das Widmungsdekret des Kaiser Shunzhi, zum anderen an das berühmte

Abb. 121 Bei Tang, die Nordkirche, in Beijing (um 1910)

Toleranzedikt des Kaisers Kangxi aus dem Jahr 1692 erinnern. Die Südkirche ist heute ein Zentrum der vom Vatikan unabhängigen chinesischen Nationalkirche.

Bei Tang, die Nordkirche, in Beijing (Xishiku)

Als im Jahr 1693 französische Missionare Kaiser Kangxi mit Chinin von seiner Malaria heilten, überließ er ihnen zum Dank ein Grundstück in der Nähe des Kaiserpalastes etwas westlich des Zhong Hai, wo die Missionare alsbald eine Kirche erbauten, die Nordkirche, Bei Tang. Als sich die Missionare jedoch durch die Einmischung Roms die Gunst der chinesischen Kaiser verscherzt hatten und sie alle letztlich das Land verlassen mußten, waren auch die Tage dieser Kirche gezählt: Sie wurde im Jahr 1827 zerstört. Nachdem das Areal im Jahr 1860 wieder in den Besitz der Missionare gelangt war, wurde an dieser Stelle eine neue große Kirche im gotischen Stil erbaut. Doch der Kaiserinwitwe Cixi lag das Gotteshaus der Christen zu nahe am Kaiserpalast und vor allen Dingen viel zu nahe am Garten des Mittleren Sees. Sie fürchtete, man habe vom Glockenturm der Kirche aus Einblick in die Gartenanlage des Seenpalastes. Nach langen Verhandlungen wurde die Kirche schließlich nördlich des alten Kirchenplatzes erbaut, nachdem Cixi dafür einen Betrag von 75000 englischen Pfund zur Verfügung gestellt hat. Während des Boxeraufstandes im Jahre 1900 wurden hier etwa 3000 Christen, die auf dem Kirchenareal Zuflucht gefunden hatten, von den Aufständischen sieben Wochen lang belagert. »*Der Pe-T'ang ... ist eine richtige Stadt, die sich um die Kathedrale zum Heiligen Erlöser schart. Sie bildet ein Parallelogramm, das auf allen Seiten von Straßen begrenzt wird. Im Westen liegen die Gebäude der ungefähr zwanzig Lazaristen- und Maristenbrüder mit Refektorien, Bibliotheken, Magazinen, Ökonomat, Apotheke und sogar einem Museum; im Osten das große und das kleine Seminar mit Schlafräumen, Schul-*

klassen, einer kleinen Kapelle und einem Musikpavillon. Mehr als hundertzehn chinesische Seminaristen sind dort untergebracht. Nördlich der Kathedrale befinden sich weitere kleine ebenerdige Pavillons; Unterkünfte, Küchen, Gesindewohnungen, Werkstätten, darunter auch eine Druckerei. Jenseits des Gemüsegartens und des Parks befindet sich der Jen-Ts'e-T'ang. Das ist das Heim der Barmherzigen Schwestern, der Vinzentinerinnen; man muß eine schmale Straße überqueren, um zu ihnen zu gelangen. Sie führen ein Waisenhaus mit vierhundertfünfzig Mädchen, eine Krippe mit fünfzig Kindern, eine Krankenstation und Schulen. Im Pavillon der Schwester Oberin befindet sich auch ein Noviziat, wo zweiundzwanzig Nonnen, darunter acht Chinesinnen, leben. In der Mitte steht eine große Kapelle, der Unbefleckten Empfängnis geweiht. Mehr als zweitausend Frauen und Kinder können dort Unterschlupf finden, falls sich die Lage verschlechtert, während sich Tausende chinesische Christen im Pe-T'ang zusammendrängen. Diese christliche Enklave in der Kaiserstadt zählt gegenwärtig dreitausendvierhundert Bewohner, davon etwa sechzig Europäer«, so beschreibt Jean Mabire Areal und Ausstattung der Nordkirche in den ersten Juni-Tagen des Jahres 1900 (zit. aus Mabire, S. 39). Heute ist die katholische Bei Tang oder auch Xishiku-Kirche die größte ihrer Art in Beijing, die sich im Besitz der chinesischen Nationalkirche befindet.

Dong Tang, die Ostkirche, in Beijing

Die Ostkirche, Dong Tang, ist heute noch an der östlichen Seite der Wangfu Jing, der größten Einkaufsstraße Beijings, erhalten. Auch ihre Anfänge gehen in das 17. Jahrhundert zurück, sie wurde ebenso im Jahr 1860 im Gefolge der Opiumkriege den Missionaren zurückerstattet und im Jahr 1900 von den Boxern niedergebrannt – ein Pater und mehr als 300 chinesische Christen kamen dabei ums Leben. In den ersten Jahren dieses Jahrhunderts wurde die Ostkirche wieder aufgebaut, kommt heute jedoch nicht mehr ihrer Bestimmung nach.

Xi Tang, die Westkirche, in Beijing

Auch die Westkirche, Xi Tang in der Xizhimen-Straße, blickt auf eine ähnliche Geschichte zurück; sie ist heute ebenfalls nicht mehr als Gotteshaus in Verwendung.

»Ich fürchte, daß China in Zukunft irgendwann einmal mit diesen verschiedenen westlichen Ländern Schwierigkeiten bekommen wird«

Die Jesuiten am qing-zeitlichen Kaiserhof erstellten als Kartographen Landkarten von China; sie begleiteten als Ärzte den Kaiser auf seinen ausgedehnten Reisen, dienten als Astronomen im Amt für Kalenderwesen und fungierten als Dolmetscher von maßgeblichem Einfluß beim ersten Staatsvertrag, den China mit einer europäischen Macht abschloß: Der Vertrag von Nertschinsk aus dem Jahre 1689 ist dreisprachig in Mandschurisch, Russisch und Lateinisch (!) abgefaßt; die offizielle, unterzeichnete und gesiegelte Version ist in Latein gehalten. Doch der bereits beschriebene Ritenstreit und die unnachgiebige Kirchenpolitik des Papstes stellten die Toleranz des chinesischen Kaisers auf eine schwere Probe. Als ihn der Papst wissen ließ, daß seine eigene Interpretation bezüglich der konfuzianischen Riten nicht zutreffend sei, reagierte Kaiser Kangxi äußerst verärgert: *»Jedes Land braucht einige übernatürliche Wesen, die* *es verehrt. Das gilt für unsere Dynastie, das gilt für Mongolen und Muslims ebenso wie für Miao, Luoluo und andere Fremde. Geradeso wie jedermann etwas fürchtet, der eine Schlangen, aber nicht Kröten, der andere Kröten, aber nicht Schlangen, oder wie jedes Land seine eigenen Dialekte und seine eigenen Schriftsysteme hat. In dieser katholischen Religion jedoch streitet sich die Societas Petri mit den Jesuiten, Bouvet mit Mariani, und bei den Jesuiten wollen die Portugiesen nur ihre Landsleute in ihrer Kirche und die Franzosen nur die Franzosen in der ihren. Das verstößt gegen die Prinzipien der Religion.«* Und vorausblickend mahnte der Kaiser: *»Ich fürchte, daß China in Zukunft irgendwann einmal mit diesen verschiedenen westlichen Ländern Schwierigkeiten bekommen wird. Das sehe ich voraus«* (zit. nach Spence, S. 135 f.).

Volkreichster Staat der Erde

Gegen Ende des 18. Jahrhunderts war das von den Mandschus beherrschte chinesische Reich der volkreichste Staat der Erde und wohl die größte Landmacht des gesamten eurasischen Kontinents. Die anfangs euphorischen Berichte der in China tätigen Missionare beeinflußten und prägten die europäische Geistesgeschichte des 18. Jahrhunderts nachhaltig.

China und der europäische Kolonialismus

Das Abendland hegte jedoch noch andere Interessen: Zunehmend konzentrierten sich die kolonialpolitischen Aktivitäten Europas auf das riesige Reich der Mitte. Mit dem europäischen Hegemoniestreben im 19. Jahrhundert wandelte sich die China-Rezeption grundlegend: Denn ein kolonialisiertes Volk mußte den Kolonialmächten politisch wie kulturell zwangsläufig unterlegen sein. China war in den Augen des Abendländers endgültig jenes unterentwickelte, rückständige Land, als welches es über die Schwelle ins 20. Jahrhundert trat, und es sollte sein unabdingbares Schicksal sein, von den Europäern unterworfen zu werden, wie es etwa Georg Wilhelm Friedrich Hegel formulierte.

China als »Melone«

Mit den Kolonialherren, deren einziges Ziel darin bestand, die Melone China untereinander aufzuteilen und dabei größtmöglichen Profit herauszuschlagen, drangen gleichzeitig wieder Missionare als Sendboten ihrer Religion ins Land. Doch damit allein war der Erfolg des Missionwesens keineswegs garantiert: Ob Kaufmann oder Missionar – im Vordergrund stand stets der ausländische Aggressor.

Entwicklung der Handelsbeziehungen zwischen China und dem Abendland

Etwa seit dem Jahre 1600 kauften die übers Meer kommenden Europäer Chinas kostbare Handwerksprodukte, vor allem Seide, Porzellan, Lackwaren und natürlich auch Tee. Der Handel verlief zunächst durchaus friedlich, die Handelsbilanz freilich gestaltete sich für die Europäer nachteilig. Die Leidenschaft der Engländer für den chinesischen Tee brachte die englischen Kaufleute in die prekäre Situation, mehr einkaufen zu müssen als verkaufen zu können. Ende des 18. Jahrhunderts, als die Engländer ihre Handelsbeziehungen mit China intensivieren wollten, zielten ihre wirtschaftlichen Interessen darauf ab, die Autarkie des chinesischen Reiches – seit jeher zentraler Bestandteil des chinesischen Selbstverständnisses – zu brechen. Lange Jahrhunderte hatte das Reich der

Mitte, wohl innerhalb der Reichsgrenzen und mit den unmittelbaren Nachbarn, im Rahmen eines ausgeklügelten Tributsystems eine Art Handel gepflegt; doch war China in seiner langen Geschichte nie vom Handel mit Fremden abhängig gewesen, nie darauf angewiesen. Die Intentionen der Briten waren den Chinesen daher zunächst unverständlich.

Gesandtschaft von Lord Macartney

Als im Jahre 1793 Lord Macartney als Botschafter König Georgs III. von England mit Kaiser Qianlong im Sommerpalast in Jehol nördlich der Großen Mauer zusammentraf, bereitete man ihm zwar einen über alle Maßen großzügigen und höflichen Empfang, doch der Zweck seines Besuches wurde geflissentlich und konsequent ignoriert. In einem Brief ließ Kaiser Qianlong dem englischen König seine Antwort unmißverständlich übermitteln: *»Da die Tugenden und der Ruhm der Himmlischen Dynastie sich nach allen Seiten verbreitet haben, kommen die Könige von Myriaden Völkern zu Land und zur See mit allen Arten wertvoller Dinge. Daher gibt es nichts, was uns mangelt, wie Euer erster Gesandter und die anderen ja selbst beobachtet haben. Wir haben nie viel Wert auf fremde oder auch merkwürdige Objekte gelegt, noch bedürfen wir irgendwelcher Waren Eures Landes«* (zit. nach Gascoigne, S. 220). Doch die unerschütterliche, selbstbewußte Haltung des chinesischen Kaisers hinderte die Briten letztlich nicht daran, mit einem hinterhältigen Streich eine positive Handelsbilanz zu erzielen: Der Opiumhandel ist wohl eines der unrühmlichsten und niederträchtigsten Kapitel in der Geschichte des Imperialismus.

Opiumhandel – imperialistische Machination

Die von den Engländern importierten Wollstoffe und Baumwollwaren fanden in China keinen großen Absatz. Also importierten die Briten, die auch in Bengalen eine Handelsniederlassung besaßen, bereits seit den letzten Jahrzehnten des 18. Jahrhunderts Opium. Seit der Tang-Zeit war Opium in China als Medizin und auch als Genußmittel bekannt, und schon damals ergingen kaiserliche Dekrete, die den Konsum von Opium verboten. Doch trotz der ausdrücklichen Restriktionen florierte die britische Opiumeinfuhr weiterhin auf dem Schmuggelwege und mittels korrupter Beamter. Der in Ostindien in weiten Gebieten von Bengal und Bihar angepflanzte Mohn wurde, entgegen der kaiserlichen Erlasse, nach China gebracht, das durch den – illegalen – Handel fast all seiner Silbervorräte verlustig ging. Die Briten waren überdies schlau genug, sogar die Restzahlungen für ihre Exportware in Form von Opium zu begleichen.

Der vergebliche Kampf des Sonderbeauftragten Lin Zexu

Im Jahre 1839 entsandte Kaiser Daoguang einen Delegierten nach Kanton, um den illegalen Opiumhandel zu unterbinden. In einem Brief an Königin Vikoria – er sollte seinen Bestimmungsort nie erreichen – schrieb Lin Zexu, der Sonderbeauftragte: *»Laßt uns fragen, wo ist Euer Gewissen? Ich habe gehört, daß das Rauchen von Opium in Eurem Lande auf das strengste verboten ist, und zwar, weil der Schaden, der durch Opium verursacht wird, klar verstanden wird. Da es nicht gestattet ist, in Eurem eigenen Lande Schaden zu tun, um wieviel weniger solltet Ihr gestatten, daß es weitergegeben wird, um in anderen Ländern Schaden* *zu tun – und um so viel weniger auch in China. Von allen Dingen, die China nach fremden Ländern exportiert, ist nicht eine einzige Sache, die nicht für die Völker wohltätig wäre. Sie sind von Nutzen, wenn man sie ißt, sie sind von Nutzen, wenn man sie gebraucht, sie sind von Nutzen, wenn man wiederverkauft«* (zit. nach Gascoigne, S. 223). Kurz entschlossen ließ Lin die Opiumvorräte der englischen Händler in Guangzhou vor aller Augen ins Meer werfen – nicht ohne vorher die Geister des Meeres wegen der »Umweltverschmutzung« um Nachsicht gebeten zu haben.

Grabmal des Lin Zexu und Gedenkhalle zu seinen Ehren, in Fuzhou/Fujian

Der mutige Sonderbeauftragte, der über tausend Tonnen Opium vernichtete, liegt in Fuzhou, im nördlichen Vorort Ma'ancun, begraben. Sein Grabmal, vor dem auch eine Stele errichtet wurde, ist heute noch zu besichtigen. In Fuzhou selbst, in der Aomen-Straße, steht eine Gedenkhalle für Lin Zexu, der mit seinem entschlossenen Widerstand gegen die ausländischen Mächte heute als großer Patriot Chinas verehrt wird.

1. Opiumkrieg

Der erste Opiumkrieg, 1840–1842, war indessen nicht mehr zu vermeiden. Tatsächlich ging es dabei um das Opium und die Erzielung einer für die Engländer günstigen Handelsbilanz; die Europäer jedoch stellten zudem noch die Aufnahme diplomatischer Beziehungen auf der Grundlage gleichberechtigter Staaten in den Vordergrund. Denn das vom chinesischen Kaiserreich praktizierte Tributsystem implizierte ja die unangefochtene, übergeordnete Position des chinesischen Herrschers – für die Kolonialpolitik der Europäer ein Ding der Unmöglichkeit!

Abb. 122 Der Hafen von Hongkong mit der Ansiedlung Victoria, Stich um 1860

Vertrag von Nanjing

Zahlreiche Zugeständnisse des chinesischen Kaisers setzten dem sich über zwei Jahre hinziehenden ersten Opiumkrieg ein Ende. Das Ergebnis ist der Vertrag von Nanjing, der als erster der sogenannten »ungleichen Verträge« in die Geschichte Chinas einging. China verpflichtete sich, Hongkong abzutreten, fünf Vertragshäfen zu öffnen und Exterritorialitätsbestimmungen für Ausländer zu akzeptieren – damit wurden straffällige Ausländer der chinesischen Gerichtsbarkeit entzogen. Diese Konzessionen, mit denen hohe Reparationszahlungen verbunden waren – schließlich wollte England für die zerstörten Schiffsladungen entschädigt werden –, stellten freilich nur den Anfang weiterer Übergriffe der expansiven Seemächte England, Amerika und Frankreich dar, die sich durch ähnliche Vertragsabschlüsse Sonderrechte in China sicherten.

2. Opiumkrieg

Nach dem zweiten Opiumkrieg, 1858, mußte China die Akkreditierung ausländischer Gesandter in Beijing zulassen und die ungehinderte Betätigung der katholischen und protestantischen Missionare gewähren. Und die Missionare gingen eilends daran, Spitäler für Opiumkranke einzurichten – welch ein Zynismus!

3. Opiumkrieg

Wenig später, im Jahre 1860, marschierten die alliierten Truppen auf Beijing und lieferten mit der Plünderung und völligen Zerstörung des kaiserlichen Sommerpalastes, einer der kostbarsten Palastanlagen Chinas, ein weiteres unrühmliches Beispiel abendländischer Kolonialpolitik. Der Vandalenakt wird in China heute noch in eindrücklichen Dokumentarfilmen vorgeführt.

Legalisierung des Opiumhandels

Dem Opiumhandel war durch diese Auseinandersetzungen freilich kein Abbruch getan, im Gegenteil: Er wurde legalisiert. Erst im Jahre 1917 stellte man den Opiumverkauf aus den britischen Mohnplantagen Bengalens ein!

Rückerstattung der Kirchenpfründe

Als nicht unwesentliche Folgeerscheinung der »ungleichen Verträge«, wie sie die chinesische Historiographie bezeichnet, mußte sich China außerdem dazu verpflichten, als Wiedergutmachung alle Pfründe und Besitzungen, welche die einst am Qing-Kaiserhof tolerierten Missionare erhalten hatten, wieder an die Mission zurückzuerstatten. So kam es, daß in den frühen sechziger Jahren des vergangenen Jahrhunderts jene Kirchen wieder aufgebaut wurden, die nach der Ausweisung der Missionare zerstört und dem Verfall preisgegeben waren.

Shishi-Kathedrale, in Guangzhou/ Guangdong

Die größte dieser Kathedralen entstand in Guangzhou. 1863 begannen dort in der heutigen Yige-Straße die Bauarbeiten; 1888, nach genau 25jähriger Bauzeit, war die Kirche auf einer Fläche von 2700 m^2 im neugotischen Stil fertiggestellt. Der Boden, auf dem die Kirche steht, gehörte einst dem Gouverneur der beiden Guang-Provinzen; seine Hofanlage wurde jedoch während der Opiumkriege zerstört; das Grundstück war im Jahr 1863 für den Bau der Kathedrale vorgesehen, der ursprünglich auch ein Spital, ein Waisenhaus und ein Seminarhaus auf einer Fläche von insgesamt vier Hektar angeschlossen waren. Die Kirche »Zum Herzen Jesu« wird auch »Haus aus Stein«, Shishi, genannt, da sie vornehmlich

Abb. 123 In einer chinesischen Jesuitenmission: Waisenmädchen beim Spinnen von Rohseide

Abb. 124 Chinesische Mission: Mons. Lécroart S.J. vor der Kirche in Jizhou

aus grauem Granit errichtet ist. Ihre beiden Türme sind 58,5 m hoch. Die Kathedrale gehört heute zu den wenigen Gotteshäusern im Fernen Osten, die vom Vatikan anerkannt sind.

Innere Unruhen und wachsender Unmut der Bevölkerung

Das chinesische Reich hatte Mitte des 19. Jahrhunderts nicht nur mit der Bedrohung durch die imperialistischen Mächte, sondern auch mit inneren Schwierigkeiten zu kämpfen: Die chinesische Bevölkerung, die lange Zeit etwa

100 Millionen zählte, stieg gegen Ende des 18. Jahrhunderts sprunghaft an; um 1830 lebten bereits rund 400 Millionen Menschen im Reich der Mitte. Das mandschurische Herrscherhaus war völlig unfähig, der Bevölkerungsexplosion mit adäquaten Maßnahmen zu begegnen. Das Überangebot an Arbeitskräften machte eine Verbesserung der Arbeitsproduktivität erst gar nicht erforderlich; die Leistung pro Kopf blieb dadurch unverändert. Die Korruption der lokalen, steuererhebenden Beamten war allgegenwärtig. Naturkatastrophen wie Überschwemmungen, Dürre, Hungersnöte und Pest verschlimmerten noch zusätzlich das Elend der Bevölkerung; das Leben reduzierte sich auf einen erbitterten Kampf ums Überleben. Es ist wohl möglich, daß die verarmte und demoralisierte Bevölkerung in diesem Drangsal besonders empfänglich für das Opiumangebot war; es ist aber auch begreiflich, daß der Unmut über die Mißstände zunahm und sich immer häufiger in Eruptionen entlud.

Taiping-Aufstand

Unter den zahlreichen Rebellionen, die in die Zeit der Opiumkriege fielen, ist der Taiping-Aufstand, 1850–1864, der größte und folgenreichste innerchinesische Aufstand. Wie bei vielen der klassischen Bauernaufstände zuvor, bildete auch beim Taiping-Aufstand eine religiöse Vereinigung mit ihren militanten Anhängern die treibende Kraft.

Hong Xiuquan, der von der Bibel inspirierte Rebellenführer

Anführer war ein in den Beamtenprüfungen oftmals gescheiterter Kandidat, Hong Xiuquan, der eine persönliche Variante des protestantischen Christentums predigte. Inspiriert durch die Bibel, die er über einen amerikanischen Missionar kennengelernt hatte, hielt er sich nach einer Vision für den jüngeren Bruder Christi, dem die Aufgabe zufiel, die Dynastie zu stürzen und das »Himmlische Reich« auf Erden zu errichten – daher auch der Name Taiping Tianguo, »Himmlisches Reich des Höchsten Friedens«. Seine Rebellion, die übrigens wie nahezu alle innerchinesischen Aufstände im Süden Chinas ihren Anfang nahm, war von aufwallendem Nationalgefühl und kämpferischem Streben nach Gleichheit getragen und erhielt von der Bevölkerung enormen Zulauf. In einem gewaltigen Siegeszug wurde Hong Xiuquan Rebellenkönig von halb China mit Nanjing als Hauptquartier. Die Westmächte standen der Bewegung zunächst keineswegs ablehnend gegenüber; sie vermeinten, die Saat des Christentums aufgehen zu sehen. Doch als die Taiping-Rebellen zunehmend Erfolge verbuchten, sah man die Dinge schnell anders, denn ein Programmpunkt der Aufständischen verlangte die Abschaffung der ausländischen Privilegien. Durch Korruption und Uneinigkeit der Führungsspitze, durch das Nachlassen der ursprünglichen moralischen Strenge und Disziplin bereitete sich die Taiping-Bewegung jedoch gleichsam selbst ein Ende. Der mandschurische Kaiser hatte inzwischen chinesische Befehlshaber mit der Rekrutierung einer Armee beauftragt, der es mit tatkräftiger Unterstützung der englischen und französischen Truppen – welch bittere Ironie zu diesem Zeitpunkt! – gelang, die Bewegung niederzuschlagen.

Jintian, bei Guiping/Guangxi, Ausgangsort des Taiping-Aufstands

Der Aufstand der Taiping-Rebellen nahm im kleinen Dorf Jintian, 24 km nördlich von Guiping in der Provinz Guangxi, im Jahre 1851 seinen Anfang. Schon 1847 hatte dort Hong Xiuquan seine Bewegung gegen den Feudalismus und zur Errichtung eines himmlischen Reiches auf Erden gegründet.

Heute noch ist in Jintian der Lagerplatz und die Stätte zu besichtigen, wo die Taiping-Soldaten ihre Übungen abhielten. Unweit des Dorfes, etwa 4 km südlich, liegt der Tempel der Drei Welten, Sanjie Miao, die einstige Kommandozentrale der Taiping. Jetzt ist dort eine Ausstellung über die Anfänge der Taiping-Bewegung untergebracht.

Tianwang Fu, die Residenz des Himmlischen Königs, in Nanjing

Im Stadtzentrum von Nanjing, heute Changjiang-Straße 292, errichtete Hong Xiuquan in den ehemaligen Verwaltungsgebäuden der beiden Jiang-Provinzen seine Residenz des Himmlischen Königs, Tianwang Fu. Sie wurde bei der Niederschlagung der Taiping-Rebellion im Jahre 1864 größtenteils zerstört, später wieder ihrem ursprünglichen Zweck als Verwaltungsgebäude zugeführt. Einige Hallen und der westliche Garten mit einem steinernen Schiff, ähnlich dem im kaiserlichen Sommerpalast in Beijing, sind jedoch erhalten geblieben.

Museum zur Geschichte des Taiping-Aufstandes, in Nanjing (einzigartig!)

Das Museum zur Geschichte des Taiping-Aufstandes ist in der ehemaligen Residenz eines Unterkönigs des Taiping-Reiches untergebracht; es ist das einzige seiner Art in ganz China. Erst im Jahre 1952 entdeckte man eine weitere Residenz eines Unterkönigs in der Tangzi-Straße 74. Dort befinden sich historisch besonders wertvolle Wandgemälde, die in den verteidigungs- und wirtschaftsplanerischen Aufbau des Taiping-Reiches Einblick geben. An den Säulensockeln des Hauses Qinxiligang stieß man im Jahr 1975 auf weitere einzigartige Halbreliefs, die in insgesamt 98 Szenen einen Eindruck aus dem militärischen Leben der Taiping vermitteln. Von der Taiping-Bewegung, die China so viele Jahre in Atem gehalten hatte, ist indessen nicht viel übrig geblieben, denn die kaiserlichen Truppen bemühten sich, möglichst alle Schriften dieser »langhaarigen Rebellen« – sie opponierten auch gegen die mandschurische Haartracht mit dem Zopf – für alle Zeiten zu vertilgen.

Folgen des Taiping-Aufstands

Die Folgen dieses Bürgerkrieges sind weitreichend: Über 20 Millionen Opfer waren in diesem Bürgerkrieg zu beklagen – doppelt so viele wie im Ersten Weltkrieg! –; weite Teile Südchinas lagen nach dieser Rebellion, die zu den größten Aufständen der Weltgeschichte zählt, in Schutt und Asche. Und doch war der Taiping-Aufstand nur einer von vielen: Die Bevölkerung, ungefähr 410 Millionen Menschen, war nach den verschiedenen Aufständen auf etwa 350 Millionen im Jahr 1873 gesunken. *»So viele Menschen kamen ums Leben, daß die Kämpfe schließlich aus Mangel an Kämpfern aufhörten«*, schreibt der große amerikanische Sinologe John K. Fairbank in seiner ›Geschichte des Modernen China‹. Die Ideologie, auf die sich die Taiping beriefen, stellt eine einmalige Verschmelzung östlichen und westlichen Ideenguts in Verbindung mit militärischem Geist dar. Hundert Jahre später war ein ähnliches Amalgam zu beobachten, als China den Marxismus-Leninismus übernahm und sinisierte.

»Innere Unruhen und Aggression von außen« – so lautet die klassische Formel für die letzten Jahrzehnte des chinesischen Kaiserreichs. Der jahrhundertelang sorgsam bewahrte chinesische Isolationismus war mit imperialistischer Gewalt zerbrochen.

Abb. 125 Kaiserinwitwe Cixi

Kaiserinwitwe Cixi

Während der letzten vier Jahrzehnte der dynastischen Herrschaft in China stieg eine Frau zur führenden Persönlichkeit am mandschurischen Kaiserhof empor: Die Kaiserinwitwe Cixi übte einen beträchtlichen, schließlich uneingeschränkten Einfluß auf die Regierungsgeschäfte und das politische Tagesgeschehen während der Herrschaftsperioden ihres Gemahls, ihres Sohnes und ihres Neffen aus und bestimmte dreimal als Regentin aktiv und offiziell die Politik des Landes. Sie hat vermutlich ein Gutteil zum beschleunigten Untergang des Qing-Reiches beigetragen, doch ist ihr wesentlicher Anteil am dynastischen Mandat in einer Zeit des Verfalls nicht zu übersehen. Ihre Erfahrungen und politischen Ressourcen übertrafen bei weitem die Fähigkeiten der jungen mandschurischen Adeligen. Sie vermochte die stets von Umstürzen bedrohte Situation und die immer lauter werdenden Reformrufe unter Kontrolle zu halten. Nach ihrem Tod war der Niedergang der Dynastie jedoch unausweichlich, nur eine Frage der Zeit. Ihr Tod und das kurz zuvor erfolgte Ableben des Kaisers Guangxu markieren eine signifikante Wende im politischen Status der Mandschuren, einen entscheidenden Wechsel in der chinesischen Geschichte.

Legende vom Niedergang der Mandschu-Dynastie

Als der Begründer des mandschurischen Herrscherhauses, der tungusische Stammesfürst Nurhaci, im Jahre 1618 seinen letzten verbliebenen großen Feind besiegte, nämlich den Stamm der Yehe Nara, soll der unterlegene Stammesanführer nach einer mandschurischen Legende sterbend seinen Bezwinger mit einem Fluch belegt haben: Der Stamm seiner Nachkommen werde einst durch eine Frau aus dem Stamm der Yehe Nara zu Fall gebracht werden. Nurhaci soll daraufhin für die künftigen Generationen seines Herrscherhauses angeordnet haben, keine Frau aus dem Stamm der Yehe Nara als kaiserliche Konkubine an den Hof zu nehmen. Doch der 7. Qing-Herrscher, Kaiser Xianfeng, verstieß gegen dieses legendäre Gebot. An Cixi sollte sich die Prophezeiung von einst bewahrheiten, denn die Kaiserinwitwe war aus dem Stamm der Yehe Nara gebürtig.

Tianjin-Massaker

China war nach den Opiumkriegen in der Auseinandersetzung mit dem Westen nur eine kurze Pause vergönnt. 1870 schon kam es zum Massaker von Tianjin, als sich der aufgestaute Fremdenhaß der Bevölkerung gegen die französische Missionsstation entlud.

Shengmu Desheng-Kirche, »Maria zum Siege«, auch Wanghai Lou Jiaotang, in Tianjin

Traurige Berühmtheit erlangte dabei das größte Gotteshaus von Tianjin, die Kirche »Maria zum Siege«, an den Ufern des Hai-Flusses gelegen. 1869 von den Franzosen erbaut, war sie im darauffolgenden Jahr Schauplatz des berüchtigten Massakers. Am 21. Juni 1870 steckte die aufgebrachte Menge die Kirche in Brand; die französischen Missionare und der französische Konsul wurden erschlagen. Die Schuldfrage war kaum zu klären, doch mußte der qing-zeitliche Kaiserhof hohe Reparationen entrichten und mehrere Chinesen als »Schuldige« hinrichten. Die Kirche wurde im Jahre 1897 – vom Kaiserhof finanziert – wieder aufgebaut, brannte jedoch 1900 während des Boxeraufstandes ein zweites Mal auf die Grundmauern nieder. Das heutige Gebäude stammt – in seiner ursprünglichen Form errichtet – aus dem Jahre 1904. Die ausländerfeindliche Haltung der chinesischen Bevölkerung hatte vielerlei Gründe: Die schon seit einigen Jahrzehnten andauernde Provokation der imperialistischen Mächte entwickelte sich zunehmend zu einer bedrohlichen Einflußnahme. Nach dem Muster Afrikas ging man daran, China wie eine überreife Frucht untereinander aufzuteilen. Nach Großbritannien machte eine ganze Reihe weiterer Nationen ihre Ansprüche auf China und die angrenzenden tributpflichtigen Vasallenstaaten geltend.

Kolonialstil in China

Spuren der Kolonialzeit sind allerorts an den Stätten der einstigen ausländischen Konzessionen heute noch zu sehen: *Hankou*, der größte Stadtteil der heutigen Stadt Wuhan, Hauptstadt der Provinz Hubei, war einst ein kleines Dorf am Zusammenfluß des Han Shui mit dem Chang Jiang. Der Vertrag von Tianjin hatte jedoch diesen Fischerort mit etlichen anderen zu einem Vertragshafen erklärt. Alsbald siedelten hier Briten, Franzosen, Russen, Deutsche und Japaner, die im Verlauf der Opiumkriege Konzessionen für sich erzwangen. Das Stadtbild von Hankou ist heute noch von den Kolonialbauten der ausländischen Konzessionen geprägt und mutet fast europäisch an.

Abb. 126 Das europäische Viertel und der Hafen von Shanghai, um 1896

Shanghai und der Bund

Nicht anders verhielt es sich in Shanghai, wo sich im November 1843 der erste Vertreter der britischen Krone mit einer beträchtlichen Zahl von Mitarbeitern, deren Familienangehörigen und zwei Missionaren niederließ. Mit der Zeit folgten auch hier Amerikaner, Franzosen, Deutsche und Japaner. Am Ufer des Huangpu-Flusses, der sich in einem trägen S durch Shanghai windet – zur Mitte des vergangenen Jahrhunderts noch ein verschlammter Treidelpfad –, erheben sich heute jene Gebäude, die zum Symbol des alten Shanghai, zum Herrschaftszeichen einer fremden Minderheit über eine chinesische Stadt wurden. Der »Bund«, übrigens ein anglo-indischer Ausdruck für »Kaimauer«, ist heute noch ein Prunkstück des Kolonialstils: das Friedenshotel (Peace Hotel) im Stil der amerikanischen Chicago-Schule, das Seezollamt mit seinem an »Big Ben« erinnernden Glockenturm, der klassizistische protzige Bau der einstigen Hongkong and Shanghai Banking Corporation, heute Sitz der Shanghaier Stadtverwaltung, und das Dongfeng-Hotel mit dem Seemannsklub und der einst angeblich längsten Bar der Welt. Südwestlich dieser Uferpromenade, die eigentlich Östliche Zhongshan-Straße, Dong Zhongshan Lu, heißt, schmiegte sich das Labyrinth der alten Chinesenstadt. *»Aus Schlamm und Sumpf haben die Fremden die Stadt hervorgeholt, mit Opium und Schmuggel ist ihr Reichtum verdient worden, aus*

Abb. 127 Teegarten in Shanghai: »Der Hauptvergnügungsort der einheimischen Bevölkerung Schanghais ist aber der Theegarten... Die ganze Anlage ist höchst charakteristisch für das Barocke und Bizarre des chinesischen Geschmackes...«, Stich, um 1860

dem Schweiß und Blut der chinesischen Kulis sind die fremden Vermögen gepreßt. Jetzt hat sie die wilden Jahre der ersten Jugend hinter sich und beginnt sich zu besinnen, zu verfeinern und sich ihrer Vergangenheit ein wenig zu schämen. Dreieinhalb Millionen Menschen schlafen unter ihren Dächern, in Wolkenkratzern, in ordentlichen Betten, in Gartenhäusern, in Luxushotels und auf zerfetzten Matten, in Booten und in schmutzigen, schleimigen Winkeln. Sie schlafen, träumen und erwachen, Missionare und Millionäre, Eroberer und Besiegte, Erpresser und Erpreßte. Die Sirenen rufen zur Arbeit; Frauen, Kinder und Kulis wandern käfergleich in die Mühlen, die Seidenspinnereien, die Baumwollwebereien. Morgenflugzeuge steigen auf und verschwinden am Himmel. Soldaten exerzieren, Lastträger schleppen Waren zum Hafen, Automobile werden gewaschen, Spieler taumeln aus den Klubs, mit Gewinn und Verlust. Indische, französische, russische, annamitische, chinesische Polizisten sorgen für Ordnung. Diebesbanden und Einbrecher teilen die Beute der Nacht. Banken ziehen ihre Rolläden hoch, Nachtlokale schließen. Matrosen strömen zu ihren Schiffen zurück, und tausend braune Dschunkensegel werden aufgespannt. Handwerker aller Farben und Gewerbe hocken sich zu ihrer Arbeit. Tee wird aus ungezählten, blauweißen Tassen geschlürft, und die zu arm sind für Tee, die trinken heißes Wasser. Die Fabrikate der ganzen Welt werden im Hafen abgeladen; chinesische Vermittler besorgen die Geschäfte der Fremden, und fremdes Geld bleibt an ihren Händen kleben. Am Eingangstor der wimmelnden Welt, die China heißt, drängen sich die Konkurrenten mit ihren Waren. Zwischen Schmugglern und Zollwächtern geht ein unterirdisches Kämpfen und Bestechen.

Abb. 128 Defilee der Truppen in Shanghai – nach einer Postkarte (um 1910)

Abb. 129 Antiquitätenhändler – nach einer Postkarte (um 1900)

Studenten strömen zu den Universitäten, um sich den Bauch mit fremdem Wissen zu füllen, zum Segen des Landes und der Nation oder zum eigenen Vorteil und dem der Sippe und der Familie. Murmelnde Priester zünden Kerzen und Weihrauch an, und Menschen aller Religionen beten vor Altären jedes Glaubens, Buddhisten, Taoisten und Lamas; Katholiken, Protestanten, Mormonen; Christen sämtlicher Schattierungen und Sekten raufen sich um die Seelen der Chinesen; Verkäufer aller Nationen raufen sich um ihr Geld.« So beschreibt Vicky Baum den Morgen in der »Stadt am Meer« (zit. aus Hotel Shanghai, 1939).

Abb. 130 Qingdao, Provinz Shandong

Qingdao/Shandong – eine deutsche Kleinstadt

Ganz anders schlugen sich die Spuren der Kolonialzeit in Qingdao nieder, im Osten der Provinz Shandong an der Küste des Gelben Meeres gelegen. Im Jahre 1898 wurden Qingdao und die Bucht von Jiaozhou für 99 Jahre dem kaiserlichen Deutschland als Pachtgebiet zugestanden. Anlaß war wiederum die Ermordung diesmal zweier deutscher Missionare, an denen sich der aufgestaute Fremdenhaß der Bevölkerung entlud. Deutschland besetzte daraufhin das kleine Fischerdorf mit einem Marinekommando und ließ sich wenig später die Konzession über dieses Gebiet vertraglich zusichern. Das einstige Fischerdorf wurde zur deutschen Kleinstadt: zweistöckige Villen mit roten Ziegeldächern und kleinen Vorgärten, Fachwerkbauten und Giebelhäuser mit vorspringenden Erkern machen Qingdao, die »grüne Insel«, zu einer ganz besonders reizvollen Stadt. Der Amtssitz des damaligen deutschen Gouverneurs ist heute Sitz des Bürgermeisters; wo früher die Marinesoldaten stationiert waren, sind heute die chinesischen Seestreitkräfte untergebracht; das Bahnhofsgebäude gleicht einer mächtigen Ritterburg aus dem Bilderbuch; die Silhouette einer evangelischen und einer katholischen Kirche kennzeichnen – wenn man vom Meer kommt – das Zentrum der Stadt. Diese ist freilich nicht nur wegen ihres milden Klimas und der reizvollen Landschaft berühmt: Seit der Jahrhundertwende gibt es dort auch eine von Deutschen gegründete Bierbrauerei. Heute exportiert Qingdao das bekannte, von Kennern als bestes chinesisches Bier gerühmte gleichnamige Getränk.

Halbkoloniales China

Außer den in Pachtverträgen festgelegten Gebietsabtretungen mußte China den fremden Mächten zusätzlich Konzessionen im Berg- und Eisenbahnbau, Zollwesen etc. einräumen, wodurch sich deren Einfluß bald auf das Binnenland des halbkolonialen Landes erstreckte. Daß China nicht gänzlich auf den kolonialen Status herabsank, war wohl nur der Uneinigkeit der imperialen Mächte untereinander zu verdanken.

Geheimgesellschaft der »Boxer«

Hatten die großen chinesischen Volksaufstände in der langjährigen Geschichte zumeist in Südchina ihren Anfang genommen, so formierte sich gegen Ende der neunziger Jahre des vergangenen Jahrhunderts die Verzweiflung der Bauern in einer Geheimgesellschaft in Shandong. Denn die von den ausländischen Mächten gesteuerte Industrialisierung Nordchinas, die mit einer akuten Bedrohung der bäuerlichen Gewerbewirtschaft, vornehmlich der Heimweberei, Hand in Hand ging, und erneute große Naturkatastrophen wie Deichbrüche und anhaltende Dürreperioden hatten das Elend der Bevölkerung ins Unerträgliche gesteigert. Es goß nur Öl in das Feuer der Aufständischen, daß die Missionare nicht selten konvertierte Chinesen der einheimischen Gerichtsbarkeit entzogen. Die Geheimgesellschaft »Faust für Recht und Einigkeit«, Yihequan, die im Westen als die »Boxer« in die Geschichte einging, erlangte im Jahr 1900 traurige Berühmtheit. Vornehmlich Bauern, Arbeiter und entlassene Soldaten hatten sich in diesen durch religiöse Bande zusammengehaltenen Geheimgesellschaften organisiert. Freilich richtete sich diese Bewegung nicht nur gegen die imperialistischen Mächte, sondern auch gegen das mittlerweile handlungsunfähige mandschurische Kaiserhaus. Doch dieses war klug genug, die Boxer zunächst zu unterstützen und in die kaiserliche Armee aufzunehmen, um gemeinsam gegen die verhaßten Fremden vorzugehen.

Boxeraufstand des Jahres 1900

Im heißen Sommer des Jahres 1900 eröffneten die Boxer mit Unterstützung der kaiserlichen Truppen den Kampf. Sie brannten Missionsstationen nieder und drangen nach Tianjin und Beijing vor, wo der Boxeraufstand in der 55tägigen Belagerung des Gesandtschaftsviertels und der katholischen Missionsstation Bei Tang seinem Höhepunkt zustrebte.

Lüzu Tang, das Kloster des Lü Dongbin, Versammlungsort der Boxer, in Tianjin

In Tianjin ist das aus dem Jahr 1719 stammende Kloster Lüzu Tang, nachfolgend ein Versammlungsort der Boxerbewegung, vollständig erhalten geblieben. Von hier aus führten und leiteten die Boxer den Kampf gegen die Truppen der alliierten Streitmächte. Den Klosterhof selbst benützten sie als Exerzierplatz.

Belagerung des Gesandtschaftsviertels von Beijing

Die in Beijing akkreditierten Diplomaten aus elf Nationen sahen sich mit rund 450 Soldaten alsbald einer von aufgestautem Fremdenhaß erfüllten Menge von über 40000 Boxern gegenüber. Die chinesische Regierung stellte den ausländi-

Abb. 131 Straße in Beijing – nach einer Postkarte (um 1900)

schen Gesandten ein Ultimatum, binnen 24 Stunden die Stadt zu verlassen. Doch nachdem der als Unterhändler ausgeschickte deutsche Gesandte Baron von Ketteler auf offener Straße ermordet worden war, kam es zur totalen Konfrontation. Die Diplomaten weigerten sich, die Stadt zu verlassen.

Kriegserklärung Chinas und das Ende des Boxeraufstandes

Die chinesische Regierung erklärte am 21. Juni 1900 den ausländischen Mächten offiziell den Krieg. Während die Diplomaten in dem belagerten Gesandtschaftsviertel ausharrten, brach eine alliierte Armee von über 20000 Mann – die Hälfte davon Japaner! – unter dem Oberbefehl des deutschen Grafen Waldersee zum Entsatz Beijings auf. Angesichts des anmarschierenden Heeres begab sich der Kaiserhof ins Landesinnere nach Xi'an. Am 16. August 1900 eroberten die Ausländer Beijing und stellten in alterprobter Siegermanier erneut ihre Fertigkeit im Plündern und Zerstören unter Beweis. Graf Waldersee notierte in seinem Tagebuch: »*Durch die der Eroberung Pekings folgende dreitägige zugelassene Plünderung, der viele private Plünderungen nachgefolgt sind, muß der Einwohnerschaft ein gewaltiger Schaden zugefügt worden sein. Jede Nationalität weist einer anderen die Palme in der Kunst des Plünderns zu; es bleibt aber die Tatsache bestehen, daß sie sämtlich gründlich geplündert haben. Wenn man bei uns zu Hause so harmlos ist zu glauben, es würde hier für christliche Kultur und Sitte Propaganda gemacht, so gibt es einmal eine arge Enttäuschung*« (zit. nach Merian, S. 121).

Chinas Ruin

Das Internationale Boxerprotokoll von 1901 brachte China endgültig an den Rand des totalen Ruins: Neben der Todesstrafe für eine Reihe von hohen Beamten, die für das Desaster verantwortlich gemacht werden mußten, forderte das ausländische Diktat ein Waffenimportverbot und eine Entschädigung in Höhe von 333 Millionen Dollar mit einer Verzinsung, die den Betrag in kürzester Zeit verdoppelte. Die Schmach gipfelte in einer Sühnedelegation eines chinesischen Prinzen nach Deutschland. Das chinesische Reich war in seinen Fundamenten erschüttert. Auch wenn man heute darum bemüht ist, die Bewertung des Imperialismus zu korrigieren, von der »einseitigen« Betrachtung als ökonomische Ausbeutung abzurücken und auf die Modernisierung, technische Entwicklung, Aufbau einer Infrastruktur und – Ausbund einer anmaßenden Ironie – die Erweckung des Nationalgefühls als seine Folgen hinzuweisen, so darf ein wichtiger Faktor dabei nicht übersehen werden: Der Imperialismus wird in China stets als politische Unterwerfung und als Erniedrigung empfunden.

Reformversuche nach dem Boxeraufstand

Die Kaiserinwitwe Cixi kehrte im Jahre 1902 nach der demütigenden Niederschlagung des Boxeraufstands wieder nach Beijing zurück und initiierte selbst eine Periode gemäßigter Reform. Diese westlich ausgerichteten Erneuerungsversuche in Schul-, Staats-, Rechts- und Finanzwesen sollten die Grundfesten der Dynastie nach den Unruhen der letzten 40 Jahre konsolidieren. Die Ausarbeitung einer Konstitution war vorgesehen. Doch mittlerweile war die Gesundheit der Kaiserinwitwe schon sehr angegriffen; sie starb, knapp 24 Stunden nach dem Kaiser, am 15. November 1908.

Abb. 132 Blick über die Verbotene Stadt (Aufnahme von ca. 1900 [?])

Abschiedsedikt der Kaiserinwitwe Cixi – ein Rückblick auf die letzten entscheidenden Jahrzehnte

In ihrem Abschiedsedikt blickte Cixi noch einmal auf ihr Leben und die Geschicke ihres Landes während der letzten vier Jahrzehnte zurück. Das interessante Dokument schildert in prägnanten und keineswegs beschönigenden Worten den endgültigen Niedergang des chinesischen Kaiserreiches: *»Wir, von bescheidener Tugend, durften durch Ernennung des Kaisers Xianfeng einen Platz unter seinen Gemahlinnen einnehmen.«* Als Konkubine niederen Ranges kam Cixi im Alter von 17 Jahren an den mandschurischen Kaiserhof. Die Geburt ihres Sohnes, des nachmaligen Kaisers Tongzhi, zeichnete sie vor den anderen Konkubinen aus. Wohl stand die rechtmäßige Gemahlin des Kaisers, die Kaiserin Cian, im Range formell immer noch höher als die Mutter des jungen Thronfolgers, doch vermochte Cixi ihre Stellung am Kaiserhof weiter zu festigen. Während das Land von schweren innerchinesischen Unruhen erschüttert wurde und in den Opiumkriegen nahezu wehrlos der Aggressionspolitik der imperialistischen Mächte ausgeliefert war, starb Kaiser Xianfeng in seiner Sommerresidenz in Chengde.

»Als Kaiser Tongzhi in jungen Jahren das Thronerbe antrat, herrschten Revolten und Unruhen, die es zu unterdrücken galt. Zu jener Zeit revoltierten die Taipings und die Nian-Rebellen, aufständische Moslems und Stammesangehörige der Miao stifteten Unruhe. Die Küstenprovinzen waren in großer Not und das Volk in ernsten Schwierigkeiten, überall begegnete Uns Unheil.« Wohl war der Taiping-Aufstand im Süden des Landes der größte chinesische Bürgerkrieg des vergangenen Jahrhunderts, doch machten zudem die Umtriebe der Nian-Rebellen in den Provinzen Henan, Anhui und Shandong, die Rebellionen der Miao-Nationalität in Guizhou sowie die Aufstandsbewegungen der Mohammedaner in Yunnan, Shaanxi, Gansu und Turkestan dem Kaiserhaus schwer zu schaffen. Dezent beschränkt sich die Kaiserinwitwe auf die Beschreibung der innenpolitischen Lage. Sie vermeidet jegliche Anspielung auf die nicht minder ernsten Schwierigkeiten, die dem isolierten Reich von außen drohten. Mit dem Tod ihres kaiserlichen Gemahls übernahm Cixi – gemeinsam mit Cian – im Jahr 1861 für den noch unmündigen jungen Kaiser die Regentschaft.

»Gemeinsam mit der Kaiserinwitwe Cian mühten Wir Uns – Tag und Nacht ängstlich besorgt – um die Regierungsgeschäfte. Respektvoll suchten Wir dem Geheiß des Kaisers Xianfeng nachzukommen, Wir ermahnten die Beamten der Hauptstadt und aller Provinzen sowie die militärischen Befehlshaber, Wir gaben Richtlinien aus und bemühten Uns, die Ordnung wiederherzustellen; Wir stellten verläßliche Beamte ein und waren stets offen für weisen Rat. Wir halfen in Katastrophenfällen und milderten die Not Unseres Volkes. Durch den Segen des Himmels konnten Wir all die Schwierigkeiten meistern, die Gefahren bannen und den Frieden herstellen.«

Mit der Volljährigkeit des Kaisers Tongzhi im Jahr 1873 endete nominell die Regentschaft Cixis, doch es sollte nicht lange dauern, bis sie erneut die Führung übernahm. *»Als Kaiser Tongzhi starb und der heute verblichene Kaiser auf den Thron kam, war die Lage noch schlimmer und die Not des Volkes noch größer. Unruhen im Inneren und Angriffe von außen erschütterten wiederholte Male*

Unser Land. Abermals konnten Wir nicht um Unsere Pflicht umhin, die politische Vormundschaft zu übernehmen.« Zum zweiten Mal riß Cixi das Staatsruder an sich; als Thronfolger des verstorbenen Kaisers bestimmte sie seinen Cousin und verletzte so das dynastische Erbfolgegesetz, demzufolge im Falle der Kinderlosigkeit des verstorbenen Kaisers die Adoption eines Thronfolgers aus der nächsten Generation zu erfolgen hatte; denn nur so blieben die Verwandtschaftsverhältnisse und Ahnenverehrungspflichten der kaiserlichen Familie gewahrt. Nach dem Tod der Kaiserinwitwe Cian führte Cixi die Regentschaft – mit einer Unterbrechung von nur wenigen Jahren – bis zu ihrem Tod weiter. Wieder erwähnt sie mit keinem Wort den Boxeraufstand mit dem für das Kaiserhaus höchst unrühmlichen Ausgang; vielmehr verweist sie auf die jüngst eingeleiteten Reformvorschläge, in deren Rahmen auch die Ausarbeitung einer Verfassung vorgesehen war: *»Vor zwei Jahren haben Wir die Vorbereitung einer Verfassung angekündigt, in einem Erlaß vom heurigen Jahr den Zeitpunkt ihres Inkrafttretens bestimmt.«*

Die asiatische Welt stand noch immer unter dem Eindruck des japanischen Sieges über Rußland (1904/05), der als Triumph des Konstitutionalismus über den Despotismus angesehen wurde. Also schien gerade die angekündigte Verfassung für die chinesische Monarchie wichtig und würdig genug, um dem politischen Wirken der Kaiserinwitwe die Krone aufzusetzen. *»Unzählige Staatsgeschäfte haben Wir wahrgenommen und Unser Bestes getan. Glücklicherweise erfreuten Wir Uns des Wohlbefindens und regen Geistes und konnten so ohne Unterlaß Unseren Pflichten nachkommen. Jedoch im Sommer und Herbst dieses Jahres fühlten Wir Uns zeitweilig nicht wohl; die Regierungsgeschäfte waren dringlich und problematisch, so konnten Wir nicht der Ruhe pflegen. Schlaf- und Appetitlosigkeit stellten sich ein; mit der Zeit war Unsere Energie erschöpft, doch selbst dann wagten Wir nicht, auch nur einen Tag zu ruhen. Der 21. Tag des Monats brachte Uns noch den Tod des Kaisers, da überwältigte Uns der Schmerz. Davon können Wir Uns nicht mehr erholen; Unsere Krankheit wird zunehmend ernster und hoffnungsloser.«*

Tatsächlich erfährt man aus der ärztlichen Chronik des Kaiserhauses von einer Verschlechterung der labilen Magen- und Verdauungsfunktion der Kaiserinwitwe seit Juni 1908. Cixi litt an Diarrhoe. Anfang November feierte sie noch ihren 73. Geburtstag, der allgemein als auslösendes Moment für die zum Tode führende Verschlechterung ihres gesundheitlichen Zustandes galt; ein Lungenleiden stellte sich ein. Am 12. November vermerkten die Hofärzte in der Chronik, daß Cixi kaum noch Nahrung zu sich nahm. Am 14. November 1908 starb Kaiser Guangxu. Eine Reihe von Edikten bestimmte den neuen Thronfolger, der – als Wiedergutmachung des verletzten Thronfolgerechts – in seiner Nachfolge die Linie des Kaisers Tongzhi fortsetzen sollte.

»Blicken Wir auf die vergangenen fünfzig Jahre zurück, so stellen Wir fest, daß in unerbittlicher Aufeinanderfolge Unheil und Aggression über Uns und Unser Land hereingebrochen sind, Unser sorgendes Herz hatte weder Rast noch Ruh. Doch ist heute ein entscheidender Schritt in der Entwicklung neuer Refor-

men gemacht worden. Der neue Kaiser ist noch sehr jung; aufrechte Unterweisung soll seinen Horizont erweitern. Der Prinzregent und alle Beamten müssen nun zusammenarbeiten und die Grundfesten Unseres Reiches stärken. Ernsthaft soll sich der neue Kaiser den Staatsangelegenheiten widmen. Er möge deshalb seinen Schmerz unterdrücken und fleißig studieren, um den ruhmreichen Taten seiner Vorfahren neuen Glanz hinzuzufügen. Dies ist Unsere innigste Hoffnung. Trauer soll 27 Tage getragen werden. Dies ist im ganzen Land bekanntzumachen.« Mit der traditionellen Aufforderung zu einer 27tägigen Staatstrauer schließt das Abschiedsedikt der Kaiserinwitwe Cixi. Doch trotz dieser schlichten Anweisung kam die alles beherrschende Position der Kaiserinwitwe noch in ihrem Tode zum Tragen: Details in den Anordnungen und Zeremonien zeichnen in feiner Linie ihre postum fortwirkende Dominanz über den Kaiser, die auch vor den unantastbaren, festgelegten Bestimmungen eines in Jahrhunderten entwickelten Trauerrituals nicht haltmacht. Um ihre Verdienste für das Land zu würdigen, werden die laut Statuten für eine verstorbene Kaiserin beziehungsweise Kaiserinwitwe vorgesehenen Trauervorschriften abgeändert: Sie, die als Konkubine ihre Laufbahn am Kaiserhof begonnen hatte, nie rechtmäßige Kaiserin gewesen war, wurde in den veränderten Bestimmungen des Trauerzeremoniells mit dem Kaiser zumindest gleichgestellt, wenn sie diesen nicht gar durch das Unterbleiben der ansonst üblichen Überführung des Leichnams in eine Aufbahrungshalle außerhalb des Kaiserpalastes noch übertraf: Der Sarkophag der Kaiserinwitwe blieb bis zur Beisetzung im November des Jahres 1909 ein ganzes Jahr in der Thronhalle des Palastes der Ruhe und Langlebigkeit, Ningshou Gong, aufgebahrt.

Noch am selben Tag verkündete ein Edikt im Namen des neuen Kaisers den Tod der Kaiserinwitwe: »... *Wir hatten zutiefst gehofft, daß sie noch gesund und wohlauf ihr hundertjähriges Jubiläum begehen hätte können, so daß Wir noch ihre Erziehung genießen und freudig ihren Instruktionen lauschen hätten können, damit die Regierung gut und die Grundfesten des Reiches solide geworden wären ... Wie kann des Schmerzes und des Klagens ein Ende sein?«*

Die Nachricht vom Tod der beiden Majestäten löste einen Ansturm auf die chinesischen Banken aus; man befürchtete eine Entwertung der Banknoten, die mit dem Namen des verstorbenen Kaisers versehen waren. Erst nach einer Finanzstütze seitens der Regierung konnten die vorübergehend zur Schließung gezwungenen Bankhäuser ihre Auszahlungen fortsetzen. Ansonsten herrschte in der Hauptstadt vollständige Ruhe. Strenge Sicherheitsvorkehrungen wurden getroffen, rigorose Kontrollen an den Stadttoren anbefohlen und Truppen in der Stadt konzentriert. Die Sicherheitsorgane waren einer Urlaubssperre unterworfen; Kondolenzbesuche aus den Provinzen waren strengstens untersagt.

Trauervorschriften

Mittlerweile dekretierte man unter Berufung auf den Ritenkodex der Dynastie die Trauervorschriften für die kaiserliche Familie sowie die mandschurische und chinesische Bevölkerung. Die allgemeine Trauer wurde wie üblich auf hundert Tage anberaumt, alle Vergnügungsstätten blieben während dieser Zeit geschlossen. Es durften keine Feste veranstaltet und keine Ehen geschlossen werden; die Bevölkerung war angehalten, hundert Tage lang das Haupt nicht zu rasieren. Während der 27tägigen Staats- und Hoftrauer sollten die Regierungsgeschäfte ruhen, es sei denn, sie wären dringlich. Die Fahnen im Gesandtschaftsviertel waren während dieser Zeit alle auf Halbmast gesetzt.

Kondolenzbesuch der ausländischen Gesandten in der Verbotenen Stadt

Mit eintägiger Verspätung hatte man die ausländischen Gesandten vom Tod der beiden Majestäten benachrichtigt. Am 21. November, um 10 Uhr vormittags, wurden sie zum Kondolenzbesuch in der Verbotenen Stadt, vor dem Sarg der Kaiserinwitwe Cixi in der Huangji Dian und vor dem Sarg des Kaisers Guangxu im Qianqing Gong, vorgelassen. Über diesen streng nach Protokoll verlaufenden Besuch hinterließ der Gesandte Österreich-Ungarns folgenden Bericht: »... *Das chinesische Hofzeremoniell hat anscheinend für Lebende und Todte die gleichen Formen. Wie bei Lebzeiten Ihrer Majestäten wurden nunmehr den Särgen schon von weitem die genauestens vorgeschriebene Anzahl von Verbeugungen gemacht, und der Rückmarsch von der Empfangshalle über einen großen Teil des Hofes rücklings angetreten* ...« (Bericht vom 26. November 1908).

Abb. 133 Begängnis des Kaisers Guangxu, am 1. Mai 1909

1. Mai 1909: Erstmalige Teilnahme von Ausländern an kaiserlichen Beisetzungsfeierlichkeiten

Die ausländischen Gesandten waren auf eine Teilnahme bei den bevorstehenden Beisetzungsfeierlichkeiten erpicht, und wenngleich das chinesische Außenamt ob dieses Anliegens nicht besonders erfreut schien und diesem Wunsch zunächst auch nicht willfuhr, wurde den dazu bestellten, außerordentlichen Bevollmächtigten des diplomatischen Corps letztlich doch die Teilnahme gestattet. Tatsächlich bot das Begängnis des Kaisers Guangxu am 1. Mai 1909 die erste Gelegenheit für die ausländischen Gesandten, an einem kaiserlichen Leichenzug teilzunehmen. In seinem »Promemoria zum Leichenbegängnis des verstorbenen Kaisers von China« berichtet der Gesandte Österreich-Ungarns: *»Die irdischen Ueberreste des verstorbenen Kaisers ... waren seit Februar d.J. in dem Kuan Teh-tien* [Guande Dian], *dem kaiserlichen Leichentempel, noerdlich vom Kaiserpalast und oestlich vom sogenannten Kohlenhuegel aufgebahrt. Am 1. Mai wurde die kaiserliche Leiche in feierlicher Prozession von dort zu den westlichen Graebern ueberfuehrt, wo sie am 4. Mai beigesetzt wurde. Die a.o. Botschafter und ihre Suiten, die an der Prozession teilnahmen, hatten sich zu diesem Behufe um ½11 Uhr a.m. in einem Pavillon, welcher bei dem oestlichen Tore des Kohlenhuegels eigens errichtet worden war, versammelt. Dem Pavillon schraeg gegenueber war der sogenannte l o u k u, die durch die Aufstappelung riesiger Papiermassen symbolisierte Schatzkammer des verstorbenen Kaisers, errichtet worden, welche im Augenblick als der kaiserliche Katafalk das obige Tor passiert hatte in Brand gesetzt wurde. Hiedurch sollte angedeutet werden, dass die Schaetze, die dem verstorbenen Kaiser keinen Nutzen mehr bringen konnten, dem Beherrscher der Unterwelt ueberwiesen wurden. Inzwischen hatte sich der Leichenzug formiert. Dem Zuge voran ritten und giengen in groesster Unordnung Reiter der kaiserlichen Leibwachen, Kamele, Gefolge in scharlachroten und anderen buntfarbigen Gewaenden, welche die zur Begraebnisceremonie erforderlichen Gegenstaende trugen und zwar grosse verschiedenfarbige Faecher und Baldachine oder dreieckige drachenbestickte Fahnen. Die offiziellen Teilnehmer des Zuges gruppierten sich wie folgt: Zuerst kam der Stab des Wai-wu-pu* [chinesisches Außenamt] ... *Dann kamen das Personal der a.o. Botschaften und zwar in der umgekehrten Reihenfolge der Anciennetaet, zuerst diejenigen der Pekinger Gesandtschaften und hierauf in umgekehrter alphabetischer Ordnung (nach dem franzoesischen Alphabet) diejenigen der fremden Botschaften und schließlich das der hiesigen amerikanischen Gesandtschaft, welcher das Decanat fuer das Leichenfeierlichkeits-Ceremoniell uebertragen worden war. Es kamen also den Laendern nach, zuerst Holland, dann Portugal, Schweden, Italien, Deutschland, Belgien, Grossbritannien, Oesterreich-Ungarn, hierauf Russland, Mexico, Frankreich, Spanien, Brasilien und die Vereinigten Staaten. Hierauf folgten die drei Mitglieder des Staatsrates und die kaiserlichen Prinzen. Dann folgten die a.o. Botschafter begleitet von je einem Mitgliede der Botschaft in der obigen Reihenfolge mit dem Japanischen Prinzen Fushimi am Schlusse. Unmittelbar vor dem Sarge gieng der Prinzregent. Die kaiserlichen Prinzen und saemtliche hohen Wuerdentraeger des Reiches waren schmucklos in einfaerbigen dunklen Seidengewaendern mit weisser Strohtellerkappe bedeckt, ohne irgendwelche Abzeichen erschienen. Der Katalfalk wurde von 128 Traegern (32 auf allen 4 Seiten) getragen, welche auf dem ganzen Wege zu den westlichen Graebern 60 mal abgeloest wurden, so dass im Ganzen 7680 Traeger requiriert werden mussten. Diese Traeger waren in reichgestickten scharlachroten Seidengewaendern gekleidet und trugen als Kopfbedeckung schwarze Huete, mit einer gelben Feder als*

Zier. Unter der Leitung von Beamten, die mit hoelzernen Stoecken den Tact schlugen, marschierten sie ganz gleichmaessig. Die langen Hebebaeume an denen der Sarg hieng waren mit gelber, der kaiserlichen Farbe bemalt und durch gelbe Taue zusammengehalten. Die Bahre war ganz mit gelbem drachengestickten Seidenstoffe ueberzogen. Unmittelbar vor dem Sarge wurden zwei gelbseidengestickte kaiserliche Saenften sowie die silbernen und anderen Kraenze etc. die die a.o. Botschafter von Russland, Japan, Frankreich und der hiesige englische Gesandte ueberreicht hatten, getragen. Unmittelbar hinterher wurde das Lieblingspferd des Kaisers gefuehrt, welches in der Umgebung der westlichen Graeber bis zu seinem Ende das Gnadenbrot erhalten wird. Dann folgten Traeger, wiederum in bunten Gewaendern mit den kaiserlichen Paraphernalien und Insignien, so namentlich den Lanzen der kaiserlichen Leibwache, deren 12 in einem gelben Futteral derartig verpackt waren, dass sie mehr das Ansehen von Gewehren hatten. Waehrend der Zug in Bewegung war wurden bestaendig und beinahe an allen Punkten desselben Rollen von Papierscheiben, welche in der Mitte durchlocht waren und grosse Kaeschmuenzen symbolisieren sollten, in die Luft geschleudert. Das Schleudern von Papiergeld ist eine althergebrachte Sitte, welche bei allen groesseren Begraebnissen beobachtet wird und die Aufgabe aller irdischen Lebensgeister nach dem Tode symbolisiert, ebenso wie dies bei dem Verbrennen der obenerwaehnten Schatzburg der Fall ist. Das gesamte Moebelinventar welches dem verstorbenen Kaiser ad personam gehoerte, ist zum groessten Teil bereits vernichtet worden oder wird in diesen Tagen verbrannt. Der ehemalige Brauch, welcher angeblich noch vor 100 Jahren bestanden haben soll, dass mit dem kaiserlichen Sarge auch 100 und mehr seiner Lieblingsdienerinnen in die kaiserliche Gruft eingesperrt und dortselbst auf magere Kost bis zu ihrem Lebensende gehalten wurden und die Gruft nicht mehr verlassen durften, hat aufgehoert. Der Prinzregent und die kaiserlichen Prinzen sowie die Vertreter der Maechte begleiteten den Zug nur bis zum Pavillon, welcher innerhalb des Houmön [Hou Men] *errichtet worden war, waehrend der uebrige Zug den Weg weiter bis zum Pingtzemön* [– der Leichenzug verließ die Kaiserstadt durch das Xizhi Men, das westliche Stadttor –] *fortsetzte, um sich von hier gegen die kaiserlichen Mausoleen zu begeben. Im Grossen Ganzen machte der Leichenzug trotz der riesigen Unkosten den Eindruck von Unsauberkeit und zuegelloser Unordnung, wenn auch zugleich grosser Pomp Hand in Hand entfaltet wurde«* (Bericht vom 7. Mai 1909). Weniger intensiv war hingegen das Interesse der Diplomaten an einer abermaligen Präsenz bei den Beisetzungsfeierlichkeiten für die Kaiserinwitwe am 9. November (das Begängnis des Kaisers lag erst wenige Monate zurück, und der November ist in Beijing auch heute noch eine bekannt unwirtliche Jahreszeit); man verzichtete auf eine Teilnahme während der gesamten Feierlichkeiten und vereinbarte, den festlichen Leichenzug lediglich auf einem kurzen Stück Weges innerhalb der Stadt zu begleiten. Lakonisch lautete ein Bericht: *»Ebenso wie die Beerdigung des Kaisers, so hat auch die Trauerfeier für die Kaiserin Witwe Unsummen verschlungen. Der grösste Teil dieses Geldes dürfte indes kaum auf die im Zusammenhalte mit europäischen Veranstaltungen* *dieser Art relativ bescheidenen Aufwendungen verausgabt worden sein, sondern vermutlich den mit dem Arrangement beauftragten Mandarinen die Taschen gefüllt haben«* (Bericht vom 23. November 1909).

Ende der dynastischen Herrschaft in China

Doch die Jahre der dynastischen Herrschaft in China waren gezählt. In dem Jahrzehnt zwischen dem Boxeraufstand und dem Ende der Dynastie verstärkte sich die wirtschaftliche Abhängigkeit Chinas von Europa, Amerika und Japan, denn durch die Kapitalgewährung sicherten sich die fremden Mächte den Zugriff auf das Eisenbahn- und Bergbauwesen, und die von ihnen errichteten Industrieanlagen warfen dank der billigen Arbeitskräfte hohen Gewinn ab, der zum größten Teil wieder ins Ausland abwanderte. Die anti-mandschurische Stimmung im Land wuchs im ersten Jahrzehnt dieses Jahrhunderts weiter an und wurde zusätzlich von intellektuellen Kreisen, hauptsächlich von im Ausland ausgebildeten Studenten, geschürt. Die Revolution von 1911 unter ihrem geistigen Führer, Dr. Sun Yatsen, einem in Hawaii ausgebildeten Arzt, versetzte dem morschen Kaiserreich den Todesstoß. Der Umsturz, der ausschließlich von der bürgerlichen Klasse getragen wurde, hatte die Gründung der Republik China zum Ergebnis, der im Jahr 1949 mit der Machtübernahme der Kommunisten die Volksrepublik China folgte.

Das 20. Jahrhundert

Republik China (1911–1949)

Revolution von 1911

Mit der Revolution von 1911 war das am nächsten liegende Ziel erreicht: Die Zeit der dynastischen Herrschaft in China ging zu Ende. Nun galt es die Frage zu lösen, was an ihre Stelle treten sollte. Dabei mußte man freilich darauf achten, die nationale Einheit gegen die imperialistische Aggression zu bewahren. Doch für eine umfassende Neugestaltung des Reiches fehlte es an umsetzbaren Ideen. Erneut sah sich China vor der Alternative, die Tradition weiter zu wahren und in Unterlegenheit zu verharren, oder aber auf Kosten der eigenen Identität neue Stärke zu gewinnen. Und heute noch kämpft China um diese Entscheidung. Dem damaligen Entschluß, völlig mit der Tradition zu brechen und fremdes Gedankengut zu übernehmen, war indessen kein Erfolg bestimmt.

Abb. 134 Begängnis von Dr. Sun Yatsen

Sun Yatsen und Yuan Shikai

Dr. Sun Yatsen, der Vater des neuen China, trat nach Gründung der Republik als deren Präsident zugunsten von Yuan Shikai zurück, der als ehedem der Dynastie treu ergebener Generalissimus die Macht über die Regierungstruppen besaß – ein nicht zu unterschätzender Vorteil für die junge Republik. Doch Yuan Shikai trug

sich nicht mit dem demokratischen Gedanken und war zu keinen Neuerungen bereit; er strebte vielmehr die Errichtung einer neuen Dynastie mit ihm als Kaiser an. Sein plötzlicher Tod im Jahre 1916 vereitelte die Ausführung dieses Planes.

Erstarken der Kriegsherren

Die Führungslosigkeit des Reiches beschleunigte den Zerfall der politischen Ordnung. Die ersten Jahre der Republik waren von den Selbständigkeitsbestrebungen einzelner Generale, sogenannter Kriegsherren, geprägt, die als lokale Despoten und Militärdiktatoren weite Landstriche in ihrer Gewalt hielten. Die Soldateska dieser Kriegsherren überzog raubend und plündernd das Land und vertiefte das Elend der Bevölkerung.

Zunehmende ausländische Einflußnahme

Mit dem Verfall der Zentralgewalt nahm in verstärktem Maße die ausländische Kontrolle und Einflußnahme in China zu. Die Einmischung der Ausländer hatte sich mittlerweile auf Stadtverwaltungen und öffentliche Dienste ausgedehnt; sie waren beim Seezoll und im Postwesen tätig, kontrollierten das Salzmonopol, übernahmen Funktionen im Stadtrat und Polizeidienst. Ausländische Handelsfirmen hatten bis zum Jahre 1937 80 Prozent des chinesischen Exports und nahezu den gesamten Import unter ihrer Kontrolle. Bestes Beispiel dafür ist wohl Shanghai, die größte Hafenstadt, die bis in die zwanziger Jahre dieses Jahrhunderts der Verwaltung eines von den Engländern dominierten Stadtrats unterstand. Unter dem Einfluß der fremden Mächte entwickelte Shanghai alle guten und schlechten Seiten einer modernen Metropole. In der Konfrontation mit ausländischen Ideen und Technologien wuchs Shanghai zum wichtigsten Zentrum für Reformbestrebungen und revolutionäres Gedankengut heran.

Mittlerweile hatte sich das vor nicht allzulanger Zeit noch als Vorbild gepriesene Japan – sein Sieg im Krieg gegen Rußland im Jahre 1905 stellte als Triumph einer asiatischen Nation über eine imperialistische Macht ein bedeutsames Ereignis in der modernen Geschichte Chinas dar – selbst zu einem imperialistischen Staat entwickelt.

Die 21 Forderungen Japans, und die Shandong-Resolution

Unverfroren präsentierte Japan im Jahre 1915 die berüchtigten 21 Forderungen, die China auf den Status eines japanischen Protektorats zwingen sollten. Noch deutlicher trat diese Bestrebung nach dem Ersten Weltkrieg zutage: Auf Druck der Entente und Japans trat China 1917 in den Krieg gegen Deutschland ein. Entgegen aller Versprechungen wurden beim Frieden von Versailles 1919 die deutschen Konzessionen in der Provinz Shandong und der Hafen Qingdao jedoch nicht, wie ursprünglich vereinbart, an die Chinesen zurückgegeben, sondern den Japanern zugesprochen. Die Shandong-Resolution schlug in China wie eine Bombe ein.

Die demokratische Bewegung vom 4. Mai 1919

An die Spitze der nationalen Empörung stellten sich die Studenten Beijings. Sie veranstalteten am 4. Mai 1919 eine Massendemonstration vor dem Tor des Himmlischen Friedens gegen die Vereinnahmung Chinas durch Japan und den Imperialismus. Ihr Aufruf fand bei den Kaufleuten und Arbeitern breite Unterstützung; die chinesische Unterschrift unter das Vertragswerk von Versailles wurde in der Folge verweigert. Die Bewegung vom 4. Mai 1919 setzte somit als erste demokratische Bewegung einen Meilenstein in der jüngeren Geschichte Chinas; sie wird von der kommunistischen Partei Chinas als eine ihrer Wurzeln reklamiert. Jahrzehnte später, zum 70. Jahrestag der Bewegung im Jahr 1989, der mit dem 40jährigen Jubiläum der Gründung der Volksrepublik China einherging, wurde vielleicht ein weiterer Meilenstein für die zukünftige Entwicklung Chinas gesetzt. Mit der blutigen Niederschlagung der Demokratiebewegung von 1989, die am 15. April ihren Anfang nahm und am 4. Juni »unter Einsatz aller verfügbaren Mittel« ein gewaltsames Ende fand, war die bis dahin doch hoffnungsvolle Bilanz von vierzig Jahren chinesischem Sozialismus heftig verzerrt, und China geriet wiederum in massiven Mißkredit.

Gründung der Kommunistischen Partei Chinas in Shanghai, Luwan-Bezirk, Xingye-Straße 76

Doch zurück in das China der zwanziger Jahre. Die Saat der russischen Revolution gegen Feudalismus und Imperialismus war in China auf fruchtbaren Boden gefallen. In Shanghai trafen sich am 23. Juli 1921 im Erdgeschoß eines kleinen, steinernen Hauses heimlich dreizehn Delegierte mit dem Komintern-Beauftragten G. Maring (Henricus Sneevliet), um die Kommunistische Partei Chinas zu gründen; das kleine Haus in der heutigen Xingye Lu Nr. 76 im Bezirk Luwan ist seit 1949 eine Gedenkstätte. Die Delegierten repräsentierten die etwa 50 Mitglieder der landesweiten kommunistischen Organisation; sie berieten das Programm der zukünftigen Partei und verschiedene organisatorische Fragen. Die geheime Versammlung wurde jedoch an die französische Konzessionspolizei verraten. Noch bevor diese aber das Delegiertentreffen ausheben konnte, hatten sich die dreizehn Delegierten bereits abgesetzt. Auf einer Dschunke auf dem Südlichen See bei Jiaxian in der Provinz Zhejiang brachten sie ihren Gründungskongreß zu einem erfolgreichen Ende.

Mao Zedong

Einer dieser Delegierten war Mao Zedong. In der Zeit der »inneren Unruhen und Angriffe von außen« kam Mao Zedong am 26. Dezember 1893 in Shaoshan, einem kleinen Dorf in der südchinesischen Provinz Hunan, zur Welt.

Abb. 135
Mao Zedong

Geburtshaus von Mao in Shaoshan/Hunan

Das aus Holz und Lehm erbaute väterliche Bauernhaus, inmitten grünender Hügel an einem Teich gelegen, wurde 1929 von Soldaten der Guomindang zerstört und erst im Jahre 1950 in seinem ursprünglichen Zustand wiederhergestellt. In den ehemaligen Wohnräumen sind heute einige originale Gebrauchsgegenstände und etliche Fotos zu besichtigen. 1964 errichtete man in unmittelbarer Nähe eine kleine Ausstellungshalle, in der historische Dokumente und Fotos die einzelnen Stationen des politischen Lebens von Mao Zedong nachzeichnen.

Abendschule von Shaoshan

Auch das Gebäude der Abendschule für Bauern, im Jahr 1925 eingerichtet, und der Raum, in dem Mao im Jahr 1927 die wegweisende Studie über die Bauernbewegung in Hunan verfaßte, sind heute ebenfalls für Besucher zugänglich.

Museum der Provinz Hunan in Changsha: Schätze aus Mawangdui und Sammlung zur örtlichen Revolutionsgeschichte (sehenswert!)

Nach Abschluß der Grundschule in Shaoshan besuchte Mao Zedong eine Schule in Changsha, der Provinzhauptstadt, und später auch die dortige Lehrerbildungsanstalt. In dieser Stadt, die vor allem für die Frühgeschichte der Kommunistischen Partei Chinas bedeutsam war, beherbergt das sehr beeindruckende Provinzmuseum, das unmittelbar an den Garten der Märtyrer anschließt, eine hervorragende und reichhaltige Sammlung zur örtlichen Revolutionsgeschichte. Es lohnt sich, neben den Kostbarkeiten des han-zeitlichen Mawangdui auch einen Blick in diese Abteilung zu werfen. Die Museumsanlage selbst nimmt eine Fläche von über 54 000 m^2 ein.

Nach Beendigung seines Studiums in Changsha im Jahre 1918 führte Mao Zedong als Hilfsbibliothekar an der Universität Beijing die dortige Leserkartei. Hier kam er schließlich mit revolutionärer marxistischer Literatur in Berührung, die fortan seinen weiteren Lebensweg bestimmte. Bald darauf kehrte er nach Changsha zurück, wo er sich schon bald journalistisch in einer gegen den Imperialismus und die chinesischen Militärmachthaber agitierenden Zeitung und bei der Organisation von Studentendemonstrationen hervortat. Wenig später erhielt er eine Anstellung als Lehrer am Ersten Lehrerseminar in Changsha, in dem auch heute noch Fotos, Manuskripte und Bücher seine politischen Aktivitäten dem Besucher vor Augen führen. Am 21. Juli 1921 nahm Mao Zedong, wie erwähnt, als einer von dreizehn Delegierten am ersten Parteitag der Kommunistischen Partei Chinas in Shanghai teil.

Neue Hauptstadt der Republik: Nanjing

Im Kampf um die ersehnte nationale Einheit unterstützten die Kommunisten zunächst die nationalchinesische Regierung unter Jiang Kaishek, um die lokalen Kriegsherren auszuschalten. Tatsächlich gelang es im Jahre 1927, eine lose Einigung weiter Teile des Reiches herbeizuführen. Neue Hauptstadt war nun Nanjing, das nur für die nächsten 22 Jahre Regierungssitz sein sollte.

Ende der zwanziger Jahre entstand jenes Nanjing, wie es sich heute noch dem Besucher präsentiert. Aus der verschachtelten Altstadt wuchsen Bürogebäude und Kasernen empor; die weitläufigen, großangelegten Straßenachsen durchzo-

Zhongshan Ling, Mausoleum des Dr. Sun Yatsen, in Nanjing/Jiangsu

gen die Stadt, und zugleich wurde am nördlichen Purpurberg, etwas östlich der Grabstätte des ersten Ming-Kaisers, am Gipfel einer aufstrebenden Treppenflucht das mächtige Mausoleum von Sun Yatsen erbaut, Zhongshan Ling. Von 1926 bis 1929 dauerten die Bauarbeiten an der großen Grabanlage, bis am 1. Juni 1929 der Leichnam des ersten Präsidenten der Republik China von Beijing nach Nanjing überführt und hier bestattet werden konnte. Auf 392 Stufen steigt man den Berg zur Grabkammer hinan, die auf 158 m Höhe liegt. Die Halle, die sich über der eigentlichen Grabkammer erhebt, ist im Innern mit Marmortafeln geschmückt, die das politische Vermächtnis Sun Yatsens in Gravur wiedergeben. Inmitten der kreisrunden, abgesenkten, marmornen Grabkammer ruht der rechteckige Sarkophag, auf dem die liegende Gestalt von Sun Yatsen als Halbrelief dargestellt ist. Die gesamte Anlage erstreckt sich auf einem Areal von etwa 3000 ha, von denen über zwei Drittel Waldbestand ist, vornehmlich herrliche Kiefern, Zypressen und Zedern.

Zhongshan Jiniantang, die Sun Yatsen-Gedenkhalle, Guangzhou/Guangdong

Im selben Jahr noch setzten mit Spendengeldern von Auslandschinesen in Guangzhou die Arbeiten an einer Gedenkhalle für den Vater der neuen Republik ein. Die 49 m hohe und eine Fläche von 12 000 m^2 einnehmende Gedächtnishalle – ein mächtiger Palast mit achteckigem Zeltdach, dessen besonderes Charakteristikum die tiefblauen Glasurziegeln sind – wurde im Jahr 1931 vollendet. Die Halle erlitt während des chinesisch-japanischen Krieges starke Schäden und wurde im Jahr 1963 wiederhergestellt. Sie faßt 4729 Sitzplätze und ist heute eine der wichtigsten Veranstaltungshallen in der Provinz Guangdong.

Das Land war indes von innerem Frieden noch weit entfernt. Das blutige Massaker, das Jiang Kaishek in Shanghai und Nanjing unter den Kommunisten und den von ihnen kontrollierten Arbeiterorganisationen anrichten ließ, war nur der Auftakt des in den nächsten zwei Jahrzehnten dahinschwelenden Bürgerkriegs.

Die »Herbsternte-Aufstände« des Jahres 1927

Als die Komintern unter völliger Verkennung der chinesischen Situation auf Befehl Stalins den chinesischen Kommunisten auftrug, die Revolution in den Städten voranzutreiben, bedeutete dies die nahezu völlige Vernichtung aller kommunistischen Organisationen in China unter der Ägide der Sowjets. Nahezu zeitgleich entstand eine neue kommunistische Bewegung, die fortan unabhängig von der Komintern operierte.

Herbsternte-Aufstand von Nanchang/Jiangxi: Gedenkstätte im ehemaligen Grand Hotel der Provinz in der Zhongshan-Straße

Die von der Komintern verordneten sogenannten »Herbsternte-Aufstände« in Nanchang, Changsha und Guangzhou waren reine Selbstmordkommandos. Am 1. August 1927 begann der erste Aufstand in Nanchang am Langen Fluß; von den 30 000 Revolutionären entgingen knapp 2000 der Vernichtung. Die Stadt, die heute über 2,5 Millionen Einwohner zählt, erlangte durch dieses Desaster für die Geschichte des modernen China große Bedeutung. Heute noch steht sie ganz im Zeichen des 1. August 1927, des ersten Herbsternteaufstands, der eine Wende in der chinesischen Revolutionsgeschichte einleitete. An der Zhongshan-Straße im

Herzen der Stadt erhebt sich ein fünfstöckiges, graues Gebäude, das – mit seinen 96 Zimmern ehemals das Grand Hotel der Provinz Jiangxi – etwa seit Juli 1927 als Kommandozentrale der Kommunisten diente. Von hier aus organisierte Zhou Enlai, der nachmalige Ministerpräsident der Volksrepublik China, in den frühen Morgenstunden des 1. August jenen Aufstand gegen die nationalchinesischen Truppen, der Tausende Todesopfer in den eigenen Reihen forderte. Seit 1957 ist das Gebäude als Gedenkstätte zum Aufstand von Nanchang für die Öffentlichkeit zugänglich; heute kann man dort die Büroräumlichkeiten der großen kommunistischen Anführer sowie andere Einrichtungen der damaligen Kommandozentrale besichtigen. In der Stadtmitte, wo sich die Revolutionäre mit den nationalchinesischen Truppen einst erbitterte Gefechte lieferten, erinnert heute der Park des 1. August, Bayi Gongyuan, an den aussichtslosen Aufstand. Der Park wurde 1932 in seiner heutigen Form angelegt, die ganz dem traditionellen Stil der klassischen chinesischen Gärten entspricht.

Gedenkhalle für die Märtyrer der Provinz, in Nanchang

Etwa in der Mitte der Straße des 1. August, Bayi Dadao, errichtete man 1953 die Gedenkhalle für die Märtyrer der Revolution in der Provinz Jiangxi. Auf einer Fläche von 4000 m^2 wird in drei Stockwerken der gefallenen Revolutionäre und der großen Schlachten des Bürgerkrieges gedacht. Zum 50. Jahrestag des Aufstandes vom 1. August 1927 fand 1977, ebenfalls am 1. August, der erste Spatenstich zu einer rechteckigen Gedenkstele statt, die sich zwei Jahre später, mit Granit und Marmor verkleidet, zu einer Höhe von 45,5 m erhob. Riesige Reliefs und Inschriften erinnern an die einzelnen Stationen der Revolution.

Jinggang Shan, die erste revolutionäre Basis des chinesischen Kommunismus

Sechs Tage nach Nanchang kam es zum gleichen Aufstand in Changsha; von den rund 5000 Aufständischen überlebten gerade 400. Die Landschaft der Jinggang-Berge, etwa 300 km südwestlich von Nanchang, wurde zur Wiege der neuen chinesischen kommunistischen Bewegung. Hier in den »Brunnenkamm-Bergen«, Jinggang Shan, auf einer durchschnittlichen Meereshöhe von 1000 m, im unwegsamen Grenzgebiet zwischen den Provinzen Hunan und Jiangxi, gründete Mao Zedong im Jahr 1927 seine erste »revolutionäre Basis« auf dem Land.

Ciping in den Jinggang-Bergen: Revolutionsmuseum u. a.

Ciping heißt das kleine Bauerndorf, wo Mao nach dem mißlungenen Herbsternteaufstand von Changsha mit etwa 400 Getreuen eintraf. Hier, im ersten revolutionären Dorf, fanden sich auch die ersten Verbände der nachmaligen Roten Armee ein, deren Geburtsstunde, der 1. August 1929, ein weiterer Markstein in der Geschichte des modernen China ist. Etwa 7 km nordwestlich von Ciping liegt Dajing mit dem ehemaligen Wohnhaus von Mao Zedong und einer medizinischen Versorgungsstation der Roten Armee; in dem 6 km nördlich von Ciping gelegenen Xiaojing befindet sich das erste Spital der Roten Armee, in dem bis zu 200 Personen behandelt werden konnten. In Ciping selbst ist seit 1959 das »Revolutionsmuseum Jinggang Shan« untergebracht, das sich vornehmlich mit dem Zeitraum 1924 bis etwa 1930 befaßt, wobei die Jahre 1927 und 1928 einen besonderen Schwerpunkt bilden.

Agrarrevolution und Partisanenkrieg

Seit dieser Zeit in den Jinggang-Bergen war der Weg des Neuen China vorgezeichnet: Mao setzte seine Erkenntnis, daß die revolutionäre Kraft in einem zu über 80 Prozent bäuerlichen Land nicht beim Arbeiterproletariat liegen konnte, in die Tat um. Die Agrarrevolution und der Partisanenkrieg waren die Pfeiler in der Überlebensstrategie der chinesischen Kommunisten.

Guangzhou Qiyi Lieshi Lingyuan, der Gedenkpark für die Gefallenen des Herbsternteaufstandes in Guangzhou/Guangdong

Auch in Guangzhou gedenkt man heute noch der Opfer, die der Herbsternteaufstand vom Dezember 1927 in der südchinesischen Provinzhauptstadt gefordert hat: Zum 30. Jahrestag legte man genau an der Stelle, wo der Aufstand von den Truppen der Guomindang blutig niedergeschlagen wurde, auf einer Fläche von nahezu 26 ha einen riesigen Gedenkpark für die Gefallenen an, Guangzhou Qiyi Lieshi Lingyuan. Inmitten dieser Anlage erhebt sich ein grasbewachsener Tumulus, die Massengrabstätte für die weit über 5000 Hingerichteten. An die etwa 150 Koreaner, die bei diesem Aufstand ihr Leben lassen mußten, erinnert der 1964 im Areal des Gedenkparks errichtete Pavillon der Chinesisch-Koreanischen Blutsfreundschaft; an die gefallenen Russen der unweit davon im Jahr 1957 erbaute Pavillon der Chinesisch-Sowjetischen Blutsfreundschaft.

Mandschurei als japanisches Protektorat – Manzhouguo

Die innenpolitische Unruhe machten sich indes die Japaner zunutze. Sie marschierten 1931 in Nordostchina ein und errichteten dort einen neuen Staat, Manzhouguo (Mandschuko), als japanisches Protektorat. An dessen Spitze setzten sie den ehemaligen, letzten Kaiser von China, Puyi, der ihnen als Marionette völlig ausgeliefert war.

Der Kindkaiser und spätere Kaiser von Manzhouguo, Puyi

Im Alter von drei Jahren wurde Puyi von der sterbenden Kaiserinwitwe Cixi zum Nachfolger des Kaisers Guangxu ernannt. Im Jahre 1909 inthronisiert, waren ihm jedoch nur drei Jahre auf dem Drachenthron beschieden. Nachdem mit der Revolution von 1911 die großen Audienzhallen des Kaiserpalastes bereits in den Besitz der Republik übergegangen waren, verbrachte Puyi die weiteren Jahre seiner Kindheit bis zum Jahr 1924 in den Inneren Gemächern des Palastes. 1924 wurde er schließlich mit seinem ganzen Hofstaat aus dem Kaiserpalast vertrieben. Die Japaner nahmen sich seiner an: Zunächst kam Puyi für einige Monate in der japanischen Gesandtschaft in Beijing unter, dann lebte er in einem Haus der japanischen Konzession in Tianjin, von wo ihn die Japaner zum Präsidenten des – 1931 von ihnen besetzten und zum japanischen Protektorat ernannten – Manzhouguo bestellten.

Changchun/Jilin, damals Xinjing, Residenz von Manzhouguo

Hauptstadt und Sitz der Regierung von Manzhouguo war Changchun, die Hauptstadt der Provinz Jilin. Sie wurde 1932 in »Neue Hauptstadt«, Xinjing, umbenannt, Manzhouguo selbst im Jahr 1934 zum Kaiserreich erhoben. Puyi war nunmehr Kaiser des – von der Völkerbundkommission anerkannten (!) – Marionettenstaates.

Museum der Provinz Jilin, in Changchun, ehemaliger Palast von Puyi

Als Palast diente eine alte chinesische Hofhausanlage mit 43 000 m² Fläche, die in den Jahren 1934 bis 1940 um einige Gebäude erweitert wurde. Die heute als Provinzmuseum genutzte Anlage zeigt den Wohn- und Arbeitsbereich von Puyi und seiner Familie. In den ehemaligen japanischen Verwaltungsgebäuden, die Innenministerium, Bank, Gerichtshof, Handelsministerium, Außenamt etc. beherbergten, ist heute die Universität der Stadt untergebracht.

Der Kriegsverbrecher Puyi

Nach der Kapitulation der Japaner geriet Puyi in russische Gefangenschaft und wurde als Kriegsverbrecher in die Sowjetunion gebracht. Seit 1950 war er in den Kriegsverbrechergefängnissen von Fushun und Harbin interniert. Zum zehnten Jahrestag der Gründung der Volksrepublik China erging eine Sonderamnestie des Großen Vorsitzenden: Puyi wurde begnadigt und entlassen. *»Entsprechend dem Sonderamnestiebefehl des Vorsitzenden der Volksrepublik China vom 17. September 1959 hat dieser Gerichtshof den Fall des sich in Haft befindlichen »Mandschuguo«-Kriegsverbrechers Aisin-Gioro Pu Yi untersucht. Der Kriegsverbrecher Aisin-Gioro Pu Yi, männlichen Geschlechts, 53 Jahre alt, mandschurischer Nationalität, geboren in Peking, hat sich nun zehn volle Jahre in Haft befunden. Während dieser Haftzeit hat er infolge von Umerziehung durch körperliche Arbeit und ideologische Belehrung bereits Beweise untrüglicher Besserung erbracht. Dadurch entspricht er dem Artikel I der Sonderamnestie und wird hiermit freigelassen. – Der Oberste Volksgerichtshof der Volksrepublik China. Ausgefertigt am 4. Dezember 1959«* (zit. aus der Autobiographie von Puyi, II, S. 320).

Vernichtungsfeldzüge von Jiang Kaishek

Mit der Eroberung der gesamten Mandschurei keineswegs zufrieden, drohten die Japaner, auch noch die Küste und weite Teile Chinas zu besetzen. Doch Jiang Kaishek sah seinen Hauptfeind ausschließlich in den Kommunisten. Er führte großangelegte, von deutschen Militärberatern ausgearbeitete »Vernichtungsfeldzüge« gegen die Kommunisten durch, denen diese nur mit Mühe entkommen konnten. Sein fünfter »Vernichtungsfeldzug« richtete sich gegen den Hauptstützpunkt der Kommunisten in den Jinggang-Bergen in der Provinz Jiangxi in Südchina.

Der Lange Marsch, 1934–35

Als die Umzingelung immer enger und bedrohlicher wurde, begann im Oktober 1934 jene »taktische Verlegung der Operationsbasis« – wie der Rückzug der Kommunisten bezeichnet wurde –, die später als »Langer Marsch« in die Geschichte einging. Die fast zum Mythos erhobene, epochemachende, übermenschliche Operation, bei der sich eine Masse von über 80 000 Menschen auf einen Marsch von über 10 000 km quer durch China begab und nur 4000 davon ihr Ziel erreichten, nimmt für China eine ähnliche historische Bedeutung ein wie die Französische Revolution für das Europa des 18. Jahrhunderts und der Bürgerkrieg für das Amerika des 19. Jahrhunderts. Der »Lange Marsch« legte den Grundstein für die Volksrepublik China.

Abb. 136 Kettenbrücke von Luding, Provinz Sichuan; die Überquerung des Dadu-Flusses gestaltete sich für die Rote Armee als besonders riskantes Wagnis – der Feind hatte die Holzplanken entfernt und hielt die Brücke unter schwerem Beschuß

Konferenz von Zunyi/Guizhou – örtliches Museum im damaligen »Konferenzgebäude« und Wohnhaus der Führungselite

Nach schweren Verlusten – die Armee von ursprünglich 80000 Kämpfern war auf 35000 Mann zusammengeschmolzen – hielten die kommunistischen Parteiführer in der kleinen Stadt Zunyi im Nordosten der Provinz Guizhou jene entscheidende Konferenz ab, in der Mao Zedong die Führung der Partei übernahm, die er bis an sein Lebensende 1976 innehaben sollte. Das Haus eines wohlhabenden Kaufmanns, in dem die Führer der Roten Armee im Januar des Jahres 1935 zusammentraten, ist heute ein Museum. Der Stil des einstöckigen Holzhauses mit vorgelagerter Holzveranda mutet nicht chinesisch an. In den späten siebziger Jahren rekonstruierte man die Ausstattung von 1935 und ergänzte sie mit historischen Dokumenten. Etwa 1 km von dem Versammlungshaus entfernt war die Führungselite der Roten Armee in einem ähnlich gestalteten Holzhaus untergebracht. 1964 wurde auch dieses Wohnhaus wieder in seinen ursprünglichen Zustand versetzt und für die Öffentlichkeit zugänglich gemacht. Als die kommunistischen Truppen wieder aus Zunyi aufbrachen, ähnelten sie kaum mehr dem flüchtenden Haufen, der gut zwei Monate zuvor von den Jinggang-Bergen in der Provinz Jiangxi losgezogen war.

Sieg der Roten Armee am Loushan-Paß, bei Zunyi/Guizhou

Unweit von Zunyi kam es zum ersten, auch in psychologischer Hinsicht entscheidenden Sieg der Roten Armee über die Truppen von Jiang Kaishek: Durch wochenlange Täuschungsmanöver war es den Kommunisten gelungen, die feindlichen Truppen völlig zu verwirren; sie eroberten den strategisch wichtigen Loushan-Paß in den Bergen südlich von Zunyi, der seit jeher in der chinesischen Geschichte ein wichtiger Angelpunkt bei kämpferischen Auseinandersetzungen war. Heute erinnert eine marmorne Gedächtnisstätte an den ersten Sieg seit Beginn des Langen Marsches, welcher der Kampfmoral der Roten Armee den dringend benötigten Auftrieb verlieh. Der lange Marsch der Rotarmisten ging jedoch erst im Oktober des Jahres 1935 zu Ende: Durchschnittlich hatten die Kämpfer mehr als 30 km pro Tag in einigen der unwirtlichsten Gegenden der Welt zurückgelegt. Während der nächsten zehn Jahre lebten die Kommunisten in den Lößhöhlen im Norden der Provinz Shaanxi, wo sie auch ihr Hauptquartier aufschlugen.

Yan'an/Shaanxi, Hauptquartier der Kommunisten nach dem Langen Marsch

Yan'an, ein kleiner Marktflecken mit etwa 7000 Einwohnern, war Ende 1936 für ein Jahrzehnt das Hauptquartier der Kommunistischen Partei Chinas. Die auf die Ming-Zeit zurückgehende, 44 m hohe, mehrstöckige Wertvolle Pagode, Bao Ta, ein Wahrzeichen der kleinen Stadt Yan'an, wurde zugleich zum Symbol für die chinesische Revolution.

Wohnhöhle von Mao Zedong am Fenghuang Shan in Yan'an

Ihr Führer, Mao Zedong, lebte – wie viele andere auch – in einer der unzähligen, künstlichen Lößhöhlen hoch über dem Tal von Yan'an, am Fenghuang Shan, einem Hügel im Norden der Stadt. In dieser dreiräumigen Wohnhöhle entstanden viele seiner philosophischen Essays und politischen Schriften und wohl auch einige Gedichte, aus denen das selbstbewußte Gefühl eines zum Führer Berufenen spricht: Die physische und psychische Leistung des Langen Marsches war eine Kraftprobe auf dem Weg zu Sieg und Macht; wer den Langen Marsch überlebte, der hatte Gegenwart und Zukunft für sich gewonnen. Diese Hochstimmung kommt sehr bildhaft in Maos Gedicht »Schnee« zum Ausdruck:

Nördliches Land unter Wind und Sonne,
tausend Meilen in eisiger Starre,
zehntausend Meilen schneeverweht.
Blick auf die große Mauer, hier wie drüben
blieb lediglich weite Öde.
Der große Fluß hinauf, hinab
verlor sein Strömen, sein Fließen.
Berge – wie tanzende Silberschlangen,
Hochland – wie eilende Elefanten,
möchten mit dem Himmelsherrn wetteifern an Höhe,
bis du im Sonnenlicht siehst
rote Gewänder, weiß innen,
bezaubernd über alles Maß.

Landschaft wie diese, überall lockend,
ließ ungezählte Helden im Kampf um sie freien.
Ach! Ch'in Huang, Han Wu – beschränkt war ihre Bildung,
T'ang Tsung, Sung Tsu – ihnen fehlte Eleganz.
Stolz wie der Himmel eine Zeit war Dschingis Khan,
auch er verstand nur, den Bogen zu spannen zum Schuß auf
große Adler.
Sie sind alle dahin!
Zählt ihr auf Menschen von großer Art,
wendet euch um und seht den heutigen Tag.

Stützpunkte der Kommunisten in Wangjiaping, Yangjialing und Zaoyuan, alle bei Yan'an

Heute noch ist in dem kleinen Dorf Wangjiaping, nordwestlich von Yan'an, jene Anlage zu besichtigen, die von 1937 bis 1947 als Hauptquartier der Militärkommission der Kommunistischen Partei Chinas diente. Dasselbe gilt für die beiden kleinen Dörfer Yangjialing, etwa 3 km nordwestlich von Yan'an, und Zaoyuan, etwa 10 km nordwestlich der Stadt: Dort bezog das Zentralkomitee der Partei während dieser zehn Jahre zeitweilig Quartier. Der chinesisch-japanische Krieg ließ indes auch Yan'an nicht ungeschoren: Als »Hauptstadt« des kommunistischen China wurde sie mehrmals von den Japanern bombardiert.

Bao'an/Shaanxi, provisorisches Quartier vor Yan'an

Bevor Yan'an Hauptstadt des »Roten China« war, schlug die Rote Armee ihr provisorisches Quartier in dem kleinen Städtchen Bao'an im Norden der Provinz Shaanxi auf. Dort traf der amerikanische Journalist Edgar Snow, den später eine lebenslange Freundschaft mit Mao Zedong verband, zum ersten Mal mit dem legendenumwobenen Führer der Roten Armee zusammen, auf dessen Kopf der Generalissimus Jiang Kaishek 250000 Dollar ausgesetzt hatte. Seinen ersten

Eindruck von dieser kleinen Stadt in der spektakulären Lößlandschaft des Nordwestens, in der die Kommunisten vorübergehend Station gemacht hatten, schildert Edgar Snow in seinem zur Weltliteratur zählenden Bericht vom neu erstehenden China: *»In diesem staubigen und nur dürftig mit Proviant ausgerüsteten Lager hatten die Kommunisten das ganze Drum und Dran eines winzigen Staates etabliert: Ministerien für Auswärtige Angelegenheiten, Finanzen, Landwirtschaft, Gesundheitswesen, Verteidigung, Erziehung, Planungsaufgaben – nichts fehlte. Eine von Lin Biao (später als Befreier der Mandschurei gefeiert) geleitete Rote-Armee-Akademie war in einer Reihe von Höhlen untergebracht, die die Kojen von etwa 800 Studenten aufnehmen konnten. »Druckerhöhlen« brachten Lehrbücher, Zeitungen und Magazine heraus. Vieles davon vervielfältigten sie auf die Rückseite von Propagandaflugblättern der Guomindang – ganz wie die Mönche im Mittelalter in Europa, die ihre Heiligenleben auf heidnische Manuskripte schrieben. Das Essen bestand hauptsächlich aus Hirse, Kohl und Kürbissen, die am Flußufer wuchsen; Schweine-, Hammel- und Hühnerfleisch blieben ein seltener Luxus«* (zit. aus Snow, S. 184). Edgar Snow starb im Jahre 1972 in Genf. In seinem Vermächtnis schrieb er: *»Ich liebe China. Ich hätte gerne, daß ein Teil von mir – wie in meinem ganzen Leben – auch nach meinem Tod dort bleibt. Amerika hat mich gehegt und genährt. Ich hätte gern, daß ein Teil von mir am Hudson River seinen Platz findet, bevor er in den Atlantik mündet und nach Europa und an alle Küsten der Menschheit kommt, von der auch ich ein Teil war, denn ich habe fast in jedem Land gute Menschen gekannt«* (aus dem Vorwort von Lois Wheeler Snow).

Grabmal von Edgar Snow, Universität Beijing

Unter einem Gedenkstein aus weißem Marmor auf dem Areal der Universität Beijing ruht ein Teil der Asche von Edgar Snow. Auf dem Gedenkstein steht geschrieben: »Zum Gedenken an Edgar Snow – einen amerikanischen Freund des chinesischen Volkes. (1905–1972)«.

Zwischenfall von Xi'an im Jahr 1936

Während die Rotarmisten vorläufig mit Erfolg ihren Kampf um Leben und Tod abgeschlossen hatten, wuchs sich die japanische Gefahr für China zur existentiellen Bedrohung aus. Die kompromißlose Haltung der Kommunisten gegenüber Japan, ihre Disziplin und die Effektivität ihrer Politik hatten ohnedies weite Teile der Bevölkerung für sie eingenommen. Jiang Kaishek wurde in Xi'an im Oktober 1936 von seinen eigenen Truppen gefangengenommen und gezwungen, mit den Kommunisten gemeinsam den Kampf gegen die Japaner aufzunehmen und die von Mao Zedong geforderte Einheitsfront zu bilden. Der Krieg mit Japan war nun nicht mehr zu vermeiden.

»Chinesisch-Amerikanisches Institut« – KZ in Chongqing/Sichuan

Ein von den Japanern provozierter Zwischenfall an der berühmten Marco-Polo-Brücke in einem westlichen Vorort Beijings brachte im Juli des Jahres 1937 eine umfassende japanische Offensive ins Rollen. Als die Japaner von den besetzten Küstenteilen aus auch weiter ins Landesinnere vorrückten, zog sich Jiang Kaishek aus Nanjing zurück und verlegte das Hauptquartier der chinesischen

Nationalregierung in die Hauptstadt der schwer zugänglichen Provinz Sichuan: Die Stadt Chongqing mutierte für die Jahre 1939 bis 1945 zur Regierungszentrale Nationalchinas. Gemeinsam mit den Amerikanern richtete Jiang Kaishek hier im Jahre 1943 das »Chinesisch-Amerikanische Institut für technische Zusammenarbeit« ein, welches sich – bei genauerer Betrachtung – als Ausbildungsstätte für Terrormethoden und als Konzentrationslager für kommunistische Widerstandskämpfer entpuppte. Durch die Unterstützung der nationalchinesischen Regierung versprachen sich die USA nicht nur eine Allianz gegen die japanische Aggression, sondern auch eine Wahrung ihrer wirtschaftlichen Interessen und wohl auch eine geschlossene Phalanx gegen den Widerstand der Kommunistischen Partei innerhalb des Landes. Noch am Vorabend der »Befreiung« der Stadt Chongqing durch die kommunistischen Truppen, am 27. November 1949 – die Gründung der Volksrepublik China war bereits vollzogen –, wurden in den Massenvernichtungslagern der Stadt über 300 kommunistische Widerstandskämpfer hingerichtet. Das »Chinesisch-Amerikanische Institut« und das angeschlossene Konzentrationslager im Bezirk Shapingba im Westen der Stadt ist heute als Museum eingerichtet und gleichzeitig bedrückendes Dokument einer Zeit, in der man in Europa Einrichtungen dieser Art anprangerte und verurteilte, während man sie in China erst gemeinsam installierte.

Chinesisch-japanischer Krieg

Der chinesisch-japanische Krieg, nahezu zeitgleich mit dem Zweiten Weltkrieg, war an Greueln und Massakern kaum zu überbieten; er endete erst im Jahre 1945, als die Atombombenabwürfe auf Hiroshima und Nagasaki die Japaner zur Kapitulation zwangen.

Fortsetzung des innerchinesischen Bürgerkrieges

Im Bürgerkrieg zwischen den Truppen des Nationalregimes von Jiang Kaishek und den Rotarmisten war indessen noch kein Ende abzusehen. Obwohl die nationalen Truppen mit dem Ende des chinesisch-japanischen Krieges über mindestens die doppelte Stärke verfügten wie die Kommunisten und obendrein von der materiellen und propagandistischen Unterstützung der Amerikaner profitierten, waren sie doch der wendigen Guerillataktik der Rotarmisten unterlegen. In der Huai-Hai-Schlacht bei Nanjing im Jahre 1949, in der die schweren Geschütze Jiang Kaisheks plötzlich von einem großen Ring Panzerfallen umgeben waren und im morastigen Boden manövrierunfähig stecken blieben, hatten die kommunistischen Truppen den Bürgerkrieg endgültig für sich entschieden. Jiang Kaishek floh, nachdem er sich eines Gutteils der Kostbarkeiten aus dem Kaiserpalast bemächtigt hatte, auf die Insel Taiwan und führte dort seine nationalchinesische Regierung fort.

Gründung der Volksrepublik China am 1. Oktober 1949

Mao Zedong verkündete indessen am 1. Oktober 1949 auf dem Tian'anmen-Platz die Gründung der Volksrepublik China. Seine teilweise im Widerspruch zu der marxistisch-leninistischen Doktrin stehende Analyse, die in den Bauern die revolutionäre Kraft sah und die Revolution aus den Städten in die Dörfer verlegte, das Wohlverhalten und die Disziplin der Rotarmisten und nicht zuletzt das starke Bedürfnis der Bevölkerung nach nationaler Einheit und Frieden entschieden den Bürgerkrieg letztendlich zugunsten der Kommunisten. Nach drei Jahrzehnten Krieg und Bürgerkrieg waren Einheit und nationale Würde des Landes wiederhergestellt.

Volksrepublik China (seit 1949)

Im Jahre 1949 erging das »Himmlische Mandat« an die Kommunistische Partei Chinas. Der Sieg der kommunistischen Truppen über die Guomindang bedeutete das Ende des Bürgerkriegs: Noch bevor sich die KP anschickte, nach ihrem Erfolg über die nationalen Truppen ganz China zu gewinnen, hatte China bereits seine Führung durch die KP akzeptiert. Die Genügsamkeit, Disziplin und Entschlossenheit der kommunistischen Truppen erwiesen sich als vertrauenserweckender als die durch Vetternwirtschaft und Korruption verderbte Guomindang-Regierung. Doch auch die KP sollte vor solch unliebsamen Eigenschaften nicht gefeit bleiben.

Abb. 137 Staatswappen der Volksrepublik China

Gründung der Volksrepublik

Am 1. Oktober 1949 rief Mao Zedong die Volksrepublik China aus – vom Tor des Himmlischen Friedens: *»Auf diesem Tor stand unter einem sich aufhellenden Herbsthimmel am 1. Oktober 1949 Mao Zedong; er war in eine neue graue Uniform gekleidet, die erbsengroße Warze an seinem vorgereckten Kinn war gut*

sichtbar. Neben ihm reihten sich die Kameraden aus der Zeit des Langen Marsches, die Männer, auf die er jetzt zurückgreifen würde, um das neue kommunistische China aufzubauen … Das Tor war neu gestrichen worden – in der traditionellen kaiserlichen Farbe, Purpur, einer Farbe, die gewöhnlich Sterbliche nicht verwenden durften … Bis vor kurzem noch hatte ein Portrait Chiang Kaisheks, das man auf flachgeklopfte und zusammengelötete Bleche von Benzinkanistern gemalt hatte, das Tor geziert. Es war entfernt worden, und das Tor stand nun rein und stolz wie zu Zeiten der Mings da. Ein großes Portrait von Mao war jedoch an der Mauer neben dem Tor befestigt worden, und davor hatte man einen Fahnenmast aufgestellt« (zit. aus Salisbury, S. 75 f.). Wie einst die chinesischen Kaiser den Blick nach Süden gewandt, verkündete Mao: »*Hiermit beginnt eine neue Ära in der Geschichte Chinas. Wir, die 475 Millionen Menschen Chinas, sind jetzt aufgestanden.*«

»Befreiung« durch die Kommunisten

Mit der »Befreiung« – so nannten die Kommunisten ihre Machtübernahme – ging die energische Wiederherstellung der Ordnung einher, der in kürzester Zeit ein vielversprechender Erfolg beschieden war. Zudem schritt man bereits im Jahr 1950 daran, die »sechs gegenwärtigen Hauptaufgaben« zu lösen, zu denen die »Heimholung« Tibets und die »Befreiung« Taiwans gehörten: Denn die Wirren der Revolution von 1911 nutzend, hatte der Dalai Lama bereits 1913 die völlige Unabhängigkeit seines Landes erklärt. Doch im Amtseid des ersten Präsidenten der Republik China, Dr. Sun Yatsen, war bereits von der Integration der Tibeter, Mongolen, Mandschuren, Dsungaren und Chinesen in die neue Nation der Republik China die Rede. Zugleich setzte man im britisch-tibetisch-chinesischen Abkommen von Simla einen Vertrag auf – den China allerdings nicht ratifizierte –, in dem sich China verpflichten sollte, auf die Umwandlung Tibets in eine chinesische Provinz zu verzichten. Artikel 2 dieses Abkommens sollte garantieren, daß Großbritannien und China die weitgehende Oberhoheit Chinas über Tibet anerkannten, gleichzeitig aber der Verwaltung des Landes eine weitgehende Autonomie gewährt werden sollte. Die Bürgerkriegswirren in China und der chinesisch-japanische Krieg beließen Tibet bis zum Jahr 1950 eine relative Souveränität.

»Befreiung« Tibets – Einmarsch der Volksbefreiungsarmee

Am 9. September 1951 marschierten die Soldaten der Volksbefreiungsarmee in Lhasa ein. Trotz eines 17-Punkte-Vertrags, der mit China abgeschlossen wurde – er sicherte den Fortbestand der tibetischen Kultur und Religion zu –, nahmen die Übergriffe der Chinesen auf die Klöster und Mönche drastisch zu. Auch in Tibet sollten der »neue Mensch« und die »neue Gesellschaft« geschaffen werden. Der 14. Dalai Lama floh im Jahr 1959 nach Indien, wo er in Dharamsala im indischen Bundesstaat Himachal Pradesh, etwa 400 km nordwestlich von Delhi, eine tibetische Exilregierung ins Leben rief. Während der Kulturrevolution schlugen die Wellen der Zerstörung auch über Tibet zusammen: Von den einst knapp 3000 Klöstern waren nach der Kulturrevolution nur mehr 20 erhalten. 1980 beschloß das Zentralkomitee der Kommunistischen Partei Chinas, einen eher liberalen Kurs auch bezüglich Tibet einzuschlagen. Das Tibet-Unternehmen war für das neue China zweifellos ein Erfolg, wenngleich es dadurch in völkerrechtlicher Hinsicht in Mißkredit geriet. Die »Befreiung« Taiwans hingegen wurde durch eine von Verbänden der US-Flotte unterstützte Küstenblockade der taiwanesischen Marine unterbunden und mußte auf unbestimmte Zeit vertagt werden …

Kampagnen-Gewitter in der jungen Volksrepublik

Nach den Anfangsjahren der Volksrepublik widmete sich Mao Zedong, zu jenem Zeitpunkt noch unumstrittene Führergestalt, der Umgestaltung der chinesischen Gesellschaft: Massenbewegungen, ein probates Mittel auch des chinesischen Kommunismus, sollten das traditionelle Gesellschaftssystem zerbrechen und die »Neue Gesellschaft« und den »Neuen Menschen« schaffen. Auf der Tagesordnung stand der organisierte Volkskampf. Wie ein Gewitter brachen die Kampagnen über die junge Volksrepublik herein: Die von der Partei gelenkten Massenbewegungen richteten sich zunächst gegen die Großgrundbesitzer.

Gegen Großgrundbesitzer, reiche Bauern, Konterrevolutionäre ...

Als in einer zweieinhalbjährigen Bodenreformkampagne mehrere Millionen Grundbesitzer enteignet, hingerichtet und der Boden an landlose und arme Bauern aufgeteilt worden waren, sollte sich der Zorn des Volkes gegen die Klasse der reichen Bauern richten. In den Städten ging man indessen gegen sogenannte Konterrevolutionäre vor, Elemente, die sich der Kontakte zu Imperialisten, der Anstiftung zum Widerstand, der Spionage oder der Erweckung von Unzufriedenheit schuldig gemacht hatten. Der Begriff »Konterrevolutionär« ließ sich übrigens auf mißliebige Personen aller Art ausdehnen und war auch im Jahr 1989 noch immer in Gebrauch.

»Drei Übel«

In den eigenen Reihen der KP kämpfte man ebenfalls gegen Mißstände: gegen die »Drei Übel« zum Beispiel, gegen Korruption, Bürokratie und Verschwendung. Gleichzeitig prangerte man die *»Fünf Übel«* der Kapitalisten an: Mit Anklagen wegen Bestechung, Steuerhinterziehung, Diebstahl von Staatseigentum, Mißbrauch von Material und Arbeitern sowie Diebstahl staatlicher Wirtschaftsnachrichten war mit Sicherheit jedem mißliebigen Unternehmer und Handeltreibenden beizukommen. Etwas feinfühliger und vorsichtiger wollte man die Intelligenz des Landes behandeln, nicht ohne ihr freilich vorher unmißverständlich in »Gedankenreformkampagnen« die Grundsätze der Revolution und der klassenlosen Gesellschaft verdeutlicht zu haben. Mao Zedong war davon überzeugt, den Großteil der Intellektuellen auf seiner Seite und somit hinter der Partei zu haben.

»Hundert-Blumen-Bewegung«

In Anlehnung an die hundert Philosophenschulen des 3. vorchristlichen Jahrhunderts rief Mao im Jahr 1956 die Intellektuellen zur konstruktiven Kritik auf: »Laßt hundert Blumen blühen, laßt hundert Denkrichtungen konkurrieren.« Die Bewegung, die in einer forcierten Anti-Rechts-Kampagne endete, hieß deshalb auch die »Hundert-Blumen-Bewegung«.

Es ist wiederum ein faszinierendes Merkmal des chinesischen Wesens, daß man sich selbst im Namen des Kommunismus vorzugsweise immer noch der klassischen Zitate bediente, daß man sich mit Nachdruck auf die eigene – in diesem Fall jahrtausendealte – Tradition berief, mit der man eigentlich längst gebrochen haben müßte. Doch genauso wie sich einst die chinesischen Kaiser an historischen Präzedenzfällen orientierten, zog auch Mao Zedong die chinesische Geschichte heran. Als Ziel dieser Kampagne betrachtete Mao Zedong die Aussöhnung zwischen Parteifunktionären und Intellektuellen. Anfangs zögerten die Intellektuellen noch, doch nach abermaliger Ermunterung erhoben sie ihre kritischen Stimmen – und schockierten damit die Parteiführung, die auf einen solchen Entrüstungssturm der Kritik nicht vorbereitet gewesen war. Die unter so vielen Anstrengungen und Opfern wiedergewonnene Einheit des Reiches schien in Gefahr; eine »Rechtsabweichlerkampagne« brachte die allzu kritische Intelligenz zum Schweigen. Der damalige Generalsekretär der KP, der sich an dieser Kampagne aktiv beteiligte, hieß Deng Xiaoping. In der nächsten Runde, der Kulturrevolution, kam er unter das Rad der Geschichte, um in der übernächsten Runde in den achtziger Jahren als Chinas kleiner starker Mann die Oberhand zu gewinnen. Mao Zedong inszenierte in seiner politischen Laufbahn zwei beispiellose Katastrophen: Die eine führte als »Großer Sprung nach vorne« in eine nationale Hungerkatastrophe; die andere stürzte das Land als »Große Proletarische Kulturrevolution« in den von jeher gefürchteten Zustand des Chaos, wie Mao Zedong dies selbst seinem amerikanischen Freund Snow gegenüber im Jahre 1970 zugab.

Der 10. Jahrestag der Gründung der Volksrepublik

Die ersten Jahre der Volksrepublik vermittelten indes nach außen hin einen stabilen, relativ guten Eindruck: Verglichen mit den Bürgerkriegswirren zuvor und den katastrophalen Hungersnöten danach waren die Jahre 1949 bis 1958 von zielstrebiger Aufbauarbeit und Ordnung geprägt, die nicht zuletzt der Einigkeit in der Führungsschicht zuzuschreiben ist. Mit einer gewissen Zufriedenheit beging man folglich den zehnten Gründungstag der Volksrepublik: Als Vorbereitung auf die Jubiläumsfeiern erweiterte man den Platz des Himmlischen Friedens im Jahr 1958 auf seine heutige Größe.

Tian'anmen Guangchang, der Platz des Himmlischen Friedens, in Beijing – größter Platz der Welt

Der Platz des Himmlischen Friedens, heute mit rund 40 Hektar der größte Platz der Welt, gehörte einst zum unmittelbaren Vorfeld der Verbotenen Stadt. Eine rote Ziegelmauer, von der gegenwärtig noch das Vordere Tor, Qian Men, zu sehen ist, umfaßte einst die verschiedenen kaiserlichen Ministerien und Ämter. Nicht nur der Platz wurde anläßlich des zehnjährigen Jubiläums in seinem heutigen Ausmaß angelegt, sondern zusätzlich auch die großen Gebäude an seiner Seite, das Museum der Geschichte Chinas, das Museum der Revolutionsgeschichte Chinas und die Große Halle des Volkes.

Denkmal der Volkshelden am Platz des Himmlischen Friedens

1958 enthüllte man das Denkmal der Volkshelden in der Mitte des Platzes. Mit einer Höhe von 37,94 m beträgt seine Ostwest-Ausdehnung 50,44 m, seine Nordsüd-Ausdehnung 61,5 m. Der gewaltige Obelisk ist aus über 17000 Granit- und Marmorsteinen zusammengefügt und zeigt in seinem Fußrelief über 170 Figuren und die wichtigsten historischen Ereignisse der letzten hundert Jahre in der chinesischen Geschichte: den Opiumkrieg von 1840, den Taiping-Aufstand von 1851, die Revolution von 1911, die Bewegung vom 4. Mai 1919, die Bewegung vom 30. Mai 1925, den berüchtigten Herbsternteaufstand von Nanchang am 1. August 1927, den Krieg gegen Japan und den Bürgerkrieg gegen die Armeen der Guomindang. Auf der Nordseite (also Sichtseite) trägt der Obelisk acht vergoldete Schriftzeichen in der Handschrift Mao Zedongs mit der Widmung »Ewiger Ruhm den Helden des Volkes«. Auf der Südseite des Obelisken ist ein Gedicht des ehemaligen Ministerpräsidenten Zhou Enlai kalligraphiert. Das Denkmal wurde am 1. Mai 1958 feierlich eingeweiht.

Platzgestaltung

Was danach folgte, ähnelte den gewaltigen Bauprojekten des ersten Kaisers von China, Qin Shihuang. Von November 1958 bis September 1959, in nur zehn Monaten Bauzeit, erstellte man in einem unglaublichen Kraftakt die monumentalen Bauten der beiden Museen und die Große Halle des Volkes, allesamt unverkennbar sowjetischer Provenienz. Etwa 12000 Menschen, die in drei Schichten rund um die Uhr arbeiteten, schufen den Platz des Himmlischen Friedens, wie er sich am 1. Oktober 1959 zur Feier des zehnten Jahrestages der Volksrepublik dem Vorsitzenden Mao Zedong und seinem Ehrengast Nikita Chruschtschow präsentierte: *»Es war ein schöner Tag, und die Führer Chinas schauten auf einen neuen Platz. Kein Matsch mehr, keine schmutzigen Pfützen, kein schäbiger Vordergrund, und vor allem kein verhaßter Komplex ausländischer Botschaftsgebäude mehr vor dem Eingangstor zur Verbotenen Stadt. Jetzt bot sich dem Auge ein gigantischer Anblick: der weitläufigste Platz der ganzen Welt, fünfundvierzig gepflasterte Hektar. Der Rote Platz von Moskau würde bequem in den nördlichen Abschnitt hineinpassen, der Petersplatz von Rom den südlichen Abschnitt nicht ausfüllen. Zu seiner Rechten sah Mao die monumentale Große Halle des Volkes, einen Komplex von Versammlungssälen, einen für jede der Provinzen Chinas. In ihm befand sich ein Auditorium, das zehntausend Menschen Platz bot, ein Bankettsaal für fünftausend. Die Grundfläche war größer als die aller Paläste der Verbotenen Stadt zusammen … Zu Maos Linker ragten zwei Gebäude auf, die im Stil zur Großen Halle paßten, die beiden noch nicht ganz vollendeten Museen für Geschichte. Das eine war für die Geschichte Chinas im allgemeinen bestimmt, das andere der Geschichte der Revolution vorbehalten. Das für die Geschichte der Revolution war größer als das andere, in dem die sechstausend Jahre, die dem Jahr 1949 vorausgingen, dokumentiert wurden«* (zit. aus Salisbury, S. 233f.).

Renmin Dahuitang, die Große Halle des Volkes, am Platz des Himmlischen Friedens

Die Große Halle des Volkes an der Westseite des Platzes nimmt eine Fläche von 171800 m^2 ein, das heißt mehr als das verbaute Areal des Kaiserpalastes. Sie birgt in ihrem Innern eine Haupthalle, in der bei der jährlichen Sitzung des Volkskongresses über zehntausend Menschen Platz finden. Die angeschlossenen dreißig Säle, im jeweiligen Lokalkolorit ausgestaltet, sind nach den einzelnen Provinzen, autonomen Regionen und regierungsunmittelbaren Städten, also nach den Verwaltungseinheiten der Volksrepublik, benannt. Das gigantische Bauwerk, in dem heute auch Bankette zu Ehren der offiziellen Staatsgäste veranstaltet werden, ist zudem noch durch unterirdische Zufahrtsstraßen zugänglich.

Museum der Chinesischen Geschichte und Museum der Chinesischen Revolutionsgeschichte am Platz des Himmlischen Friedens

Gegenüber der Halle des Volkskongresses, an der Ostseite des Platzes, erstrekken sich die – in einem ähnlich sowjetisch beeinflußten Stil gehaltenen – Flachdachbauten der beiden Museen. Von den insgesamt 65000 m^2 Fläche nimmt das Museum der chinesischen Geschichte etwa 8000 m^2 im Südflügel des Gebäudekomplexes ein. Im größeren Nordflügel des Museums dokumentieren etwa 3300 Exponate die Revolutionsgeschichte seit dem Jahre 1919 sowie die Geschichte der Kommunistischen Partei Chinas. Die beiden Museen waren während der Kulturrevolution geschlossen, übrigens auch während der Zeit des Kriegsrechtes nach dem Tian'anmen-Massaker vom Juni 1989: Man benötigte sie für die Stationierung von Soldaten.

Mao Zhuxi Jiniantang, das Mao-Mausoleum, am Platz des Himmlischen Friedens

Im Jahr 1976 wurde ein weiteres Gebäude auf dem Platz des Himmlischen Friedens errichtet: Auf der Verlängerung der zentralen klassischen, zudem geschichtsträchtigen Hauptachse des Kaiserpalastes erhebt sich in der Mitte des Platzes die Halle zum Gedächtnis an den Vorsitzenden Mao, das Mao-Mausoleum, mit kaisergelben Dachziegeln optisch an die große dynastische Vergangenheit anknüpfend. In der von 44 Granitsäulen getragenen Halle ruhen seit dem 9. September 1977 die sterblichen Überreste des Großen Vorsitzenden in einem kristallenen Sarg, bedeckt von einer Fahne der Kommunistischen Partei Chinas. Im Jahr 1983 wurden weitere Räumlichkeiten zum Gedenken an Zhou Enlai, Liu Shaoqi und Zhu De eingerichtet.

Die Gestaltung des Tian'anmen-Platzes war nur eines der zehn großen Projekte, die Mao für Beijing vorgesehen hatte. Zur Ausführung gelangte noch ein zweites: die Talsperre bei Miyun in der Nähe der Ming-Gräber. Doch Mao hatte noch ganz andere Vorhaben im Sinn: Er wollte die Verbotene Stadt niederreißen lassen und an ihrer Stelle eine neue Residenz des neuen China erstehen lassen. Schon 1957 trug man einen Großteil der Stadtmauern ab, um für breite, mehrspurige Straßen und Boulevards sowie einen zukünftigen U-Bahnbau Platz zu schaffen.

Maos Vorstellung von der Agrarrevolution und seine Landreform

Mao hatte den Marxismus-Leninismus der spezifischen Situation im zu über 80 Prozent ländlichen China angepaßt, die Revolution von den Städten auf das Land verlegt, in den Bauern die Träger der Revolution gesehen und nicht im Industrieproletariat, das in China kaum in Ansätzen vorhanden gewesen war. Also hatte für ihn die Landreform Vorrang, die er mit der Enteignung der Großgrundbesitzer und der Kollektivierung der Landwirtschaft einleitete; landwirtschaftliche Produktionsgenossenschaften wurden ins Leben gerufen.

Dieses Vorhaben wurde mit großem Schwung realisiert: *»In den Dörfern des ganzen Landes steht eine neue Flut der sozialistischen Massenbewegung bevor«*, begeisterte sich Mao im Juli 1955. *»Einigen Genossen unter uns torkeln jedoch wie ein Weib mit gebundenen Füßen über die Straße, das, hin- und herschwankend, den anderen immerzu grollend vorhält: Ihr geht zu schnell! Ihr geht zu schnell! ... Nein, das ist nicht die richtige Politik... Die Flut des Umbaus der Gesellschaft ... wird bald das ganze Land erfassen. Es ist dies eine sozialistische, revolutionäre Bewegung größten Ausmaßes, die eine Landbevölkerung von mehr als 500 Millionen umfaßt; sie hat eine außerordentliche Weltbedeutung. Wir sollten diese Bewegung aktiv, mit Begeisterung und systematisch führen und sie nicht auf jederlei Weise zurückhalten...«* Am Ende dieses Jahres, in dem China sich zur kollektivierten Gesellschaft umgewandelt hatte, fügte er euphorisch hinzu: *»Das Jahr 1955 war für China das Jahr der Entscheidung... Das erste Halbjahr war trübe und lag im Schatten dunkler Wolken. Aber in der zweiten Hälfte wandelte sich die Lage vollständig... Da dies geschrieben wird, haben sich in verschiedenen Teilen des Landes über 60 Millionen ländliche Haushalte den Gemeinwirtschaften angeschlossen. Es ist, als hätte eine gewaltige Flutwelle alle Geister und Dämonen hinweggeschwemmt... Das ist ein ungeheures Ereignis!*

(Es sagt uns, daß alles viel schneller gehen wird als ursprünglich geplant!) Alles muß entsprechend erweitert und beschleunigt werden... Zum erstenmal hat die große Mehrheit des Volkes eine klare Zukunft vor Augen... das Volk kann die große Straße sehen, die offen vor ihm liegt« (zit. nach Grimm, S. 135–136).

»Großer Sprung nach vorne« – Auslöser einer Hungerkatastrophe

Auch für die Industrialisierung Chinas suchte Mao einen eigenen Weg, doch das Projekt führte zu einem schweren Rückschlag. Mao wollte nicht den schrittweisen Etappen des Sowjetmodells auf dem Weg zum Sozialismus folgen, er wollte »springen«, die Entwicklung vorantreiben, die Sowjetunion in kurzer Zeit überflügeln, deren Fünf-Jahres-Pläne im Handumdrehen zur Makulatur machen. Auch dieses Mal setzte er auf den entschlossenen Willen und die Begeisterung der organisierten Massen – ein Charakterzug, der noch von dem Partisanengeist herrührte, als die kommunistischen Verbände um ihr Leben kämpfen mußten; strikter Gehorsam und entschlossener Einsatz aller Kräfte, organisierte Disziplin und eiserner Wille garantierten damals den Erfolg in einem erschöpften und zerrütteten Land.

»Großer Sprung« in der Stahlproduktion

Auch beim »Großen Sprung« sollte die massenhaft mobilisierte Arbeitskraft der Bevölkerung China in kürzester Zeit zu einer modernen Großmacht umgestalten. Grundlage dafür war als erstes ein enormer Aufschwung in der Stahlproduktion. Also rief man die gesamte Bevölkerung auf, sich als »Stahlkocher« zu betätigen: *»Im Herbst 1956 war ich sechs und kam in die Grundschule. Mein Schulweg, ungefähr zwanzig Minuten zu Fuß, führte mich größtenteils durch schmale, schlammige Gassen mit Kopfsteinpflaster. Jeden Tag auf dem Weg von und zur Schule hielt ich meinen Blick fest auf den Boden geheftet und suchte jeden Zentimeter nach abgebrochenen Nägeln, rostigen Zahnrädern und anderen Metallstücken ab. Die Ausbeute meiner täglichen Suche wanderte zur Stahlproduktion in sogenannte Kleinhochöfen. Im zarten Alter von sechs Jahren war ich somit in der Stahlproduktion tätig und wetteiferte mit meinen Schulkameraden, wer das meiste Alteisen ablieferte. Um mich herum dröhnte es aus allen Lautsprechern, und Wandzeitungen verkündeten mit großen Lettern: ›Es lebe der Große Sprung nach vorn!‹ und ›Alle machen mit bei der Stahlproduktion!‹ Ich verstand zwar nicht recht, was das sollte, aber ich wußte, daß der Vorsitzende Mao die ganze Nation zur Stahlproduktion aufgerufen hatte«*, erzählt Jung Chang aus ihrer Kindheit (zit. aus Chang Jung, S. 265).

»Großer Sprung« der Landwirtschaft: die Gründung der Volkskommunen

Auch die landwirtschaftliche Produktion wollte Mao sprunghaft steigern, so daß aus ihren Überschüssen in die Industrie investiert und Auslandsschulden in Form von Agrarprodukten abbezahlt werden könnten. Die landwirtschaftlichen Produktionsgenossenschaften vereinigte man zu Volkskommunen; manche nahmen mit über 20000 Haushalten enorme Ausmaße an. Dies aber lief der traditionellen Kleinzellenstruktur der chinesischen Gesellschaft zuwider und brach dem Projekt schließlich das Genick. Das Leistungsprinzip der landwirtschaftlichen Produktionsgenossenschaft wurde in der Volkskommune durch das Bedürfnisprinzip abgelöst; es erfolgte die *Verteilung nach Bedürfnissen.*

Allzuständigkeit der Volkskommune

Die Volkskommune hatte die alleinige Verantwortung über Industrie, Handel, Erziehung, Sozialpolitik, Gesundheitsvorsorge und Administration inne. Alles sollte Volkseigentum sein, auch das Alltagsleben war kollektiviert: Die Volkskommune kümmerte sich selbst um das Essen und die Kindererziehung. Selber zu kochen, war ohnehin nicht mehr möglich, da zahlreiche Woks und gußeiserne Haushaltsgegenstände bereits in die Stahlproduktion gewandert waren.

Organisierter Volkskampf gegen die »Fünf Schädlinge«

Die Mitglieder der Volkskommune sollten überdies in Regimentsformation hinaus auf die Felder ziehen und den Krieg gegen die »widerspenstige« Natur aufnehmen, um ihr ein Höchstmaß an Produkten abzuringen. Doch waren zum einen ungefähr hundert Millionen Bauern bereits in der Stahlproduktion tätig und konnten deshalb ihre Felder nicht mehr bestellen, weil sie Stahl kochen mußten, zum anderen wartete die widerspenstige Natur just zu dieser Zeit mit Dürre und Überschwemmungen auf. Außerdem löste der Kampf gegen die »Fünf Schädlinge« – Fliegen, Moskitos, Ratten, Sperlinge, Schnecken – eine ökologische Katastrophe aus: Denn auf die organisierte Ausrottung der einen folgte das akute Anwachsen der anderen. Gestalteten sich die Ernteergebnisse anfangs noch recht ansehnlich, so konnten im darauffolgenden Jahr die geplanten Resultate schon nicht mehr erzielt werden. Doch die Ernteberichte wurden auf dem Papier von KP-treuen, vielleicht auch verängstigten Kadern ständig nach oben korrigiert, die Requisitionen der Regierung blieben weiter hoch – aber die Produktion ging zurück. Was nun folgte, war die größte von Menschen herbeigeführte Hungersnot: Zwischen den Jahren 1958 und 1960 kamen etwa 30 Millionen Menschen ums Leben. *»In Chengdu wurden die Lebensmittelrationen für Erwachsene auf ganze achteinhalb Kilogramm Reis, zehn Gramm Speiseöl und hundert Gramm Fleisch, sofern es überhaupt welches gab, pro Monat festgesetzt. Abgesehen davon gab es fast nichts anderes zu kaufen, nicht einmal Kohl. Viele Menschen litten unter Ödemen, Wasseransammlungen unter der Haut als Folge der Mangelernährung. Die Haut der Erkrankten färbte sich gelb, sie wirkten aufgedunsen. Man glaubte, Grünalgen seien ein Heilmittel dagegen, da sie angeblich Eiweiß enthielten. Grünalgen gedeihen auf menschlichem Urin. Daher gingen die Leute fortan nicht mehr auf die Toilette, sondern pinkelten in besondere Behälter. In den frischen Urin gaben sie Grünalgensamen. Nach ein paar Tagen sah das Ganze wie grüner Fischlaich aus. Die Grünalgen wurden aus dem Urin genommen, gewaschen und mit Reis gekocht. Es sah ekelhaft aus und schmeckte ekelhaft, aber es half gegen Ödeme … Die Leute mit Wassersucht waren meistens Bauern. Auf dem Lande wütete die Hungersnot viel schlimmer als in der Stadt, weil es dort keine Lebensmittelrationen gab. Die Regierung versorgte als erstes die Bewohner der Städte, vor allem der Großstädte. Die städtischen Beamten hatten Anweisung, den Bauern mit Gewalt* *die Lebensmittel abzunehmen. Bauern, die Lebensmittel versteckten, wurden verhaftet, zusammengeschlagen oder gefoltert; Beamte, die sich weigerten, den hungernden Bauern Lebensmittel wegzunehmen, wurden entweder entlassen oder mißhandelt. Daher starben die Bauern in China zu Millionen, und von den Bauern hing die Ernährung der Bevölkerung ab«* (zit. aus Chang Jung, S. 278 ff.).

Kritik an Mao Zedong

Durch seine Politik der »großen Sprünge«, die ein beispielloses Desaster herbeiführte, geriet Mao Zedong selbst in das Kreuzfeuer der Kritik. In die Defensive gedrängt, suchte er in den folgenden Jahren die Macht wieder an sich zu bringen. Seine Entschlossenheit war ungebrochen. Als »Reichseiner« und Führer der an die Macht gekommenen KP-Elite setzte er in gewissem Sinn die lange Tradition der Kaiser fort. Doch er war nicht nur »Kaiser«, sondern auch Revolutionsführer. *»Mao ... war ein Glaubender. Er glaubte an Dinge, die noch kein Auge gesehen hatte und deren Verwirklichung auch er erst in Jahrhunderten erwartete, an einen neuen Menschen in einer neuen Gesellschaft der Gleichen, in der es kein Oben und Unten mehr geben sollte ... Er vermochte seinen Glauben auf Hunderte von Millionen Chinesen zu übertragen«*, schreibt Klaus Mehnert in seinen Erinnerungen (S. 478).

Große Proletarische Kulturrevolution

Tatsächlich erkannte Mao, daß auch die neue Bürokratie die untersten Schichten der Gesellschaft nicht aufkommen ließ und die Bauernmassen weiterhin ausbeutete. Eine solche Art von Bürokratismus bedeutete auch weiterhin die Übel des Sonderstatus, der Bereicherung und Korruption. Mao brach nun mit der chinesischen politischen Tradition, wonach eine kleine, ausgewählte Elite die Massen zentralistisch regierte. Er setzte zur Korrektur an und inszenierte das schwerste politische Gewitter, das in zehnjährigem Toben ein zerrüttetes Land und Volk hinterließ. Die Große Proletarische Kulturrevolution hatte zunächst nur sehr wenig mit »Kultur« zu tun. Sie war eine politische Revolution, die man in marxistischem Verständnis als »Umwälzung im Überbau zur Aufhebung von gesellschaftlichen Widersprüchen« deklarierte. Im Grunde genommen war sie jedoch Ausdruck eines innerparteilichen Machtkampfes. Ihr Erfinder wünschte Mißstände in der Partei zu beseitigen, die an Revisionismus und Bürokratismus vergangener Zeiten anknüpften; er wollte die Partei umgestalten.

Kulturrevolution als Klassenkampf

Laut Definition von 1966 war die Kulturrevolution ein Klassenkampf von 95 Prozent gegen 5 Prozent, gegen »kapitalistische Machthaber«, gegen »bürgerlich reaktionäre akademische Autoritäten«, die an den »Vier Relikten« – alte Kultur, alte Sitten, alte Gewohnheiten, alte Denkweisen – festhielten.

Rote Garden

Maos Bevorzugung der »Massenlinie« kam auch hier zum Tragen: Die studentische Jugend wurde mobilisiert und zu Verbänden der sogenannten »Roten Garden« formiert. Sie sollten als Sprachrohr Maos die »Vier Relikte« ausmerzen und den »Neuen Menschen« schaffen. Wandzeitungen, Kampfversammlungen,

Aufmärsche, Kampagnen und Schulungen, getreu der Worte des Großen Vorsitzenden, prägten den chinesischen Alltag der späten sechziger Jahre. Und die Rotgardisten waren so erfolgreich wie erbarmungslos: Wer immer nur einen Hauch von Intellektualismus oder auch nur eine Neigung zum Ausland zu haben schien, bekam ihren Zorn zu spüren.

China im Chaos

Die revolutionäre Kraft artete in allgemeine Gewalttätigkeit aus, die bald das ganze Land überzog. Die Geister, die er rief, konnte Mao nur mehr mit Hilfe der Armee in Schranken weisen. Obwohl im Jahre 1969 offiziell für beendet erklärt, loderte die Kulturrevolution noch weiter bis 1976, bis zum Tode Maos. Was als eine Umgestaltung der Partei, als Kampf gegen Revisionismus und Bürokratismus, als Schaffung des »Neuen Menschen« begonnen hatte, endete im Chaos.

Kulturrevolution – die »zehn verlorenen Jahre«

Die »zehn verlorenen Jahre« – wie die Zeit der Kulturrevolution heute genannt wird – hinterließen einen riesigen Trümmerhaufen, einen »organisatorischen Friedhof«, wie es Oskar Weggel bezeichnet (S. 303). Das Ausmaß sinnloser Vernichtung an chinesischen Kulturgütern, wie Tempel, Bücher, Kunstwerke, war unermeßlich groß und wird wohl erst nach Jahren beziffert werden können. Ungefähr 400000 Menschen sollen in dieser Zeit durch Gewalttätigkeiten umgekommen sein. Auch hier ist erst nach Jahren oder Jahrzehnten eine genaue Zahl der Opfer zu erwarten. Die Revolution hatte ihre Kinder gefressen – und diese einander.

An Maos historischer Leistung ist nicht zu zweifeln, doch konzentriert sie sich auf die Zeit vor 1949 und auf die ersten Jahre der Volksrepublik. In den darauffolgenden Jahren wirkte sich sein Einfluß verheerend aus.

Tod des Großen Vorsitzenden

Trotz redlichen Eifers hatten seine Bemühungen um den »Neuen Menschen« die alte Kultur und Tradition nicht völlig auslöschen können: Bei seinem Tode wurde die althergebrachte, klassische Formulierung durch die Doppeldeutigkeit des Wortes *›beng‹* als »Beben der Erde« und »Ableben des Kaisers« wieder lebendig: »Wenn die Erde bebt, stirbt der Kaiser.« Und sie drängte sich tatsächlich auf: Im Juli des Jahres 1976 erschütterte ein gewaltiges Erdbeben die Region Tangshan. Zwei Erdstöße der Stärke 7,8 und 7,1 legten am 28. Juli in dem großen Industriezentrum, 150 km östlich von Beijing, 80 Prozent der Gebäude in Trümmer; 242000 Tote waren zu beklagen, 164000 Schwerverletzte zu versorgen. Ein Meteoritenregen und schwere Überschwemmungen machten das Szenario perfekt, das jahrhundertealte Historiographie als Vorboten für das Ableben des Kaisers und den Entzug des himmlischen Mandats ansah: Am 9. September 1976 starb Mao Zedong. Seine Nachfolger sind sich in ihrer Ablehnung der »zehn verlorenen Jahre« der Kulturrevolution beeindruckend einig: Nie wieder, lautet die Antwort der nachmaoistischen Machthaber. Die folgenden Jahre der vorsichtigen Entmaoisierung, der wirtschaftlichen Reform und Öffnungspolitik scheinen das Bild Chinas zu verändern und lassen das Ausland aufhorchen.

Generallinie der Modernisierung im Rahmen der »Vier Grundprinzipien«

Die neuen Richtlinien, die 1978 offiziell ausgegeben wurden, distanzierten sich vom Klassenkampf. Auf der Tagesordnung standen nun die »Vier Modernisierungen« im Bereich der Landwirtschaft, Industrie, Landesverteidigung und Wissenschaft. Der Prozeß beschleunigter Modernisierung sollte vorangetrieben werden, freilich unter der strikten Wahrung des einheitlichen Denkens: Denn als die neue Reformpolitik auch der Meinungsfreiheit Tür und Tor zu öffnen schien, von der sofort fleißig Gebrauch gemacht wurde, war die Liberalisierung auch schon wieder maßregelungsbedürftig. Die »Vier Grundprinzipien« vom März 1979, die auch in der Verfassung von 1982 aufgenommen wurden, legen für die Zukunft fest: das Festhalten an der Führung durch die KP, am Sozialismus, an der Diktatur des Volkes und an den Mao Zedong-Ideen.

Machtanspruch der KP

An der führenden Rolle und an dem politischen Machtanspruch der Partei ist also auch nicht in den Jahren der wirtschaftlichen und vom Ausland euphorisch begrüßten Reformen zu rütteln, wie die Ereignisse im Frühsommer des Jahres 1989 auf dem Platz des Himmlischen Friedens wieder in Erinnerung riefen. Recht deutlich zeigten dies schon zuvor die Kampagnen gegen »falsche neuartige Tendenzen«, gegen »bürgerliche Liberalisierung« und »geistige Verschmutzung« in den frühen achtziger Jahren: Bestanden die »neuartigen Tendenzen« im wesentlichen in der Wiederbelebung traditioneller Untugenden wie Amtsmißbrauch, Schwarzmarktgeschäfte und Spieltrieb, so war die »geistige Verschmutzung« eindeutig mit der Infiltration durch westliches Gedankengut in Zusammenhang zu bringen.

Neue Agrarreform – Abschaffung der Volkskommunen

Die Reform setzte zunächst im Agrarbereich an und zeigte durchschlagenden Erfolg. Die Volksrepublik hatte die zu 80 Prozent ländliche Struktur des Kaiserreiches geerbt. Lange Jahre war die Landwirtschaft wegen des Aufbaus der Schwerindustrie ausgelaugt und schwer vernachlässigt worden; bedenkliche Engpässe in der Versorgung machten daher eine Reformierung der Landwirtschaft dringlich und vorrangig. Im Zuge dieser Reform wurden die Volkskommunen abgeschafft und die Bauern im Grunde genommen zu eigenverantwortlich wirtschaftenden Staatspächtern umgewandelt, die obendrein noch eine Privatparzelle zugeteilt bekamen. Finanzielle Anreize, eine vertraglich fixierte Verantwortlichkeit und die sukzessive Einführung der Marktwirtschaft brachten tatsächlich den erwarteten Anstieg der Landwirtschaftsproduktion. Und der ist notwendig: Denn das riesige Land – auch ein Erbe des Kaiserreiches – ist nur zu 11 Prozent landwirtschaftlich nutzbar, 23 Prozent der Gesamtfläche sind Weideland.

Neue Industriereform – Preissteigerung und Inflation

Die Reform im städtisch-industriellen Bereich gestaltete sich ungleich schwieriger. Mehr Markt bedeutete auch hier eine gewisse Autonomie der Betriebe und Freigabe der Preise. Letzteres führte zu einer eklatanten Preissteigerung, denn die Preise mußten ja nicht nur kostendeckend, sondern – nach Möglichkeit – auch gewinnbringend sein. Während also die Preise stiegen, was den Bauern und

Kleingewerbetreibenden zugute kam, stagnierten die Löhne der unselbständigen Erwerbstätigen, das heißt der Beschäftigten bei Staat und Industrie. Als dann die Löhne doch angehoben wurden, schraubte sich die Inflationsrate steil nach oben, bis sie Schätzungen zufolge im Sommer 1988 knapp 30 Prozent erreichte.

Soziale Probleme als Folgen der Wirtschaftsreform

Der Reformprozeß in China zeigt wirtschaftliche und soziale Probleme auf, die nun nicht mehr Ursache, sondern Folgen der Wirtschaftsreformen sind. Mit der Inflation und dem damit verbundenen, zunehmenden Einkommensgefälle hat die Reform völlig neue Probleme geschaffen: Jeder, der selbständig wirtschaftet, kann unter Umständen enorme Gewinne verbuchen; der abhängig Beschäftigte mit fixem Einkommen hat jedoch das Nachsehen. Die soziale Kluft zwischen Chirurg und Friseur, Lehrer und Taxichauffeur wächst.

Bevölkerungsproblem

Nicht neu, aber in höchstem Ausmaß akut ist Chinas Überbevölkerung. China ist heute mit über 1,1 Milliarden Menschen (die Dunkelziffer wird bei über 1,3 Milliarden angesetzt) das bevölkerungsreichste Land der Welt. Gegenüber 1950 hat sich seine Bevölkerung mehr als verdoppelt. Die ideologisch motivierte Bevölkerungspolitik der maoistischen Volksrepublik, die zum Aufbau des Landes auf organisierte menschliche Arbeitskraft setzte, ließ die Bevölkerung explosionsartig anwachsen. Das verbesserte Gesundheitssystem bringt gemeinsam mit der gestiegenen Lebensqualität heute eine durchschnittliche Lebenserwartung von 69 Jahren (vor 1949 waren es nur 35 Jahre!).

Politik der Ein-Kind-Ehe

Damit wachsen der Altenanteil der Bevölkerung und auch die Pensionslasten, während seit 1979 die neue Bevölkerungspolitik zur Kontrolle des Bevölkerungswachstums die Ein-Kind-Ehe propagiert. Und trotzdem ist das Bevölkerungswachstum nicht kalkulierbar und die Wachstumsrate wieder angestiegen: Denn die geburtenstarken Jahrgänge der sechziger und frühen siebziger Jahre sind nun ins heiratsfähige Alter gekommen. Die Liberalisierung auf dem Land hat auch dort die Bevölkerungsentwicklung außer Kontrolle gebracht, und bescheidener Wohlstand bewegt die eine oder andere Familie, sich ein zweites Kind zu »leisten« – trotz bisweilen hoher Geldstrafen und dem Entzug etwaiger Vergünstigungen. Das Ziel, die Bevölkerungszahl für das Jahr 2000 bei 1,2 Milliarden zu stabilisieren, wird wohl nicht eingehalten werden können. Zur Zeit hat China einen Bevölkerungszuwachs von jährlich etwa 15 Millionen Menschen, die ernährt, gekleidet, unterrichtet und vor allen Dingen auch beschäftigt sein wollen.

Steigende Arbeitslosigkeit

Damit ist bereits das nächste schwerwiegende Problem angesprochen: Denn die Bevölkerungsexplosion verursacht auch eine steigende Arbeitslosigkeit, die durch das jahrzehntelang praktizierte System des auf Lebenszeit eingestellten Arbeiters nur noch prekärer wird. Also stellt man langsam auf Arbeitsverträge um. Um der Inflation Herr zu werden, leitete die chinesische Regierung im September 1988 ein sogenanntes »Austerity«-Programm ein: Die Preisreform wurde gestoppt, Investitionen und Kredite wurden gedrosselt. Der Erfolg stellte sich auch tatsächlich ein: Ende 1989 war die Inflation von knapp 30 Prozent, ihrem Höhepunkt, auf 6,4 Prozent reduziert. Der Preis dafür aber ist hoch und wirft andere Probleme auf: Die Wirtschaft stagnierte; am schwersten betroffen war die ländliche Industrie, deren dynamische Klein- und Mittelbetriebe der staatlichen Industrie weit überlegen sind. Die Schließung von über einer Million dieser Betriebe hat die Arbeitslosigkeit nur noch forciert. Der landwirtschaftlich nutzbare Boden ist knapp, die Arbeitsmöglichkeit in den Städten gering. Massenarbeitslosigkeit kann sich China aber nicht leisten. Seit März 1990 wird das »Austerity«-Programm wieder ansatzweise eingeschränkt.

Tradition der Vetternwirtschaft – eine Art Lebensphilosophie

Ein anderes Problem, dessen Wurzeln weit in die traditionelle chinesische Gesellschaftsstruktur zurückreichen, ist die Vetternwirtschaft und die Korruption. Die chinesische Gesellschaft war von jeher durch vertikal ausgerichtete, paternalistische Über- und Unterordnungsverhältnisse gekennzeichnet. Jeder einzelne war und ist in einen verpflichtenden Bezugsrahmen eingebunden. Unterordnung und Pietät, das heißt Gehorsam und treue Ergebenheit, verlangen im Gegenzug fürsorgliches und hilfreiches Entgegenkommen. Dies ist die klassische Idealvorstellung der Beziehung zwischen Volk und Regierung. Aber auch alle anderen zwischenmenschlichen Verhältnisse, sei es zwischen Familienangehörigen, Bekannten oder Arbeitskollegen, folgen dieser verpflichtenden Struktur. Hatte in der Kaiserzeit einer ein Amt erreicht, so kam die ganze Verwandtschaft nach und lebte von ihm. Heute ist es nicht viel anders; man verläßt sich auf seine persönlichen Beziehungen. Dies ist so gang und gäbe, daß man es fast als eine Art Lebensphilosophie bezeichnen kann. Dieser Partikularismus begünstigt aber die Korruption, und Nepotismus sichert obendrein die Kontinuität. Der grassierende Amtsmißbrauch und die persönliche Bereicherung der führenden Kader sind mit dem sozialistischen Anspruch auf Gleichheit jedoch gänzlich unvereinbar und demoralisieren die chinesische Gesellschaft.

Und dennoch darf man eines nicht übersehen: China wirkt heute ruhig und wohlgeordnet; die Kriminalitätsrate liegt weit unter dem Weltdurchschnitt. Um sie weiterhin niedrig zu halten, ist wiederum die ganze Bevölkerung zur Mitarbeit aufgerufen: In den frühen neunziger Jahren hat man den »Sechs Übeln« den Kampf angesagt. Mittels Informationsblättern – an die Haushalte ausgeteilt – wird die Bevölkerung aufgerufen, alle nur erdenklichen Verdachtsmomente, die auf Prostitution, Herstellung und Vertrieb pornographischer Artikel, Frauen- und Kinderhandel, Vertrieb von Suchtgiften und auf Aberglauben schließen lassen, den Behörden zu melden; es vergeht kaum ein Tag, an dem man den Zeitungsleser nicht ausführlich in das Schicksal eines von »schlechten Menschen« Verführten Einblick nehmen läßt.

Reform des Bildungswesens

Mag das Bildungswesen zugunsten der Wirtschaftsreform auch vernachlässigt worden sein, so wurde doch 1985 eine Reform des Bildungswesens beschlossen, die auf die schrittweise Einführung einer neunjährigen Schulpflicht, auf eine mehr fachlich orientierte Mittelschule, auf mehr Autonomie für die Hochschulen und anderes mehr hinzielt. Es wird wohl eine längere Zeit in Anspruch nehmen, bis diese Reform im ganzen Land greift und Wirkung zeigt.

Widersprüche in der Modernisierungspolitik

Der Modernisierungsprozeß ist widersprüchlich: Nur Kapital, Technologie und Organisationstechnik sollen aus dem Westen übernommen werden. Die Forderung nach rein instrumentellem Import erinnert an das Schlagwort, das vor etwa hundert Jahren Reformerkreise dem niedergehenden Kaiserhaus verordnet hatten: Chinesisches Gedankengut als Grundlage, westliches Gedankengut als Werkzeug, *zhongxue wei ti – xixue wei yong*. Die Einführung von Marktmechanismen wie Betriebsautonomie und Preisreform laufen aber dem zentralistisch geführten, bürokratischen Apparat zuwider, ja entheben ihn seiner Aufgabe. Ist jedoch erst einmal die zentrale Bürokratie in Frage gestellt, so ist es nur ein Schritt, auch den alleinigen Machtanspruch der Partei zu kritisieren. Und gerade dieser soll ja unangefochten bleiben. In der Modernisierungspolitik des heutigen China lebt die alte Spannung zwischen Fortschritt und Traditionalismus fort, zwischen Öffnung und Isolationismus, die Spannung zwischen materieller und geistiger Neuerung und dem Festhalten an der alten Sozialstruktur.

China ist nicht einfach ein Staat wie so viele andere. China ist eine Welt für sich, voll von Kontrasten, ungelösten Problemen und (zu vielen) Menschen. Jahrhundertelang war die chinesische Politik von der Sorge um die Einheit des Riesenreiches geprägt. Tatsächlich liegt die Gefahr des Zerfalls in der Natur des Landes selbst: China ist ein Staat von kontinentalem Ausmaß. Mit 9,5 Millionen km^2 ist es das drittgrößte Land der Erde; seine gewaltige Nordsüd- wie Ostwest-Ausdehnung bedingen eine starke Differenzierung der klimatischen Verhältnisse. Auf seinem Staatsgebiet leben 56 Nationalitäten, zusätzlich fragmentiert in eine Vielzahl von Dialektgruppen, in relativer Autonomie, weit entfernt von der Zentralregierung.

Die durch die Jahrhunderte sorgsam bewahrte Struktur des Reiches gilt auch heute noch: Die Einheit des ausgedehnten Landes und seiner großen Bevölkerung ist nur durch eine zentrale Autorität zu gewährleisten; die politische Einheit aber verlangt nach ideologischer Einheit. Die Aufrechterhaltung dieses Ideals obliegt seit jeher der Bürokratie. Was früher der Kaiser mit seiner konfuzianisch ausgebildeten Beamtenschicht war, ist heute die Parteiführung mit ihrem Kader. Es gilt die zentrale politische Herrschaft einer kleinen Elite, die zugleich die verbindliche Weltanschauung festlegt.

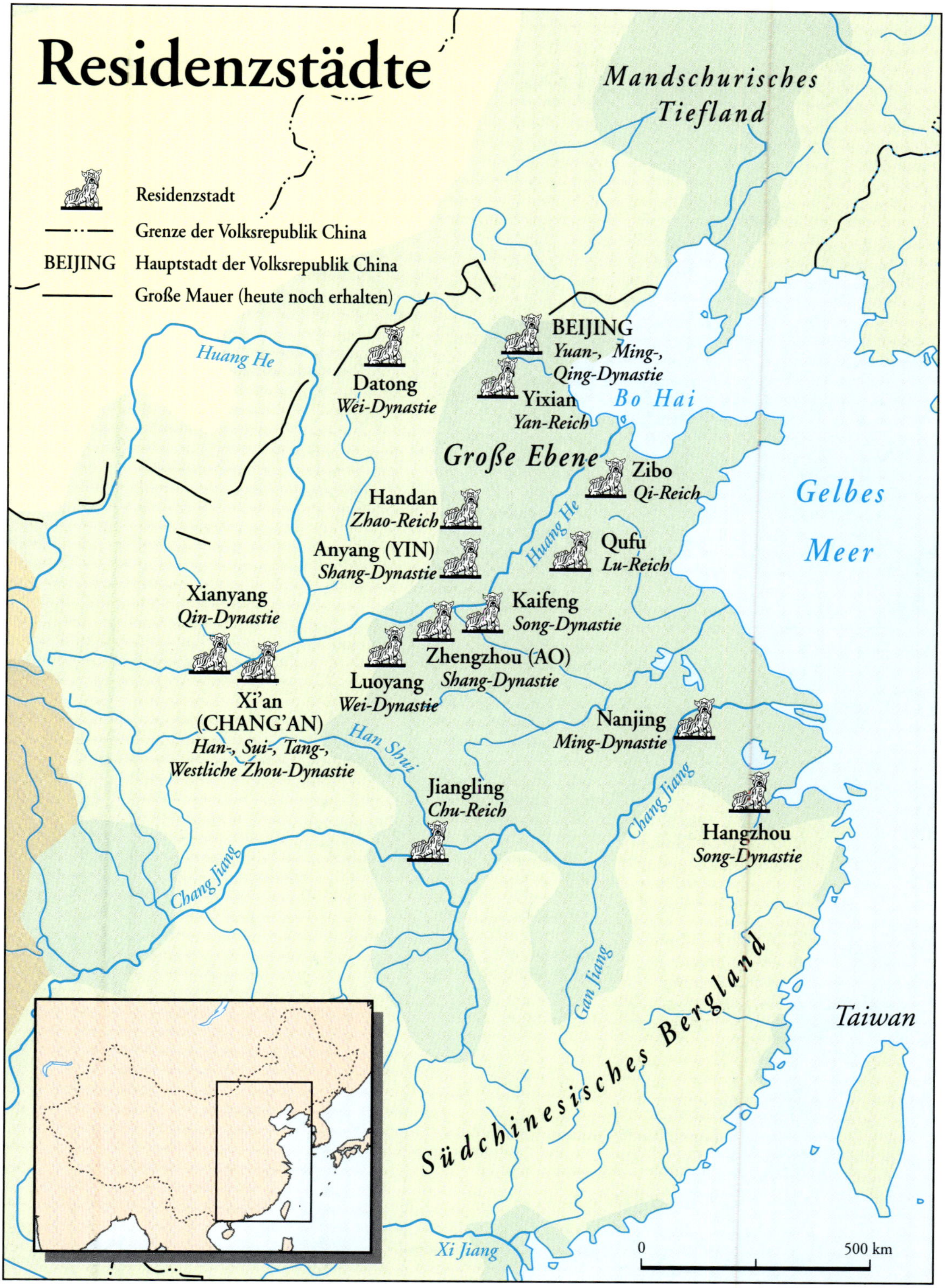

Residenzstädte
Residenzstadt
Grenze der Volksrepublik China
BEIJING Hauptstadt der Volksrepublik China
Große Mauer (heute noch erhalten)
Mandschurisches Tiefland
Huang He
Datong
Wei-Dynastie
BEIJING
Yuan-, Ming-, Qing-Dynastie
Yixian
Yan-Reich
Bo Hai
Große Ebene
Zibo
Qi-Reich
Handan
Zhao-Reich
Anyang (YIN)
Shang-Dynastie
Qufu
Lu-Reich
Gelbes Meer
Xianyang
Qin-Dynastie
Kaifeng
Song-Dynastie
Zhengzhou (AO)
Shang-Dynastie
Luoyang
Wei-Dynastie
Xi'an
(CHANG'AN)
Han-, Sui-, Tang-, Westliche Zhou-Dynastie
Han Shui
Nanjing
Ming-Dynastie
Jiangling
Chu-Reich
Chang Jiang
Hangzhou
Song-Dynastie
Gan Jiang
Südchinesisches Bergland
Taiwan
Xi Jiang
0
500 km

Grabmäler

Shang-Zeit	Königsgräber von Anyang
Zeit der Streitenden Reiche	Gräber der Herzöge von Qi, Zibo
	Grabmal des Konfuzius, Qufu
	Grabmal des Fürsten Yi, Jiangling
	Königsgräber der Dian, am Fuße des Shizhai Shan
Qin-Zeit	Mausoleum des Qin Shihuang , Xianyang
Han-Zeit	Kaisergräber der Westlichen Han, Xi'an
	Grab von Leitai, Wuwei
	Gräber von Mancheng
	Grabmal von Mawangdui, Changsha
	Han-Gräber bei Luoyang
	Han-Gräber von Dahuting, Mixian
	Gräber der Familie Wu in Jiaxiang
	Steingrab von Yinan
	Han-Grab von Wangdu
	Han-Grab von Horinger
	Han-Grab von Dabaotai, Beijing
Tang-Zeit	Kaisergräber der Tang, Xi'an
	Tibetische Königsgräber, Tsetang
	Islamische Gräber, Quanzhou
	Grab des Wang Jian, Chengdu
	Grab des Meng Zhixiang, Chengdu
	Kaisergräberder Südlichen Tang, Nanjing
Song-Zeit	Kaisergräber der Nördlichen Song, Luoyang
	Islamische Gräber, Yangzhou
	Königsgräber der Xi Xia-Dynastie, Yinchuan
Ming-Zeit	Grab des 1. Ming-Kaisers, Nanjing
	Ming-Gräber, Changping
	Grab des Nurhaci, Shenyang
	Ewiges Grabmal, Xinbin
Qing-Zeit	Ostgräber der Qing, Zunhua
	Westgräber der Qing, Yixian

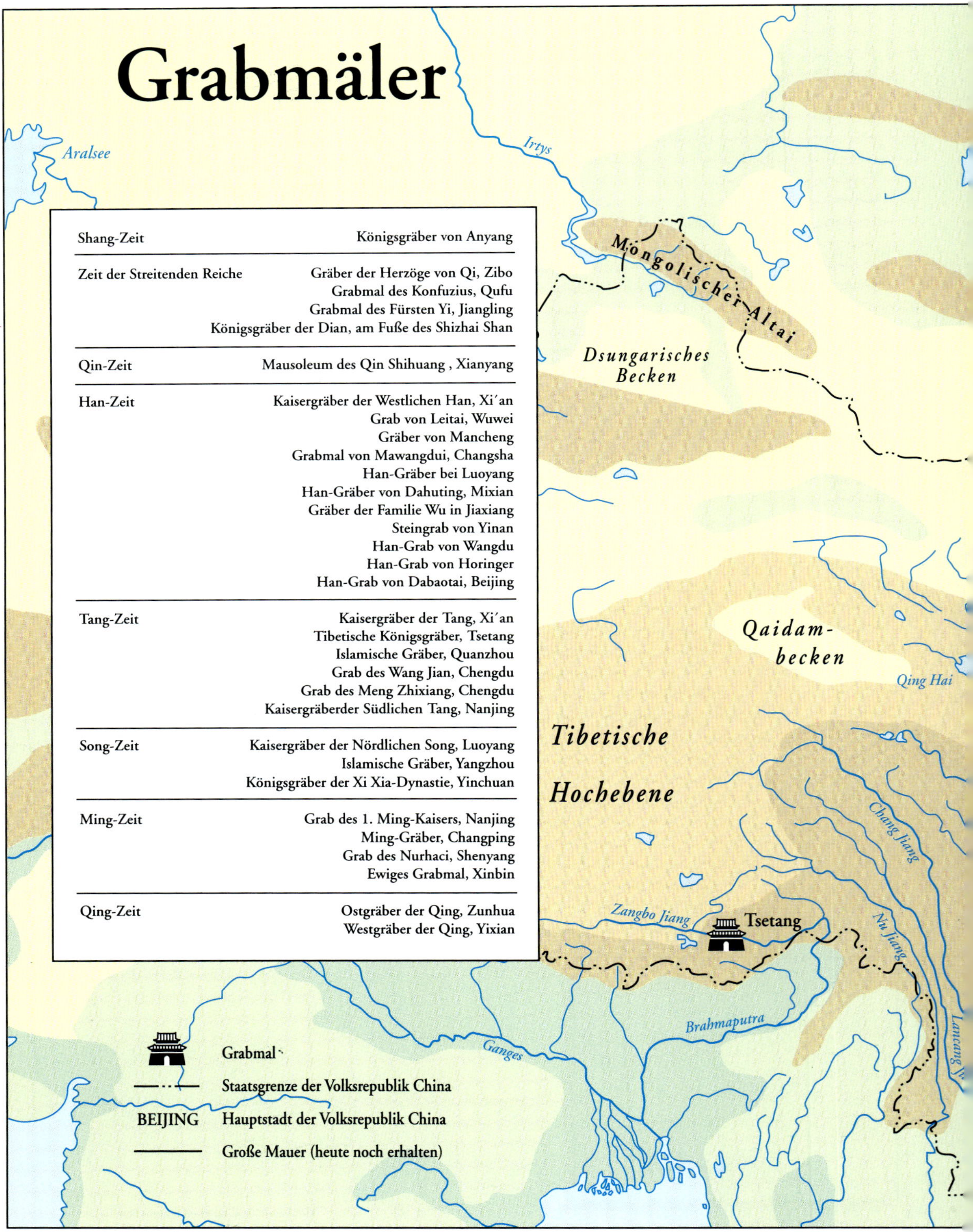

Baikalsee
Amur
Ussuri
Nen Jiang
Hulun Hu
Songhua Jiang
Xinkai Hu
Großer Hinggan
Mandschurisches Tiefland
Wüste Gobi
Mongolisches Plateau
Xinbin
Shenyang
Changping
Zunhua
Horinger
BEIJING
Yixian
Mancheng
Bo Hai
Honschu
Yinchuan
Wuwei
Wangdu
Zibo
Gelbes Meer
Huang He
Anyang
Qufu
Yinan
Kiuschu
Huang He
Jiaxiang
Mixian
Luoyang
Xianyang
Xi'an
Yangzhou
Große Ebene
Nanjing
Ostchinesisches Meer
Chang Jiang
Chengdu
Jiangling
Dadu He
Changsha
Südchinesisches Bergland
Quanzhou
Taiwan
Dian-See
Shizhai Shan
Xi Jiang
0
500 km

Buddhistische Höhlengrotten

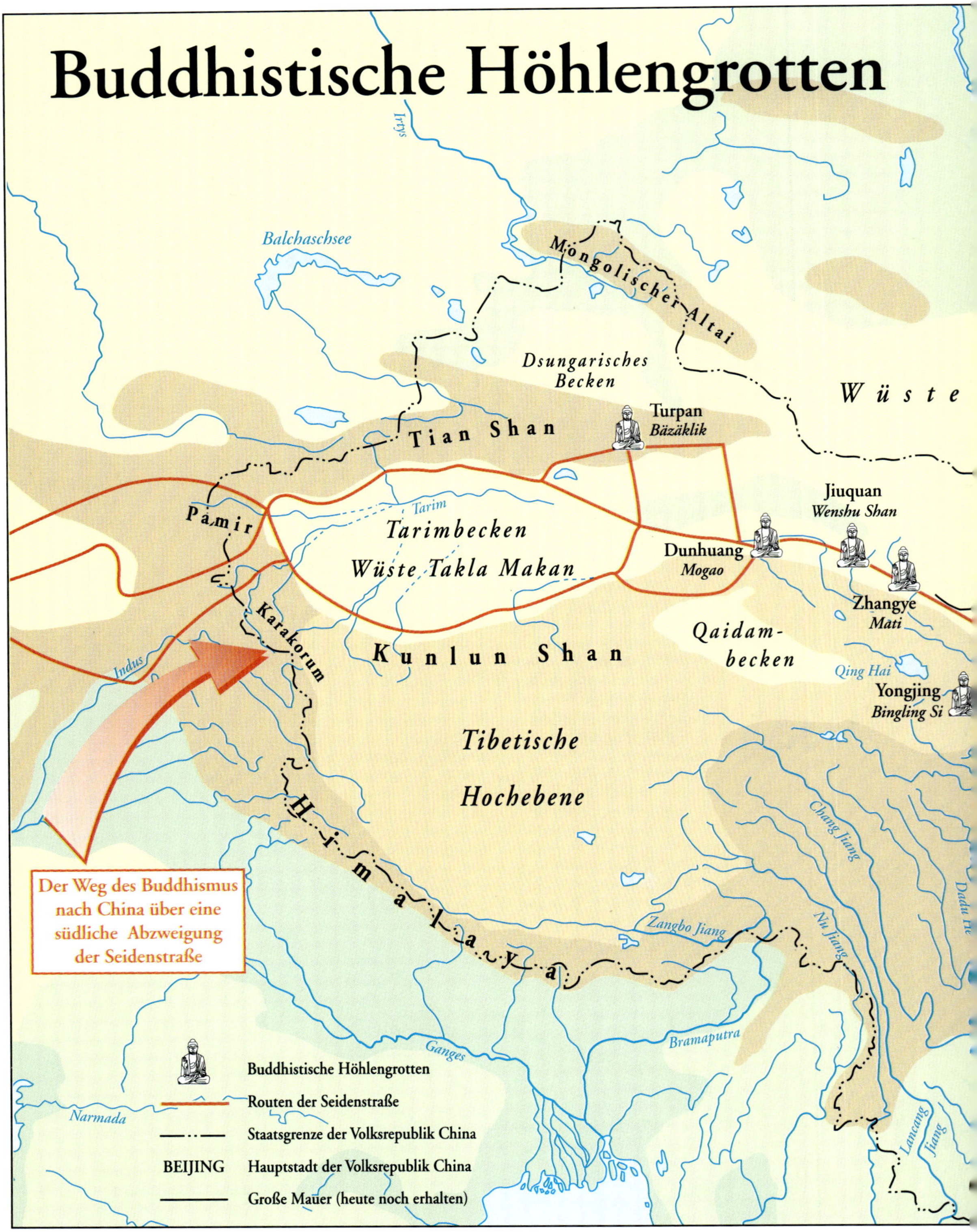

Baikalsee
Amur
Ussurij
Hulun Hu
Nen Jiang
Songhua Jiang
Xinkai Hu
Großer Hinggan
Mandschurisches Tiefland
Gobi
Mongolisches Plateau
Honschu
BEIJING
Huang He
Datong
Yungang
Bo Hai
Handan
Xiangtang Shan
Taiyuan
Tianlong Shan
Gelbes Meer
Schikoku
Anyang
Lingquan Si
Yidu
Tuo Shan
Kiuschu
Tianshui
Maiji Shan
Gongxian
Shiku Si
Große Ebene
Xi'an
Luoyang
Longmen
Ostchinesisches Meer
Chang Jiang
Dazu
Beishan und Baoding Shan
Leshan
Buddha von Leshan
Pazifik
Südchinesisches Bergland
Taiwan
Xi Jiang
0
500 km

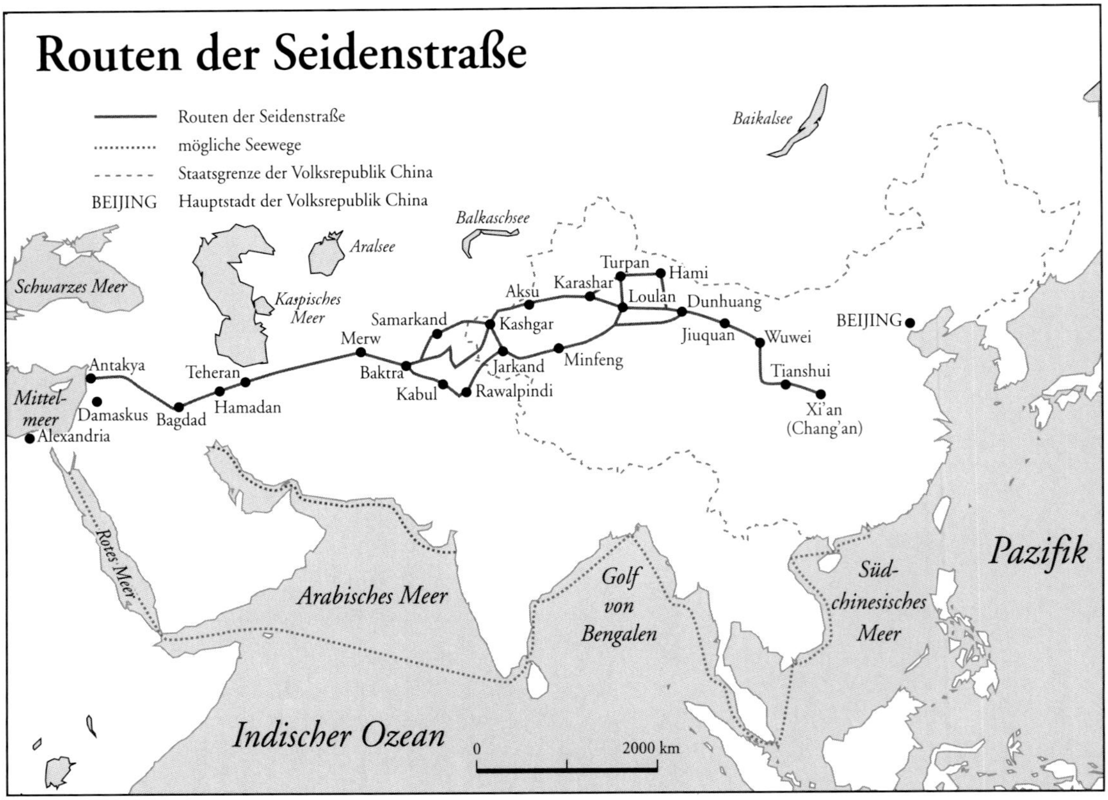
Routen der Seidenstraße
Routen der Seidenstraße
mögliche Seewege
Staatsgrenze der Volksrepublik China
BEIJING Hauptstadt der Volksrepublik China
Baikalsee
Balkaschsee
Aralsee
Schwarzes Meer
Kaspisches Meer
Samarkand
Aksu
Karashar
Turpan
Hami
Loulan
Dunhuang
Kashgar
Jiuquan
Wuwei
BEIJING
Merw
Antakya
Teheran
Baktra
Jarkand
Minfeng
Tianshui
Mittel-meer
Damaskus
Bagdad
Hamadan
Kabul
Rawalpindi
Xi'an (Chang'an)
Alexandria
Rotes Meer
Arabisches Meer
Golf von Bengalen
Süd-chinesisches Meer
Pazifik
Indischer Ozean
0
2000 km

Papier – von China nach Europa
Luoyang 105 Ort und Zeitpunkt der Ausbreitung der Papiermacherkunst
Staatsgrenze der Volksrepublik China
BEIJING Hauptstadt der Volksrepublik China
Atlantik
Oslo 1690
England 1494
Moskau 1576
Amerika 1690
Dordrecht 1586
Nürnberg 1390
Schwarzes Meer
Kaspisches Meer
Baikalsee
Balkaschsee
Aralsee
Kanada 1803
Troyes 1348
Fabriano 1276
Turpan 399
Dunhuang vor 150
Mexiko 1575
Xàtiva 1150
Samarkand 751
Loulan um 260
BEIJING
Bagdad 793
Minfeng 250-300
Korea 600
Kashmir 1420-1470
Mittelmeer
Fez 1100
Damaskus 10. Jh.
Luoyang 105 v. Chr.
Japan 610-625
Kairo 10. Jh.
Rotes Meer
Golf von Bengalen
Süd-chinesisches Meer
Pazifik
Arabisches Meer
0
2000 km

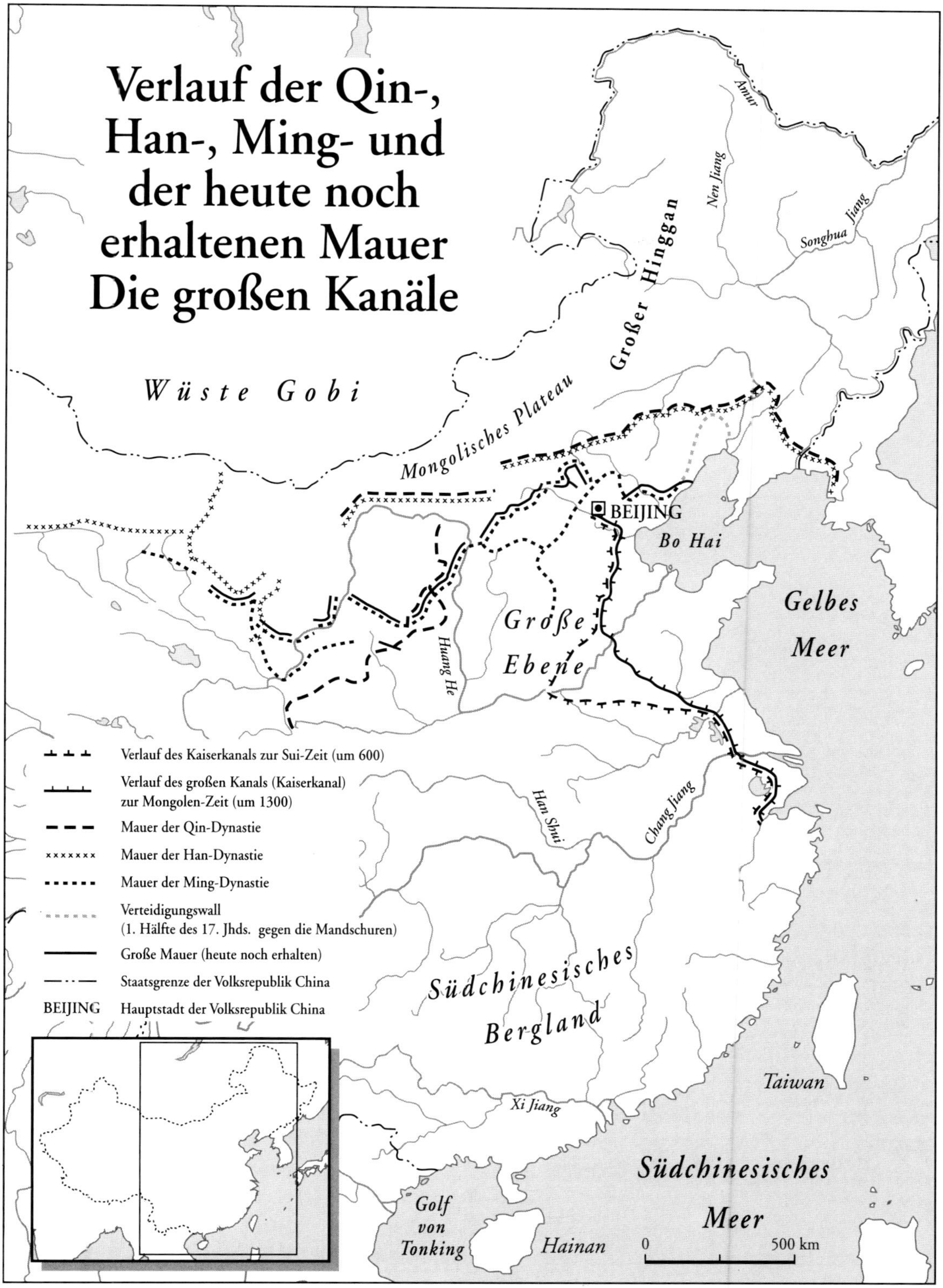
Verlauf der Qin-, Han-, Ming- und der heute noch erhaltenen Mauer Die großen Kanäle
Wüste Gobi
Mongolisches Plateau
Großer Hinggan
Amur
Nen Jiang
Songhua Jiang
BEIJING
Bo Hai
Große Ebene
Huang He
Gelbes Meer
Han Shui
Chang Jiang
Südchinesisches Bergland
Xi Jiang
Taiwan
Golf von Tonking
Hainan
Südchinesisches Meer
0
500 km
Verlauf des Kaiserkanals zur Sui-Zeit (um 600)
Verlauf des großen Kanals (Kaiserkanal) zur Mongolen-Zeit (um 1300)
Mauer der Qin-Dynastie
Mauer der Han-Dynastie
Mauer der Ming-Dynastie
Verteidigungswall (1. Hälfte des 17. Jhds. gegen die Mandschuren)
Große Mauer (heute noch erhalten)
Staatsgrenze der Volksrepublik China
BEIJING
Hauptstadt der Volksrepublik China

Die Zeit der ungleichen Verträge

Die Aggression des Auslands in China ab 1840

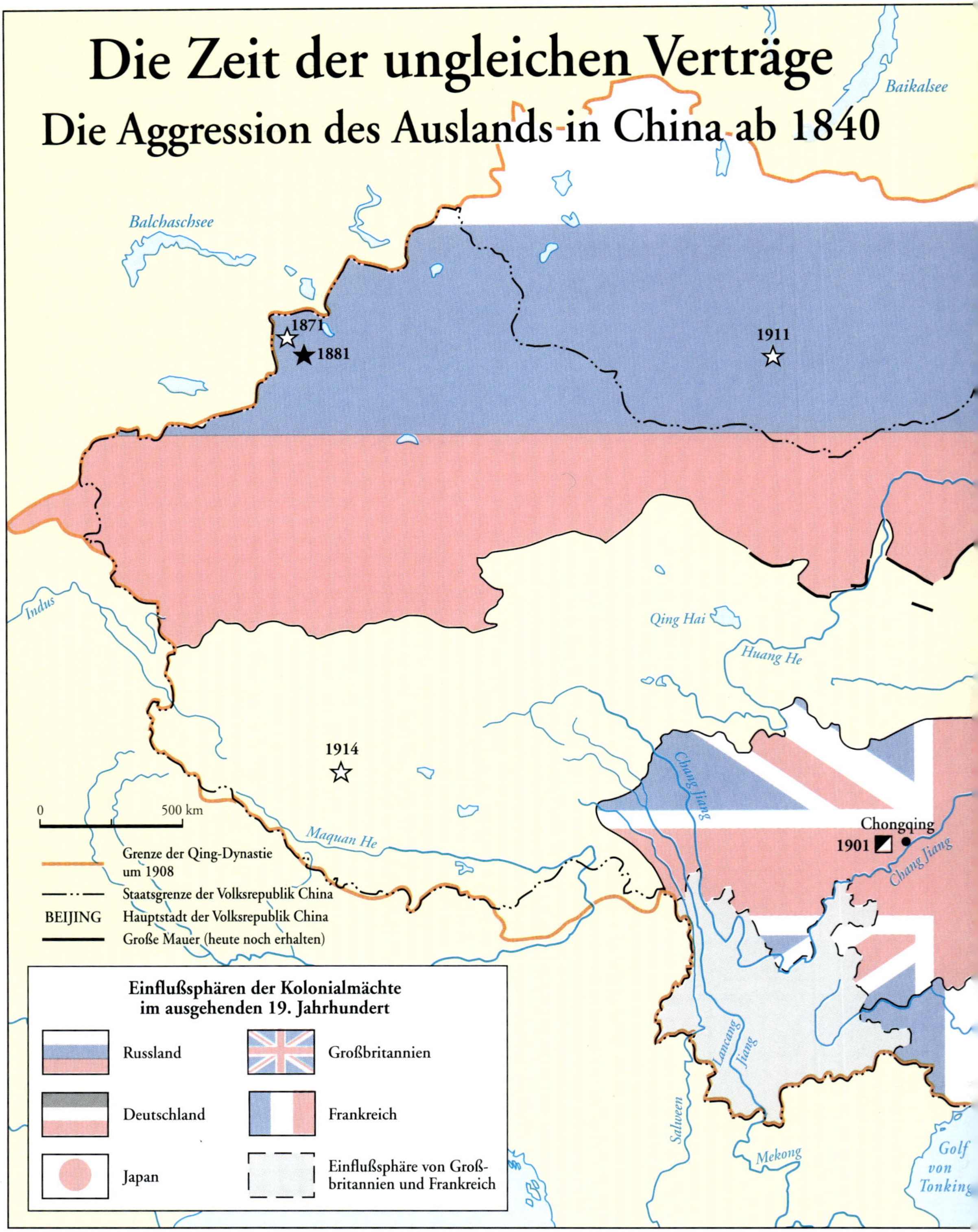

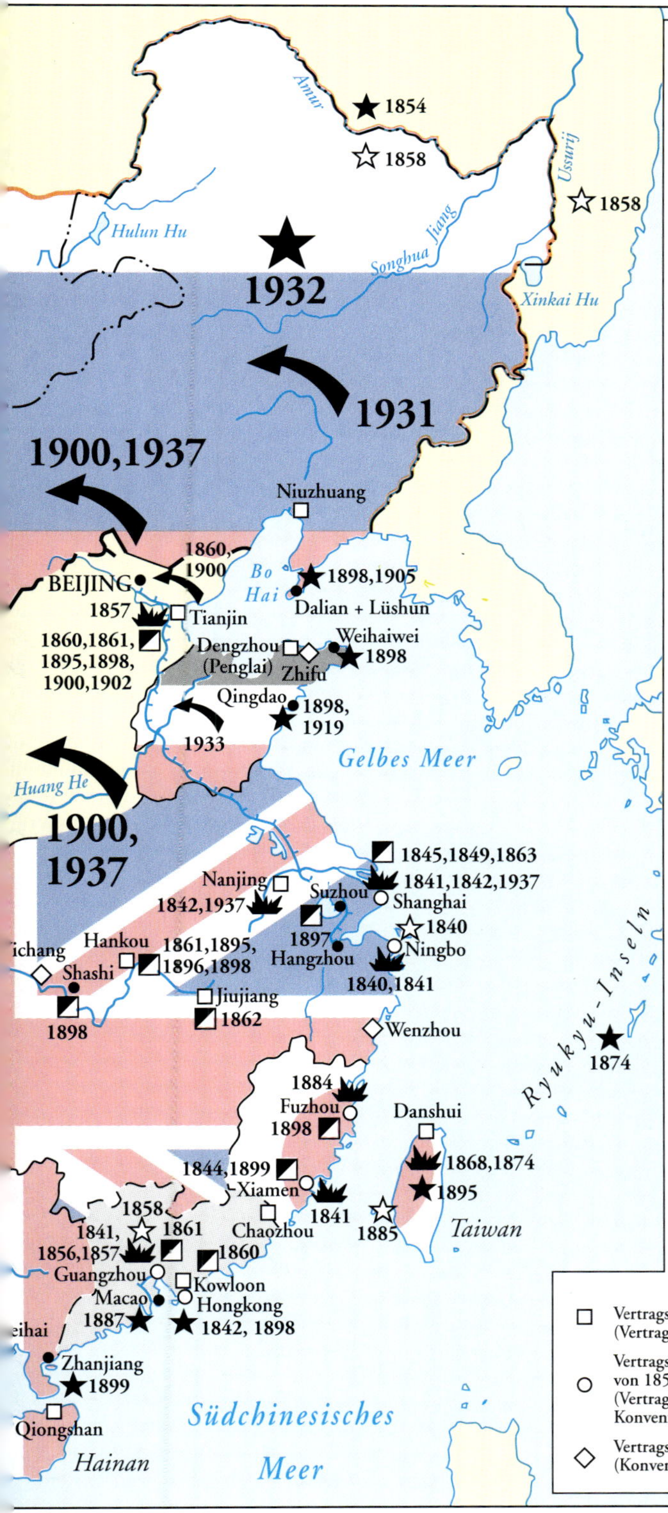

1840	Besetzung der Zhoushan-Inseln, Angriff der Engländer auf Ningbo
1841	Engl. Angriffe auf Guangzhou, Xiamen, Ningbo, Shanghai
1842	Engl. Angriffe auf Shanghai und Nanjing, Vertrag von Nanjing, Annexion Hongkongs durch England
1844	Engl. Konzession in Xiamen
1845	Engl. Konzession in Shanghai
1849	Franz. Konzession in Shanghai
1850	Annexion der Amur-Mündung durch die Russen
1854	Annexion des nördlichen Amur-Ufers durch die Russen
1856	Bombardement von Guangzhou durch die Engländer
1857	Bombardement von Guangzhou und den Haihe-Forts (Tianjin) durch Engländer und Franzosen
1858	Besetzung von Guangzhou und der Haihe-Mündung, Vertrag von Tianjin, Besetzung der Gebiete im Süden des Amur-Unterlaufs und im Osten des Ussurij durch die Russen
1859	Neuerlicher Angriff auf die Haihe-Forts
1860	Einfall in Hebei und Beijing, Brand des Sommerpalastes, Annexion von Jiulong (Kowloon) durch die Engländer, Engl. Konzession in Tianjin
1861	Engl. Konzessionen in Hankou und Guangzhou, Franz. Konzessionen in Guangzhou und Tianjin
1862	Engl. Konzession in Jiujiang
1863	Internationale Konzession in Shanghai
1868	Bombardement auf Anping (Taiwan) durch die Engländer
1871	Besetzung des Ili-Gebietes durch die Russen
1874	Japan. Angriff auf Taiwan, Annexion der Ryukyu-Inseln durch Japan
1876	Konvention von Zhifu
1881	Annexion des Ili-Gebietes durch die Russen
1884	Franz. Bombardement auf Fuzhou
1885	Besetzung der Penghu-Inseln (Pescadores) und eines Teils von Taiwan durch die Franzosen
1887	Annexion von Macao durch die Portugiesen
1890	Konvention von Chongqing
1895	Annexion von Taiwan und den Penghu-Inseln durch Japan Deutsche Konzessionen in Hankou und Tianjin
1896	Russ. und franz. Konzessionen in Hankou
1897	Japan. Konzessionen in Suzhou und Hangzhou
1898	Annexion von Qingdao und der Jiaozhou-Bucht durch Deutschland, Annexion von Weihaiwei durch die Engländer, Annexion von Dalian und Lüshun/Port Arthur durch die Russen, Japan. Konzessionen in Hankou, Shashi, Tianjin, Hongkong für 99 Jahre an England verpachtet
1899	Annexion von Zhanjiang durch die Franzosen Japan. Konzession in Xiamen
1900	Einmarsch der alliierten Truppen nach dem Boxeraufstand, Strafexpeditionen der Alliierten in ganz Nordchina, Russ. Konzession in Tianjin
1901	Japan. Konzession in Chongqing
1902	Belg., ital. und österr. Konzession in Tianjin
1905	Annexion von Dalian und Lüshun durch Japan
1911	Äußere Mongolei unter russ. Kontrolle
1914	Zentral- und Westtibet unter britischer Kontrolle
1919	Shandong-Resolution: Übernahme der deutschen Gebiete in Shandong durch Japan
1931	Invasion und
1932	Annexion der Mandschurei durch Japan
1933	Vorstoß der Japaner nach Jehol und in die Provinz Hebei
1937	Bombardement von Shanghai und Nanjing durch die japan. Luftwaffe, japan. Invasion in ganz China

□	Vertragshäfen von 1842 (Vertrag von Nanjing)
○	Vertragshäfen und Konzessionen von 1858 und 1860 (Vertrag von Tianjin, Konvention von Beijing)
◇	Vertragshäfen von 1876 (Konvention von Zhifu)
	Angriff/Bombardement
	Konzession
☆	Besetzung
★	Annexion
	Einfall/Einmarsch

Chronologie der Dynastien

Xia		2205 – 1766 v. Chr.
Shang		1766 – 1122
Zhou:	Westl. Zhou	1122 – 770
	Östl. Zhou	770 – 221
Qin		221 – 206 v. Chr.
Han:	Westl. Han	206 v. – 24 n. Chr.
	Östl. Han	24 – 220 n. Chr.
Drei Reiche		220 – 265
Jin		265 – 420
Nördliche und Südl. Dynastien		420 – 589
Sui		589 – 618
Tang		618 – 907
Fünf Dynastien und Zehn Reiche		907 – 960
Song		960 – 1280
Yuan		1280 – 1368
Ming		1368 – 1644
Quing		1644 – 1911
Republik		1911 – 1949
Volksrepublik		seit 1949

Indices

Register I: nach Dynastien

* thematisch in engem Zusammenhang, aber andere Entstehungszeit

Register II: nach Provinzen

HENAN

SHANDONG

SHAANXI

SHANXI

NINGXIA

JIANGSU

ZHEJIANG

ANHUI

JIANGXI

HUNAN

HUBEI

FUJIAN

Index

Auswahl weiterführender Literatur (nur deutschsprachig)

* kennzeichnet Werke, aus denen im Text zitiert wurde

Balázs*, Stefan: Der Philosoph Fan Dschen und sein Traktat gegen den Buddhismus. In: Sinica 1932, 7, 229ff.

Bauer, Edgar: Die Erben der roten Mandarine. Wer führt China in die Zukunft? (Straube, Erlangen–Bonn–Wien 1990).

Bauer*, Wolfgang: China und die Hoffnung auf Glück. (dtv, München 1974 [Carl Hanser Verlag München 1971]).

Bauer*, Wolfgang (Hg.): China und die Fremden. 3000 Jahre Auseinandersetzung in Krieg und Frieden. (C. H. Beck, München 1980).

Baum*, Vicky: Hotel Shanghai. (Büchergilde Gutenberg, Wien o. J.).

Blofeld, John: Der Taoismus oder Die Suche nach Unsterblichkeit. (Eugen Diederichs Verlag, München 1988 [London 1979]).

Blofeld*, John: Eine Reise von tausend Meilen beginnt mit einem Schritt. (O. W. Barth-Verlag, Bern–München–Wien 1990 [London 1974]).

Boerschmann, Ernst: Die Baukunst und religiöse Kultur der Chinesen. 3 Bde. (Berlin 1911).

Böttger, Walter: Kultur im alten China. (Urania-Verlag, Leipzig–Jena–Berlin 1988 [1977]).

Bredon, Juliet & Mitrophanow, Igor: Das Mondjahr. Chinesische Sitten, Bräuche und Feste. (Paul Zsolnay Verlag, Berlin–Wien–Leipzig 1937).

Ce* Shaozhen: Flaneur im alten Peking. Ein Leben zwischen Kaiserreich und Revolution. (dtv, München 1990 [1987]).

Cerutti, Herbert: China – wo das Pulver erfunden wurde. Naturwissenschaft, Medizin und Technik in China. (dtv, München 1987 [1985]).

Chan Wing Tsit: Religiöses Leben in China. (O. W. Barth-Verlag, München 1955 [New York 1953]).

Chang* Jung: Wilde Schwäne. Die Geschichte einer Familie. Drei Frauen in China von der Kaiserzeit bis heute. (Droemer Knaur, München 1991).

China, eine Wiege der Weltkultur. 5000 Jahre Erfindungen und Entdeckungen. Hg. von Arne Eggebrecht. (Verlag Philipp von Zabern, Mainz 1994).

China, Goldenes Zeitalter. Die Tang-Dynastie (618–907 n. Chr.) und das kulturelle Erbe der Seidenstraße. Hg. von Dieter Kuhn. (Edition Braus, Heidelberg 1993).

Chinesische Kunst. Von Peter C. Swann, Claude Arthaud, F. Hébert-Stevens. (Verlag A. Fromm, Osnabrück 1963).

Chinesische Kunst. Band 1: Bronze, Jade, Skulptur, Keramik. Band 2: Gold, Silber, Bronze, Email, Lack, Holz. (Orell Füssli Verlag, Zürich 1980 [Fribourg 1960 bzw. 1963]).

Conze, Edward: Eine kurze Geschichte des Buddhismus. (Suhrkamp, Frankfurt 1986 [London 1980])

Cotterell* 1, Arthur & Yong Yap: Das Reich der Mitte. 5000 Jahre Geschichte und Tradition im Alten China. (Scherz Verlag, Bern–München 1986 [1975]).

Cotterell* 2, Arthur: Der Erste Kaiser von China. Der größte archäologische Fund unserer Zeit. (Umschau Verlag, Frankfurt 1981).

Dalai Lama: Das Auge der Weisheit. Grundzüge der buddhistischen Lehre für den westlichen Leser. (O. W. Barth Verlag, Bern–München–Wien 1991 [London 1966]).

Das alte China. Menschen und Götter im Reich der Mitte, 5000 v. Chr.–220 n. Chr. Veranstaltung der Kulturstiftung Ruhr. (Hirmer, München 1995).

Debon* 1, Günther: Chinesische Dichter der Tang-Zeit. (Philipp Reclam jun., Stuttgart 1975 [1964]).

Debon* 2, Günther: Li Taibo – Gedichte. (Philipp Reclam jun., Stuttgart 1979 [1962]).

Debon, Günther & Speiser, Werner (Hg.): Chinesische Geisteswelt. Zeugnisse aus drei Jahrtausenden. (Verlag Werner Dausien, Hanau 1987).

Deng Xiaoping: Die Reform der Revolution. Eine Milliarde Menschen auf dem Weg. (Siedler Verlag, Berlin 1988).

Dian – Ein versunkenes Königreich in China. Hg. von Albert Lutz. (Museum Rietberg Zürich, 1986).

Die Grosse Mauer. Geschichte, Kultur- und Sozialgeschichte Chinas. (Weltbild Verlag, Augsburg 1990).

Die Reisen des Marco Polo. (Ullstein, Frankfurt–Berlin–Wien 1983).

Drège*, Jean-Pierre: Marco Polo und die Seidenstraße. (Ravensburg 1992 [Paris 1989]).

Eberhard, Wolfram: Geschichte Chinas. Von den Anfängen bis zur Gegenwart. (Alfred Kröner Verlag, Stuttgart 1980 [1971]).

Eberhard, Wolfram: Lexikon chinesischer Symbole. Die Bildsprache der Chinesen. (Eugen Diederichs Verlag, München 1989 [1983]).

FAIRBANK, John K.: Geschichte des modernen China, 1800–1985. (dtv, München 1989 [New York 1986]).

FAZZIOLI, Edoardo: Gemalte Wörter. 214 chinesische Schriftzeichen. Vom Bild zum Begriff. (Gustav Lübbe Verlag, Bergisch Gladbach 1987).

FEIFEL, Eugen: Die Geschichte der chinesischen Literatur. (Georg Olms Verlag, Hildesheim–Zürich–New York 1982 [1958]).

FITZGERALD, Patrick: Das Alte China. Archäologie in Wort und Bild. (Berlin–Darmstadt–Wien 1975).

FITZGERALD, Patrick: Die Chinesen. Das Volk der Gegensätze. (Wilhelm Heyne Verlag, München 1977 [1935]).

FORKE, Alfred: Geschichte der alten chinesischen Philosophie. – Geschichte der mittelalterlichen chinesischen Philosophie. – Geschichte der neueren chinesischen Philosophie. (de Gruyter, Hamburg 1964).

FRANKE, Herbert & TRAUZETTEL, Rolf: Das Chinesische Kaiserreich. (Fischer, Frankfurt 1986 [1968]).

FRANKE, Wolfgang: Das Jahrhundert der chinesischen Revolution, 1851–1949. (München–Wien 1980).

GASCOIGNE*, Bamber: Das kaiserliche China und seine Kunstschätze. (Verlag Fritz Molden, Wien–München–Zürich 1974 [London 1973]).

GERNET*, Jacques: Christus kam bis nach China. Eine erste Begegnung und ihr Scheitern. (Artemis Verlag, Zürich–München 1984 [Paris 1982]).

GERNET, Jacques: Die chinesische Welt. (Insel-Verlag, Frankfurt/Main 1989 [Paris 1972]).

GOEPPER*, Roger: Das alte China. Geschichte und Kultur des Reiches der Mitte. (C. Bertelsmann, München 1988).

GONZALEZ DE MENDOZA*, Juan: Die Geschichte der Höchst Bemerkenswerten Dinge und Sitten im Chinesischen Königreich. Hg. von Margareta GRIESZLER. (Thorbecke Verlag, Sigmaringen 1992 [1585]).

GOVINDA, Anagarika: Grundlagen tibetischer Mystik. (O. W. Barth Verlag, Bern–München–Wien 1991 [London 1956]).

GRANET, Marcel: Das chinesische Denken. (Suhrkamp, Frankfurt/Main 1985 [Paris 1934]).

GRANET, Marcel: Die chinesische Zivilisation. (Suhrkamp, Frankfurt/Main 1985 [Paris 1929]).

GRIMM*, Tilemann: Mao Tse-Tung. (Rowohlt, Hamburg 1987 [1968]).

GROBE-HAGEL, Karl: Hinter der Großen Mauer. Religionen und Nationalitäten in China. (Eichborn, Frankfurt/Main 1991).

GROUSSET*, Réne: Die Reise nach Westen – oder wie Hsüan-tsang den Buddhismus nach China holte. (Diederichs, Köln 1986 [Paris 1929]).

GUIKOVATY*, Emile: Das neue China des Mao Tse-Tung. (S. Fischer, Frankfurt 1977 [Paris 1976]).

HARRER*, Heinrich: Sieben Jahre in Tibet. Mein Leben am Hofe des Dalai Lama. (Ullstein, Frankfurt 1989 [1966]).

HEDIN*, Sven: Wildes Heiliges Tibet. (Reclam-Verlag, Stuttgart 1971 [1952]).

HEISSIG*, Walter (Hg.): Die Geheime Geschichte der Mongolen. (Diederichs, Düsseldorf–Köln 1981).

HOEVELS, Fritz Erik: Eine chinesische Harnreizphantasie. In: System ubw. Zeitschrift für klassische Psychoanalyse, 9. Jg., Heft 1, Mai 1991, 5–17

HSIA, Adrian (Hg.): Deutsche Denker über China. (Insel Verlag, Frankfurt/Main 1985).

HUANG, Ray: 1587. Ein Jahr wie jedes andere. – Der Niedergang der Ming. (Insel Verlag, Frankfurt 1986 [Yale 1981]).

KAHN-ACKERMANN, Michael: China – Drinnen vor der Tür. Erfahrungen mit dem chinesischen Alltag. (China Studien- und Verlagsgesellschaft, Frankfurt/Main 1983 [1979]).

KALTENMARK, Max: Lao-tzu und der Taoismus. (Suhrkamp, Frankfurt/Main 1981 [Paris 1965]).

KARLGREN, Bernhard: Schrift und Sprache der Chinesen. (Springer-Verlag, Berlin–Heidelberg–New York 1975 [Hongkong 1962])

KIELMANSEGG, Johann Adolf Graf & WEGGEL, Oskar: Unbesiegbar? China als Militärmacht. (Seewald Verlag, Stuttgart [1985]).

KINDERMANN, Gottfried-Karl: Der Ferne Osten. (dtv, München 1970).

KÖSTER, Hermann: Symbolik des chinesischen Universismus. (Anton Hiersemann, Stuttgart 1958). Tafelband von Gernot PRUNNER. (Anton Hiersemann, Stuttgart 1986).

KUHN, Dieter: Die Song-Dynastie (960 bis 1279). Eine neue Gesellschaft im Spiegel ihrer Kultur. (Acta Humaniora VCH, Weinheim 1987).

KÜNG, Hans & CHING Julia: Christentum und Chinesische Religion. (Piper, München–Zürich 1988).

LAUF, Detlef I.: Eine Ikonographie des tibetischen Buddhismus. (Akad. Druck- und Verlagsanstalt, Graz 1979).

LEIBNIZ*, Gottfried Wilhelm: Vorwort zu Novissima Sinica. In: Deutsche Denker über China. Hg. von Adrian HSIA. (Insel Verlag, Frankfurt 1985).

LI* Zehou: Der Weg des Schönen. Wesen und Geschichte der chinesischen Kultur und Ästhetik. (Herder, Freiburg–Basel–Wien 1992).

LIN* 1 Yutang: Mein Land und mein Volk. (Deutsche Verlagsanstalt, Stuttgart–Berlin o. J.).

LIN* 2 Yutang: Schatzkammer Peking. Sieben Jahrhunderte Kunst und Geschichte. (Umschau Verlag, Frankfurt 1963 [1962]).

LOEWE, Michael: Das China der Kaiser. Die historischen Grundlagen des modernen China. (Paul Neff Verlag, Wien–Berlin 1966).

MABIRE*, Jean: Blutiger Sommer in Peking. Der Boxeraufstand in Augenzeugenberichten. (Paul Neff Verlag, Wien–Berlin 1978).

MAO Tse-tung: Theorie des Guerillakrieges oder Strategie der Dritten Welt. (Rowohlt, Hamburg 1966 [Peking 1963]).

MARTIN, Helmut: China ohne Maoismus? Wandlungen einer Staatsideologie. (Rowohlt, Hamburg 1980).

MEHNERT*, Klaus: Ein Deutscher in der Welt. Erinnerungen 1906–1980. (Fischer, Stuttgart 1981).

MENZEL, Ulrich (Hg.): Nachdenken über China. (Suhrkamp, Frankfurt/Main 1990).

MERIAN*. China: Peking und der Norden. (Hamburg 1981).

MERIAN. China: Shanghai und der Süden. (Hamburg 1986).

MORITZ, Ralf: Die Philosophie im alten China. (Deutscher Verlag der Wissenschaften, Berlin 1990).

NEEDHAM, Joseph: Wissenschaftlicher Universalismus. Über Bedeutung und Besonderheit der chinesischen Wissenschaft. (Suhrkamp, Frankfurt/Main 1979).

NEEDHAM, Joseph: Wissenschaft und Zivilisation in China. (Suhrkamp, Frankfurt/Main 1988 [Cambridge 1978]).

NOLDE*, Emil: Mein Leben. Ausschnitt in: Reiseschmöker China. (Frank- und Frei Verlag, Bonn 1990).

OSTERHAMMEL, Jürgen: China und die Weltgesellschaft. Vom 18. Jahrhundert bis in unsere Zeit. (C. H. Beck, München 1989).

PALASTMUSEUM PEKING, SCHÄTZE AUS DER VERBOTENEN STADT. Hg von Lothar LEDDEROSE. (Insel Verlag, Frankfurt/Main 1985).

PIRAZZOLI-T'SERSTEVENS, Michèle: China zur Zeit der Han-Dynastie. Kultur und Geschichte. (Kohlhammer, Stuttgart 1982 [Fribourg 1982]).

PU* Yi: Der letzte Kaiser von China. Eine Autobiographie. (Verlag für fremdsprachige Literatur, Beijing 1981 [1965]).

REICHERT, Folker E.: Begegnungen mit China. Die Entdeckung Ostasiens im Mittelalter. (Thorbecke Verlag, Sigmaringen 1992).

REISCHAUER*, Edwin O.: Die Reisen des Mönchs Ennin. Neun Jahre im China des neunten Jahrhunderts. (Kohlhammer, Stuttgart 1963 [New York 1955]).

REISESCHMÖKER CHINA. Hg. von Karin HASSELBLATT und Sonja WAGENBRENNER. (Frank und Frei Verlag, Bonn 1990).

RICHTHOFEN, Ferdinand Freiherr von: China. Ergebnisse eigener Reisen und darauf begründeter Studien. (Graz 1971 [Berlin 1877]).

SALISBURY, Harrison: Der Lange Marsch. (S. Fischer, Frankfurt/Main 1985).

SALISBURY*, Harrison: Die neuen Kaiser. China in der Ära Maos und Dengs. (S. Fischer, Frankfurt/Main 1992).

SEAGRAVE, Sterling: Die Herren des Pazifik. Das unsichtbare Wirtschaftsimperium der Auslands-Chinesen. (Limes, München 1995 [New York 1995]).

SCHELL, Orville: Das Mandat des Himmels. China: Die Zukunft einer Weltmacht. (Rowohlt, Berlin 1995 [New York 1994]).

SCHMIDT, Wolfgang G. A.: Die alte Heilkunst der Chinesen. Ihre Kultur und ihre Anwendung. (Herder, Freiburg–Basel–Wien 1992).

SCHUMANN, Hans Wolfgang: Buddhistische Bilderwelt. Ein ikonographisches Handbuch des Mahayana- und Tantrayana-Buddhismus. (Diederichs, Köln 1986).

SCHWARZ*, Ernst (Hg.): Laudse. Daudedsching. (dtv, München 1991 [Leipzig 1978]).

SCHWARZ, Ernst: Die Weisheit des Alten China. (Kösel-Verlag, München 1994).

SINCLAIR, Kevin: Der Gelbe Fluß. 5000 Jahre China. (Hoffmann und Campe, Hamburg 1989 [Sydney 1987]).

SNOW*, Edgar: So fing es an. (Knaur, München–Zürich–Stuttgart 1978 [1958]).

SNOW, Edgar: Roter Stern über China. (Maro, 1993).

SPENCE, Jonathan D.: Das Tor des Himmlischen Friedens. Die Chinesen und ihre Revolution, 1895–1980. (dtv, München 1992 [New York 1981]).

SPENCE*, Jonathan D.: Ich, Kaiser von China. Ein Selbstporträt des Kangxi-Kaisers. (Insel, Frankfurt 1985 [New York 1974)]).

TIMMERMANN, Irmgard: Die Seide Chinas. Eine Kulturgeschichte am seidenen Faden. (Diederichs, Köln 1986).

UHLIG*, Helmut: Die Seidenstraße. Antike Weltkultur zwischen China und Rom. (Gustav Lübbe Verlag, Bergisch Gladbach 1986).

WALEY*, Arthur: Chinesische Lyrik aus zwei Jahrtausenden. (Marion von Schröder Verlag, Hamburg 1951 [London 1948]).

WATSON, William: China. Kunst und Kultur. (Herder, Freiburg–Basel–Wien 1982 [Paris 1979]).

WEGGEL, Oskar: Die Asiaten. (C. H. Beck, München 1989).

WEGGEL*, Oskar: Geschichte Chinas im 20. Jahrhundert. (Alfred Kröner Verlag, Stuttgart 1989).

WILHELM*, Richard: I Ging – Text und Materialien. (Eugen Diederichs Verlag, Köln 1982 [1973])

Abbildungsnachweis

Die Bildvorlagen für folgende Abbildungen stellte die Autorin: 3, 4, 5, 15a, 16, 17, 18, 19, 20, 22, 30, 35, 36, 38, 39, 40, 44, 45, 46, 47, 48, 53, 55, 56, 58, 59, 60, 61, 62, 63, 72, 75, 79, 81, 88, 91, 92, 93, 95, 96, 97, 99, 100, 107, 108, 109, 113, 118, 130, 137

Abb. 1 Palastmuseum Beijing
Abb. 2 J. Mazenod
Abb. 6 Österreichische Nationalbibliothek, Wien
Abb. 7 Histor. Aufnahme, ca. 1920 (Boerschmann)
Abb. 8 Provinzmuseum Hunan, Changsha
Abb. 9 J. Mazenod
Abb. 10 Provinzmuseum Yunnan, Kunming
Abb. 11 Provinzmuseum Yunnan, Kunming
Abb. 12 M. Wagner
Abb. 13 Hist. Aufnahme, ca. 1920 (Boerschmann)
Abb. 14 E. Kainerstorfer
Abb. 15b Archiv für Kunst und Geschichte
Abb. 21 Provinzmuseum Gansu, Lanzhou
Abb. 23 E. Thiem
Abb. 24 Provinzmuseum Hunan, Changsha
Abb. 25 Provinzmuseum Hunan, Changsha
Abb. 26 Museum Wuliang Ci
Abb. 27 J. Mazenod
Abb. 28 J. Mazenod
Abb. 29 Österreichische Nationalbibliothek, Wien
Abb. 31 E. Pansegrau
Abb. 32 J. Mazenod
Abb. 33 J. Mazenod
Abb. 34 J. Mazenod
Abb. 37 J. Mazenod
Abb. 41 Alpha Press
Abb. 42 Bildagentur Schuster
Abb. 43 Hist. Aufnahme ca. 1920 (Boerschmann)
Abb. 49 Hist. Aufnahme ca. 1920 (Boerschmann)
Abb. 50 J. Mazenod
Abb. 51 Edition Braus
Abb. 52 Edition Braus
Abb. 54 J. Mazenod
Abb. 57 J. Mazenod
Abb. 64 J. Mazenod
Abb. 65 J. Mazenod
Abb. 66 J. Mazenod
Abb. 67 National Palace Museum, Taibei
Abb. 68 National Palace Museum, Taibei
Abb. 69 National Palace Museum, Taibei
Abb. 70 Staatliche Museen zu Berlin, Berlin-Ost
Abb. 71 National Palace Museum, Taibei
Abb. 73 E. Pansegrau
Abb. 74 J. Mazenod
Abb. 76 Archiv für Kunst und Geschichte
Abb. 77 Histor. Aufnahme, ca. 1920 (Boerschmann)
Abb. 78 Histor. Aufnahme, ca. 1900 (anonym)
Abb. 80 E. Pansegrau
Abb. 82 Histor. Aufnahme, ca. 1938 (?) (Nawrath)
Abb. 83 National Palace Museum, Taibei
Abb. 84 National Palace Museum, Taibei
Abb. 85 National Palace Museum, Taibei
Abb. 86 National Palace Museum, Taibei
Abb. 87 National Palace Museum, Taibei
Abb. 89 National Palace Museum, Taibei
Abb. 90 Histor. Aufnahme, ca. 1938 (Nawrath)
Abb. 94 Giraudon
Abb. 98 Palastmuseum Beijing
Abb. 99 Hongkong Museum?
Abb. 101 Histor. Aufnahme, ca. 1920 (Boerschmann)
Abb. 102 Histor. Aufnahme, ca. 1920 (Boerschmann)
Abb. 103 Palastmuseum Beijing
Abb. 104 Palastmuseum Beijing
Abb. 105 Palastmuseum Beijing
Abb. 106 Palastmuseum Beijing
Abb. 110 Palastmuseum Beijing
Abb. 111 Palastmuseum Beijing
Abb. 112 Palastmuseum Beijing
Abb. 114 Palastmuseum Beijing
Abb. 115 Palastmuseum Beijing
Abb. 117 Histor. Aufnahme, ca. 1900 (anonym)
Abb. 119 E. Pansegrau
Abb. 120 Histor. Aufnahme, ca. 1910 (anonym)
Abb. 121 Histor. Aufnahme, ca. 1910 (anonym)
Abb. 122 Histor. Stich, ca. 1860 (anonym)
Abb. 123 Histor. Aufnahme, ca. 1910 (anonym)
Abb. 124 Histor. Aufnahme, ca. 1910 (anonym)
Abb. 125 Österreichische Nationalbibliothek, Wien
Abb. 126 Histor. Aufnahme, ca. 1896 (Nawrath)?
Abb. 127 Stich um 1860, k.k. Hof- und Staatsdruckerei, Wien
Abb. 128 Histor. Aufnahme, ca. 1910 (anonym)
Abb. 129 Histor. Aufnahme, ca. 1900 (anonym)
Abb. 131 Histor. Aufnahme, ca. 1900 (anonym)
Abb. 132 Histor. Aufnahme, ca. 1900 (anonym)
Abb. 133 Haus-, Hof- und Staatsarchiv Wien
Abb. 134 Archiv für Kunst und Geschichte
Abb. 135 Archiv für Kunst und Geschichte
Abb. 136 Publishing House, Beijing

Die Herstellung sämtlicher Kartenvorlagen besorgten Christiane Peh und Gerd Schefcik, KARTOGRAPHIE, Eppelheim